全国干部教育培训好教材

Local Emergency Management

地方应急管理

广东省应急管理厅 著

SPM 南方传媒 广东人民出版社

·广州·

图书在版编目（CIP）数据

地方应急管理 / 广东省应急管理厅著. —广州：广东人民出版社，2021.6（2022.9重印）
ISBN 978-7-218-15055-0

Ⅰ. ①地… Ⅱ. ①广… Ⅲ. ①突发事件—公共管理—研究 Ⅳ. ①D035.29

中国版本图书馆CIP数据核字（2021）第099902号

DIFANG YINGJI GUANLI
地方应急管理
广东省应急管理厅 著

出 版 人：肖风华

责任编辑：汪 泉
封面设计：张力平
责任技编：吴彦斌 周星奎

出版发行：广东人民出版社
地 址：广州市越秀区大沙头四马路10号（邮政编码：510199）
电 话：（020）85716809（总编室）
传 真：（020）83289585
网 址：http://www.gdpph.com
印 刷：佛山家联印刷有限公司
开 本：787mm×1092mm 1/16
印 张：28 字 数：350千
版 次：2021年6月第1版
印 次：2022年9月第3次印刷
定 价：99.00元

如发现印装质量问题，影响阅读，请与出版社（020-85716821）联系调换。
售书热线：（020）87716172

创作委员会

再　序

《地方应急管理》出版一年多来，受到了从事新时代应急管理工作的广大干部、学者、专家的广泛好评，还被中组部评为全国干部教育培训好教材。应同行的要求，《地方应急管理》修订发行。书中补充了一年多来对应急管理一些新的认识和新的探索，特别是对应急管理的文化内核有了一些新的体会，希望得到大家的批评指正。

对于地方党政干部来讲，应急管理既熟悉又陌生。说熟悉，是因为大家在波澜壮阔的改革实践中，在摸爬滚打的具体工作中，在耳濡目染的工作体会中，都积累了大量的实践经验，处理具体问题都会有自己的招数。说陌生，是因为风险挑战千变万化，我们所处的发展环境、生产要素以及气候条件都是一个动态的过程。道理虽然大致一样，但表现形式有可能会大相径庭。这就是为什么我们强调应急管理必须要每天清零，每天从零开始的道理。应急管理需要有经验，需要有积累，但千万不能因此背上了包袱，总以为可以以不变应万变，结果导致思想麻痹，工作僵化，方法老化，犯经验主义错误。

习近平总书记反复强调，各级领导干部在工作中要有“时时放心不下”的责任感，担当作为，求真务实，防止各类“黑天鹅”“灰犀牛”事件发生。总书记还强调，当干部不要当得那么潇洒，要经常临事而惧，这是一种负责任的态度，要经常有睡不着觉，半夜惊醒的情况，当官当得太潇洒准要出事。这就要求我们面对错综复杂的国际国内发展环境，必须强化底线思维、极限思维，以大概率思维应对小概率事件，盯住风险点，预足提前量，下好先手棋，打好主动仗。

打好主动仗，首先要始终胸怀“国之大者”，忠诚拥护“两个确立”，坚决做到“两个维护”。应急管理工作是实实在在的政治工作。应急管理部门是践行人民至上、生命至上理念的一线部门，是统筹发展安全的综合部门，只有对党忠诚，对生命敬重，对事业热爱，不断激发担当作为的昂扬斗志，才能坚决做到以党的旗帜为旗帜，以党的方向为方向，不断提高政治判断力、政治领悟力、政治执行力，不断增强实现应急管理“三个重要定位”的政治自觉、思想自觉和行动自觉。

打好主动仗，必须敢于统、善于统、能于统。我们常说，应急管理改革以前最大的问题是“分”得太多，改革以来最怕的是“统”得不够。这里有一个认识问题，就是应急管理部门是政府的一个部门，但不能有任何的部门利益，否则就承担不了“三委三部”的综合职责，协调解决不了综合会商、风险研判、应急指挥和统筹抓总过程中的突出问题。想一想，突发事件每时每刻都可能发生，极端情况也总是不打招呼突如其来，留给我们的反应时间并不总是充裕富足的。如果凡事都坐等批示，不主动协调、不主动应对，应急处置的最佳时间窗口期可能因此关闭，处置的最好机遇就会稍纵即逝。一条生命、两条生命甚至多条生命就会在等待中逝去，那就会造成不可挽回的损失。所以应急管理领导的基本能力就是统筹能力。“统”体现担当，“统”体现责任，“统”体现胸怀，“统”体现境界。“统”到位了，应急管理工作就主动了，而且一招主动，招招主动；一步在先，步步在先。我们处置珠海“7·15”透水事故（2021年）、茂名石化“6·8”爆燃事故（2022年），以及防范今年北江超百年一遇大洪水、应对今年历史性的龙舟雨等等，都充分证明了没有应急管理的“统”，就没有风险防范的主动权。

打好主动仗，还要有斗争精神。事故不可能完全不发生，突发不可能永不再来，隐患也不可能完全清零。面对各种违规甚至违法行为，面对形形色色的形式主义，面对责任落实上的官僚主义，面对主体责任的“移花接木”，还有面对件件惨痛的事故教训，应急管理必须敢于亮剑，敢于碰硬，敢于斗争。这其中，锲而不舍的“钉钉子”精神，点穴式的风险研判方法，还有行刑衔接的法律武器，都是硬招实招。应急管理实践中的成功经验是宝贵财富，一件件血淋淋的灾难事故教训也是宝贵财富，运用好全国全省“一盘棋”应急响应机制，举一反三，查漏洞，补短板，工作的局面就会焕然一新，这也叫做变被动为主动，这个主动是防出来的，也是斗出来的。应急管理遇到的斗争是多方面的，既要与天斗、与地斗，还要与事故斗、与隐患斗、与风险斗。应急管理的主要工作就是防风险、除隐患，有了风险隐患看不到，看到了也不去积极地防、主动地防、勇敢地斗，那是会打败仗吃大亏的。

打好主动仗，必须要耳聪目明，解决好看不到、听不见和无数应急的问题。在解决好融合指挥、应急通信、短临预警、全域感知和数据智能的同时，把握发展态势、分析安全态势、研判应急态势、统筹未来趋势，把应急管理工作建立在科学的依据之上，实现精准研判、精准指挥、精准调度、精准救援。这些都离不开应急管理的信息化。信息化说到底就是建立各种分析模型，再通过深度学习，深度修正，不断接近现实和真实，为应急决策提供参考依据。显然，应急管理信息化并不仅仅是视频调度、场景态势实时展示的简单问题，而是可拓展的、可追溯的、可再现的趋势问题，是一个科学问题，是一个总结过去规律，预测未来趋势的复杂问题。应急管理工作实践中有很多不可预知的“黑匣子”问题，信息化的任务就是要把“黑匣子”的问题解码赋能，从而不断提高我们的研判能力、预测能力和决策水平。

打好主动仗，还必须长期地坚守和常态化地准备。习近平总书记指出，应急管理部门全年365天、每天24小时都应急值守，随时可能面对极端情况和生死考验。我们深切体会到，应急管理只有担心、没有放心；在生死考验面前，只有冲锋、不能退缩。每逢节假日，更是应急人的值守日、过关日，冬春防火，夏秋防汛；每天防事故，全年保平安。一朝应急人，一生赶考生，习惯了在办公室吃饭睡觉，习惯了应急管理的工作节奏，习惯了没有节假日的工作安排。应急管理只有潜绩、没有成绩，只有满分、没有99分，不能有胜败乃兵家常事的心态，只能打胜战。所以说应急管理战士就是“36524”战士。坚守每一天每一刻，盯住每一事每一点，常态化准备，准军事化要求，精准化防范，这是素质，这是精神，也是打好主动仗的基本条件和作风。

是为序。

王中丙

2022年9月1日

序

应急与应急管理有什么区别?

统与分、防与救、内与外、上与下的关系如何处理?

安全生产基本盘为什么总是心中无底?

大数据、云计算、人工智能与应急管理有何关系?

基层“最后一公里”怎么打通?

准军事化队伍建设关键靠什么?

应急准备难在哪里?

…………

本书试图解答这些问题，当然不只这些问题。与以往涉及应急管理的书籍不同，书中依靠工作实践和解读范例，尽量以通俗易懂、深入浅出的方式，来展示这些问题的答案。显然，答案肯定不止一个，读者可以由此及彼、由表及里，深入其中。

举一个例子：

2019年12月5日，佛山市高明区凌云山发生了一场森林大火，也许是广东近30年来最大的一场山火。山高林密，并借助十级大风，火势迅速蔓延，火线长达数十千米，飞火、树冠火、地表火、暗火等竞相登场。我们集中了广东最有经验的林火专家，依靠国家队、地方专业队和佛山的广大干部群众，经过六天五夜的鏖战，取得了零伤亡的重

注：书中专业术语、关键词见附录。

大胜利。

这场同山火的斗争靠什么取胜？主要是三样东西：一是人民至上、生命至上的指导思想。气象不利等一等、地形不利躲一躲、把握不大停一停。二是党政军民的整体战。三是敢于创新的科技战。按以往的经验，一个火场不能同时有三架以上的直升机参加战斗，我们却通过科学调度，分区作战，用八架直升机同时在同一火场作战。平时的演练和应急准备，“战时”得到了验证并发挥了作用。

举第二个例子：

2020年1月，发生了新冠肺炎疫情。这场突如其来的重大公共卫生事件，考验着我国的应急管理体系和应急处置能力。在以习近平同志为核心的党中央坚强领导下，我们用一个月时间就基本控制了疫情，用两个月时间就使新发病例数控制在个位数，用三个月时间就取得了决定性胜利。这与美国等西方国家形成了极其鲜明的对比。

在这场伟大斗争中，应急管理部门把疫情防控战场当作应急准备的主战场，主动作为，靠前作为，创新作为。不仅防控自身责任领域的风险，而且还全面关注与疫情防控密切相关的各领域的风险，充分发挥应急管理改革以来形成的综合优势、信息化优势和常设常备的队伍优势等三大优势，对入粤主要卡口的人车识别和流动人口大数据分析、广州和深圳等主要城市的人口流动形势、30家定点医院人口热力图分析、主要石油化工企业成品油库存动态监控、全省各大行业复工复产动态、飞机及动车高铁的旅客流量监测、社区流动人口管控动态、境外货车司机动态分析等各个重要方面，进行综合分析研判，每日会商，每日派出若干小分队，直插企业、社区、养老院、车站等一线场所，采用线上线下结合的方式不断验证。

在此基础上，从2020年1月28日起，每日出一份《关于统筹新冠肺炎疫情防控与经济社会发展安全形势研判报告》，至今已出353期。这些报告，一方面为省新冠肺炎疫情防控指挥部提供了翔实的、全面的参考，另一方面全面锻炼了应急管理这支队伍。一些干部起初对着小鱼单兵系统紧张得说不出话，有的即使敢讲也结结巴巴、词不达意。几个月后，这些干部已经对小鱼镜头习以为常，老练得像一名战前记者。这些干部在2020年5月22日至6月11日广东遭遇历史罕见的“龙舟雨”应对中，发挥了骨干作用。他们不仅把现场实景实时传回省应急指挥中心，而且及时把现场动态用语言准确描述，为灾情处置赢得了黄金时间。但这仍不是最主要的，最主要的是培养了他们分析研判、综合会商的习惯和能力。以前他们不理解为什么说“应急管理本质是预防管理”这句话，相反他们对应急管理就是应急处置、就是救民于水火比较熟悉。对新冠肺炎疫情防控全面的、全过程的参与，既是他们人生的一笔宝贵财富，更是他们全面、辩证、准确理解新时代应急管理改革内涵的难得机遇。可以说，防控新冠肺炎疫情就像考上了一所大学，我们很多同志都拿到了应急管理专业的毕业证。

再举一个例子：

“四令三制”和“一线三排”是怎么出来的？2019年广州增城慧谷公司发生“9·16”爆炸事故。我们认真分析了原因，其中一条就是化工原料在冰箱，晚上是无人监控的，出了问题没人知道，也不可能及时处置。企业负责人说有人值班，但那只是门卫晚上定时签个名而已。同样的事故在江门某化工厂也发生了，都是把门卫室当成了中控室。后来我们发现广东的一些小化工厂，一般都是晚上不生产、不上班的，但化工原料仍在准备中，以备明天使用，这就为事故打开了方便之门。在新冠肺炎疫情发生后，一些企业生产由于供应链和市场供需发生了变化，生产不连续。无订单就停产，有订单就抢工。这种多变的状态是化工行业或流程工业在安全生产管理中的大忌。韶关东阳光氟公司2020年发生的“3·5”爆炸事故，就是一起典型的因抢订单而违规交叉动火引发的事故。这家企业已停工近一个月，管道因天气潮湿存有积水。开工后，企业没有注意到这些变化，而且是致命的变化，照常进料、通电、动火焊接等，导致一场悲剧。

对于安全生产来讲，企业是主体责任，这是内因，外因再积极、再主动、再强大，内因不动也是白搭。所以我们开始对企业主要负责人实行“安全三问”考试也是这个道理。同时，我们发现，一些企业主要负责人并不清楚企业的主要隐患是什么，即使知道说出一二，也大都是听下级汇报的，自己并没有亲自研究、亲自调查。有的甚至说，我的企业没有隐患。可想而知，这个企业的安全生产管理是什么状况。只要是企业，只要有生产活动，是不可能没有隐患的。安全生产管理过程就是与隐患斗争的过程，就是发现隐患、排除隐患的过程。隐患是动态存在的，旧的隐患解决了，新的隐患还会产生。那位企业负责人讲没有隐患，他是用静止的观点看隐患这个问题。所以要坚持以人民为中心的发展思想，坚守“发展决不能以牺牲人的生命为代价”这条红线，必须用动态的、辩证的观点来统筹发展和安全这两件大事，必须把同隐患做斗争贯穿企业管理的全过程。

通过对这些事故的观察和分析，我们提炼出了“一线三排”和“四令三制”的工作要求，也就是坚守“发展决不能以牺牲人的生命为代价”这条不可逾越的红线，全面排查隐患，科学排序隐患，有效排除隐患，企业生产的动火令、动工令、复工令、停工令必须由企业主要负责人签发，并实行动火作业票制、中控室24小时值班制和企业领导带班制。针对动火容易引起安全事故的问题，我们又提出了动火作业“三个一律”，即动火前一律不准进行交叉作业、一律清除现场可燃物质、一律检测可燃气体含量，保持良好通风。之后，我们又陆续出台了危大工程管理“六不施工”、渔船安全生产“六个百分之百”等。这些简单易记、易操作的口令式规则，被实践证明是极其有效的。

还举一个例子：

2020年9月9日，揭阳市甬莞高速普宁赤岗段发生一起两辆危险化学品运输车追尾事故，导致29.5吨苯酚泄漏到事发地附近水体。省委、省政府高度重视，社会各界高度关注。我们会同生态环保等部门，密切配合揭阳市进行科学处置，经过7天的连续奋战，在最短时间内恢复了事故发生地周边群众正常生产生活秩序，确保了下游上百万人口饮用水源安全。这起事故的成功处置，再一次考验了应急管理部门的综合统筹能力和应急处置能力，也进一步体现了应急管理的改革成果，表现在三个方面的突破：

一是在全链条、全过程的应对处置上突破。对于这类安全事故引发的环境污染事件，以往的观念这不是应急管理部门的职责，一般的做法就是被动等待，坐等批示，而不是主动地、积极地参与处置。但是，我们没有割裂地看问题，而是坚持系统观念，全程主动参与处置工作，并组织相关专家进行专业研判，提出了五条具体处置建议供现场指挥部参考，发挥了重要支撑作用。

二是在跨领域、跨专业的综合统筹上突破。环境污染事件处置需要专业力量和专业装备。我们第一时间协调消防部门安排41辆消防车、15套远程供水车组、351名指战员连夜赶往现场增援，协调组织汕头、汕尾、潮州、梅州等周边市，增援69辆大容量吸污运输车、177名随车人员。迅速协调三防物资仓库提供大功率提升水泵等关键装备，支援污水处理使用，及时协调交通、住建等部门做好设备支援，各类专业力量迅速集结，各种专业物资迅速到位。

三是在多部门、多层级的统分关系上突破。事故发生后，揭阳市迅速成立了现场指挥部，全面开展应急处置。省应急管理厅立即启动“四个一”处置机制，第一时间派出厅领导带队的前方工作组。我们坚持统分结合，既统又分，做到协调不替代、指导不指挥。正是在统分关系上拿捏有度、动态把握，统出了权威，分出了高效，这对事件的成功处置起到了关键作用。

最后举一个例子：

应急管理是一门科学，是交叉学科，包含自然科学、心理学、医学、统计学、气象学、生态学、林学、地质学，也包含水利工程、系统工程、安全工程、云计算、大数据等，是典型的综合类学科。做好应急管理，要有丰富的基层经验、强大的心理素质、敏锐的识变能力、准确的判断水平和机动处置能力，但有这些还远远不够，还必须借助强大的科技信息支撑。

如何科学应变、准确识变、主动求变，一方面要有一支忠诚应急管理事业的队伍，另一方面要靠科学支撑，靠信息化支撑。两年来，我们把信息化作为应急管理能力现代化的第一工程，把融合指挥、应急通信、全域感知、短临预警和数据智能五大技术难题，变成应急管理的五大技术优势，打赢了一场又一场大仗、硬仗、恶仗，经受了一次次重大考验。实践证明，并将继续证明：没有信息化就没有应急管理的现代化，各种公共突发事件的应急处置能力就得不到提升，经济安全、社会稳定安全，尤其是人民生命安全就得不到保障。

回想起来，我们坚持这一条，主要靠三个办法：一是坚持需求导向、问题导向，信息化工作有了实践支撑，再上升到理论总结，再持续改进推广；二是坚持开门创新，把“1＋1＋1＋N”的联创机制，用活用足用好，激发全系统乃至全社会的创造力；三是坚持专业部门为主、科信部门支撑的工作机制，把应用部门从一开始就推到一线主导，做到研发、试用、推广一条龙，避免研发与应用两张皮的问题，确保工作的有效性和准确性，从而大大激发专业人员的积极性和主动性。这一招刚开始是有压力的，也是有阻力的。不过，习惯了，大家倒认为这是十分有效的办法。

新时代应急管理对我们提出了崭新的要求，就是承担防范化解重大安全风险、及时应对处置各类灾害事故的重要职责，担负保护人民群众生命财产安全和维护社会稳定的重要使命。是同时间赛跑、与风险斗争的特殊职业，不但能救，而且还要擅长防范。是以防为主、防救结合，还是灾后救助为主，这是新时代应急管理的时代命题，是分水岭。习近平总书记提出的“两个坚持、三个转变”防灾减灾救灾新理念，是这个时代命题的科学答案。

从实践上讲，应急管理中的“灰犀牛”事件和“黑天鹅”事件都会存在。但从理论上来说，应急管理是不承认有“黑天鹅”事件发生的。任何事情发生都会有事前征兆，都是可以预判、预警、预防的，除非它超出了我们的认知。从这个意义上来讲，全周期的应急管理是包含了预判预警、应急处置、灾后重建等各个环节。本书从预防为主的角度，把应急管理的全周期管理分成五个环节，即应备、应变、应战、应灾和应验等，要求做到科学应备、时时应变、统一应战、精准应灾、及时应验，把这“五应”统一于应急管理的全过程、全周期，实行闭环管理，体现了新时代应急管理的新要求。这种分法包含了四层意思：

一是突出预防管理为主的新理念。强调应急管理是有准备的应急，无准备的应急是救急；强调用大概率思维应对小概率事件，强化底线思维意识。

二是突出人民至上、生命至上的理念，树立以人民为中心的发展思想。无论是防范化解各种风险，还是应对各种自然灾害、安全生产等事件，始终突出人的生命是第一位的。我们党的宗旨要求我们必须这么做，我们也有能力做到这一点。

三是突出处理好统与分的辩证关系，强调应急管理之所以要改革，就是过去统得不够分得太多。新时代的应急管理要坚持“优化协同高效”原则，该统就果断地统，不该统就大方地放。拿捏好统与分的时机和“度”，是一个科学的方法，也是一门工作艺术。

四是突出科技的应用，强调在发挥人的主观能动性同时，要更好地发挥信息化等现代科技手段的支撑作用，实现准确的预判和科学的处置。

本书的一些观念肯定存在不少问题，可能还缺乏科学的严谨性。但有一条，它都毫无例外地来源于实战、实践。供全国同行以及有志于投身应急管理事业的科技工作者、企业家、志愿者和包括广大社区干部在内的各级基层党政干部同志们借鉴，并恳请批评指正。

本书凝聚了广东省应急管理系统全体干部同志们的心血和辛勤劳动，他们在繁忙繁重工作的同时，挤出时间为本书贡献了聪明才智，杨胜强、周永庆、高涌涛、黄志坚、李成都、钟友国、何胜庄、章云龙、朱光华、李进民、陈枢同志，以及张明灿、余德旋、潘游等同志，是这本书中众多“战例”的组织者、指挥者和协调者。曾君、张伟、吴海亮、丁林、杨智杰、许亦鸣、罗和国、梁裕明、黄德泽、陈柱、王海贵、谢义茂、罗峥、梁国斌、彭凌、刘永生、黄侦荣、佘晓倩、黄玉华、李勇辉、李健、张志鸿、黄平等同志，是本书各章节的实践者、贡献者和参与者。张伟、曾君、邹霖同志为本书成稿倾注了大量心血，很多原创来自于他们的灵感，又在实践中完善，最后又指导实践。余勇、廖琦、刘鹏辉、郑挺、梁茜、黄枫珊等同志为本书的编写付出了辛勤劳动。

感谢他们的创造性劳动，也感谢所有为本书出版做出贡献的同志们!

王中丙

2021年3月10日　广州

目　录

CONTENTS

第一章

概　论

应急管理事关人民群众生命财产安全，事关改革发展稳定大局，事关国家长治久安。党的十八大以来，习近平总书记站在战略和全局的高度，围绕安全生产、防灾减灾救灾、应急救援等应急管理工作，提出了一系列新思想、新论断、新要求，科学回答了事关应急管理工作全局和长远发展的重大理论和实践问题，为做好新时代应急管理工作指明了前进方向，提供了根本遵循。

学习领会、贯彻落实习近平总书记关于应急管理的重要论述，要胸怀“两个大局”，坚持“两个至上”，做到“两个维护”，深刻领会其思想体系和理论特质，全面把握其思维方法和内在逻辑，切实将学习成果转化为做好新时代应急管理工作的实际成效。在习近平总书记重要论述的指引下，在应急管理改革发展的实践中，在应急实战经验总结的基础上，本书提出应急管理的“五应”方法——科学应备、时时应变、统一应战、精准应灾、及时应验，探索以“五应”推进应急管理体系和能力现代化。

第一节
应急管理“五应”方法的形成背景

2019年1月21日，习近平总书记在省部级主要领导干部坚持底线思维着力防范化解重大风险专题研讨班开班式上强调，领导干部要加强理论修养，深入学习马克思主义基本理论，学懂弄通做实新时代中国特色社会主义思想，掌握贯穿其中的辩证唯物主义的世界观和方法论，提高战略思维、历史思维、辩证思维、创新思维、法治思维、底线思维能力，善于从纷繁复杂的矛盾中把握规律，不断积累经验、增长才干。

应急管理“五应”方法，既不是生搬硬套、照葫芦画瓢设计出来的，也不是闭门造车、凭空设想出来的，是以习近平新时代中国特色社会主义思想为引领，学深悟透习近平总书记关于应急管理的重要论述，在深化应急管理体制改革、推进应急管理体系和能力现代化的实践中，在防范化解重大安全风险、保护人民群众生命财产安全的实战中，在与各类风险隐患斗争，与形式主义、官僚主义斗争的砥砺中，不断总结经验教训，全面把握方法规律，系统集成、付诸行动、反复验证而提出的，具有强大的理论支撑、改革支撑和实践支撑。

一、“五应”方法是在学深悟透总书记重要论述中形成的

应急管理是国家治理体系和治理能力的重要组成部分，承担防范化解重大安全风险、及时应对处置各类灾害事故的重要职责，担负保护人民群众生命财产安全和维护社会稳定的重要使命。应急管理改革以来，习近平总书记先后三次就应急管理工作发表重要讲话。2018年

10月10日，习近平总书记在中央财经委第三次会议上，深刻阐述了提高自然灾害防治能力的重大意义，明确了总体要求、基本原则和九大重点工程。2018年11月9日，习近平总书记亲自为国家综合性消防救援队伍授旗并致训词，提出对党忠诚、纪律严明、赴汤蹈火、竭诚为民的“四句话方针”。2019年11月29日，中央政治局就我国应急管理体系和能力建设进行第十九次集体学习，习近平总书记科学回答了事关应急管理工作全局和长远发展的重大理论和实践问题。

习近平总书记作为党的核心、军队统帅、人民领袖，先后三次就应急管理改革发展发表重要讲话，充分彰显了习近平总书记高瞻远瞩的战略眼光和无比强烈的历史担当，是闪耀着马克思主义真理光辉的纲领性文献，是习近平新时代中国特色社会主义思想的重要组成部分，是我们走好新时代应急管理长征路的指南针、定盘星。深入学习贯彻习近平总书记关于应急管理的重要论述，应深刻把握其基本要点。

（一）坚持“两个至上”，统筹发展和安全两件大事

坚持人民至上、生命至上，在保护人民生命安全面前，必须不惜一切代价，也能够做到不惜一切代价。牢固树立安全发展理念，始终把人民群众的生命安全放在首位，发展决不能以牺牲人的生命为代价，这要作为一条不可逾越的红线。坚持总体国家安全观，统筹好发展和安全两件大事，安全是发展的前提，发展是安全的保障，努力实现更高质量、更有效率、更加公平、更可持续、更为安全的发展。

（二）坚持预防为主，做到“两个坚持，三个转变”

预防是最经济、最有效的策略。坚持以防为主、防抗救相结合的方针，坚持常态减灾和非常态救灾相统一，努力实现从注重灾后救助向注重灾前预防转变，从应对单一灾种向综合减灾转变，从减少灾害损失向减轻灾害风险转变。完善和落实安全生产责任和管理制度，

建立公共安全隐患排查和安全预防控制体系。构建统一指挥、专常兼备、反应灵敏、上下联动的应急管理体制，优化国家应急管理能力体系建设，提高防灾减灾救灾能力。

（三）坚持底线思维，着力防范重大安全风险

增强忧患意识，时刻保持如履薄冰的谨慎、见叶知秋的敏锐。既要高度警惕“黑天鹅”事件，也要防范“灰犀牛”事件；既要有防范风险的先手，也要有应对和化解风险挑战的高招；既要打好防范和抵御风险的有准备之战，也要打好化险为夷、转危为机的战略主动战。坚持用大概率思维应对小概率事件，宁可十防九空，不能万一失防；宁可备而不用，不可用时无备；宁可信其有，不可信其无；宁可信其大，不可信其小。坚持从源头上防范化解重大安全风险，从根本上消除事故隐患，真正把问题解决在萌芽之时、成灾之前。

（四）坚持科技创新，提高应急管理工作水平

科学技术是第一生产力，创新是引领发展的第一动力。推进应急管理科技自主创新，依靠科技提高应急管理的科学化、专业化、智能化、精细化水平。加大先进适用装备的配备力度，加强关键技术研发，提高突发事件响应和处置能力。适应科技信息化发展大势，以信息化推进应急管理现代化，提高监测预警能力、监管执法能力、辅助指挥决策能力、救援实战能力和社会动员能力。大力培养应急管理人才，重视并加强应急管理学科建设。

（五）坚持群众路线，筑牢防灾减灾救灾人民防线

加强和创新社会治理，完善党委领导、政府负责、民主协商、社会协同、公众参与、法治保障、科技支撑的社会治理体系，建设人人有责、人人尽责、人人享有的社会治理共同体。坚持群众观点和群众路线，坚持社会共治，完善公民安全教育体系，推动安全宣传进企业、进农村、进社区、进学校、进家庭，加强公益宣传，普及安全知识，培育安全文化，开展常态化应急疏散演练，支持引导社区居民开展风险隐患排查和治理，积极推进安全风险网格化管理，筑牢防灾减灾救灾的人民防线。

（六）坚持扛起责任，反对形式主义、官僚主义

建立健全党政同责、一岗双责、齐抓共管、失职追责的安全生产责任体系，把安全责任落实到岗位、落实到人头，做到管行业必须管安全、管业务必须管安全、管生产经营必须管安全。各级党委和政府要切实担负起“促一方发展、保一方平安”的政治责任，严格落实责任制，绝不能只重发展不顾安全，更不能将其视作无关痛痒的事，搞形式主义、官僚主义。发挥好应急管理部门的综合优势和各相关部门的专业优势，衔接好“防”和“救”的责任链条，确保责任链条无缝对接，形成整体合力。

习近平总书记关于应急管理的重要论述确立了新时代应急管理的“三个重要定位”，贯穿着以人民为中心的发展思想，体现了立党为公、执政为民的执政理念，揭示了应急管理本质上是预防管理的科学内涵。深入贯彻落实总书记重要论述，要着力从“高、统、快、防、实”五个方面下功夫：

第一，政治站位立于高。始终坚持以习近平新时代中国特色社会主义思想为引领，自觉用习近平总书记重要论述武装头脑、指导实践、推动工作，坚定不移深化应急管理体制改革，全力推进应急管理体系和能力现代化。始终把人民群众放在心中最高位置，把“保护人民群众生命财产安全”作为履职尽责的检验标尺，把“时刻准备着”作为自觉追求，努力锻造担当的铁肩膀、实干的硬功夫，救民于水火，助民于危难，给人民以力量，让人民的获得感、幸福感、安全感更加充实、更有保障、更可持续，以实际行动和工作成效做到“两个维护”。

第二，应急指挥善于统。着力构建统一领导、权威高效、权责一致的应急能力体系，推动形成统一指挥、专常兼备、反应灵敏、上下联动的应急管理体制。建立健全统一指挥机制，建设统一的应急信息平台，实现统一发布应急响应和灾情，统一指挥应急救援队伍，统一调拨救灾物资，统一组织、统一指挥、统一协调灾害事故应急救援工作。

第三，应急响应敏于快。着力加强应急协调联动机制建设，完善监测预警机制，健全灾情事故信息共享机制，提升灾情事故信息快速获取，着力提高研判能力、实战能力和统筹能力，培育打造应急管理的综合优势、信息化优势和常设常备的队伍优势，一旦出现险情、发生事故，做到反应灵敏高效、处置快速得当，确保关键时刻拉得出、冲得上、靠得住、打得赢，迅速有效地应对各类灾害事故，最大限度减少人员伤亡和财产损失。

第四，安全风险精于防。始终保持如履薄冰的谨慎、见叶知秋的敏锐，坚决扛起防范化解重大安全风险的政治责任，既高度警惕和防范自己所负责领域内的重大风险，也密切关注全局性重大风险，用大概率思维应对小概率事件，善于透过现象看本质，分析历史见未来，捕捉弱信号背后的强信息，把风险化解在源头，把隐患消除在萌芽，做到守土有责、守土负责、守土尽责，从而打有准备之仗，大概率打胜仗，坚守安全底线。

第五，应急工作行于实。应急管理事业关系人民群众生命财产安全，来不得半点虚的，以真抓的实劲、敢抓的狠劲、善抓的巧劲、常抓的韧劲，扎扎实实抓好各项工作措施的落实，坚决反对形式主义、官僚主义，决不能一般化、大呼隆、一阵风。应急管理工作具有高负荷、高压力、高风险的特点，必须有舍我其谁的英雄气概，刀山火海面前，我们不上谁上；综合统筹职责，我们不统谁统；应急管理改革，我们不推谁推；重大安全风险，我们不防谁防；公共安全稳定，我们不担谁担。发扬斗争精神，增强斗争本领，出实招、办实事、求实效，在应急管理工作中践行初心使命。

“五应”方法将习近平总书记关于应急管理重要论述贯穿其中，以“高、统、快、防、实”的工作标准，串联起科学应备、时时应变、统一应战、精准应灾、及时应验五个环节（见图1-1），统一于应急管理的全过程、各方面，具有全面性、系统性和可操作性，是新时代应急管理工作实践的经验总结，也是推进应急管理体系和能力现代化的有效途径。

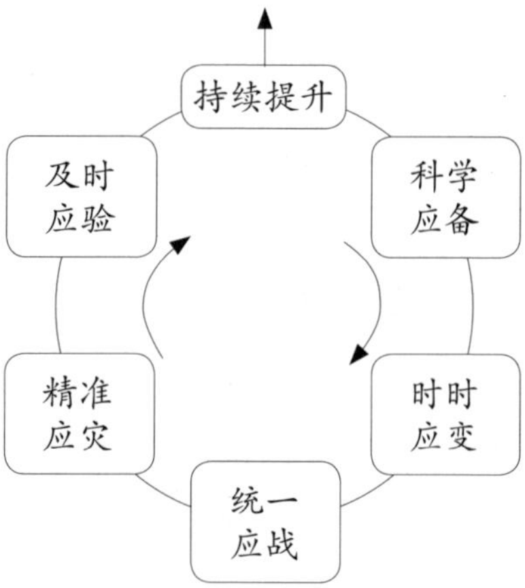

图1-1　应急管理“五应”方法

二、“五应”方法是在深化应急管理改革中形成的

习近平总书记在党的十九大报告中明确要求：“统筹考虑各类机构设置，科学配置党政部门及内设机构权力、明确职责。”[①]审时度势做出了深化机构和行政体制改革的英明决策。党的十九届三中全会审议通过了《中共中央关于深化党和国家机构改革的决定》和《深化党和国家机构改革方案》，习近平总书记以巨大的政治勇气和战略

① 习近平：《决胜全面建成小康社会　夺取新时代中国特色社会主义伟大胜利》，人民出版社2017年10月版，第39页。

智慧，有力破除原有应急管理体制不完全适应国家治理体系和治理能力现代化要求的突出问题，有效解决自然灾害防治、安全生产监管、应急救援等原有职能体系不完全符合“优化协同高效”要求的关键环节，亲自谋划、亲自部署、亲自推动应急管理体制改革，为构建大应急、大安全的应急管理格局创造了重大历史机遇，新时代应急管理事业迎来了改革发展的春天。

按照《深化党和国家机构改革方案》，为提升防灾减灾救灾能力，将国家安全生产监督管理总局的职责和国务院办公厅、公安部、民政部、国土资源部、水利部、农业部、林业局、中国地震局涉及应急管理的职责，以及国家防汛抗旱总指挥部、国家减灾委员会、国务院抗震救灾指挥部、国家森林防火指挥部的职责整合，组建应急管理部。主要负责国家应急管理及体系建设，组织开展防灾减灾救灾工作，承担国家应对特别重大灾害指挥部工作；负责安全生产综合监督管理和工矿商贸行业安全生产监督管理工作。各地深入贯彻习近平总书记、党中央的决策部署，对标对表，狠抓落实，深化机构改革，组建应急管理部门。（见图1–2）

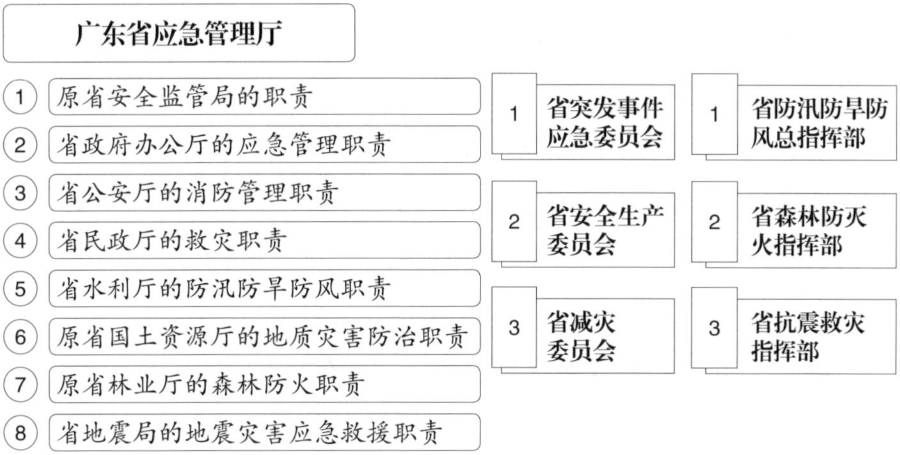

图1–2　地方应急管理机构改革情况以广东省应急管理厅为例

应急管理体制改革，是一次革命性的变革，内涵丰富，影响深远，对于推进国家治理能力和治理体系现代化、提高人民群众安全感、保障国家长治久安具有重要意义。深入学习习近平总书记关于党和国家机构改革的重要论述，结合应急管理改革发展实践，这次应急管理体制改革可以从六个方面来理解。

第一，用六个字概括就是“优化协同高效”。优化就是要科学合理、权责一致，协同就是要有统有分、有主有次，高效就是要履职到位、流程通畅。

第二，用五个字概括就是“高、统、快、防、实”。坚持政治站位立于高、应急指挥善于统、应急响应敏于快、安全风险精于防、应急工作行于实。

第三，用四个字概括就是“统分结合”。统和分是有机统一的。统得好，可以使不同部门有序运转，避免各自为政，提升系统整体效能。分得好，可以激发各单元各子系统的主动性、积极性、创造性。

第四，用三个字概括就是“大应急”。应急管理部门是防范化解各类重特大安全风险的主管部门，健全公共安全体系的牵头部门，整合优化应急力量和资源的组织部门，推动形成中国特色应急管理体制的支撑部门，“全灾种”自然灾害和生产安全事故应急处置的负责部门。

第五，用两个字概括就是“转变”。以改革支撑准确识变、以科技支撑科学应变、以队伍支撑主动求变，不断更新理念、完善体制、优化机制，坚决把“一类事项原则上由一个部门统筹，一件事情原则上由一个部门负责”的改革要求落到实处。

第六，用一个字概括就是“统”。深化统的认识，加大统的力度，树立统的权威，靠勇于统来解决敢统的问题、靠科学统来解决善统的问题、靠依法统来解决能统的问题，统一指挥、统一行动、统一协调、统一调度。

应急管理体制改革从夯基垒台、立柱架梁，到全面推进、积厚成势，再到系统集成、协同高效，推动从“物理相加”向“化学反应”转变，正确处理应急管理改革发展中的六个关系极为重要。

（一）正确处理好统与分的关系

应急管理改革以来，习近平总书记在中央财经委员会第三次会议关于提高自然灾害防治能力的重要讲话、在中央政治局就我国应急管理体系和能力现代化举行第十九次集体学习时的重要讲话、在深化党和国家机构改革总结会议上的重要讲话中，都突出强调应急管理部门要加强统筹协调。正确处理好统与分的关系是应急管理体制改革的关键所在。

就统和分来讲，过去统讲得不多，分讲得太多，遇到问题很自然想到能推就推、能躲就躲、能让就让。机构改革以后，应急管理改变了以往“各管一块”“九龙治水”的局面，由应急管理部门综合统筹，实现了全灾种统筹应对、全链条有效覆盖、全过程综合管理。深化应急管理体制改革，要全面把握抓统与抓分的区别所在、综合部门与专业部门的区别所在，始终把“统”作为一种责任担当、职责所系、使命所在，统筹做好应急管理各项工作。

平时统筹，统筹压实各方工作责任，统筹加强监测预警预报，统筹风险防范隐患整治，统筹加强安全生产工作，统筹提升自然灾害防治能力，统筹做好抢险救援各项准备。战时统一，统一指挥、统一行动、统一协调、统一调度，做到指挥一个声音、发布一个窗口、行动一个步调。空时兜底，树立“宁可跨前一步形成重叠，不能退后一步形成缝隙”“宁可抓重，不可抓漏”“宁可越位，不可缺位”的理念，担当作为，履职尽责。

（二）正确处理好防与救的关系

应急管理主要是做什么？在实践中有三种不同的理解：一是只救不防；二是以防为主，防抗救相结合；三是以救为主，防抗救相结合。将应急管理工作分为“测、报、防、抗、救、建”六个阶段，不同的认识就有不同的做法，根据不同阶段的参与度可以分为担当型、到位型、被动型和错误型四类（见图1–3）。参与度达到或超过50%时，应急管理部门是牵头部门；参与度低于50%时，应急管理部门是参与部门。

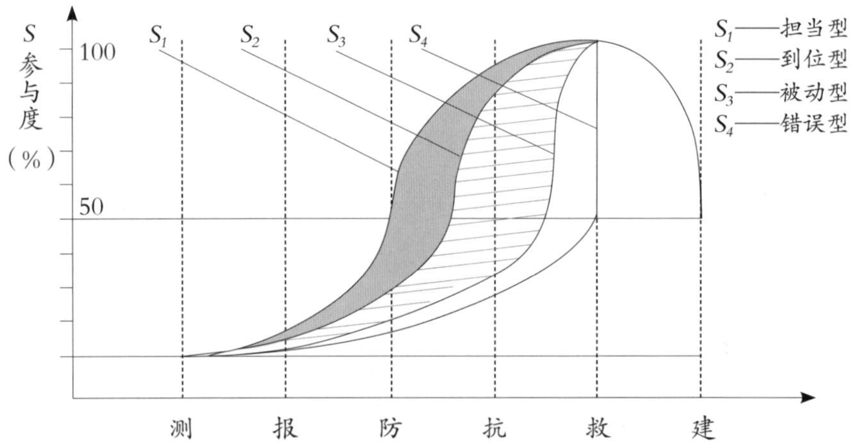

图1–3　应急管理工作不同认识、不同做法示意图

S_1在“测”“报”阶段，应急管理部门参与度低于50%，表明以专业部门为主，应急管理部门负责跟踪、协调、综合。从“防”开始，应急管理部门参与度超过50%，成为事件的主要牵头部门，发挥“统”的作用，牵头抓会商、研判，组织做好各项应急准备及应对工作。S_2在“防”“抗”阶段之间，应急管理部门参与度逐步达到50%，在“防”的方面逐步牵头抓总，统一指挥、统一协调、统一调度抗灾、救灾和灾后筹建工作。S_3在“抗”“救”阶段之间，应急管理部门参与度逐步达到50%，在“防”的方面发挥作用不足，把工作重心放在救灾方面，应急管理工作处于被动。S_4在“救”的阶段，应急管理部门参与度直线上升，把应急管理理解为应急或救急，没有正确处理统与分、防与救的关系。

习近平总书记多次强调，坚持以防为主、防抗救相结合的方针。应急管理本质上是预防管理，“防”是最前一道防线，“救”是最后一分希望。“防”做到位了，“救”就是打歼灭战，就会打胜仗；“防”做空了，就会应接不暇、疲于应付，就会打败仗。以防为主，注重灾前预防，要把人力、物力、财力和精力更加集中到防的阶段、防的过程、防的措施、防的效果。在防的基础上统筹好抗灾与救灾，弘扬生命至上、安全第一的思想，守住最大限度减少人员伤亡的底线。因此，我们主张按照S_1、S_2来做好应急管理工作。

（三）正确处理好基本盘和大应急的关系

新时代应急管理工作纲举目张。“纲”是大应急，“目”是安全生产、防灾减灾救灾、应急救援等工作。安全生产风险无时不在，但事故是可以防范的；自然灾害永远不可避免，但灾情是可以减轻的。这些都要大应急来统筹落实。坚持把安全生产作为应急管理工作的基本盘，这是构建大应急的基础。把稳安全生产的基本盘，才能更加聚精会神干好防灾减灾救灾工作。大应急是应急管理体制的创新、应急管理职能的转变、应急管理体系的重构，不搞简单的“物理相加”，而是致力于起“化学反应”，加强相关职能融合和重塑，从而不断构建、不断完善分工清晰、互为衔接的大应急格局。

（四）正确处理好整体和个体的关系

正确认识和有效开展防灾减灾救灾工作，必须理顺整体与个体的关系。整体是由个体组成的，两者相互依赖，相互影响。单位是个体，社会是整体；防是个体，防抗救是整体；平时是个体，急时是整体。没有个体的出色，就没有整体的出彩。个体强调专业化，整体强调融合创新。应急管理要树立正确的整体观，把防灾、减灾、救灾有机结合起来，把灾前、灾中、灾后有机统一起来，把各方齐抓共管、协同配合的自然灾害防治格局构建起来，这样才不会因为哪个部门或者“测、报、防、抗、救、建”的哪个环节影响了整体成效。同时，充分重视个体的作用，在防灾减灾救灾工作中突出强化“防”这个个体，发挥应急管理部门的综合优势、各相关部门的专业优势，真正把保护人民生命财产安全落到实处，把风险和损失降到最低。

（五）正确处理好应急与应急管理的关系

“应急”是对危机、突发事件的第一反应，是应急管理部门在人民生命财产安全遭受事故灾害威胁侵害时的第一反应、首要态度。“应急”是非常态的、局部的、阶段性的，包括启动应急响应、指挥应急队伍、开展应急救援、调度应急物资、协调灾害救助等。要重视应急，但不能局限于应急。应急是应急管理链条中的一个重要环节，应急管理则涵盖了应备、应变、应战、应灾、应验等各个环节。

（六）正确处理好传统手段和科技应急的关系

传统手段和科技应急的关系，就是继承发展与融合创新的关系。既要继承和发展传统的好做法、好经验，更要拿出自我革命、自我超越的勇气和毅力，解放思想，开拓创新，打破不合时宜的思维定势，不为传统所累、不为经验所缚，立足更精准更有效的防，以更大力度推进科技信息化，更高水平地运用大数据、人工智能、云计算等数字技术，依靠科技提高应急管理的科学化、专业化、智能化、精细化水平。

应急管理虽然不直接与金钱打交道，但始终与人民群众生命财产安全息息相关；虽然不直接与经济建设打交道，但始终是高质量发展的基本保障；虽然不直接与群众打交道，但始终与老百姓贴得最近、联系最紧。面对保护人民群众生命财产安全和维护社会稳定的重要使命，我们坚持用足用好改革这个关键一招，坚持机构职能“优化协同高效”的原则，按照“一类事项原则上由一个部门统筹，一件事情原则上由一个部门负责”的要求，正确处理好应急管理改革发展的六个关系，落实“高、统、快、防、实”的工作标准，掌握“统分结合”的方法，构建“大应急”的工作格局，推进观念的“转变”，做实一个“统”字，准确把握和履行了新机构、新职能提出的新要求。“五应”方法就是在这种改革背景下应运而生的，具有丰富的实践特质，是改革经验的总结运用，是应急管理工作方式的创新发展。

三、“五应”方法是在应急管理实践探索中形成的

做好新时代应急管理工作没有现成路径，必须坚持思想引领，在实践中探索、在实战中总结，不断丰富和拓展应急管理的改革成果。

应急管理工作实践充分说明，精神面貌是武装出来的，应急管理工作必须牢牢抓住理论武装这一重要政治任务；队伍是带出来的，必须坚持对党忠诚、纪律严明、赴汤蹈火、竭诚为民的“四句话方针”，着力打造准军事化应急管理队伍；事业是干出来的，应急管理事业必须真抓实干、干出实效，对标最高最好最优，扎扎实实落实好各项措施；战斗力是统出来的，应急管理部门推动队伍融合转型升级，把各方战斗力“统”起来，全面提高应急管理的实战能力；形象是一仗一仗打出来的，善打硬仗、能打胜仗，一战上一个水平，一仗上一个台阶，树立良好形象；平安是防出来的，坚持底线思维，立足预防，防范化解重大安全风险，坚守安全红线。

应急管理工作实践充分说明，应急管理部门不是安监部门的加强版，推动机构职能从“物理相加”向产生“化学反应”转变，实现应

急管理的体制创新、职能转变、体系重构；应急管理部门不只是“救火队”，应急管理工作要着眼于“防”，关键在“预”，尽最大可能把风险化解在萌芽状态、把隐患消除在初始阶段；应急管理部门不是“包打天下”，充分发挥应急管理部门的综合优势和各相关部门的专业优势；应急处置不是经验之战，善于运用制度威力应对风险挑战，善于运用科技手段，下好先手棋，打好主动仗；应急管理工作不是“拉郎配”，动态把握统分关系，敢统能统善统，切实履行好工作职责；应急管理宣传不是“刷存在感”，坚持宣传是最好的防，把眼光投向社会，把触角伸向基层，把重心倾向预防，筑牢人民防线。

应急管理工作实践深刻阐释，应急管理本质上是预防管理，是有准备的应急，无准备的应急只能是救急。做好新时代应急管理工作要把“预”字贯穿始终，“预”是一种底线思维，凡事从坏处准备，努力争取最好的结果，做到有备无患、遇事不慌，牢牢把握主动权。“预”是一种科学态度，预测、预报、预警、预防就是发现问题、提出问题、解决问题的过程，是对应急管理规律的科学把握，是减少事故灾难、减轻灾害风险的关键一招。“预”是一种工作方法，把隐患查得更全面一些，把风险控得更严格一些，把关口移得更靠前一些，把准备做得更充分一些。

（一）学习要有预置方向

习近平总书记指明了学习的预置方向，那就是学懂马克思主义的立场、观点、方法，提高知识化、专业化水平。突出政治学习，以习近平新时代中国特色社会主义思想武装头脑、指导实践，以习近平总书记关于应急管理重要论述推动工作、引领未来，着力提高政治能力、调查研究能力、科学决策能力、改革攻坚能力、应急处突能力、群众工作能力、抓落实能力，坚决承担起防范化解重大安全风险、及时应对处置各类灾害事故的重要职责，担负起保护人民群众生命财产安全和维护社会稳定的重要使命。

（二）时刻要在预备状态

强化忧患意识，对安全形势了然于胸，对风险隐患心中有数，从最坏的情况准备，努力争取最好的结果。强化备战意识，始终把人民放在心中最高位置，时刻绷紧应急管理这根弦，保持听令而动、闻令而行、时刻准备的备战状态，做好快速反应、随时应急的充分准备。强化担当意识，积极适应“全灾种”需求，顺应“大应急”要求，以逢山开路、遇水架桥的奋进姿态，救民于水火，助民于危难，给人民以力量。

（三）工作要在预见之内

不断提高应急管理工作的前瞻性、预见性，以战略思维、历史思维、辩证思维、创新思维、法治思维、底线思维，统筹推进新时代应急管理工作，推进应急管理体系和能力现代化。预先把握风险趋势和隐患特点，加强会商研判，落实处置措施，图之于未萌，虑之于未有，治之于未乱。

（四）应急要从预警开始

及时准确的预警是做好应急处置工作的前提和基础，是应急的首要环节。增强预警的权威性，发挥好预警“发令枪”的作用，把握抗灾救灾的主动权。增强预警的综合性，适应从应对单一灾种向综合减灾的转变，开展自然灾害监测预警信息化工程，提高多灾种和灾害链综合监测、风险早期识别和预报预警能力。增强预警的准确性，在预警的精细化、科学化上不断寻求突破，精准分析灾害影响范围，分区域、差别化地启动应急响应，科学合理进行社会动员。

（五）安全要从预防着手

牢固树立底线思维，强化风险意识，坚持“防在前”，用大概率思维应对小概率事件，早发现、早研判、早处理、早预防，全面排查整治各类风险隐患，做到“抢早、抢小、抢先”，确保各项预防措施做在雨前、水前、风前、灾前，从而打有准备之仗，大概率打胜仗。坚持应急宣传是最好的防，加强新时代应急管理宣传能力建设，不断创新应急管理传播手段和宣传方式，引导广大人民群众支持应急、学习应急、参与应急，提升自救互救能力。

（六）演练要从预案准备

把应急演练作为应急管理工作的生命线工程，构建统一权威的应急指挥体制，建立有统有分、权责一致的协调联动机制，提高预案的针对性、实用性和可操作性。定期开展接近实战的应急演练，不断完善机制、锻炼队伍、提升能力。以演促练、真演真练、以练促改，不断检验预案、优化预案，提高应急能力，提升实战水平。

（七）业绩要在预期之上

聚焦人民对美好生活的向往，抓好当前、抓好基层、抓好基础，当好党和人民的忠诚卫士，着力提升人民群众的获得感、幸福感、安全感。围绕“优化协同高效”目标，着眼长远、开拓创新、奋发有为，着力增强应急管理改革的系统性、整体性、协同性。立足应急指挥平台建设，完善机制、健全制度、协同配套，加快形成统一指挥、专常兼备、反应灵敏、上下联动的应急管理体制，着力提高应急处置的科学性、高效性、权威性。

“五应”方法坚决贯彻“两个坚持，三个转变”的防灾减灾救灾新理念，涵盖了《突发事件应对法》中预防与应急准备、监测与预警、应急处置与救援、事后恢复与重建的应急管理全过程，体现了应急管理从构建“一案三制”为核心向风险治理为核心转变的时代特征，反映了应急管理本质上是预防管理的实践要求，丰富和发展了应急管理全过程内涵，对于做好新时代应急管理工作具有指导作用和现实意义。

第二节
应急管理“五应”方法的主要内容

“五应”方法——科学应备、时时应变、统一应战、精准应灾、及时应验。其中，应备、应变、应验属于“防”的范畴，应备立足长远来“防”，应变着眼当前来“防”，应验聚焦实战检验来“防”；应战属于“抗”的范畴；应灾属于“救”的范畴。这“五应”构成应急管理的闭环系统，应备是基础，前提在预防；应变是方法，根本在信息；应战是能力，决胜在统一；应灾是责任，要害在精准；应验是提升，关键在立制。这“五应”通过系统闭环运行，螺旋式提升应急管理效能，是推进应急管理体系和能力现代化的有效途径。

一、“科学应备”是应急管理体系和能力现代化的本质要求

应急管理本质上是预防管理，功夫在平时，基础在预防。习近平总书记反复强调“两个坚持、三个转变”，其核心就是坚持源头预防，关口前移，加强风险防范，化解和减缓各种风险及其危害，其关键就是常备不懈、充分准备，坚决打有准备之仗。科学应备在应急管理系统闭环中具有全局性、根本性、决定性作用。当前，应急管理工作最大的短板和弱项就是应急准备，特别是预防管理上的不足。实现应急管理体系和能力现代化，要求我们把科学应备作为核心能力和本质要求，一以贯之抓细抓实抓到位。

做到科学应备，最根本的是坚持以习近平新时代中国特色社会主义思想为指导，从习近平总书记关于应急管理重要论述中找到做好工作的“金钥匙”。打好防范化解重大安全风险攻坚战，最重要的是

坚持以人民为中心的发展思想，坚持底线思维，强化风险意识，下好先手棋，打好主动仗，驯服“灰犀牛”，防范“黑天鹅”，用大概率思维应对小概率事件，真正把安全风险解决在萌芽之时、成灾之前；最关键的是把“宁可十防九空，不能万一失防”“宁可备而不用，不可用时无备”“宁可信其有，不可信其无”“宁可信其大，不可信其小”的要求落实到位。

没有思想上的应备，就没有应急管理的准备，应备的质量决定应急管理的成败。要深入学习贯彻习近平总书记关于应急管理重要论述，用以武装头脑、指导实践、推动工作，把预防作为思维习惯、科学态度和工作方法，贯穿于科学应备全过程、各方面，做到“学习有预置方向、时刻在预备状态、工作在预见之内、应急从预警开始、安全从预防着手、演练从预案准备、业绩在预期至上”。

完善应急管理体制机制是科学应备的重要内容。要着力构建统一领导、权威高效、权责一致的应急能力体系，推动形成统一指挥、专常兼备、反应灵敏、上下联动的应急管理体制，充分发挥应急管理部门在统筹协调、牵头抓总、综合防范方面的优势作用。完善信息归口机制、风险防控机制，建立健全风险研判机制、决策风险评估机制、风险防控协同机制、风险防控责任机制，从根本上解决风险治理失灵问题。

做好新时代应急管理工作关键在人。要忠实践行对党忠诚、纪律严明、赴汤蹈火、竭诚为民的“四句话方针”，落实特别讲政治、特别讲纪律、特别讲科学、特别讲认真、特别讲精神的“五个特别”要求，在此基础上以对党绝对忠诚、生命高于一切、工作见叶知秋、时刻应急准备、纪律挺在前面、坚决服从指挥的“六条具体要求”，着力锻造党和人民信得过的准军事化队伍。按照“专常兼备、反应灵敏、作风过硬、本领高强”的要求，着力构建以综合性消防救援队伍为主力、以地方专业队伍为协同、以志愿者队伍等社会力量为辅助的应急救援队伍格局。

健全统一的应急物资保障体系，把应急物资保障作为应急管理体系建设的重要内容。建立统一的应急物资采购供应体系，实行集中管理、统一调拨、统一配送，优化重要应急物资生产能力布局，健全高效的应急物资供应保障网。加快实施自然灾害防治能力建设行动方案，持续加大投入，全面提高自然灾害防治能力。

坚持没有信息化就没有应急管理现代化的鲜明导向，充分发挥“数字政府”改革优势，运用大数据、云平台、人工智能等技术，统一治理横向到边、纵向到底的应急管理动态数据，形成监测预警“一张图”、指挥协同“一体化”、应急联动一键通，提升灾害防御的科学化水平。发挥应急管理专家作用，加强应急管理学科建设，整合各类创新资源，建设应急科学工程化基地，为应急准备插上科技的翅膀。

要将法治思维和法治方式运用到应备、应变、应战、应灾、应验全过程，改变把“应急管理”仅仅当作“应对”或者“救急”的思维认识，进一步完善应急管理法律体系。健全应急预案体系，加快推进总体预案、专项预案修订，规范预案编制、衔接、演练、宣教、培训等工作。

围绕“建设人人有责、人人尽责、人人享有的社会治理共同体”，坚持宣传是最积极的防、最有效的动员，推动安全宣传进企业、进农村、进社区、进学校、进家庭，健全防治结合、联防联控、群防群治的工作机制，动员全社会参与到应急准备中。

二、“时时应变”是应急管理体系和能力现代化的基本方法

2019年9月3日，习近平总书记在中央党校（国家行政学院）中青

年干部培训班开班式上指出，领导干部要有草摇叶响知鹿过、松风一起知虎来、一叶易色而知天下秋的见微知著能力。这要求对任何应急信息“宁可信其有，不可信其无”“宁可信其大，不可信其小”。当前，自然灾害、事故灾害、公共卫生事件、社会安全事件的关联性、耦合性越来越强，安全风险的跨界性、传导性日趋明显，稍有疏忽就会小问题变成大问题、社会问题变成政治问题。应急管理体系和能力现代化要求时时应变，以变制变，时刻保持状态，迅速采取措施，防范化解风险，排查整治隐患，纠正苗头问题，防止小事拖大、大事拖炸，避免仓促应战、被动应战。做到时时应变，关键是建立收集信息、掌握信息、研判信息、发布信息的工作机制，实现反应灵敏、行动迅速、处置高效。

要强化应变的警觉。时刻保持见风即雨、见雨即灾的高度敏感，科学预判最大的风险在哪里、最大的隐患是什么、发展趋势会怎样。只有时刻保持高度警觉性，才能保持高度敏感性，才能避免对应急信息做一般化处理，甚至不综合、不分析、不研判、不预警，最后导致小事变大事、局部问题演变成全面问题。现代应急管理要求我们时时分析趋势、研判形势、把握态势，做到科学预判，因时而变，随事而制，时刻保持警觉状态，迅速采取有效措施，做到早发现、早研判、早处理、早预防。

要健全应变的机制。充分依托大数据平台、信息化技术，加大感知网络覆盖面，提升多灾种和灾害链综合监测、风险早期识别和预报预警能力，第一时间会商、第一时间研判、第一时间预警，做到闻风而动，精准施策。在自然灾害防治方面，健全完善贯穿预防、预报、预警、救援等阶段的应变机制。预报阶段全面掌握各行业预测预报和相关信息报送情况，预警阶段及时主动组织多轮会商研判，视情况依权限发布或提出启动响应及响应级别的建议，统一发出指令，做好组织、协调、监督、指导等工作。在安全生产方面，把自然灾害防治的一整套有效经验做法全面移植到安全生产领域中，科学把握特定季节、特定时段、特定行业的事故规律，在事故易于多发频发的时间节点，提前警示相关部门、相关企业做好安全防范。

要提升应变的能力。坚持和完善全国全省“一盘棋”应急响应机制，时刻保持“事发在外地，警示在眼前”的清醒认识，把别人的事故当作自己的教训，不坐等批示、不置身事外、不盲目自信、不就事论事、不做表面文章、不搞形式主义，主动作为，强化担当，积极应对。时刻保持对苗头问题的高度警觉，以“钉钉子”精神，把每一起事故暴露出的风险问题“钉”住，把每一处整改“钉”紧，以最严格的标准、最严厉的手段防范化解安全风险。

三、“统一应战”是应急管理体系和能力现代化的特色优势

统一应战是应急管理体系和能力现代化的特色优势，决胜在统一，“统”意味着权威高效。应急管理只有权威在“统”时，才能高效在“战”时。

应急工作要统一领导。中国特色应急管理体系最大的优势是政治优势、组织优势和体制优势。坚持党的集中统一领导，充分发挥党总揽全局、协调各方的领导核心作用，把党的政治优势、组织优势和社会主义集中力量办大事的体制优势，转化为应战抗灾效能，做到统一领导、统一指挥、统一行动、统一协调、统一调度，为打赢应战抗灾的硬仗提供有力保障。要坚决防止应急管理在某个行政体系内循环，各自为战、效能低下，避免小事情发展为大灾害。

应急处置要统一指挥。完善统一组织、统一指挥、统一协调机制，承担好应急委、安委会、减灾委、防汛防旱防风总指挥部、森林防灭火指挥部、抗震救灾指挥部等日常工作。要进一步完善“一个指

挥中心、一个前方指挥部、一套工作机制、一个窗口发布”的“四个一”应急处置机制，做到指挥一个声音、发布一个窗口、行动一个步调。要建设最全面、最先进、最权威、最系统的应急指挥平台，为保障统一指挥提供科技支撑。

应急力量要统一行动。加大统筹协调力度，把握应灾的节点节奏，指挥消防救援队伍及社会应急力量第一时间赶赴现场救援，应用应急通信保障系统及时恢复通信，协调军队派出救援部队及时赶赴现场，及时调度直升机参与救援，调拨应急物资及时运抵现场，安排灾区救助资金及时到位，统一行动，步调一致，及时应对处置，有力有效减轻灾害损失。

四、“精准应灾”是应急管理体系和能力现代化的重要体现

应急救灾是应急管理的最后一道防线，事关人民群众生命财产安全，要做到精准抢险救援，精准调拨物资，精准紧急安置，精准恢复重建，充分发挥应急管理体制的特色和优势，努力将灾害损失降到最低。

精准抢险救援。通过应急指挥信息系统，将防灾减灾救灾指令直通应急责任人，打通“最后一公里”；在转移受威胁群众、搜救失联人员等环节，做到不落一户、不落一人。落实“10公里警戒、5公里管制、1公里核心区禁入”的现场交通管控机制，提前预置应急救援力量，做到科学处置、安全处置、快速处置。

精准调拨物资。建立健全自然灾害救助资金预拨机制，临灾前向即将遭受自然灾害影响地区预拨救助资金，提高救助资金使用的时效性，及时有效保障自然灾害发生期间受灾群众基本生活。统筹公路、水路、铁路、民航、通信等多种方式，建立应急运输绿色通道，全力保障各类应急物资运输畅通。

精准应急安置。完善应急避险机制，统筹加强全省应急避险场所建设和管理，健全灾害事故受影响群众转移安置工作机制，保障群众基本生活。

精准恢复重建。科学统筹、提前谋划恢复重建工作，建立健全应急管理部门与有关单位和地方党委、政府的协调联动机制，精准到户，精确到人，确保受灾群众有饭吃、有衣穿、有地方住、有干净水喝、有病能及时医治。

五、“及时应验”是应急管理体系和能力现代化的必然要求

2019年9月3日，习近平总书记在中央党校（国家行政学院）中青年干部培训班开班式上指出，要善于斗争，在复杂严峻的斗争中经风雨、见世面、壮筋骨、长才干。应急管理就是与各种极端天气斗争、与各种风险隐患斗争、与各种事故灾害斗争，要在斗争中学习斗争，在斗争中积累经验，在斗争中练就本领。及时应验，要求我们总结经验、吸取教训，抓紧补短板、堵漏洞、强弱项，该坚持的坚持，该完善的完善，该建立的建立，该落实的落实。

做到及时应验是应急管理体系和能力现代化的必然要求，也是应急管理系统闭环的重要环节。要始终坚持打一仗，总结一次，提升一次，坚持目标导向、效果导向和问题导向，及时总结应急管理的鲜活经验，并在应急管理实践中不断应验，固化提升，不断提高应急管理的能力和水平。

第三节
应急管理“五应”方法的实践特质

“五应”方法是实践的、实战的和实用的，体现了鲜明的问题导向、目标导向、结果导向。问题是出发点，目标是根本点，结果是落脚点，三者相互贯通，相互承接，相辅相成。这其中，突出问题导向，就是发现问题，研究问题，解决问题，防范化解风险，排查整治隐患，真正把问题解决在萌芽之时、成灾之前；突出目标导向，就是聚焦应急管理体系和能力现代化，固根基、扬优势、补短板、强弱项，推动应急管理从静态向动态转变，从职能管理向综合治理转变，从行业管理向系统治理转变，从灾害应对向风险管理转变；突出结果导向，就是把保护人民群众生命财产安全和维护社会稳定作为衡量工作成效的标尺，发挥应急管理体系的特色和优势，切实把确保人民生命安全放在第一位落到实处，真正实现目标、过程、结果的有机统一。

“五应”方法从实践中得来，也只有落实到实践中去，才能发挥更大作用。运用“五应”方法，构建了应急管理的综合优势、信息化优势和常设常备的队伍优势，解决了机构改革“怎么改”、安全风险“怎么防”、科技手段“怎么用”、应急队伍“怎么建”的问题，实现了指挥更加权威、统筹更加顺畅、动员更加有力、防范更加到位、救援更加高效，展现了强大的实践效果。

一、“五应”方法是构建应急管理工作优势的实践

党的政治优势、组织优势和社会主义集中力量办大事的体制优

势，是我国应急管理体制机制的特色和优势。这种特色和优势通过“五应”方法的传导，与应急管理实践相结合，形成了三大工作优势，即综合优势、信息化优势和常设常备的队伍优势，在防范化解重大安全风险、应对各类突发事件等系列大战大考中经受了考验，得到了验证。

（一）应急管理的综合优势

综合优势就是统的优势，来源于应急管理机构改革的体制设计，形成于应急管理部门知重负重、苦干实干、善作善成的担当作为，体现在统的担当、统的能力和统的权威。一些应急管理改革举措之所以停滞不前、应急难题之所以久拖不决，症结就在于不敢统、不善统、不能统。实践证明，只有靠勇于统来解决敢统的问题、靠科学统来解决善统的问题、靠依法统来解决能统的问题，才能形成应急管理的综合优势，才能统筹做好安全生产、防灾减灾救灾、应急救援各项工作。

（二）应急管理的信息化优势

没有信息化就没有应急管理的现代化，信息化建设是事关应急管理事业基础性、全局性、战略性重大任务。坚持把信息化建设强化落实到应备、应变、应战、应灾、应验的全过程和各方面。将大数据、云计算、物联网、人工智能等科技手段与传统做法相结合，建成应急管理综合应用平台。以信息化强化各类信息的收集、汇总、研判，大力提升多灾种和灾害链综合监测、风险早期识别和预报预警能力，实现对各类重大风险和隐患的识别、评估、监测、预警、处置等全过程动态管理。利用信息化手段，推行线上线下监管执法、开展全灾种的实战推演、实施“一竿子插到底”抓落实机制，形成“智慧应急”的工作格局。

（三）应急管理常设常备的队伍优势

应急管理机构常设、队伍常备，这是中国特色应急管理的重大改革。应急管理机关首先是政治机关，应急管理干部特别讲政治，在政治建设上高站位，把做到“两个维护”落实到了“救民于水火、助民于危难、给人民以力量”的具体行动上。特别讲纪律，在作风建设上高要求，增强纪律意识，严格执行纪律规定。特别讲科学，深刻认识应急管理本身就是一门科学，探索规律、把握规律、运用规律，不断提升应急管理科学化水平。特别讲认真，把不认真当作应急管理的重大隐患，对标最高最好最优，精益求精干好应急管理工作。特别讲精神，在争先创优上高标杆，振奋改革创新的精气神，敢闯敢干，大胆探索，在应急管理事业改革发展中不断取得新突破。

二、“五应”方法是解决应急管理重点问题的实践

2019年9月3日，习近平总书记在中央党校（国家行政学院）中青年干部培训班开班式上强调，历史总是在不断解决问题中前进的。我们党领导人民干革命、搞建设、抓改革，都是为了解决我国的实际问题。应急管理事业必然在解决问题中不断发展的，要求我们敢于直面问题，想干事、能干事、干成事，不断解决问题、破解难题。“五应”方法运用过程中，我们聚焦四大问题，勇于改革创新，全力推进应急管理体系和能力现代化。

（一）解决机构改革“怎么改”的问题

应急管理改革要求动态把握统分关系，统分结合，有统有分，有主有次，不同阶段、不同环节各有侧重，按照“科学应备、时时应变、统一应战、精准应灾、及时应验”的“五应”闭环，把握好时效度，动态调整统分关系，统得主动、分得恰当，统出权威、分出高效。

在应备阶段重点统在预防上，主动牵头、善于协调、严格监管、统筹抓总，统筹压实各方责任，统筹实施风险防范措施，统筹做好各项应急准备。在应变阶段重点统在信息上，见叶知秋、见微知著，见风即雨、见雨即灾，针对天气变化、状态变化、指标变化，准确识变、科学应变、主动求变，科学研判、精准指导，量化趋势、实化措施、强化责任。在应战阶段重点统在指挥上，统一指挥、统一行动、统一协调、统一调度，做到指挥一个声音、发布一个窗口、行动一个步调。在应灾阶段重点统在协调上，精准调拨物资，精准救灾安置，精准恢复重建，努力将灾害损失降到最低。在应验阶段重点统在总结上，坚持问题导向、目标导向、结果导向，固根基、扬优势、补短板、强弱项，推动各项制度措施更加成熟、更加定型。

（二）解决安全风险“怎么防”的问题

应急管理本质上是预防管理。坚持底线思维，牢牢把握主动权。时刻保持如履薄冰的谨慎、见叶知秋的敏锐，既高度警惕和防范灾害事故重大风险，又密切关注全局性重大风险，用大概率思维应对小概率事件，立足最不利情况，做最充分准备。练好风险分析、形势研判基本功。把握历史规律、当前情况以及趋势性、苗头性问题，针对天气变化、季节转换、长时间降雨、高温干旱、逢年过节、重大活动、停工停产、复工复产、学校开学放假、旅游旺季、外地发生事故、事故多发领域、长周期不发生事故、整改落实情况等进行研判，科学预判最大的风险在哪里、最大的隐患是什么、发展趋势会怎样，精准指导重大风险防范化解。落实风险防范、隐患整治硬措施。全面推行自然灾害防治“一体三预”的做法。“一体”就是从上到下一贯到底的应急指挥体系；“三预”就是“预判、预告、预警”，提升防治能力。同时，借鉴“一体三预”的做法，全面移植到安全生产风险防范中，大力实施安全生产“一线三排”工作机制。“一线”就是坚守“发展决不能以牺牲人的生命为代价”这条不可逾越的红线；“三排”包括“全面排查、科学排序、有效排除”风险隐患，真正把问题解决在萌芽之时、成灾之前。

（三）解决科技手段“怎么用”的问题

始终把科技手段作为提升应急管理能力的“制胜一招”，有效破解“融合指挥、应急通信、全域感知、短临预警、数据智能”五大难题。在融合指挥方面，主要解决指挥效率问题，建立科学高效、左右互通、上下联通的融合指挥体系，实现监测预警“一张图”、指挥协同“一体化”、应急联动一键通。在应急通信方面，主要解决指挥保障问题，建立联合创新工作机制，大力开展联合攻关，攻克公网中断等极端条件下的通信保障难题。在全域感知方面，主要解决智慧应急问题，统一接入各部门感知数据，实施动态监测预警。依托新基建，着力打造“全域感知”的智慧应急系统。在短临预警方面，主要解决精准指挥问题，利用大数据、云计算等手段，实行强降雨影响范围小尺度靶向预警到镇村，提前通知做好防范工作。在数据智能方面，主要解决科学研判问题，推动信息系统从数据组合、治理融合向智能聚合发展，强化数据治理深度学习，切实将更为精准的预防落到实处。

（四）解决应急队伍“怎么建”的问题

忠实践行“对党忠诚、纪律严明、赴汤蹈火、竭诚为民”的“四句话方针”，以“六条具体要求”着力锻造党和人民信得过的准军事化队伍。“对党绝对忠诚”，把对党忠诚作为最首要、最核心、最基本的要求，坚决听从党的号令，永远做党和人民的忠诚卫士。“生命高于一切”，坚持人民至上、生命至上、安全第一，始终把人民放在心中最高位置，坚决担负起保护人民群众生命财产安全和维护社会稳定的重要使命。“工作见叶知秋”，始终保持如履薄冰的谨慎、见叶知秋的敏锐，用大概率思维应对小概率事件，坚决承担起防范化解重大安全风险、及时应对处置各类灾害事故的重要职责。“时刻应急准备”，时刻听从党和人民召唤，时刻准备着、时刻警醒着，保持枕戈待旦，招之即来，来之能战，战之必胜。“纪律挺在前面”，坚持用铁的纪律，凝聚铁的意志、锤炼铁的作风、锻造铁的队伍，确保在关键时刻冲得上去，危难关头豁得出来。“坚决服从指挥”，统一加强应急管理工作，统一指挥应急处置，统一协调应急力量，号令一出，各级应急管理队伍如臂使指，齐声响应，统一行动。

三、“五应”方法是提升应急管理体系效能的实践

“五应”方法是在学深悟透习近平总书记重要论述、深化应急管理改革、应急管理探索实践中形成的，有利于坚定改革信心决心、坚定不移深化应急管理改革，有利于推进应急管理体系和能力现代化、进一步提升应急管理效能。

（一）应急指挥更加权威

运用“五应”方法，统一组织、统一指挥、统一协调应急管理工作，建立起权威高效、快速反应的应急指挥体系，各地、各单位对应急管理部门发出的指令迅速响应，全部落实，充分体现了新时代我国应急管理体制机制的特色和优势，展示了应急管理改革的阶段性战果。

（二）综合统筹更加顺畅

长期以来，应急管理“各管一块”“九龙治水”。机构改革以后，其他部门涉及应急管理相关职责全部划转应急管理部门，有效承担应急管理协调机构的日常工作，实现了全灾种统筹应对、全链条有效覆盖、全过程综合管理，统一组织会商研判、统一发布应急响应、

统一指挥协调应急救援队伍、统一调拨救灾物资、统一开展灾情统计、统一组织灾后重建等，各项工作环环相扣，有条不紊，有序推进，应急管理综合统筹越来越顺。

（三）社会动员更加有力

应急管理体系是否有效，主要看其社会动员能力。“五应”方法把应急宣传作为最积极的防、最有效的动员，创新完善依靠群众、发动群众的制度机制，发扬守望相助、邻里相帮的优良传统，织密基层应急管理的“天罗地网”，不断增强群众防灾减灾意识、安全风险意识、自救互救技能，提升全社会抵御自然灾害的综合防范能力。

（四）风险防范更加到位

当前，安全生产还处于脆弱期、爬坡期、过坎期，企业安全生产主体责任不落实的老问题、老毛病依然存在，一些行业领域事故多发频发。运用“五应”方法，时时应变，高度警觉，把别人的事故当成自己的教训，及时启动全国全省“一盘棋”应急响应机制，举一反三排查整改，从根本上消除事故隐患。及时应验，不轻易放过任何一起事故，以“钉钉子”精神，把每一起事故“钉”住，把每一处整改“钉”紧，把每一点责任“钉”实，以最严格的标准、最严厉的手段防范安全风险。

（五）应急救援更加高效

统一应战，实现应急救援力量从“分散管理、各自为战”向“统一指挥、协同作战”转变，救援救灾从“单一灾种”向“全灾种、大应急”转变。在应对各类灾害事故中，应急管理部门科学指导抢险救灾，救援队伍整齐划一，条块之间协调有序，军地之间协同高效，抢险救灾有条不紊，转移安置快速有序，最大限度减少人员伤亡，把灾害损失降到了最低。

习近平总书记指出："加强应急管理体系和能力建设，既是一项紧迫任务，又是一项长期任务。"[①]我们必须自觉向总书记、党中央看齐，自觉与总书记重要论述对表对标，自觉主动学、及时跟进学、联系实际学、笃信笃行学，始终坚持人民至上、生命至上，把使命记在心上，把责任扛在肩上，把工作抓在手上，以"等不起"的紧迫感、"慢不得"的危机感、"坐不住"的责任感，全力推进应急管理体系和能力现代化。

① 习近平：《习近平关于防范风险挑战、应对突发事件论述摘编》，中央文献出版社2020年版。

第四节
应急管理“五应”方法的文化内核

“五应”方法是在应急管理改革实践中产生的，也是独特应急文化孕育的。应急管理改革以来，各级应急管理部门深入学习贯彻习近平总书记关于应急管理工作的重要论述，牢记应急管理“三个重要定位”，坚持人民至上、生命至上，以“闯”的精神、“创”的劲头、“干”的作风，在高负荷、高风险、高压力的吃劲岗位上忘我奋斗，一刻不停地深化改革、防范风险、提升能力、建强队伍，一关接着一关过、一天接着一天守，越改越有信心、越防越有章法，越战越有状态。在这个过程中，我们深入思考“应急管理的价值是什么、动力源泉从哪里来、斗争精神怎么持续”这些问题，而答案就是应急文化。

第一，应急文化就是应急人的精神。唯有在精神上富足，在精神上找到方向、找到力量，才会有坚强的思想保证、强大的力量支撑、丰润的道德滋养，才会有科学的斗争方法、不竭的精神动力、无穷的强大力量。如果没有精神力量，“36524”的工作节奏就不可持续，可以干成的事也干不成，可以干好的工作也干不好，可以防范的风险也防不住，可以消除的隐患也消除不了。

第二，应急文化不是虚的而是具体的。应急文化实实在在地体现在履职尽责而敢于兜底的担当中，体现在防范风险而如履薄冰的谨慎中，体现在直面危险而逆向前行的奉献中，体现在每一位应急干部、先进人物、身边榜样的言行中。

第三，应急文化不是另辟蹊径、另搞一套。在中国特色社会主义文化的海洋里，应急文化是大海里的一滴水、百舸争流的一条船、万里长滩的一粒沙、攘攘人群中的一个人。应急文化不是喊口号。应急文化可以用文字写但更期望用行动来写，可以用语言来表达但更要用实践来体现，默默地做，滴水穿石，久久为功。

应急文化既具有文化的基本属性，也呈现出显著的特点。应急文化是多维度的，可以把它概括为六个方面，包括忠诚文化、统文化、点穴文化、“钉钉子”文化、数字文化、36524文化，这六个方面既有机联系、浑然一体，又各不相同、各有侧重。应急文化是应急管理改革实践的高度凝练，也是“高、统、快、防、实”的工作标准、“五应”工作方法等的文化内核。

一、忠诚文化是应急文化展现出的鲜明底色，是“五应”方法的根本指针

这个底色就是旗帜鲜明讲政治。应急管理部门首先是政治机关，应急管理队伍是准军事化管理的队伍。坚持用习近平新时代中国特色社会主义思想武装头脑、指导实践、推动工作，学思践悟、学用结合，不断提高政治判断力、政治领悟力和政治执行力。坚持把对党忠诚作为第一位的政治要求，把加强党的政治建设作为首要任务，把应急管理作为实打实的政治工作抓实抓好。坚持防风险首先从政治上看，把应急管理问题看成是对人民的感情问题，看成是高质量发展问题，看成是初心使命的政治问题，不断增强防风险的自觉性，更好统筹发展和安全。坚持讲政治是具体的，时时处处事事同党中央决策部署对标对表，持续跟进学习贯彻习近平总书记重要指示批示精神，以实际行动忠诚拥护“两个确立”，坚决做到“两个维护”。

忠诚文化是“五应”方法的根本指针，研判防范风险从政治上把

握、部署推动工作突出政治标准、处置应对突发事件防范政治风险、做好应急准备落实政治要求、抓好队伍建设凸显政治属性。

二、统文化是应急文化展现出的改革基因，是“五应”方法的实现途径

应急管理改革用一个字概括就是“统”，改革以前的问题是“分”得太多，改革以来的主要问题是“统”得不够，不“统”就没有改革的必要。深化应急管理改革必须坚持统分结合、统字当头，跳出应急看应急。深刻认识应急管理部门是不能有部门利益的部门，只有人民至上、生命至上的公共利益、全局利益。深刻认识应急管理部门是统筹抓总的部门，主动牵头、主动协调、宁可抓重、不可抓漏。深刻认识应急管理部门是主动兜底的部门，平时统筹、战时统一、空时兜底。这些都是应急文化的内容，是对统文化的最好注解。

科学应备、时时应变、统一应战、精准应灾、及时应验，这“五应”每一个环节、每一个步骤都需要统筹，也必须统筹。统筹需要担当，党委政府工作推进到哪里、人民群众对安全生产和防灾减灾的期盼在哪里，应急管理的工作重心就要放到哪里。统筹体现担当，统要有统的样子、统的作风、统的胸怀，必须代表人民利益去“统”，必须站在人民立场上去“统”，必须胸怀“国之大者”去“统”。统筹必须担当，急事当前首先是生命安全，难事之前首先是公共安全，大事面前首先是政治安全。

三、点穴文化是应急文化展现出的职责使命，是“五应”方法的内在要求

这个职责使命就是防范化解重大安全风险的政治责任。防抗救相结合，关键要以防为主，重点是点穴式防范。坚持防在早，根据形势

变化、任务变化、状态变化、气候变化、季节变化、工作变化，早发现、早研判、早处理、早预防。坚持防在小，以小见大、见微知著，采取系统的、源头的、工程的、管理的手段，防止小风险变大风险、小事变大事。坚持防在准，哪些领域问题多、多在哪里，哪些行业风险高、高在哪里，哪些企业不放心、不放心在什么地方，要做到心中有数，精准防范。

点穴文化体现了应急管理本质上是预防管理、实质上是风险治理，体现了以防为主的科学理念，体现了抓主要矛盾和矛盾的主要方面的方法论。这与“五应”方法的要求是高度契合的，要求“点穴式”精准研判、“点对点”精准防范、“钉钉子”精准落实，做到风险防范心中有数、手上有招。

四、“钉钉子”文化是应急文化展现出的务实作风，是“五应”方法的运行机制

应急管理是人命关天的大事，不能有“胜败乃兵家常事”的心态，必须打胜仗，也只能打胜仗。应急管理只有赢、没有输，只有100分、没有99分。如何才能立于不败之地？要坚持“不统筹不应急、不斗争不应急、不坚决不应急”，以“三个重要定位”的顶格标准、时刻应急准备的满格状态、敢于斗争善于斗争的真格措施，与时间赛跑、和风险较量、同隐患斗争，切实把人民生命安全放在第一位落到实处。要坚持安全是防出来的，也是斗争出来的，发扬“钉钉子”精神，把事故教训当作应急管理的宝贵财富，把每一起事故钉住，把每一处整改钉紧，把每一点责任钉实，以最严格的标准、最严厉的手段一抓到底、钉出安全。

我们运用“五应”方法，把握各类风险隐患的演化规律，创新实施安全生产“一线三排”，实行自然灾害防御“强预警、强联动、强

响应”，推行防台风“六个百分百”“三个联系”责任对接机制、化工企业“四令三制”、动火作业“三个一律”、有限空间作业“七个不准”等，以应急机制的确定性应对风险隐患的不确定性。

五、数字文化是应急文化展现出的创新精神，是“五应”方法的可靠支撑

应急管理不是经验之战，必须依靠科技创新，给应急管理插上“科技的翅膀”，为决策指挥配备“智慧大脑”，从而赢得主动、赢得优势、赢得未来。这个创新精神就是坚持“没有科技信息化就没有应急管理现代化”的鲜明导向，把握科技信息化的发展规律，做到监测预警“一张图”、指挥协同“一体化”、应急联动“一键通”，夯实融合指挥、应急通信、全域感知、短临预警、数据智能“五大优势”，聚焦“发展态势、安全态势、应急态势、统筹趋势”，实现基础数据一网打尽、风险研判一叶知秋、统筹趋势一目了然、安全发展一网统管。

我们深刻感受到科技信息化抓得紧、抓得好，应急管理工作就能争取主动、取得成效，反之就会陷入被动、停滞不前。要用好“需求导向、研用一体、开门创新”这关键三招，全力推进联合创新，有效破解“无数”应急问题，以科技信息化最新成果为“五应”方法提供更为坚实的支撑。

六、36524文化是应急文化展现出的奋斗状态，是“五应”方法的价值遵循

这个奋斗状态就是全年365天、每天24小时都应急值守，随时可能面对极端情况和生死考验，而从不畏惧、从不退缩，就是一往无前的奋斗姿态、风雨无阻的精神状态。始终保持“一朝应急人、一生赶

考生”的清醒，习惯应急管理的工作节奏，习惯没有节假日的工作安排，习惯在办公室吃饭睡觉，以每次从零开始、每天重新开始的态度抓应急管理工作。始终保持“冲在第一线、守在你身边”的劲头，坚持奋战在风险防范的主战场、隐患整治的最前沿、应急处突的第一线，人民在哪里需要，我们就在哪里出现，义无反顾、勇往直前。始终保持“永远吹冲锋号、时刻在准备中”的状态，时时刻刻准备，分分秒秒防范，每时每刻研判，随时随地出动，始终做党和人民的忠诚卫士。

36524文化就是坚持人民至上、生命至上，在保护人民生命安全面前，我们必须不惜一切代价，我们也能够做到不惜一切代价。这是“五应”方法的价值遵循，为大公、守大义、求大我，做到对待生命安全，只有站位、没有本位；对待风险防范，只有担心、没有放心；对待隐患治理，只有考验、没有经验；对待工作落实，只有进程、没有完成；对待应急准备，只有起点、没有终点；对待工作评价，只有潜绩、没有成绩。在奋斗中感受幸福、在奉献中成就自我、在坚守中勇毅前行，以“时时放心不下”的责任感履职尽责、保民平安。

习近平总书记指出，文化自信，是更基础、更广泛、更深厚的自信，是更基本、更深沉、更持久的力量。应急管理改革以来，我们坚定不移沿着习近平总书记指引的方向前进，形成了应急管理的综合优势、信息化优势和常设常备的队伍优势，涵养了包含忠诚文化、统文化、点穴文化、“钉钉子”文化、数字文化、36524文化的应急管理文化。要继续发挥好应急文化的作用，以更加昂扬的姿态奋进新征程、建功新时代。

第二章

科学应备

2020年，广东第四轮“龙舟水”持续时间长，局地雨量大（多地超历史极值），雨区落点重叠，出现河水漫堤决堤，地质灾害（山体滑坡、泥石流）多发，多个村庄被淹，通信交通阻断。尽管形势多年未有的严峻，但全省没有发生群死群伤事故，应对工作基本做到了精准化，哪里有险情，哪里就有应急管理队伍，现代通信手段可以确保在极端条件下实时传回场景画面，实时连通一线指挥员、基层干部，掌握最新的一手信息，精准判断、精准组织、精准协调，充分展示了应急管理改革两年来着眼于实践的应急准备成果。实践再次证明，应急管理本质上是预防管理，是有准备的应急。

第一节
应备概述

“救”很重要，“防”更重要。随着中国特色社会主义进入新时代，我国应急管理工作也进入新的发展阶段。应急管理部门坚持以人民为中心的发展思想，坚持生命至上、安全第一，坚持以防为主、防灾救灾相结合，坚持常态减灾与非常态救灾相统一，必须做好预防工作，从源头上防范化解重大安全风险。而预防的关键，就是把应急准备的各项要求落实到位。

一、应备的涵义

本书所说的“应备”，就是应急准备，在“五应”应急管理闭环中具有全局性、根本性、决定性作用。应急管理要从应急准备开始，没有准备的应急叫救急，有准备的应急才能叫应急管理。科学应备就是做好充分的应急准备，打有准备之仗，不断提高应急管理的预见性、科学性和主动性，不断强化预防的系统性、整体性、协同性，不断增强人民群众获得感、幸福感、安全感。

我们可以从以下几个方面来理解“科学应备”：

（一）科学应备是系统的“防”

科学应备要运用系统思维的方法，统筹防范好安全生产和防灾减灾救灾领域的重大风险，科学研判、辩证分析，全面把握、协调推进，既防范好自己所负责领域内的重大风险，又在密切关注全局性重大风险中有所作为。例如广东聚焦危化品、头顶库、非煤矿山、粉尘爆炸、有限空间作业、火灾、建筑工地、交通、旅游、强降雨及次生灾害等十大风险，没有“头痛医头、脚痛医脚”，而是及时制定八大专项整治方案，部署安全生产专项整治三年行动实施计划，系统推进安全生产源头治理、综合治理、精准治理，有力遏制重特大事故发生。

（二）科学应备是长远的“防”

不同于“时时应变”解决随时面临的风险，科学应备着眼于打基础、利长远，在思想上、工作上、制度上统筹做好充分的准备，为防范化解重大安全风险打下坚实的基础，不让小风险演化为大风险，不让个别风险演化为综合风险，不让局部风险演化为区域性或系统性风险，不让灾害风险演化为社会政治风险。应急管理改革以来，应急管理部门高度重视应急准备工作，不断强化思想准备、体制机制准备、预案准备、科技支撑准备、法治准备、应急力量准备、应急物资准备、社会动员准备等等，各类事故起数、死亡人数持续双下降。

（三）科学应备是主动的“防”

守住应急管理底线，必须知道最大的风险怎么防，最大的隐患怎么治，变被动为主动，在危机中育先机，于变局中开新局。科学应备要主动把握安全风险规律，主动查找风险隐患这个最大的“敌人”，把握灾害事故发生的规律和特点，防范在先，以防为主，在防范化解重大安全风险的斗争中赢得先机、赢得主动，不被灾害事故牵着鼻子走。例如广东组织各地、各有关单位和广大村民在清明、国庆假期毫不松懈地抓好野外火源管控，全面落实“包山头、守路口、盯重点、签责任、打早小”措施，盯住重点林区、重点山头、野外作业现场，确保了“山有人管、林有人护、火有人盯、责有人担”。

二、应备的原则

应备的原则是指导预防活动的基本准则，必须遵循和体现新时代应急管理理念，符合防范化解重大安全风险的基本规律，确保应备措施的科学性和有效性。

（一）做最充分准备

应急应备是否充分，将直接影响突发事件造成的后果。应备不足，损失可能不断扩大，事态可能变得难以驾驭。应备充分，灾害在萌芽状态就能及时被控制，事发后的应急响应将更加迅速高效，处置应对将更加有力有序。应急管理干部必须始终怀有戒惧之心、忧患意识，以大概率思维应对小概率事件，立足最不利情况，常思突发事件万一发生了会怎么样，并对"万一"有所防范。只有时刻保持清醒头脑，在应急准备的各个方面树牢底线思维，在应急准备的各个领域增强风险意识，才能下好先手棋，打好有准备之仗。

（二）凡事从坏处准备

面对各类突发事件，必须克服侥幸心理和麻痹思想，把困难和风险考虑得足一些、大一些，时刻保持如履薄冰的谨慎状态，加强风险研判，加大防范力度，才能保持应备定力，做到有备无患、遇事不慌、临危不惧，努力争取最好的结果。比如2020年8月，尽管台风"海高斯"路径变化大、近海强度急剧跃升、移速突然加快、防御工作难度大，广东应急管理部门立足抓早、抓主动，在16日晚热带低压刚刚生成时，就针对当天南海开渔大量渔船出海作业的特殊情况，连夜会同省农业农村部门组织渔船尽量近海作业，防止途远无法及时回港避风。全省严格落实防台风"五个百分百"要求，最后组织25717艘渔船回港避风、9549名渔排养殖人员上岸避险，确保各项防御措施落实到位，取得"人员零伤亡"的全面胜利。

（三）时刻做好准备

新时代应急管理呈现"五应"全周期运转、"测报防抗救"全过程统筹、大应急全灾种全链条应对的新特点，必须把"时刻准备着"

作为自觉追求，努力锻造担当的铁肩膀、实干的硬功夫，把源头治理、综合防范工作抓实抓细抓落地，以常抓不懈的实际行动和工作成效做到“两个维护”。应急管理干部在一年365天，每天24小时值班值守中，时刻绷紧应急准备这根弦，保持时刻准备的应急状态，全力以赴做好防范化解重大安全风险的各项准备工作，特别是防控新冠肺炎疫情以来，从思想上、机制上、物资上、制度上、科技上充分准备，在落实“双统筹”、夺取“双胜利”上发挥了特别的作用，体现了应有的担当。

三、应备的措施

应备是做好应急管理各项工作的基础，必须全灾种、全要素、全天候、全方位做好应急准备，全面提高应急准备能力，充分做好各种应急准备，保障应变、应战、应灾、应验工作顺利开展，从源头上提高保障生产安全、维护公共安全和防灾减灾救灾等方面能力。

（一）全灾种应备

安全生产和自然灾害防治都是应急管理的重要组成部分，两条战线都要做好应急准备，不能一线强、一线弱。特别是随着经济社会发展，新业态、新风险、新挑战的出现，不同安全风险之间的联动性、交叉性、多样性更加突出，应急准备“全灾种”的意识必须进一步加强，对全灾种风险要统筹考虑、通盘准备，补齐短板、加固底板、强化弱项，提高防范化解重大、复杂安全风险的能力和水平。

（二）全要素应备

应急准备主要涉及思想认识、体制机制、队伍建设、物资保障、科技支撑、法治体系、社会动员等方面，为防范化解重大安全风险提供强有力的支撑。要以问题为导向，分析突发事件防范及应急能力建设需求，深入研究突发事件发生发展的动态演化规律，在人、装备、数据、方法、制度等各要素上共同发力，有针对性地做好各项应急准备，牢牢把握预防管理的主动权。

（三）全天候应备

应急准备的底线就是不发生重特大生产安全事故、群死群伤重大灾害和重大社会影响事件。无论白天还是黑夜，无论工作日还是节假日，应急准备都要做到一年365天、每天24小时，风雨无阻、日夜兼程、闻鸡起舞，时刻防范风险，随时做好准备。应急管理部门必须着力建设一支对党忠诚、纪律严明、赴汤蹈火、竭诚为民的准军事化队伍，从严从细从实筑牢风险防线，切实把应急管理系统的责任立起来，狠抓各项应急准备的落实，没有一秒懈怠，没有一分疏忽。

（四）全方位应备

预防管理是对可能引发突发事件的安全风险进行全方位的防范化解。严防发生重特大生产安全事故、严防发生群死群伤重大灾害、严防发生重大社会影响事件，是安全生产和防灾减灾救灾工作的底线和红线，是应急管理干部践行初心使命的必然要求。海陆空、地上地下、水上水下，都是风险防范的主战场，要健全条块清晰、职责明确的风险防范责任体系，全方位地做好应急准备，及时破解认不清、想不到、管不到等问题，科学防范新技术、新产业、新业态可能出现的新风险，有效阻断单一风险变成灾害事故链条。

第二节
思想准备

思想是行动的先导。应急准备中最重要、最难的是思想准备，只有思想准备到位，才能有人的正确行为和行动动力；没有思想上的准备就没有应急管理的准备。在思想上充分准备，最本质的是坚持以习近平新时代中国特色社会主义思想为指导，深入贯彻习近平总书记关于应急管理的重要论述，始终把以人民为中心作为应备的根本出发点，把统筹发展和安全作为应备的目标，把预防为主作为应备的主线，把底线思维作为应备的方法，时刻保持清醒头脑，强化风险意识，凡事从坏处准备，努力争取最好的结果，力争不出现重大风险或在出现重大风险时扛得住、过得去。

一、始终把以人民为中心作为应备的根本出发点

“治国有常，而利民为本”。党的十八大以来，习近平总书记提出了以人民为中心的发展思想，彰显了人民至上的价值取向。坚持以人民为中心的发展思想，就是要坚持发展为了人民、发展依靠人民、发展成果由人民共享。应急管理部门为人民而生、为人民而建、为人民而战，承担防范化解重大安全风险、及时应对处置各类灾害事故的重要职责，担负保护人民生命财产安全和维护社会稳定的重要使命，要始终把人民生命安全放在首位作为一切工作的出发点，凡是与这一出发点相违背、相背离、相矛盾的，都要坚决防止、坚决不做、坚决斗争。应备做得好不好，就看有没有对人民群众用心，能不能为人民群众尽心；越用心、越尽心为人民服务，就越能把应急管理职责履

行好。

（一）坚持把人民放在心中最高位置

“人民对美好生活的向往，就是我们的奋斗目标”。“发展决不能以牺牲人的生命为代价”。要坚持人民至上、生命至上，紧紧抓住人民群众关心的安全问题，满足人民群众迫切的安全需求，不断增强人民群众的获得感、幸福感、安全感。2020年新冠肺炎疫情发生后，全国各地对患者实行免费医疗救治和综合保障，这就是把人民群众健康安全摆在首要位置的具体体现。再比如，在2019年台风“白鹿”引发的强降雨灾害应对中，广东省茂名信宜市金垌镇木新村，通过覆盖全村的8个大喇叭、铜锣和手摇警报器等，逐一入户提前转移和妥善安置820名受灾群众，取得了人员零伤亡的战绩。

（二）坚持把人民平安作为最高荣誉

人民是历史的创造者，群众是真正的英雄。人民群众是我们力量的源泉。要坚持从维护人民群众的根本利益出发，把人民高兴不高兴、满意不满意、答应不答应作为检验工作的标准，心中装有人民，一切为了人民，想人民群众之所想、急人民群众之所急、解人民群众之所困，切实把人民群众的操心事、烦心事、揪心事解决好，用应急管理干部辛苦一点、劳累一点，换来人民群众的获得感、幸福感、安全感多一点。例如，2019年佛山高明“12・5”森林火灾扑救工作结束后，佛山市高明区近千名群众自发到路边欢送参战的森林消防队员，可以说人民群众认可才是真认可，人民群众满意才是真满意。

（三）坚持把人民需求作为最强动力

“平安是老百姓解决温饱后的第一需求，是极重要的民生，也是最基本的发展环境。”应急管理部门始终筑牢服务人民、保民平安的思想根基，坚决克服麻痹思想和侥幸心理，把以人民为中心的发展思想融入具体工作中，紧紧围绕人民群众对美好生活的向往，时刻绷紧绷牢防灾减灾救灾和安全生产这根弦，压紧压实防灾减灾救灾和安全生产工作责任，牢固树立“群众过节、我们过关”的意识，加强节假日和重点时段、汛期、森林防火期值班值守，提前预置应急救援力量和应急物资，枕戈待旦，做到不负人民期待、不负人民重托。清明节期间，应急管理部门每天电话抽查县、乡镇两级政府主要领导，设立临时检查站，组织生态护林员、专职护林员进山巡查，向公众发送安全用火和文明祭扫提醒短信，实现全民动员、全民行动、全民防火。

二、始终把统筹发展和安全作为应备的目标

统筹发展和安全，增强忧患意识，做到居安思危，是我们党治国理政的一个重大原则。党的十九届五中全会审议通过的《中共中央关于制定国民经济和社会发展第十四个五年规划和二〇三五年远景目标的建议》，围绕“统筹发展和安全”设置专章作出系统部署，强调要实现更高质量、更有效率、更加公平、更可持续、更为安全的发展，实现发展规模、速度、质量、结构、效益、安全相统一，进一步凸显了统筹发展和安全的战略考量。

安全是发展的前提，发展是安全的保障；安全才能更好地发展，发展才能更加安全。科学应备要求应急管理部门要增强机遇意识和风险意识，把困难估计得更充分一些，把风险思考得更深入一些，聚焦防范化解重大风险体制机制不断健全、突发公共事件应急能力显著增强、自然灾害防御水平明显提升、发展安全保障更加有力的目标，更好地统筹发展和安全。

（一）聚焦健全防范化解重大风险体制机制

不断完善自然灾害防治“一体三预”、安全生产“一线三排”、“四个一”应急处置机制，有章有法维护人民群众生命财产安全，打造全周期、全方位、全要素、全灾种、全领域的大应急格局。

（二）聚焦突发公共事件应急能力显著增强

按照“专常兼备、反应灵敏、作风过硬、本领高强”的要求，着力构建以综合性消防救援队伍为主力、地方专业队伍为协同、志愿者队伍等社会力量为辅助的应急救援工作格局。

（三）聚焦自然灾害防御水平明显提升

深入实施自然灾害防治能力建设行动方案，组织开展自然灾害综合风险普查，建立省、市、县三级自然灾害综合风险和综合减灾能力数据库，推动建立省级应急物资保障基地，健全统一的应急物资保障体系。

（四）聚焦发展安全保障更加有力

立足最不利的情况，做好最充分的准备，争取最好的结果，坚决杜绝和防止重特大事故、遏制较大事故、减少一般事故，努力做到自然灾害“不死人、少伤人、少损失”。

三、始终把预防为主作为应备的主线

做到科学应备，必须把预防作为思维习惯、职责责任、工作方法，贯穿于应急管理全过程各方面，才能预先看到前途和趋向，及时察知萌芽中的危险，事先做好计划准备，才能驾驭事物发展进程，减少风险。

要把预防作为思维习惯。让预防成为一种习惯不是一件轻易就能做到的事情，需要持续深入学习习近平总书记关于应急管理的重要论述，深刻领会精神实质和丰富内涵，着力把预防意识扎根在自己的脑海，并通过长期反复实践不断强化，成为自己的本能需求，确保做任何事情都预防为先、预防为主，时时刻刻做好准备。俗话说，习惯成自然。养成一个良好的预防习惯，并让其成为自然，是每个应急管理干部的基本要求。

要把预防作为职责责任。中国有句古话："凡事预则立，不预则废。"应急管理部门要顺应人民群众对增强获得感、幸福感、安全感的新期待，把预防工作做在前面，把预防责任放在心上、扛在肩上、抓在手上，指导各地严格落实好安全生产"三个必须"、防台风"五个百分之百"和森林火源管控"五清"等要求，严把关口、严密防范、严防死守，坚决筑牢应急管理最前一道防线。

要把预防作为工作方法。应急管理部门要把预防贯穿落实到应急管理工作全过程、各方面，切实把危险化学品、道路交通、建筑施工、消防、有限空间、液氨制冷、粉尘涉爆等重点行业领域，地质灾害、削坡建房和地震灾害以及重点时段防汛防台风和森林火灾隐患排查得更全面一些，把各类安全风险控得更严格一些，把关口移得更靠前一些，把准备做得更充分一些，推动应急管理从静态向动态转变，从职能管理向综合治理转变，从行业管理向系统治理转变，从灾害应对向风险管理转变。

在应急管理实践中，预防做得越超前、越充分、越全面、越细致，就越能为应变、应战、应灾争取主动，各项应对措施就更具有针对性、科学性和合理性，就能越迅速、越有效地消除各种风险隐患，多一分谋划、多一分准备，就多一分胜算，就能最大限度减轻灾害风险。

（一）早判先知风险

善于从复杂的情形中敏锐觉察并捕捉到风险的苗头，及时发现风险于蛛丝马迹和初始状态，精准察知把握风险的特点性状、动态走势，迅速锁定风险，这是有效防范化解风险的大前提。各地在风险研判方面进行了探索。比如，广东在节假日和重点时段、汛期、森林防火期坚持"一日一研判、一日一报告、一日一调度、一日一抽查、一事一处理"的"五个一"机制，分析安全生产和自然灾害形势。

（二）先防早治风险

有效防范重大风险的前提，就是把关口前移、抓早抓小、预先应对、防微杜渐，才能防患于未然，防止小灾演变成大灾，最大限度减少灾害损失。例如，2015年，强台风“彩虹”袭击湛江，宝钢湛江钢铁基地正处台风登陆中心附近，外围电源全部断电，给点火不久的高炉等生产造成严重影响。宝钢湛江钢铁基地坚持防范为先，提前自建备用电厂，虽然自备电厂1号、2号机组也在台风中相继跳机，但企业能以最快速度对自备电厂进行抢修，台风后4天自备电厂2号机组就提前恢复并网发电，不但为企业早日生产提供了可靠的电力，也有效缓解了湛江市供电困难。

（三）时刻警惕风险

对国内外发生的每一起重大灾害事故，不能有看热闹的思想，不能做与己无关的旁观者，而是把别人的事故当成自己的事故来对待，把历史的事故当成今天的事故来对待，把小事故当成大事故来对待，把隐患当成事故来对待，认真吸取别人的教训，找到问题症结所在，下好防范化解安全风险“先手棋”，只有这样才能避免类似灾害事故在自己的身上再次发生。例如，广东应急管理部门实行全国全省“一盘棋”应急响应机制，时刻保持“事发在外地，警示在眼前”的清醒认识，不坐等批示、不置身事外、不盲目自信、不就事论事、不做表面文章，始终不等不靠，主动作为，2019年启动全国全省“一盘棋”应急响应机制41次，加强对全省相关行业领域的隐患排查治理，全力以赴把防范化解重大安全风险工作抓实抓细抓到位。

四、始终把底线思维作为应备的方法

底线通常为人们所指的红线、下限，也是事物由量变到质变的临界线。底线思维是以习近平同志为核心的党中央在思考解决新时代坚持和发展中国特色社会主义面临的重大实践问题中总结出来的。应急管理的底线思维就是凡事从坏处准备，努力争取最好的结果，做到有备无患、遇事不慌，牢牢把握主动权。

运用底线思维做好应备，既要深刻认识应急管理本质上是预防管理，把预防作为最经济、最有效的策略，又要增强忧患意识，千方百计“托底”“守底”“保底”，把各种风险预想得更复杂一些，把矛盾估计得充分一点，甚至把各种矛盾叠加、风险隐患集聚的最糟糕结果估计和预想到，比如，重大公共卫生事件和事故灾难、自然灾害同时发生，各种灾害事故和经济危机同时发生等等，然后制定周详完善的措施，做好应对最坏局面的准备，才能有效应对急难险重的重大风险挑战。

总的来说，只要坚持思想引领、加强理论武装、强化政治建设，充分做好思想上的应急准备，就没有克服不了的困难，没有应对不了的挑战；只要坚持以人民为中心的发展思想，坚持人民至上、生命至上，坚持以防为主，防抗救相结合，就能攻无不克、战无不胜，遇到任何风浪、任何困难，都有信心有办法解决。

【专栏】

营造浓厚党建氛围
不断强化应急管理的思想准备

广东省应急管理部门多管齐下，全力营造党建文化浓厚氛围，教育引导应急管理战线党员干部全面提高思想政治素质和业务工作水平，自觉做到持续学习、跟进学习、终身学习。

一是坚持把学习贯彻习近平新时代中国特色社会主义思想作为应

急管理事业改革发展的头等大事、首要政治任务，定期制订学习目录清单下发给各支部，让广大党员干部学有内容、学有方向。

二是组织应急管理大讲堂、党的理论学习宣讲会，以“请进来”的方式，邀请专家学者为全系统党员干部授课。

三是充分利用好“学习强国”软件、应急管理干部网络学院、广东省干部培训网络学院等平台开展学习，督促各支部党员干部持续学、深入学。

四是组织开展青年干部“应急管理三十分钟”活动，让年轻党员干部上台谈学习、谈认识、谈体会，推动学用相长。

五是从防灾减灾救灾第一线、应急管理改革主战场、服务群众最前沿不断发掘先进典型，推介先进典型，宣传先进典型，形成创先争优的良好氛围。

六是充分利用信息化手段，在办公楼公共区域打造党建宣传阵地，让“空白墙”变成“党建墙”，多层次、多角度、多形式宣传贯彻习近平总书记关于应急管理的重要论述和重要指示批示精神。

第三节
工作准备

工作准备，是为有效防范化解重大安全风险，提前开展预防性工作行动任务，从而减少或消除风险隐患，避免突发事件发生，或者防止突发事件升级或扩大，最大限度地减少突发事件造成的损失和影响。

我国是世界上自然灾害影响最严重的国家之一，自然灾害种类多、灾情重、影响广。2018年10月10日，习近平总书记在中央财经委员会第三次会议上强调，要建立高效科学的自然灾害防治体系，提高全社会自然灾害防治能力。要实施灾害风险调查和重点隐患排查工程，掌握风险隐患底数；实施重点生态功能区生态修复工程，恢复森林、草原、河湖、湿地、荒漠、海洋生态系统功能；实施海岸带保护修复工程，建设生态海堤，提升抵御台风、风暴潮等海洋灾害能力；实施地震易发区房屋设施加固工程，提高抗震防灾能力；实施防汛抗旱水利提升工程，完善防洪抗旱工程体系；实施地质灾害综合治理和避险移民搬迁工程，落实好“十三五”地质灾害避险搬迁任务；实施应急救援中心建设工程，建设若干区域性应急救援中心；实施自然灾害监测预警信息化工程，提高多灾种和灾害链综合监测、风险早期识别和预报预警能力；实施自然灾害防治技术装备现代化工程，加大关键技术攻关力度，提高我国救援队伍专业化技术装备水平。

近年来，我国安全生产形势保持了稳定向好的态势，生产安全事故起数和死亡人数进一步下降，但总体上仍处于爬坡过坎期。2020年4月，国务院安委会聚焦风险高隐患多、事故易发多发的煤矿、非煤矿山、危险化学品、消防、道路运输、民航铁路等交通运输、工业园区、城市建设、危险废物等9个行业领域，从2020年4月1日起至2022年12月，组织开展为期三年的安全整治。

为全面贯彻党中央的战略决策，深入落实应急管理部的工作部署，地方应急管理部门要强化工作准备，在自然灾害防治、安全生产专项整治、应急演练等方面狠下功夫：

一是在自然灾害防治方面，重点从推动实施自然灾害防治九项重点工程着手，形成统筹应对各灾种、有效覆盖防灾减灾救灾各环节、全方位全过程各层次的自然灾害防治体系，全面提高自然灾害防治能力。

二是在安全生产方面，贯彻国务院安委会“十五条”、出台省安全生产65条硬措施，严格落实《广东省市县党政领导干部安全生产重点职责工作清单》各项职责要求，压实地方党政领导安全生产责任，以安全生产专项整治三年行动计划为重要抓手，建立健全重在“从根本上消除事故隐患”的责任链条、制度成果、管理办法、重点工程和保障机制，推进安全生产治理体系和治理能力现代化。

三是在应急演练方面，创新“桌面推演＋实战演练”，发动基层、全民动员、全民参训，运用智能化的应急指挥平台和现代化的信息系统、通信系统，实现“测报防抗救”全链条演练，实行跨层级、跨部门联合演练，实施实战化的应急指挥演练。

一、自然灾害防治重点工程

自然灾害防治九项重点工程可分成源头治理工程、分类治理工程、基础治理工程等三个类型。

（一）源头治理工程

源头治理主要包括实施灾害风险调查和重点隐患排查工程、重点生态功能区生态修复工程。

1. **灾害风险调查。**通过以县为单位开展灾害综合风险与减灾能力调查评估，形成自然灾害风险与减灾能力数据库，编制灾害综合防治区划图，确保掌握风险隐患底数。

2. **灾害风险隐患排查。**围绕气象、地震、地质、海洋、森林火灾等开展风险隐患排查。推动建立基层气象防灾减灾数据集，绘制气象防灾减灾区划地图。基本完成地级以上市主城区重点建（构）筑物抗震性能普查和地震灾害风险隐患排查，建立动态风险数据库。完成重点防治区内县（市、区）地质灾害详细调查工作，建立地质灾害数据库。开展全省县级风暴潮灾害风险评估与区划，推进海洋灾害重点防御区划定。以县为单位开展全省森林火灾风险隐患点调查，完成森林火灾隐患排查整治工作。

3. **恢复森林生态功能。**重点组织对国家重点生态功能区范围内的县（市、区）开展造林与生态修复，推进矿山环境治理恢复、土地整治与土壤污染修复利用、生态系统和生物多样性保护、流域水环境保护及治理等。

4. **恢复海洋和湿地生态功能。**通过建设沿海防护基干林带，提升森林质量，构建结构稳定、功能齐备的沿海防护林体系，提高抵御台风、海啸和风暴潮等主要自然灾害的能力。同时大力推进多类型、多层级、多功能的湿地公园建设，建设一批示范性湿地公园。

（二）分类治理工程

分类治理工程主要包括海岸带保护修复工程、地震易发区房屋设施加固工程、防汛抗旱水利提升工程、地质灾害综合治理和避险移民搬迁工程。

1. **实施海岸带保护修复工程。**重点开展海岸带生态修复、滨海湿地生态修复、海岛海域生态修复，启动全省生态海堤建设，提升抵御台风、风暴潮等海洋灾害能力。

2. 实施地震易发区房屋设施加固工程。主要通过加强房屋建筑工程抗震设防监管和超限高层建筑工程抗震设防审查管理，实施城市桥梁加固改造工程，改造四、五类公路桥梁以及使用年限久的三类桥梁，不断提高抗震防灾能力。

3. 实施防汛抗旱水利提升工程。加快水利枢纽和蓄滞洪区工程建设，完善大江大河防洪工程体系；推动山区、易灾多灾区加快中小河流治理，完善山洪灾害防治县的非工程措施，提高山洪灾害防治区的综合防御能力；加强城市内涝整治，有序推动农村重点涝区治理；完善城市水源安全保障体系，提升城市应对突发水污染事故、特殊干旱年或连续干旱年的能力，同时开展水利工程和水旱灾害防御视频监控点建设，充分发挥好水利工程综合效益。

4. 实施地质灾害综合治理和避险搬迁工程。重点对威胁100人以上地质灾害隐患点开展综合治理，深入开展农村削坡建房整治，并对现有破旧农村泥砖房分类建档立卡，分期分批、先易后难开展农村破旧泥砖房清理整治工作。

（三）基础治理工程

基础治理工程主要包括应急救援中心建设工程、自然灾害监测预警信息化工程、自然灾害防治技术装备现代化工程。

1. 实施应急救援中心建设工程。推动建设区域应急救援中心，完善森林航空消防体系，实现从应对单一灾种向综合灾种应急救援职能拓展，同步打造智能型消防灭火救援指挥中心，开展综合减灾示范社区、示范县创建，推动基层防灾减灾能力标准化，形成全省应急救援“一盘棋”。

2. 实施自然灾害监测预警信息化工程。实施自然灾害监测预警信息化工程，重点围绕气象灾害、水旱灾害、地震灾害、地质灾害、海洋灾害、森林火灾等单一自然灾害及多灾种灾害链，完善全域覆盖的自然灾害监测预警体系，实现跨地域、跨层级、跨系统的自然灾害动态监测和预报预警，为灾前防范、灾中应急和灾后处置提供基础支撑。

3. 实施自然灾害防治技术装备现代化工程。结合森林防灭火应急能力、地震应急响应技术保障能力、水上救援能力以及救援队伍专业化技术装备、灭火救援攻坚装备、消防站救援装备配备等项目，加强专业队伍建设，强化高层建筑、石油化工的特殊火灾扑救攻坚装备配备，提升森林消防队员个人防护装备水平。构建集视频指挥、监控调度、视频会商、现场图传、态势展现等功能于一体的移动通信指挥平台，提升自然灾害防治技术装备现代化水平。

自然灾害防治九项重点工程全面系统概括了自然灾害防治的重点任务，既落实了预防为主的源头治理思想，也体现了多灾种统筹治理的综合治理思想；既指明了灾害防治的各领域工作，也强调了灾害防治的基础能力建设。自然灾害防治九项重点工程的推动实施，为做好自然灾害防治等应急管理工作，既绘制了清晰的路线图，也提供了实实在在的项目支撑。

二、安全生产专项整治行动计划

深化源头治理、系统治理、依法治理和综合治理，创新实施安全生产专项整治三年行动实施计划。例如，广东省实行了“1＋2＋9＋N”方案体系：“1”是总方案，即广东省安全生产专项整治三年行动实施计划；“2”是学习宣传贯彻习近平总书记关于安全生产重要论述、落实企业安全生产主体责任等2个专题实施方案；“9”是危险化学品、非煤矿山、消防、道路运输、交通运输（民航、铁路、邮政、城市轨道交通）、水上交通和渔业船舶、城市建设、工业园区等功能区、危险废物等9个安全专项整治实施方案；“N”是各有关部门、有关重点单位制订的部门实施方案。

（一）安全生产专项整治三年行动实施计划

计划通过三年努力，全省各级党委、政府、有关部门和企业单位贯彻落实习近平总书记关于安全生产重要论述的思想自觉、政治自觉、行动自觉明显增强，“三个责任”“三个必须”进一步得到落实，安全隐患排查和安全预防控制体系初步建立，安全生产治理体系和治理能力现代化水平明显提升，事故总量和较大事故数量持续下降，重特大事故得到有效遏制，全省安全生产整体水平明显提高、安全生产形势明显好转。

（二）学习宣传贯彻习近平总书记关于安全生产重要论述专题实施方案

将习近平总书记关于安全生产重要论述作为各级党委（党组）理论学习中心组学习的重要内容，以及各级党校和行政学院干部培训的重要课程，组织安排专题学习。将安全生产工作纳入党委议事日程和向全会报告工作的内容，纳入政府重点工作和政府工作报告的重要内容；各级党委常委会会议、政府常务会议定期专题研究安全生产工作，负有安全生产监督管理职责的部门落实由领导班子中排名第一位的副职分管安全生产工作。建立安全风险评估制度，对城乡规划、产业发展规划、重大工程项目实施重大安全风险“一票否决”。提高安全监管执法人员专业配置比例，建设专业化、年轻化的监管执法队伍。

（三）落实企业安全生产主体责任三年行动专题实施方案

从健全安全生产责任制、落实企业主要负责人责任、落实全员安全生产责任等方面落实企业安全生产责任体系，并建立完善安全生产管理团队，加大安全投入，强化安全教育培训，持续推进企业安全生产标准化建设，不断健全企业安全生产管理制度。

着力建立企业安全风险辨识评估制度、安全风险管控制度、安全风险警示报告制度，健全完善企业安全风险防控机制。重点加强安全隐患排查，严格落实治理措施，健全完善企业安全隐患排查治理机制。

同时，推动企业安全生产社会治理，包括完善落实企业安全承诺制度和安全生产诚信制度，提升专业技术服务机构服务水平，发挥安全生产责任保险参与风险评估和事故预防功能。

（四）危险化学品安全专项整治三年行动实施方案

通过三年行动实施，危险化学品生产、储存、使用、经营、运输、处置等环节相关安全监管责任进一步完善落实，消除监管盲区漏洞；强化企业主体责任落实，建立以风险分级管控和隐患排查治理为重点的危险化学品安全预防控制体系。

（五）非煤矿山安全专项整治三年行动实施方案

广东开展非煤矿山安全专项整治三年行动，实现关闭（或注销）不符合安全生产条件的非煤矿山50座以上，尾矿库数量原则上只减不增；非煤矿山在线监测预警系统全面建成运行，建立完善以风险分级管控和隐患排查治理为重点的安全预防控制体系，切实防范化解安全风险，有效遏制重特大事故，明显提高非煤矿山安全生产整体水平。

（六）消防安全专项整治三年行动实施方案

全面提升消防信息化管理能力、公民消防安全素质，建立完善从根本上消除火灾风险隐患的消防管理责任链条、火灾防控体系、监测预警机制，推动消防安全形势持续向好发展。

（七）道路运输安全专项整治三年行动实施方案

开展全方位、全链条、多层次的整治行动，全面加强道路运输安全风险管控和隐患治理，补齐各环节、各领域安全监管短板，进一步夯实道路运输安全基础，努力实现“三个持续减少、一个坚决防止”的目标，即道路运输事故起数、死亡人数和较大道路运输事故持续减少，坚决防止重特大道路运输事故，确保道路运输安全形势持续向好。

（八）交通运输（民航、铁路、邮政和城市轨道交通）安全专项整治三年行动实施方案

通过深化铁路沿线环境，公路、铁路、水路并行交汇地段和邮政寄递、航运枢纽大坝除险加固、综合客运枢纽、轨道交通运营、民航等方面的安全专项治理，集中开展铁路危险货物运输安全整治、邮政涉恐涉爆专项治理、沙石运输行为治理和港口罐区安全生产源头管理，不断提升基础支撑保障能力，确保铁路沿线环境安全得到有效管控，交通运输相关领域重特大事故得到有效遏制，生产安全事故起数和死亡人数进一步下降，安全生产形势持续向好。

（九）水上交通和渔业船舶安全专项整治三年行动实施方案

开展海域危险等级划分、渔业无线电管理、渔业船员治理，开展商船、渔船防碰撞安全整治，推进实施渔港“港长制”，围绕健全渔业安全事故防范化解机制，进一步夯实渔业安全基础，压实属地监管责任和企业、船东（船长）主体责任；加强渔业应急管理能力建设，健全渔业风险保障体系，全面提升渔业安全治理能力、支撑保障能力、风险防控能力，确保全省水上交通和渔业安全生产形势持续向好。

（十）城市建设安全专项整治三年行动实施方案

围绕组织开展城镇燃气、城市桥梁、供水、排水防涝、环卫设施等城市基础设施安全专项体检，实施起重机械、高支模、深基坑、城市轨道交通工程专项治理，对建筑年代较长、建设标准较低、失修失养严重的城市危险房屋和老楼危楼进行排查整治，并根据城市建设安全出现的新情况，明确建筑物所有权（使用权）人、参建各方的主体责任以及相关部门的监管责任。制订加强城市地下空间利用和市政基础设施安全管理措施，推动城市地下基础设施信息及监测预警管理平台建设。完善燃气工程技术标准，健全燃气行业管理和事故防范长效机制。指导各地建立渣土受纳场常态监测机制，推动市政排水管网地理信息系统建设。依法打击建筑市场违规行为，推进建筑施工安全生产许可证制度改革。优化城市安全韧性体检指标，充分运用现代科技和信息化手段，建立国家、省、市城市安全平台体系，推动城市安全和可持续发展。

（十一）工业园区等功能区安全专项整治三年行动实施方案

完善园区安全生产管理体制机制，强化园区安全生产源头管控，建立园区安全预防控制体系，加强高风险园区安全管控，夯实园区信息化和应急保障，实现明确负责园区安全生产管理的责任主体或机构达到100%，园区安全风险评估完成率100%，高风险工业园区落实专业监管人员完成率100%，高风险工业园区封闭化管理完成率100%，园区内企业的特种作业人员和特殊作业人员安全培训及持证上岗完成率100%，园区内化工、医药、冶金、有色行业企业及其他规模以上企业安全标准化达标完成率100%，集约化、可视化安全监管信息共享平台建成率100%，有效防范遏制重特大事故，确保园区安全高质量发展。

（十二）危险废物等安全专项整治三年行动实施方案

重点开展危险废物环境安全排查，强化危险废物环境监管，加快危险废物处置能力建设，组织实施重点环保设施和项目安全风险评估论证，加强“煤改气”、洁净型煤燃用、渣土、垃圾填埋、污水处理过程中安全风险排查治理和粉尘企业安全风险管控，实现危险废物处置能力与实际需要总体基本匹配，危险废物环境安全风险防范能力显著提升，危险废物非法转移倾倒案件高发态势得到有效遏制，有效防范事故发生，确保人身安全。

三、创新“桌面推演+实战演练”

应急管理部门以信息化、科技化为支撑，以衔接好“防”和“救”的责任链条为目标，创新疫情防控常态化条件下的自然灾害、安全生产应急演练工作。例如，广东坚持实战中有推演、推演中有实战，形成了“五立足、五结合”的实战推演模式。

（一）立足全灾种、全链条，平时预防与战时抗救相结合

比如，开展基层防汛工作演练时，围绕监测预警、会商研判、决策指挥、避险处置和应急救援等防汛工作的重点、难点，在7处演练地点，设置了10个实际演练环节32个场景，创造性地涵盖了工作部署、值班抽查、隐患排查、汛期检查、预报预警、会商研判、应急响应、转移避险、强制转移、救灾安置、紧急救援等防汛工作全过程。从传统只演习“救”这个环节到完整涵盖“测报防抗救”全过程、全链条，演练了防灾减灾救灾的全过程，充分发挥了应急管理部门在综合统筹、信息化、队伍建设上的突出优势，真正起到了以练促建的作用。

（二）立足规范应对，情景复盘与流程再造相结合

还原灾害事故过程，建构真实情景。一方面使演练更具真实性、现场感，达到既练本领也练心理的目的；另一方面利于梳理经验，对防范应对过程进行科学优化，使参与演练的部门、人员做到教科书式的应对。比如，云浮铁路地质灾害突发事件应急处置联动机制实战演练现场，实现了真火车、真报警、真刹车、真处置等“四个真”，人人受教育，个个受锻炼。又比如，广东基层防汛工作演练，还原了河源市2019年“6・10”特大洪灾的情境，关键时间点一个不漏，真实情景一一再现，在实演中总结经验，在实练中提升能力。

（三）立足上下联动，上级指挥协调与基层落细落实相结合

在铁路地质灾害突发事件“桌面+现场”的应急演练中，设计

了地质灾害排查、信息联动和应急救援三项内容，多个层级、多个部门联动。演练过程中，各参演单位积极响应，及时应对，把演习活动变成一次别开生面的安全宣传，演习现场成为一个提高公众防灾避险意识的大课堂。从地质灾害监测预报、风险隐患排查开始，到发现险情、信息报送、启动应急响应机制、现场管控、综合救援处置，全过程分工明确，紧凑、高效，贴近实战，考验了应急能力，达到了检验预案、磨合机制、提高实战水平的目的。

（四）立足问题导向，固化长效机制与解决突出问题相结合

实战推演坚持以问题为导向，对难点问题不闪不躲，在演练中积极探索解决方案。如充分运用应急管理改革以来形成的监测预警“一张图”、指挥协同“一体化”、应急联动一键通等大数据、大平台优势，有效破解公网断电等极端条件下的应急通信保障问题，实现了前方现场指挥部与后方应急指挥中心的信息无间断互通，实现了多点高效应急指挥、多点音视频实时回传、多点处置情况动态传输。

（五）立足以练促建，演练培训与能力建设相结合

通过加强和创新一系列实战演练，有力推进应急救援力量建设和实战能力提升。森林防灭火实战推演中，各地专业森林消防队伍进入真实火场统一开展灭火演练；铁路地质灾害突发事件实战推演中，省级公安、自然资源、卫健、气象、消防、铁路等部门与地方政府共同参与演练；基层防汛实战推演中，调派直升机运送物资和转移伤员，使用无人机运送物资和进行空中勘察，派遣应急通信保障车恢复现场通信，指挥消防救援队伍、地方应急救援队伍、公安特警、民兵、社会应急力量等开展应急救援。这一系列的共训共练设计，不光是为了提升参与单位、队伍的应急能力，也为全省各地市提供示范，引导各地共同做好练机制、练指挥、练程序、练协同、练处置等工作。

第四节
法治准备

“国无常强，无常弱。奉法者强，则国强；奉法者弱，则国弱。”做好法治准备，就是深入学习贯彻习近平法治思想，把新时代应急管理工作纳入法治轨道，运用法治思维和法治方式防范重大安全风险，在完善应急管理法治体系上下更大功夫，在依法应急、依法治理上持续发力，强化制度建设，发挥制度优势，依法推进应急管理体系和能力现代化。

一、坚持法治思维

2020年11月16日至17日，中央全面依法治国工作会议在北京召开，明确了习近平法治思想在全面依法治国工作中的指导地位，对于动员全党全国全社会深入推进全面依法治国、加快建设中国特色社会主义法治体系、建设社会主义法治国家，具有重大现实意义和深远历史意义。习近平总书记全面回顾我国社会主义法治建设历程，特别是党的十八大以来取得的历史性成就，明确提出当前和今后一个时期推进全面依法治国的总体要求，用“十一个坚持”系统阐述了新时代推进全面依法治国的重要思想和战略部署，深入回答了我国社会主义法治建设一系列重大理论和实践问题，是指导新时代全面依法治国的纲领性文献。

（一）深入学习贯彻习近平法治思想

习近平法治思想是顺应实现中华民族伟大复兴时代要求应运而生的重大理论创新成果，是马克思主义法治理论中国化最新成果，是习近平新时代中国特色社会主义思想的重要组成部分，是全面依法治国的根本遵循和行动指南。要全面准确学习领会习近平法治思想，牢牢把握全面依法治国的政治方向、重要地位、工作布局、重点任务、重大关系、重要保障，切实把习近平法治思想贯彻落实到应急管理事业改革发展的全过程。无论是下好先手棋，还是打好主动仗，都必须站在践行“两个维护”的政治高度，不断强化法治思维，善于从法律法规、政策文件、技术标准等方面构建完善的制度体系，在法治上主动与应急管理的改革大势相适应，在立法上始终与应急管理的改革要求相衔接，在执法上善于运用法治思维和法治方式为应急管理保驾护航，依法构建统一领导、权责一致、权威高效的应急能力体系。

（二）健全完善应急管理地方性法规制度体系

系统梳理现行涉及应急管理、安全生产、防灾减灾救灾的地方性法规和规章，尽快组织修订包括突发事件应对条例、森林防火条例、防震减灾条例、气象灾害防御条例、社会救助条例、社会力量参与救灾促进条例等等，依法构建统一领导、权责一致、权威高效的国家应急能力体系。要顺应机构改革大势，在立法层面规范“统一指挥、专常兼备、反应灵敏、上下联动”的应急管理体制。完善应急管理立法理念，把应急管理工作的重点从突发事件应对转到安全风险防范。积极回应人民群众的新要求、新期待，系统研究谋划和解决法治领域人民群众反映强烈的突出问题，固化应急管理改革以来被实践证明行之有效的成功经验和创新做法，对相关地方性法规和规章进行修改完善，依法保障应急管理体系和能力建设的系统性、规范性、协调性。

（三）依法履行应急管理职责

要切实改进监管执法方式，明察暗访、突击检查、随机抽查不能流于形式，上面不能替代下面检查，综合部门不能替代专业部门检查，部门检查不能替代企业自查。要综合运用行政处罚、行刑衔接、失信惩戒、公开曝光等有效手段，依法严惩违法违规行为。要全面推行“双随机、一公开”监管和深化应用行政执法系统，严格落实行政执法公示、执法全过程记录、重大行政执法决定法制审核三项制度，提升行政执法规范率，同时加强对执法案卷和法律文书的制作、使用、管理，严格遵守行政处罚自由裁量标准，不断提高行政执法案件的办理质量。

二、严格监督执法

精准监管执法是应急管理精细化的必然要求，应急管理法律体系的有效实施取决于监管执法的精细化程度。应急管理执法监督，是对应急管理执法机构的执法依据、执法行为以及执法程序的合法与适当进行的监督。应急管理执法监督的目的：一方面是促使应急管理执法部门和执法人员依法行政，提高行政管理水平；另一方面是为了维护公民、法人或其他组织的合法权益，保障法律、法规和规章的正确实施。

行政执法监督应当遵循合法、公正、公开的原则，坚持问责必严、违法必究，保障法律法规的正确实施。公开透明、严格的责任追究，对于提高认识、建立清晰的应急管理责任体系具有重要意义。但是，责任追究不是目的，而是为了增强责任意识，推动各责任主体重视应急管理工作。

（一）应急管理执法监督范围

1. 对行政执法的合法性监督。包括执法主体、执法权限、执法程序的合法性，执法决定的合法性和适当性，执法主体不履行或者不正确履行法定职责的情况。

2. 对行政执法责任制落实情况的监督。包括行政执法主体资格认证、行政执法人员持证上岗和资格管理、行政裁量权基准等。

3. 对重大行政执法决定法制审核制度落实情况的监督。包括行政执法主体做出重大行政执法决定前，经其负责法制工作的机构对行政执法的法定权限、法律依据、法定程序进行合法性审核的情况。

4. 对行政执法全过程记录制度落实情况的监督。包括行政执法具体操作流程的制定和对登记立案、监督检查、调查取证、行政决定等活动的全过程记录的情况。

5. 对行政执法和刑事司法衔接机制落实情况的监督。包括制定和完善案件移送标准和程序，以及建立和落实行政机关与司法机关共享信息、通报案情、案件移送制度的情况。

6. 对纠错问责机制落实情况的监督。包括改正错误、查找原因、责令公开道歉、停职检查、引咎辞职、责令辞职、罢免等问责方式和程序的落实情况。

7. 法律、法规、规章规定的其他事项。

（二）应急管理执法监督方式

行政执法监督应当实行日常监督和专项监督相结合，增强监督实效。

1. 日常监督。包括开展行政执法培训，对行政执法人员持证上岗管理，办理对行政执法的投诉、举报等方式。通过严格实行行政执法人员持证上岗管理制度，从源头上控制了没有执法权的人员进行执法，坚决杜绝了群众强烈关注的“临时工”执法问题；县级以上应急管理执法部门应当向社会公布受理投诉、举报的电话号码、通信地址及电子邮箱，依法办理公民、法人或者其他组织对行政执法的投诉、举报。

2. 专项监督。包括法律、法规、规章实施情况的执法检查（定期组织对行政执法主体执行法律、法规、规章的情况进行执法检查），行政执法评价（对行政执法的执行情况及效果进行评价，根据需要可以委托高等院校、科研机构、社会组织等第三方机构进行评价），行政执法案卷备案、行政执法案卷评查（定期组织对行政执法主体的行政执法案卷进行评查），行政复议、行政执法违法案例通报（建立违法案例通报机制，对典型违法案例进行研究、分析、通报），行政执法督察（根据日常工作中发现的问题、人大代表建议、政协委员提案、司法建议、社会公众投诉举报、新闻媒体反映的热点问题，开展行政执法督察）等。

（三）应急管理执法监督特点

1. 履行法定监管职责。依法督促行政机关及其工作人员积极、自觉、严格地执行并遵守国家的法律、法规、规章。监督各级应急管理部门根据法律规范的要求就具体执行采取相应的措施，制定具体的实施办法，建立有关内部的工作制度，开展执法人员的培训考核，明确执法的目标责任等，有效地促进法律、法规、规章的正确贯彻实施。

2. 防止和纠正违法行为。防止和纠正违法或者不当的行政行为，保护公民、法人或者其他组织的合法权益。防止违法行为，在行政执法监督工作中居于重要位置。因此，既要监督具体行政行为，也要监督抽象行政行为。纠正违法行为，为公民、法人或者其他组织的合法权益遭受的损害提供有效的救济，在行政执法监督工作中同样重要。因此，既要监督行政机关的作为行政行为，也要监督行政机关的不作为行政行为。

3. 完善相关法律制度。调查研究法律、法规、规章及其他规范性文件本身所存在的问题，及时清理、修改或提出意见。行政机关在执法工作中出现难以实现立法预期目标的，并不仅是执法工作本身的问题，还在于执法依据本身难以操作或脱离现实。既可能是立法时存有缺陷，也可能是客观实际情况发生变化而使法律规范与实际不相适应。因此，要从根本上解决问题，在开展行政执法监督工作时，对法律规范的可行性和实际效果进行评价并提出意见是非常必要的。

4. 推进移动执法新模式。贯彻落实“双随机、一公开”要求，建设移动执法信息系统，选好、配好监管执法装备等科技支撑，常态化开展线上线下移动监管执法，通过信息化手段规避执法行为不规范带来的履职风险，有力提升了执法监管的科学化水平。例如，新冠肺炎疫情防控期间，广东应急管理部门充分运用“互联网＋监管”应急管理综合应用平台，线上指导企业复工复产安全防范。全省启用安全生产执法信息系统，建立与疫情防控相适应的安全监管模式，实现全系统执法数据的互联互通和信息共享，落实科学监管，强化精准执法。

三、加强应急普法宣传

加强应急普法宣传，是提升全民族法治素养的重要途径之一，也是全面依法治国的题中应有之义。要扎实推进应急管理法治宣传进企业、进农村、进社区、进学校、进家庭，牢固树立安全发展理念，弘扬生命至上、安全第一的思想，提高人民群众安全法治意识、法治水平和法治素养，营造应急管理法治宣传良好氛围，夯实应急管理的法治基础。

（一）充分发挥主流媒体在应急管理法治宣传中的主渠道作用

随着现代化传播手段的不断发展，公众获取知识的渠道也不断拓宽。但在这些信息传播渠道中，广播、电视、报纸等传统媒体仍然具有不可替代的优势，群众基础非常广泛，宣传的说服力、感染力非常强，是应急管理法治宣传类信息的重要传播途径。例如，广东应急管理部门开设应急广播，通过开办应急管理法治宣传节目，聘请资深法学专家和律师接听群众热线，直接为人民群众解答、解决安全生产和防灾减灾救灾的法律疑惑。与此同时，与电视台也建立战略合作关系，通过主播访谈、应急管理法律知识竞赛、以案说法等形式，广泛宣传应急管理法律知识。

（二）充分发掘网络媒体在应急管理法治宣传中的巨大潜力

互联网是继报刊、广播、电视之后出现的第四大媒体，其强势发展和广泛普及不仅使人们的生活发生了根本性的变化，也使应急管理法治宣传与新媒体的结合成为必然趋势。应急管理法治宣传活动应树立互联网思维，适应媒体格局的深刻变化，借助新媒体的传播优势，占领新传播格局下的应急普法制高点，以多终端、全方位、立体化传播应急管理法律知识，进一步扩大应急管理法治宣传的覆盖面。例如，广东应急管理部门充分发挥融媒体更专业、更快速、更灵活、更立体的传播能力，建立了省、市、县应急管理系统南方号政务宣传矩阵，不断强化应急管理官方网站和官方微信号的首发权威功能，让全媒体时代的应急管理新闻宣传能够得到充分融合发展。

（三）鼓励引导社会参与应急管理法治宣传

加强新时代应急管理法治宣传，必须坚持群众观点和群众路线，通过主题式、精准式、警示式、培训式、竞赛式、体验式开展应急普法工作，筑牢安全生产和防灾减灾救灾的人民防线。比如，广东应急管理部门不断创新开展“安全生产月”和“安全生产南粤行”、“防灾减灾宣传日”、应急普法宣传、粤港澳安全知识竞赛、安全宣传“五进”等系列宣传教育活动，加强应急知识公益宣传，强化群众性安全共建共享活动，夯实尊法、学法、守法、用法的群众基础。开展应急管理优秀宣传作品评比、展播等应急管理文化精品创作传播活动，组织制作、征集、展播安全生产和防灾减灾救灾的公益广告、微电影、微视频、微动漫等文化作品，充分发挥安全教育体验基地、场馆作用，积极开展趣味性、互动性强的普法活动，鼓励吸引群众关注和参与，切实提高全社会应急管理法治意识。

第五节
科技支撑准备

党的十九届五中全会明确提出，坚持创新在我国现代化建设全局中的核心地位，把科技自立自强作为国家发展的战略支撑。2019年11月29日，习近平总书记在中央政治局第十九次集体学习时强调，要适应科技信息化发展大势，以信息化推进应急管理现代化，提高监测预警能力、监管执法能力、辅助指挥决策能力、救援实战能力和社会动员能力。

实践证明，科技创新是做好应急管理工作的“制胜一招”，也是应备的关键环节。尤其要在应急管理信息化建设的基础上，进一步应用5G、工业互联网、人工智能以及大数据和云计算等先进技术，向数字化转型、智能化升级，推动应急管理的精细化、科学化、智能化、高效化，实现“智慧应急”；要顺应新一轮全球科技革命与产业变革需要，推动人工智能、机器人、新一代互联网信息技术与应急产业深度融合，加强应急装备的研发与使用，为公共安全体系提供重要物质基础与技术支撑。要优化高校、科研院所学科设置，从实际出发，培养符合应急管理事业需要的人才，加快高层次创新人才引进速度，促进交流、沟通、跨学科合作。

一、应急管理信息化建设

没有信息化就没有应急管理的现代化，这是应急管理人的共识。应急管理部门充分发挥“数字政府”改革优势，运用大数据、云平台、人工智能等技术，构建智慧大应急体系。

一方面，以“最全面、最先进、最权威、最系统”为目标，快速推进应急指挥平台建设。如，广东制定了《广东省应急管理信息化发展规划（2019—2020年）》，提出“16963”的整体框架，即一个愿景蓝图（实现“测报防抗救建”的数字化、智能化）、六大核心理念（整体、共享、智能、可靠、均衡、联创）、九大智慧应用（智慧安全监督管理、智慧灾害监测预警、智慧应急救援指挥、智慧决策辅助支持、智慧政务管理服务、智慧汛旱风救援、智慧地质灾害救援、智慧森林火灾防治、智慧危化品动态监管）、六大赋能工程（人工智能工程、大数据工程、云平台工程、感知网工程、通信网工程、信息端工程）、三步走实施路径（第一阶段：2020年夯实基础，急用先行；第二阶段：2021年强化覆盖，重点提升；第三阶段：2022年全面推进，提质增效）。

另一方面，推进指挥应急联合创新。如，广东充分利用信息化大省优势，与高科技企业、知名高校合作成立“1＋1＋1＋N”（广东省应急管理厅＋数广公司＋华为公司＋N个高科技企业）的联创中心，同时建设广东智慧应急研究基地，形成“一个中心，多个基地”的应急科技支撑模式，坚持需求引领、科技引领、创新引领，发挥广东科技企业众多的优势，充分运用大数据、人工智能、云计算等数字技术，推动形成业务部门提需求、联创中心抓攻关、科信部门总统筹的应急管理信息化建设思路，围绕业务工作中急需解决的信息技术难点进行联合攻关，实现业务需求与信息技术的高效对接和应用快速落地。

（一）破解五大难题

以融合指挥、应急通信、短临预警、全域感知、数据智能“五大难题”作为“智慧应急”的主攻方向，逐一明确目标任务、解决方案、工作分工，通过联合创新、数据共享、部门联动、加强装备和队伍建设等手段，不断攻克各种制约应急管理和指挥调度的痛点、难点问题。

一是融合指挥。融合指挥主要解决指挥效率问题。主要是以空、天、地全面感知和一体化融合通信为基础，结合多业务数据汇聚，实现应急指挥的多媒体融合调度。打造“纵向到底、横向到边”的全省应急指挥一体化体系，实现事件接报、应急响应、指挥调度、研判分析、协同会商、应急评估等全流程管理，为应急救援智能化、扁平化和一体化指挥作战提供支撑。

二是应急通信。主要是指在突发性紧急事件发生后，通过组建“快速反应、固定模式、可靠有效”的应急通信保障队伍，部署各种信息采集终端及通信终端，综合利用各种通信技术和网络资源，搭建“通信枢纽、现场指挥、伴随保障”三位一体的应急通信体系，实现前方指挥部、后方指挥中心与灾害现场之间的通信畅通，为应急救援指挥提供统一高效的通信保障。

三是短临预警。基于气象降水短临预报，结合基于雷达外推的定量降水预报算法，将气象降水预报与应急管理灾害风险防御范围相结合，并依托应急联动移动化应用、短信等多种渠道，提前1～3小时对中高风险镇街级地区、隐患点责任人进行精准靶向预警和信息推送。

四是全域感知。以感知层终端和传输层网络为基础，实现安全生产、自然灾害、城市安全、现场救援等领域的监测预警和应急处置动态数据采集汇聚，完成全域覆盖应急管理感知数据采集体系的构建。打造应急管理全域感知平台，接入感知数据，实现应急管理数据智能驱动，为应急管理大数据智慧分析和应急管理全面应用提供前端数据支撑。

五是数据智能。基于全省的信息化基础与数据基础，结合大数据分析挖掘和人工智能进行辅助分析，对所有相关领域的数据进行治理，实现数据的深度学习，按需分析建模，建立事件链和预案链的综合分析模型，为研判风险和应对灾害提供辅助支持，为科学决策提供支撑。

“五大主攻方向”相辅相成，不可分割，相互促进，共同为整体贯穿应急管理信息化全过程，扮演着有力抓手的“角色”，支撑着应急管理信息化全过程。（见图2-1）

图2-1　“五大主攻方向”逻辑关系图

目前，广东纵向打通“省、市、县、镇、村”，建设了五级应急指挥中心；横向打通公安、气象、水利等部门，实现各级应急管理部门和各相关部门间的融合指挥，覆盖值班值守、事件接报、应急响应、分析研判、协同会商、指挥调度、信息发布、总结评估等全业务流程，面向移动指挥车、现场指挥部、救援现场等多场景指挥，打造了“纵向到底、横向到边”的应急指挥体系，实现了指挥场景、指挥要素、指挥流程的三大融合。先后开展应急指挥系统项目、“智慧大应急”（2019年）项目、危险化学品安全生产风险监测预警系统（一期）、非煤矿山尾矿库“天眼地眼”安全风险预警预测系统、智慧森林火灾防治监测预警系统、应急管理视频会商系统、安全生产行政执法系统、隐患排查的数据治理系统等项目建设，监测预警、监管执法、应急指挥、风险防范水平得到提升。

应急管理部门针对“断网、断路、断电”极端情况下的应急通信关键技术进行攻关，构建通信保障系统，组建应急通信保障队伍。如，广东应急管理部门制订印发了《现场应急通信保障方案与建设指南（1.0版）》。在原有中型应急指挥车、两台小型通信指挥车基础上，增配大型方舱移动指挥车，配备Ka、Ku、4G LTE等卫星、无线便携终端设备和升级卫星地面站，构建了“通信枢纽、现场指挥、伴随保障”三位一体的现场指挥应急通信保障体系，搭建了“后方指挥中心、现场指挥中心、灾害一线”三级联动指挥的通信保障系统，为应急救援指挥提供统一高效的通信保障。同时，组建准军事化应急通信保障队伍，常备常练，在粤东西北前置应急小分队，第一时间可赶往灾害现场回传音视频信息，彻底解决“断路、断电、断网”“三断”极端灾害情况下“看不见、听不到、连不通”的问题。

（二）建设智慧应急

智慧应急必须把握科技信息化的建设规律，坚持“需求导向、研用一体、开门创新”，统筹推进应急管理云计算、大数据、物联网、人工智能等新技术建设应用，依靠科技信息化提高应急管理的科学化、专业化、智能化、精细化水平。

一是应急管理综合应用平台。基于“数字政府”技术架构和公共服务支撑能力，按照“统一架构，分层解耦，资源共享，集约建设”原则，规范应用系统技术体系架构，综合集成和横向打通各类应用，提供面向各级应急管理部门的“一站式”访问入口，打破过去“烟囱式”建设模式，实现信息共享和功能复用。

二是天、地一体的应急融合通信系统。通过有线、无线、卫星、互联网等系统统一接入，进行八大类终端（视频会商、视频监控、宽窄带集群、语音电话、单兵图传、卫星通信、布控球、无人机图传等）的音视频融合，实现跨部门、跨地区、跨通信制式的综合通信，实现业务系统和通信系统的解耦。创新提出无公网环境应急通信保障技术方案，整合升级卫星通信系统，建立Ka和Ku互补的移动卫星小站、背负式4G LTE移动基站和370M集群通信基站、4G单兵图传、无人机、LTE手持终端等现场应急通信保障手段，建设天通卫星调度指挥平台，有效提升突发事件应急通信保障能力。（见图2-2）

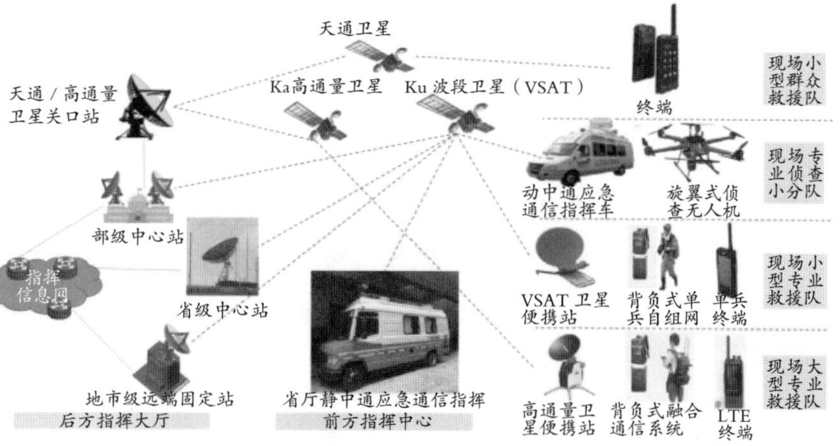

图2-2　广东省天、地一体的应急融合通信系统

三是四级联动的指挥信息网。应急管理部门统筹规划指挥信息网建设，制订“两网”贯通攻坚任务工作方案，采取有力措施，组织开展网络贯通攻坚行动，实现全省指挥信息网和电子政务外网部、省、

市、县四级网络贯通。（见图2-3）

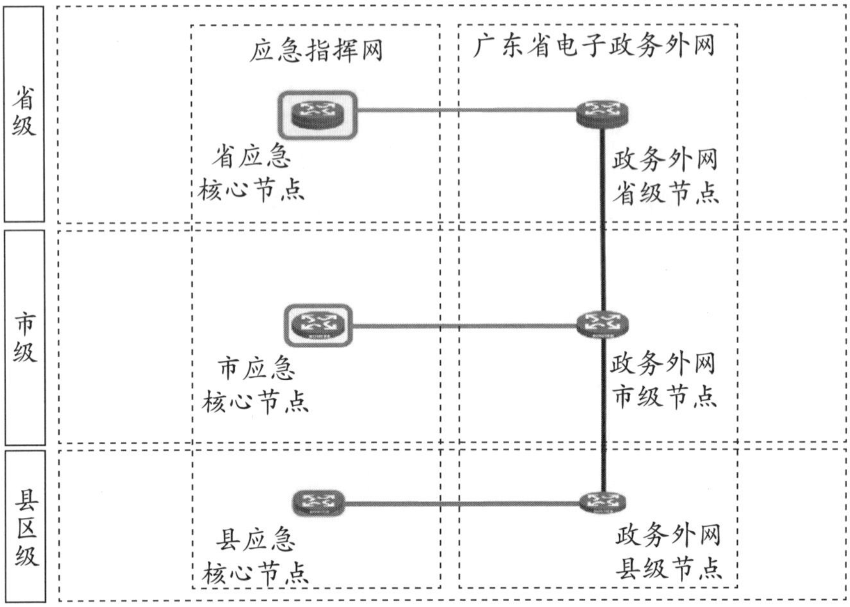

图2-3　四级联动指挥信息网

四是自然灾害应急指挥系统。汇集气象、水文、地质、海洋等地面监测站、海上监测站、卫星、雷达等监测资源和预报信息资源，形成空、天、地一体化全域覆盖的自然灾害监测网络，支持用户在防风过程中掌握台风实时和预报路径、台风强度变化、登陆时间、影响范围等信息。创新开发应急一键通，可以指挥调度各级三防负责人。利用监测预报数据，结合人口、经济、承灾体信息点等基础信息，调用实时视频资源，引入人工智能技术，及时形成台风灾害风险影响分析结果，辅助研判分析台风灾害风险，输出台风防御建议。

五是危险化学品安全生产风险监测预警系统。针对危险化学品动态监管业务涉及生产、储存、使用、经营、运输和废弃处置全生命周期中，所涉及的企业基础信息管理、化学品安全知识图谱及化学品安全技术说明书数据、安全风险预警、数据分析模型、外地运输车辆识别及监管、本地运输车辆实时安全监管、三维实景融合应用、视频智能预警等8大业务需求，建设危化品安全综合监管模块、危化品运输车辆安全监管模块、危化品三维实景融合安全管控模块等。

六是应急联动“一键通”。“一键通”通俗地讲，就是“一网统管”在小屏端的延伸，是系统风险感知、研判分析、辅助决策和主动避让、提前避让、预防避让在手机上的综合应用。要充分利用手机高度普及的特点，加强手机端“应急一键通”建设，打通数据网络、业务网络和责任网络，一键到企业、一键到镇村、一键到人员，实现应急预警达基层、多灾监测掌中看、突发事件一键报、应急指挥面对面，确保指令下达零延误、上下联动零距离。例如，广东省在手机端应急管理数据治理上做乘法，分散建模、深度学习，从而掌握重点区域人口流动形势、重点场所人口热力图、重点景区动态客流、主要石化企业成品油库存动态等安全规律；在共建共用上做除法，将各类业务系统制作成“应急一键通”APP小程序，在各级应急管理干部队伍、地方专业应急救援队伍、三防责任人、高危企业负责人中推广使用，推动雨情、水情、旱情、火情、险情、灾情等应急管理数据共享共用、群防群治，实现省—市—县—镇—村五级联动，有效提升基层安全生产和防灾减灾救灾能力。

七是非煤矿山尾矿库“天眼地眼”系统。建立三维动态信息尾矿库大数据平台，开展对尾矿库三维可视化动态风险分析，通过数据分析及时发现安全隐患；建立金属、非金属矿山尾矿库仿真分析系统，使用模型、模拟软件为灾变控制和预测提供依据；建立全省范围内尾矿库三维地理信息系统，实现空间信息“一张图”直观显示及空间数据对比综合分析。

八是安全生产执法监督系统。依托“数字广东”“粤省事”“粤政易”“粤商通”和省政务服务网的统一平台，构建各级应急管理部门、生产经营单位和社会公众之间的网上办事通道，行政事项实现网上全流程办理。深化“互联网＋执法”系统应用，建设执法计划、执法检查、案件管理、执法统计、执法文书和移动执法等应用模块，利用公共支撑“电子印章”服务，实现行政执法在线办理，强化行政执法效能，编织安全生产执法全省“一张网”。

九是应急管理“一张图”。开展应急管理系统整合和数据治理，整合接入水利、气象、自然资源、林业、公安、交通、电力等单位应急相关系统和数据。视频会商系统横向实现与公安、水利、气象、消防、地震、交通等部门单位实现联通，纵向实现省、市、县、镇四级视频会商联通，覆盖全省镇街应急部门。开展接入单位数据治理，建设灾害事故、管理对象、应急环境、救援资源等主题库和救援指挥、危化品监测等专题库。2020年，广东应急管理部门既高度警惕和有力防范安全生产、自然灾害领域重大风险，又密切关注全局性重大风险，组织运用大数据，持续对境外及省外入粤人流、车流、物流、电力、市际人口流动、市内交通、成品油库存及医院人数等15个方面信息进行大数据分析，每天编印一份综合分析研判报告，为省领导决策提供参考。目前，广东“智慧应急”为应急管理部门发挥“统”的职能、加大“统”的力度、树立“统”的权威发挥了重要作用。

在自然灾害领域，应急管理部门接入公安、自然资源、农业农村等多个部门数据，整合接入全省高速公路、水库、渔港、林火、公共场所、旅游景点等视频监控，接入全省地质灾害隐患点、雨窝点、大中小型水库、海上船舶等承灾体数据。对台风、暴雨、地质灾害、森林火灾等各类灾害的监测和风险预警信息上图集成显示，实现“一张图”决策分析。不断提升短临预警能力，逐时将未来1小时雨量超过

50毫米的预警信息预报到镇。2020年，广东应急管理部门共发布短时临近强降雨天气预告304期，地质灾害预警69期，预警信息达380万余条，为广东自然灾害防御发挥了重要作用。

在安全生产领域，应急管理部门接入工矿商贸企业基本信息，对非煤矿山尾矿库监测预警感知网络、危化品重大危险源风险监测预警实现全覆盖。如，广东应急管理部门对省内外4.8万余辆危化品运输车辆进行全链条监管。应急管理大数据服务平台上线以来，检查企业48万多次，下达执法文书27603份，创新“一企一码一图”安全监管模式，对全省120多万家工矿商贸企业的基础信息、隐患信息和监管情况实时在线填报，开展“红、橙、黄、蓝”四级安全风险分级管控，安全生产监测预警及“互联网+监管”能力有效提升。

（三）统筹“三态势一趋势”

数据连着应急管理的一切工作，没有数据就没有研判，也就没有应急管理。数据是枯燥的，但隐藏在背后的规律是科学的。数据挖掘越多，规律探索就越准；深度学习越深，风险防范能力就越强。强化应急管理“三态势一趋势”（发展态势、安全态势、应急态势、统筹趋势）的“一网统管”，以模块化的方式汇聚若干特征指标，形成若干窗口指数，从而实现对安全风险视频感知、物联感知、航空感知、卫星感知和全民感知的数据治理。“三态势一趋势”这四个模块，既有定性分析，又有定量分析；既有对单一灾种的精准防范，又有对多灾种耦合条件下的精准预判预防；既有对各方数据的统计分析，又有对数据内在逻辑和趋势分析的“数字应急”体系，从而实现“一屏观全域，一网统全域”。

一是洞察发展态势，从发展态势中预测安全风险。“发展态势”模块主要汇聚区域经济社会、重点领域发展等实时数据，盯紧人的流动和生产活动。人流动到哪里，风险研判就要跟进到哪里。通俗来讲，人的聚集，就是风险在累积。生产要素往哪里集中，生产活动在哪里变化，风险研判就要向哪里聚焦。一般来讲，生产活动越稳定，安全风险等级就越低。例如，通过掌握人口流动、工程建设、发电用电、水利枢纽等动态指标指数，来分析研判安全发展态势和趋势，进一步了解其中可能隐藏的安全风险隐患，提前做到应急管理关口前移。

二是感知安全态势，把安全隐患消除在成灾之前。“安全态势”模块主要包含大宗化工、“两客一危一重货”重点车辆、危化品风险监测、重点矿山等专题，结合历史数据和各类感知监测数据，动态感知重点时段、重点企业、重点行业、重点地区的安全生产运行态势，实现实时监控、巡查、预防，让提前防范事故的发生成为可能。例如，针对危化品“生产—运输—存储”全过程监管难题，通过随时查询危化品运输车辆电子运单、省内在途监管运营车辆等信息，实时监测、及时干预超载或运输过程中存在风险的车辆，进而提高危化品安全风险防范能力。

三是聚焦应急态势，提升调度指挥和抢险救援效率。“应急态势”模块主要立足防范重特大自然灾害，通过雷达、气象、水文等动态监测系统，联动信息接报、事件报送、预警信号、应急响应等突发事件机制，利用省—市—县—镇—村—村民六级三防应急通信联络体系，总体把握汛旱风灾害、地震灾害、地质灾害、森林火灾、海洋灾害、气象灾害等自然灾害防治情况，做到实时动态应急监测预警，及时科学高效处置各类突发事件灾害。例如，森林火险应急处置中，通过应急态势分析，精准定位火点位置，掌握火点的植被数据，以及火场周边的湿度、温度、经纬度、高程的数据，通过算法得出火场的蔓延模型，在一张图上实现协同标绘，精准研判救援现场的结构风险，科学预测救援工作的实施进度，解决预警处置滞后、数据不穿透、研判手段单一、现场感知数据不足、资源调度时效慢等问题。

四是分析统筹趋势，提升安全防范精准化水平。“统筹趋势”模块主要通过当前态势预测未来趋势，根据未来趋势把握安全形势。按照“系统智能分析+专家综合分析”模式，以日报周报、事件专报等常态化专业分析形式，实现自然灾害、安全生产各领域未来一周甚至更长周期的安全趋势分析预测，指导精准排查治理各类风险隐患。例如，汛期利用大数据辅助决策，对强降雨集中期预警分布、地质灾害重点防范区域等进行研判分析，实现会商研判、指挥决策的图表化、可视化和动漫化，继而提出综合防范建议，切实防住风险，统筹好发展和安全。

二、应急管理装备技术支撑

2019年11月29日，习近平总书记在中央政治局第十九次集体学习时强调：“要加大先进适用装备的配备力度，加强关键技术研发，提高突发事件响应和处置能力。”从科技角度来说，推进应急管理体系和能力现代化需不断通过自主创新研发推进应急管理装备现代化建设，为应急管理能力的全面提升提供科学理论和技术支撑。如果离开了科技装备的武装，应急管理能力现代化将是一句空话。

（一）监测预警装备

监测预警装备包括复杂环境、复杂对象智能感知与监控装备，高危作业环境智能化、无人化装备，新一代信息化、智能化检验检测装备，以及城市生命线检测监测预警装备等。通过利用各类传感器技术、现代信息互联和传输技术、智能识别和预测技术等，对可能的突发事件发生与发展态势进行检测、监测，对承灾载体的状态进行监控，对应急管理过程与效果进行监测监控，实现超前感知、智能预警、精准防控、高效救援。

（二）应急处置与救援装备

应急处置与救援装备包括现场指挥、现场处置、现场保障及个人防护等相关装备领域，如应急现场高效应急通信集成装备，便携式远距离个人通信装备，大范围和复杂灾害环境下搜索、定位、救援装备，灾害环境下救援、破拆、生命支撑装备，便携式个人定位与求救装备，数字化单兵与救援人员个人装备，灾害环境下的人员防护、复杂灾害环境下的人员避难、疏散与安置设备，有毒有害物质洗消、吸附、分解设备等。随着应急管理装备的现代化，以及逐步形成科技创新驱动防灾减灾的工作机制，必将进一步提升自然灾害监测预警和风险防范的科技能力。

（三）应急救援装备实战化、大众化、标准化

我国的应急救援装备应避免单纯向高端化、智能化、概念化方向发展的误区，而应当首先立足于我国幅员辽阔、城乡差异大的具体国情，着力解决实战化、大众化、标准化的问题。标准化，即实施标准化装备、规范化操作，有限的应急资源（人员、装备）最大程度地利用；大众化，即最有效的救援是自救、互救，应急知识的社会化普及培训至关重要；实战化，即装备简单、易学、可靠、实际，开展实战演练培训。

1. 打造轻型高机动性应急救援装备平台。建立适合我国国情的应急技术装备体系，打造轻型高机动性应急救援装备平台，采用“模块化、标准化、轻量化”设计，实现装备的高机动性。标准化和模块化设计满足功能的智能组合、拓展；统一的平台具有更强的通用性和可靠性，满足资源高效运用需求；统一的平台还便于开展培训演练，是高效救援的装备基础。通过装备组合、匹配，具有“阻隔突破能力、抢险救援能力、人机协同能力、自我保障能力”，为不同类型、不同规模的事故灾害救助提供高效的系统解决方案，同时解决大型事故发生伴随道路的损毁、交通与通信的阻断等情况，实现快速反应，第一时间到达事故现场，最大限度地减少生命财产损失，突破了制约救援能力提升的关键技术瓶颈。

2. 提升应急管理装备智能化与信息化水平。推动应急管理装备向应急管理全过程均衡发展，注重风险识别预警，提升应急管理装备智能化与信息化水平。坚持“高、精、尖”原则，加大无人机、救援机器人、现场指挥调度应急平台、预警信息发布终端等全方位、多样化的智慧装备配置。同时，构建科学高效的应急救援响应、指挥、处置体系。

三、应急管理学科建设

2019年11月29日，习近平总书记在中央政治局第十九次集体学习时强调要加强队伍指挥机制建设，大力培养应急管理人才，加强应急管理学科建设。2009年，全国首个应急管理学院——暨南大学应急管理学院正式成立。2018年3月，应急管理部组建，国内高校积极开展应急管理相关专业建设，设立应急管理学院，我国应急专业人才培养进入新的发展阶段。2020年，教育部规划中心公布了2020年首批“应急安全智慧学习工场”暨应急管理学院建设名单，全国19所高校入选，其中包括5所“双一流”高校、2所应急管理部直属综合性高校、10所省重点高校或省部共建高校、2所特色应用型院校，应急管理学科建设步入快车道。

（一）应急管理学科建设

应急管理学科以应急管理活动为研究对象，通过研究为应急管理实践提供智力支持，内容包括应急管理规律、应急管理过程、应急管理现象等。随着国家加大对应急管理事业的高度重视，各地亟需应急管理方向人才，培养具有坚实的安全基础理论和顺应新时代发展的应急管理综合素质人才是时代赋予应急管理学科构建的新目标。

应急管理课程目标设置要坚持知识、能力、素质有机融合，培养学生解决复杂问题的综合能力和高级思维；要突出创新性，教学内容体现前沿性与时代性，及时将学术研究、科技发展前沿成果引入课程，大力推进现代信息技术与教学深度融合；要增加挑战度，课程设计增加研究性、创新性、综合性内容，科学增负，尊重学生个性化差异，严格考核考试评价。

在应急管理方面，开设应急管理概论、应急管理法制、应急预案编制、组织行为学、灾害学概论等相关课程，培养学生综合应急管理能力。在应急技术方面，开设应急管理技术与系统、突发事件现场处置导则、风险评估、损失预判、事故应急与救护、现场抢救等相关知识与课程，使学生形成全面的应急技术能力体系。重点培养学生应用理论知识解决实际问题的能力，通过科学融合、产学协同等，统筹推进实践育人，形成以应急救援能力培养为导向，以应急救援教学平台建设为突破，“教训合一、以战促训”的课程实践教学理念。

（二）应急管理专业人才培养

应急管理学科可以分为应急管理科学、应急管理技术、应急管理工程、应急产业以及应急文化等分支，涉及安全工程、消防工程、公共管理等多个专业的内容。应急管理学科的多学科属性，意味着对应急管理专业人才综合素质和综合能力培养有更高的要求。因此，应急管理专业人才的培养目标要定为复合型人才，需系统了解应急学科知识体系，掌握应急学科基础理论知识；具备风险评估、应急预案编制、组织协调应急行动、应急管理宣传、社会舆情分析等综合应急管理能力；具有事故致因机理分析、损失预判、事故应急与救护、现场抢救等专业技术能力，形成以基础技能、通用技能和专业技能为核心的应急技术能力体系，能够在高危状态下坚定、高效地进行现场指挥救援工作。

（三）应急管理学院（省安全工程试验与示范基地）建设

全国各地高度重视应急管理人才培养和应急管理学科建设，不断提高重点关键行业领域安全基础性、公益性、关键技术研究和实验能力。例如，广东将应急管理学院建设、安全工程试验与示范基地建设合二为一整合筹备，重点建设化工与危险化学品安全、城市公共安全、台风等气象自然灾害等3个应急管理重点技术支撑领域，进一步完善危险化学品安全技术支撑体系，提升危险化学品重大事故防控、重大危险源控制、应急救援、事故调查验证技术与装备水平，提升城市建构筑物垮塌事故防控、城市隧道桥梁交通事故防控、城市地下管线管廊事故防控、人员拥挤踩踏事故防控、多灾种耦合事故防控、应急装备防火性能一体检测等领域的技术支撑能力，为实现全省总体安全生产形势根本好转提供强有力保障。力争通过5年的建设，大幅提升全省的安全生产和城市公共安全技术支撑方面的自主创新能力，并初步具备科技成果孵化能力。

第六节
应急力量准备

2019年11月29日，习近平总书记在中央政治局第十九次集体学习时强调，要加强应急救援队伍建设，建设一支专常兼备、反应灵敏、作风过硬、本领高强的应急救援队伍。要采取多种措施加强国家综合性救援力量建设，采取与地方专业队伍、志愿者队伍相结合和建立共训共练、救援合作机制等方式，发挥好各方面力量作用。要强化应急救援队伍战斗力建设，抓紧补短板、强弱项，提高各类灾害事故救援能力。要坚持少而精的原则，打造尖刀和拳头力量，按照就近调配、快速行动、有序救援的原则建设区域应急救援中心。习近平总书记的重要讲话，为加强新时代应急救援队伍建设，做好应急力量准备提供了根本遵循。

一、应急力量构成

当前，应急力量包括综合性消防救援队伍、专业应急救援队伍、解放军和武警部队、社会应急队伍等。其中，国家综合性消防救援队伍为主力，军队应急力量为突击，专业应急救援队伍为协同，社会应急队伍为辅助。

（一）综合性消防救援队伍

2018年10月，根据中共中央《深化党和国家机构改革方案》，公安消防部队、武警森林部队退出现役，成建制划归应急管理部，组建国家综合性消防救援队伍。综合性消防救援队伍积极完成各项应急救援任务，职业化、专业化水平不断提升，在全社会形成了尊崇消防救援职业的良好风尚。

（二）专业应急救援队伍

专业应急救援队伍主要由地方政府和企业专职消防、地方森林防灭火、地震和地质灾害救援、生产安全事故救援等专业救援队伍构成，是应急救援的骨干力量，也是国家综合性消防救援队伍的重要协同力量，担负着区域性灭火救援和安全生产事故、自然灾害等专业救援职责。另外，交通、铁路、能源、工信、卫生健康等行业部门也建立了水上、航空、电力、通信、医疗防疫等应急救援队伍，主要担负行业领域的事故灾害应急抢险救援任务。

从广东来看，通过政府组建、企办政助、依托企业或单位等模式，全省组建了200余支防汛抢险应急救援队伍、47支地质灾害应急救援队伍、108支专业森林消防队伍、120支危险化学品应急救援队伍、4支矿山救援队伍、21支国防交通专业保障队伍、53支海上搜救队伍、157支建筑施工应急救援队伍、46支隧道施工应急救援队伍、55支油气输送管道应急救援队伍、94支电力抢险救援队伍。这些专业应急救援队伍在多次重特大事故灾难救援中发挥了专业骨干作用，是应急救援战线不可或缺的一支重要力量。

（三）社会应急力量

社会应急力量具有组织灵活、活动范围广、服务领域宽的优势，在灾害事故应急救援中发挥着日益重要的作用。社会应急队伍主要开展城市搜救、高空绳索救援、山地救援、水上救援、潜水救援、医疗救助、后勤保障等专业领域应急救援工作。另外，一些单位和社区也建有志愿消防队，属群防群治力量。

近年来，各地积极引导成立和培育发展社会应急力量，推进和规范社会应急力量健康发展。例如，广东在民政注册的社会应急力量共有96支，其中，专职人员523人，各类队员54098人，志愿者94483人。

二、应急力量建设内容

通过整合优化各类应急力量，着力解决应急救援力量建设存在的法规标准不健全、体制机制不顺畅、应急资源统合不强、应急救援力量布局不均衡等突出问题，为高质量发展提供有力的安全保障。

（一）在地质灾害和雨雪冰冻灾害应急救援队伍建设上“补短板”

针对山区地质灾害和雨雪冰冻灾害易发、高速公路及隧道密集等特点，依托矿山应急救援队伍，选拔地质灾害应急抢险技术中心骨干力量，配备重型工程机械等专业抢险救援装备，加快补齐地质灾害和雨雪冰冻灾害专业应急救援队伍短板。

（二）在海上、航空、城市轨道应急救援队伍和社会应急力量建设上“强弱项”

1. 加强海上（水上）搜救队伍建设。针对海洋灾害和海上（水上）突发事件形势，依托海上搜救力量，海事部门会同海洋、公安边防、救助打捞、海警等部门，加强建设海上应急救助和抢险打捞、海上溢油应急救援队伍体系。积极推动高海况救助船舶的装配数量和布置地点的落实，加密海上溢油应急中心及早充实薄弱地区的救助力量，强化相关应急救援队伍训练、演练和管理。整合升级有关水域船舶交通管理系统，建设万吨级大型海事巡逻船，配备沿海海事巡逻船，增强相关水域船舶交通组织和服务能力。

2. 推进航空应急救援队伍体系建设。推动形成“区域中心基地、驻防基地、临时起降点”相结合的全省航空应急保障体系建设。整合警务飞行队、森林消防航空、空中医疗救援力量等优势资源，购置专用航空应急救援装备，依托省航空护林站组建省级航空应急救援队伍，由单一森林灭火向开展多灾种航空应急救援转型。

3. 健全完善城市轨道交通专业应急救援队伍。城市轨道交通所在地人民政府和有关部门、运营单位要配备满足需要的地下快速开掘、路轨两用消防车、大功率排烟装备、消防机器人等应急救援设施设备，根据需要建立专职或志愿消防队、微型消防站，建立健全专业应急救援队伍，加强应急培训，不断提高城市轨道交通突发事件应急救援能力。

4. 支持社会应急力量向专业化、规范化、标准化发展。加强对社会应急力量的业务指导和健全社会应急力量参与防灾减灾救灾工作的协调机制，统筹社会应急力量参与防灾减灾救灾工作。通过分类分级测评，建立省级社会应急力量，进一步强化专业能力培训，定期开展训练和演练，逐步提高专业领域能力。支持建设一批重点社会救援队，对表现优异、技能突出的个人进行重点培养，纳入专业应急救援队伍体系。加强红十字系统医疗救助力量建设。

（三）在防汛抢险、森林消防、危化品、矿山、道路交通应急救援队伍建设上“增优势”

1. 加强易受热带气旋影响地市的防汛抢险应急救援队伍建设。着力构建紧密型、联动型防汛抢险应急指挥体系，形成以专业化队伍为基础、第三方力量为保障的多层次防汛抢险应急救援队伍体系，积极探索研究防汛抢险新技术、新装备，提高数字化、信息化在防汛抢险工作中的应用程度，不断加大防汛培训演练力度。

2. 推动森林防火应急救援队伍能力建设。全面提升现有专业森林消防应急救援队伍装备水平，加大配备森林消防水罐车、水泵、应急指挥车、运兵车和工具车等大型扑火装备。发挥无人机林区常规防火巡航、火场侦查及扑火指挥作用。开展森林火灾高效扑救技术和森林防火标准化体系建设，全面提升队伍防治能力。

3. 加强危险化学品（燃气、石油管道）应急救援队伍建设。基于现有危险化学品、燃气、油气管道应急救援队伍，建立危险物质侦检及紧急处置队伍，兼具危险化学品、燃气和油气管道泄漏环境下开展侦检及紧急处置职责。按照危险化学品应急救援队伍建设相关规定，配备物资装备，培训应急救援管理人员。危险化学品应急救援基地实行集中统一领导，明确政府部门、运营单位的管理职责。

4. 强化矿山应急救援队伍建设。基于矿山应急救援队伍，建立矿山—隧道—洞穴灾害救援队伍，兼具矿山、隧道、洞穴搜救等职责。实行“一专多能”，按要求配备专业人员，更新队伍结构，配齐救援装备，补充先进的破拆、侦检、人员搜索、灭火、支护、个人防护等救援装备，补充应对重特大事故救援任务所需要多功能集成式救援装备保障车、救援宿营车、大型载重汽车、全路面汽车起重机、监测侦查设备、通信指挥设备等。充分利用现有矿山救援基地的场地、基础设施和设备，建设仿真型、实景型、实战型、互动型的实训基地，提高救援基地的综合利用效能。

5. 加强道路交通应急救援力量建设。加强应急救援力量专业化程度，增加专职人员比例，规定相应的应急救援从业资质，提高应急演练质量，提升队伍专业化水平。加强交通运输系统内部应急救援力量的协调和协同，建立城市轨道交通运营部门与地面公共交通部门的协作机制。

三、建立共训共练共建共战机制

围绕“专常兼备、反应灵敏、作风过硬、本领高强”的要求，推进综合性消防救援队伍和地方专业应急救援队伍、社会应急力量共训共练、互来互往、协同作战，全力创新共训共练共建共战机制，着力构建以综合性消防救援队伍为主力、以地方专业队伍为协同、以志愿者队伍等社会力量为辅助的应急救援工作格局。

（一）加强应急力量双向交流

瞄准全地形、全天候、全灾种带来的新问题、新变化，组织专业应急救援队伍、社会应急力量到消防训练基地集中培训，邀请消防救援队伍到专业救援基地上门指导，共同开展火灾扑救、抗洪抢险、危化品处置等应急培训。

（二）推动应急力量联合演练

拓展共练内容，创新共练模式，明确共练纲目，组织“三支队伍”定期开展多灾种应急演练，不断强化应急救援队伍战斗力建设。

（三）强化应急力量“战时”协同

打破建制界限，探索“战时”统一编组，联合开通应急输送“绿色通道”，建立健全各方面力量统一调度、快速集结、密切协作、优势互补的救援合作机制。

第七节
应急物资准备

应急物资准备是应对和处置突发事件的重要物质基础。兵马未动，粮草先行。某种意义上而言，应急物资储备就是应急管理部门开展高效应急处置、实施精准应急救助的“粮草”，是应对安全风险的有力“武器”。针对新冠肺炎疫情暴露出来的短板和不足，2020年2月14日，习近平总书记在中央全面深化改革委员会第十二次会议上强调，要健全统一的应急物资保障体系。把应急物资保障作为国家应急管理体系建设的重要内容，按照集中管理、统一调拨、平时服务、灾时应急、采储结合、节约高效的原则，尽快健全相关工作机制和应急预案。

多一份应急物资保障，就会多一道安全屏障。在物资保障上充分准备，就要健全统一的应急物资保障体系，建立统一的应急物资采购供应体系，完善应急物资储备品种、规模、结构，创新储备方式，优化产能保障和区域布局，健全高效的应急物资供应保障网，做到关键时刻调得出、用得上。

一、应急物资储备方式

应急物资储备是为应对突发事件而提前准备的各类保障性物资。应急物资的储备可分为实物储备、合同储备、产能储备。我们在提高物资保障能力的过程中，要多种形式并用。一般来说，实物储备的物资都是专用性强、生产周期长、不易腐烂变质的物资，产能储备形式储备的物资都是生产周期比较短、平时储存又不经济的物资；合同储

备的物资多为平灾通用型的物资。（见图2-4）

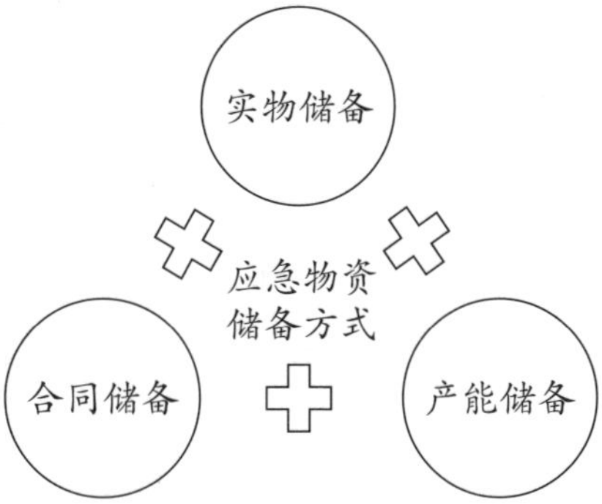

图2-4　应急物资储备方式

（一）实物储备

实物储备是以实物形式储存在各级储存仓库中，当突发事件发生后可随时用于应急调配。这是目前最常用的储备形式，也是突发事件初期应急物资的主要来源。但突发事件的不确定性以及物资的使用期限等因素，制约了实物储备有效发挥作用。

（二）合同储备

合同储备是政府部门与拥有应急物资的企事业单位或个人签订合同，保证在突发事件发生后能够按照合同约定，优先租用、调用这些单位或个人的物资。但是，由于合同储备的应急物资无法对应急需求的具体时间做出约定，也无法预知应急需求量，可能影响突发事件应急处置；还因为合同储备的经济效益和资金占用等因素，也影响社会储备的范围和规模。

（三）产能储备

产能储备是对那些能够生产、转产或研发应急物资的企业或其他单位，通过签订相关协议或合同，保证突发事件发生后能够按照合同迅速生产、转产或研制应急物资。产能储备转化为应急物资需要一定的时间，这种储备对大规模突发事件的长期应急可以起到非常重要的作用。但是产能储备对突发事件的处置，尤其是前期的处置作用不明显。在日常工作中，政府要摸清有关应急物资生产的能力，确保物资需求增加时可通过厂家扩大生产能力，保障应急物资供应。

储备方式要遵循“采储结合，节约高效”的原则，根据应急物资的总需求量、储备方式的优缺点综合确定。实物储备应满足平均需求，按照整体储备满足最大需求来确定存储比例。对于市场存量大的、不易保存的、重要性相对较低的物资以及财政能力弱的地区，可以适当增加合同储备和产能储备的数量；对于市场存量小的、易保存的、特别重要的物资以及财政能力强的地区，可以适当增加实物储备的数量。

二、应急物资储备种类

目前，应急管理部门管理或使用的常用应急物资，根据处置对象类别来分，主要有救灾生活物资、防汛抗旱物资、森林防灭火物资等。

（一）救灾物资

救灾物资由粮食和物资储备管理部门负责采购，使用中央和地方各级财政资金、救灾捐赠资金，专项用于转移安置灾民生活救助和安排受灾群众生活。如广东省级救灾物资实物储备主要品种就有18个：救灾帐篷、棉被、清凉被、毛巾被、折叠床、毛毯、军（棉）大衣、绒衣裤、衣服（冬）、衣服（夏）、衣服（保安服）、手电筒、发电机、净水机、彩条布、移动照明灯塔、防潮垫、移动桌椅。协议代储品种有：八宝粥、饼干、快食面、矿泉水等不易保管的物资。

（二）防汛抗旱防风物资

防汛抗旱防风物资由防汛防旱防风办公室负责购置、储备和管理，使用中央和地方各级财政资金，用于支持遭受严重洪涝、干旱、台风、低温雨雪冰冻灾害地区开展防汛抢险、抗旱减灾、抗低温雨雪冰冻灾害、救助受灾群众等，主要包括防汛物资、抗旱物资、防风物资、防低温雨雪冰冻物资等。

防汛物资包括编织袋、覆膜编织布、防管涌土工滤垫、围井围板、快速膨胀堵漏袋、橡胶子堤、吸水速凝挡水子堤、钢丝网兜、铅丝网片、橡皮舟、冲锋舟、嵌入组合式防汛抢险舟（艇）、救生衣、管涌检测仪、液压抛石机、抢险照明车、应急灯、打桩机、汽柴油发动机、救生器材等；抗旱物资包括大功率水泵、深井泵、汽柴油发电机组、输水管、找水物探设备、打井机、洗井机、移动浇灌、喷滴灌节水设备和固定式拉水车、移动净水设备、储水罐等。

（三）森林防火物资

森林防火物资由应急管理部门负责购置、储备和管理，使用中央和地方各级财政资金，专项用于森林消防工作。森林防火物资一般包括风力灭火机、油锯、水泵、灭火水枪、灭火弹、组合工具、二号工具、阻燃服、军大衣、睡袋帐篷、手电筒、锄头、砍刀、兵工铲、水桶、应急通信设备（移动中继台、电源天线）、火场通信工作箱（对讲机、多路充电器、照明设备、发电机）和火场常用药品、干粮食品等物资。

三、应急储备物资管理

救灾物资、防汛防旱防风物资、森林防灭火物资三类应急物资中，救灾物资由粮食和物资储备部门管理，根据应急管理部门指令调拨；防汛防旱防风物资储备仓库仍在水利部门，由防汛防旱防风总指挥部或其办公室名义下达调拨指令；森林防灭火物资由应急管理部门管理并调拨。以广东为例，我们介绍一下相关类别物资的管理机制。

（一）救灾物资管理

救灾物资管理机制相对健全，具体由应急管理部门提出救灾物资的储备需求和动用决策，组织编制救灾物资储备规划、品种目录和标准，确定年度购置计划，并根据需要下达动用指令。粮食和物资储备部门负责救灾物资的收储、轮换和日常管理，并根据应急管理部的动用指令按程序组织调出。

广东全省有5个省级救灾物资仓库，包括1个省级中心仓库和珠三角、粤东、粤西、粤北4个区域仓库。广东省应急管理部门与粮食和物资储备部门建立了省级救灾物资应急保障联动机制，明确了双方职责分工，规定省级救灾物资采购、调拨等系列工作流程，建立了日常信息通报、应急联络对接、储备布局协商等三项联络制度。目前运作较为顺畅。

（二）防汛抗旱物资管理

广东防汛抗旱物资储备仓库仍保留在广东水利部门，由省防汛抗旱指挥部或其办公室下达调拨指令。为进一步规范省级三防物资调用程序，广东省应急管理部门会同省水利部门对省级防汛抗旱物资的使用管理进行了规范，确保省级防汛抗旱物资调用高效、调运及时。

广东省级防汛抗旱物资调用由地级以上市防汛防旱防风指挥部向省防汛防旱防风总指挥部办公室提出书面申请，地级以上市水利（水务）部门根据水利工程抢险需要，可直接向广东水利部门提出申请。省防汛防旱防风总指挥部根据调用申请，向广东水利部门发出调运省级防汛防旱防风物资的通知。广东水利部门向省防汛防旱防风物资储备中心发出调运通知，省防汛防旱防风物资储备中心接到调运通知后，立即组织并完成调运工作。广东省级防汛防旱防风物资实行有偿使用，调物还物。广东水利部门负责协调指导省防汛防旱防风物资储备中心对接申请单位做好调用物资返还工作。

（三）森林防灭火物资管理

森林防火物资由广东应急管理部门管理，省级仓库设在广东省航空护林站，根据省森林防灭火指挥部指令，按照需要进行调拨。此外，各地市和省属林场还建立了565座物资储备库，储备了风力灭火机、灭火水枪等各类森林消防物资，省森林防灭火指挥部也可根据需要进行调拨。（见图2–5）

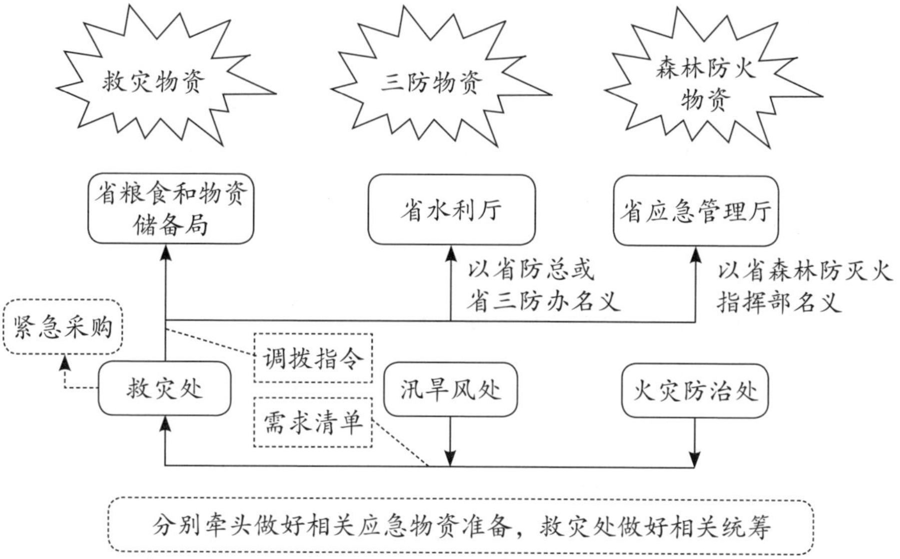

图2–5　广东应急物资管理流程图

（四）应急物资综合信息平台

为建立健全统一的应急物资保障体系，广东应急管理部门充分利用大数据、人工智能、GIS等信息化技术，建设了集应急物资储备信息管理和保障调度指挥于一体的应急物资综合信息平台，将各类生活类救灾物资、三防物资、森林防灭火物资及其他应急物资逐步纳入系统，实现应急物资申请、审批、调拨、接收、发放全过程管理，智能生成调拨方案，实时展示调拨进度；同时，平台还汇聚应急物资、应急避护场所、灾害信息员、生产供应商等相关资源，可实现可视化展示和智能分析。通过综合信息平台，可以全面掌握全省各级应急物资储备情况，提高应急物资调用时效。

四、健全物资保障体系

应急物资保障体系包括生产、储备、采购、调拨、运输等多个环节，涉及发展改革、工业和信息化、交通运输、应急管理等多个部门，关系到政府、企业、社会、家庭等多个方面。要建立集中管理、统一调拨、平时服务、灾时应急、采储结合、节约高效的应急物资保障体系，既要发挥各部门专业优势，各负其责，更需要应急管理强化综合统筹，推动形成整体合力，实现各类应急物资的常态储备归口管理、应急调度高效统一。

（一）建立应急物资集中管理机制

充分发挥应急管理部门的综合优势，加强各类应急物资的信息汇总、综合研判、统一调拨，统筹协调应急物资调运等工作。应急管理部门要结合历年灾情和救灾工作实际，科学制订年度购置计划，完善购置清单，切实提高救灾物资年度购置计划的科学性和实用性。

同时，健全物资保障工作协同机制，明确应急物资保障各部门的具体分工和责任链条，明晰各部门职责，粮食和物资储备局负责各类应急物资的集中存储；工业和信息化部门负责应急物资产能保障和区域布局；交通运输部门负责组织应急物资紧急运输。各专业应急部门负责组织开展本行业领域的风险评估和应急物资需求分析，拟订相关物资储备规划和年度购置计划，提出物资储备需求。

应急管理部门根据往年灾情形势，采用定量方法，编制全省救灾物资储备规划，制定各级救灾物资储备品种目录，合理确定储备规模，有效提高了应急物质保障的精准度。

（二）完善应急物资调拨机制

一般状态下，实行应急物资分级、分部门调度机制，按照由下至上逐级调用物资。重大应急状态下，启动应急物资统一调度机制，由省统筹调度各级各类应急物资，确保有效抵御第一波物资需求冲击，为后续处置争取宝贵时间。应急管理部门应积极会同粮食和物资储备、水利等部门，建立健全救灾救援物资应急物资保障联动和信息共享机制，规范防汛抗旱物资、森林防灭火物资等使用管理标准，全面提高应急物资保障能力。以信息化建设为依托，打造科技含量高、信息化程度高的应急物资管理系统，实现省、市、县三级应急物资共用共享，线上物资申请、轨迹跟踪、线路规划和联动运输，切实提高应急物资调拨的时效性。

（三）合理确定应急物资储备模式

应急物资的品种多，形态差异大，大量采购存储将导致占用巨大资金，应合理确定应急物资的储备模式。对于关系国计民生的公共卫生防疫物资、重要生活物资、救灾物资、防汛抗旱物资等可以实物储备为主，对于市场供给充裕、流通较快的物资可以社会储备为主；对于生产周期长、供给较慢、需求相对稳定的物资，以实物储备为主；对于生产周期短、供给相对较快，平时需求少、应急状态下需求大的物资，以产能储备为主。鼓励企业、社会组织等社会力量积极参与应急物资储备，引导城乡居民家庭储备必要的应急物资，扩大应急物资储备的来源渠道。

（四）强化综合运力和物流能力建设

调动各种社会力量和资源，全面参与、降低储备成本、提高应急效率，是应急物资管理发展的方向，要推动建立政府主导、部门协同、社会参与的“三位一体”的协同保障机制。要积极与网络覆盖广、保障能力强的现代物流企业建立应急物资保障战略合作机制，切实增强应急物流保障、物资筹措、物资仓储、智慧物流运用能力水平，全面实现应急物资科学储备、有序调度、快速运输和高效配送。

同时，要强化应急物资产能动员能力建设，与社会企业签订合作协议，在特别重大突发事件发生后，在应急物资储备、应急征用、政府采购、紧急采购等都不满足应急需求的情况下，动员社会企业参与应急物资生产，进一步提升应急物资保障水平。应急管理部门引入现代物流和仓储体系参与应急物资保障，在应急物流保障、应急物资筹措、应急物资仓储、智慧物流运用等方面开展合作。

（五）建立统一的应急物资采购供应体系

在发挥政府作用的同时，应注重市场化机制和信息化手段的使用，加强与各专业市场、大型商场、主要生产经营应急物资部门之间的沟通，建立紧急采购电子化平台，建立应对重大疫情和灾害事故的紧急采购制度，确保突发事件发生时，能够“找得到、叫得应”，推动应急物资供应保障网络更加高效、安全、可控。

【专栏】

广东打造现代化应急物资保障体系
迈向信息化智慧化　跑出救灾加速度

机构改革以来，广东省应急管理厅组织编制全省救灾物资储备规划，推动建立省级救灾物资应急保障联动机制，设立省级救灾物资前置点，建立应急物流保障网络，全方位打造现代化应急物资保障体系。广东省在每一次灾害发生后，都实现了应急物资调得迅速、送得及时。

一是编制储备规划，完善购置清单。广东省应急管理厅根据往年灾情形势，采用定量方法，编制全省救灾物资储备规划，制定各级救灾物资储备品种目录，合理确定储备规模。如2020年，省级救灾物资重点购置救灾帐篷、冬被、折叠床、移动桌椅、多功能睡袋、救灾应急包、雨衣等12个品种的救灾物资。采取实物储备与协议储备相结合的方式，构建政府储备和社会储备有机结合的应急物资储备体系，储备方式更加多元。三防物资储备中心仓库及区域仓库备足包括防汛抢险物料、冲锋舟和救生艇等救生救援器材，以及供排水设备、发电设备、照明设备、应急监测设备等价值7000多万元的各类防汛抢险物资。

二是推动信息化建设，建立联动机制。广东省应急管理厅启动“智慧大应急”项目规划，推动全省应急物资综合信息管理系统建设，统筹救灾物资、防汛抗旱物资、森林防灭火物资等应急物资管理使用，实现各级各类应急物资信息共用共享，以及应急物资线上申请、轨迹跟踪、线路规划、联动运输等功能，提高应急物资调拨时效；会同省粮食和物资储备局建立省级救灾物资应急保障联动机制，提升了省级救灾物资调拨时效；会同省水利厅对省级三防物资的使用管理进行了规范，确保省级三防物资调用高效、调运及时；与国家粮食和物资储备局广东局签署应急物资保障联系机制合作协议，建立信息共享机制、沟通交流机制、应急联系机制；与省红十字会签署防灾减灾救灾联动工作机制合作协议，将省红十字会应急救援力量和救灾储备物资纳入全省应急救援体系。同时，积极推进与顺丰集团、京东集团的战略合作，推进应急物资有序调度、快速运输、高效配送。

三是前置救灾物资，织密民生网络。广东省应急管理厅坚持“统字当头、预字打底”的原则，不断提高救灾物资应急保障能力，确保受灾群众能及时得到有效救助。汛期前，广东省根据自然灾害年景会商研判，综合考虑地理位置、往年灾情特点及当地防灾减灾救灾能力水平等因素，从粤东西北地区选取灾易灾县（市、区），作为本年度省级救灾物资前置点。前置物资包括折叠床、棉被、毛毯、夏服、防雨篷布等。在出现“龙舟水”期间，前置的省级救灾物资第一时间发放到位，为及时保障受灾群众基本生活发挥了重要作用。

第八节
社会动员准备

在重大灾害事故的应对中，广泛动员社会力量参与应急管理，可以聚合全社会的人力、物力与财力，全面提升应急管理应对能力，最大限度地降低灾害事故造成的影响。社会动员是我党的一大优势，它伴随着党从革命到建设、从建设到改革、从改革到胜利的历史进程。

在社会动员上充分准备，就要围绕“建设人人有责、人人尽责、人人享有的社会治理共同体”，坚持宣传是最积极的“防”、最有效的动员，推动安全宣传进企业、进农村、进社区、进学校、进家庭，健全防治结合、联防联控、群防群治的工作机制，动员全社会参与到应急准备中。

一、社会动员特点

何为“社会动员”？“动员”从字面理解，就是指发动人们参加某项活动。最早作为军事术语，是指“把国家的武装力量由和平状态转入战时状态，并把所有的经济部门转入供应战争需要的工作”，后来“动员”的概念从军事领域延伸到社会领域，并形成“社会动员”的概念，被泛指为发动、鼓励人们参与某项活动。

应急管理体系是否有效，主要看其社会动员能力。从本质上看，社会动员是政府资源与非政府资源以应急管理为导向的整合，也是社会所蕴藏的可以用于应急管理的一切人力、物力和财力等社会应急潜力向实际用于应急管理的人力、物力和财力等社会应急实力的转化。应急动员与一般的社会动员有一定的差别。主要具有以下特点：

（一）政府主导

政府掌握进行应急社会动员所需要的各种资源优势，必须充分发挥主体作用，从宏观上培育和引导应急社会动员行为，组织和引导社会公众按照既定目标积极主动参与应急管理活动，从而使政府应急管理工作得到公众认可、理解、支持与合作。新冠肺炎疫情爆发后，各党政军群机关和企事业单位紧急行动、全力奋战，广大医务人员无私奉献、英勇奋战，广大人民群众众志成城、团结奋战，打响了疫情防控的人民战争，打响了疫情防控的总体战，全国形成了全面动员、全面部署、全面加强疫情防控工作的局面。就连世界卫生组织总干事谭德塞也表示，“中方行动速度之快、规模之大，世所罕见”，“我一生中从未见过这样的动员”。

（二）风险性较高

灾害事故容易破坏社会系统，导致资金、资产的流失，甚至人员伤亡，重特大灾害事故还会对社会秩序、社会功能、环境与资源等造成严重的破坏，给人民群众的生产生活以及经济社会的正常运转造成强烈的影响。灾害事故的严重社会危害性，使得参与应急管理的机构或公众个人可能面临生命危险或财产损失风险。

（三）专业性强

参与自然灾害、事故灾难应对处置，需要有一定的专业知识、专业技能。我国规模最大的社会应急组织——蓝天救援队如要成为正式队员，需完成蓝天救援全国大培训科目（蓝天救援初、中级综合技能培训及考核），参加过联合救援行动（包括后台及后勤人员），关键岗位还需通过专业心理测试合格，心理及情绪稳定等。

（四）组织性强

由于应急管理社会动员的特殊性，参与者必须在统一的指挥与协调下开展。特别是在应急处置阶段，应急管理活动的参与者必须在应急指挥组织的统一指挥与协调下进行。如《广东省防汛防旱防风条例》将公众参与作为防汛防旱防风工作的基本原则之一，但同时明确规定，公民、法人和其他组织应当配合防汛防旱防风活动，服从抢险救援指挥。

二、社会动员对象

应急社会动员的对象是多样的，一般来说可分为基层干部、企业、志愿者、社会组织、公众等，他们拥有不同的特点和资源优势，可以成为地方政府应急管理的得力助手。各种力量协同作战、形成合力，形成了体制内的基层政府、半体制的群众自治组织和体制外的企业、社会组织、公众共同有序参与应急社会动员的网络体系。

（一）村居（社区）应急动员

村居（社区）是因地缘关系而组成的社会生活共同体，是一个“小型的社会”，在应急管理中扮演着不可或缺的重要角色，是非常重要的动员对象。村居（社区）是防灾减灾的“神经末梢”，当灾害事故来临时，村居（社区）人民群众是最直接的承受灾害的主体，在许多情况下，村居（社区）成为了应急处置的最初响应者。

由于社区公众对社区具有一定程度的认同感和归属感，以社区为基层单位应急，可以充分调动公众的主动性、积极性和创造性。社区参与可以有效地聚合、调集应急管理所需要的人、财、物资源，建立起以社区为基础的网络状应急管理体系。这样会对政府应急管理产生积极影响，促使其加强应急协调能力。

在新冠肺炎疫情防控战“疫”中，广州首创由村居干部、基层民警和医务人员组成“三人小组”模式，全面入户排查重点人员，在社区中筑牢疫情防控的“铜墙铁壁”，广州基层防疫工作才做到“底数清、情况明、措施实”，让街坊感受到“专业、安全、贴心”。

（二）企业社会动员

动员企业参与应急管理既是政府的职权，也是企业承担法律及社会责任的一个重要内涵。企业具有雄厚的经济实力，有的还生产应急物资，拥有自己的应急救援专业队伍和应急救援装备，可以在应急处置中发挥重要作用，是应急管理的重要主体之一。可以采用多种方式参与应急动员。

1. **捐财物**。在灾害事故发生后，奉献爱心，向受灾地区和人民捐款、捐物，这是企业承担社会责任的题中应有之义。

2. **供物资**。灾害事故发生后，企业要开足马力，对急需的应急物资实行动员生产，及时提供高质量的产品与服务，为救灾物资的筹备提供便利。

3. **参与救援**。有许多企业，特别是不少矿业企业都有装备精良的专业救援队，有时可直接派出参与抢险救援，协助政府处置灾害事故。

4. **金融服务**。保险企业可以开发各种灾害保险产品，减少人们的损失，分担政府的压力。此外，金融企业也可以开发出金融产品，为事故灾难救援提供服务。

（三）志愿者的社会动员

应急管理中，志愿行动是政府行为的有益补充。近年来，重特大灾害事故发生后，志愿者组织反应迅速，积极参与抗灾救灾工作，为抗灾救灾作出了突出贡献。志愿者的社会动员形式有：

1. **志愿服务**。志愿服务包括科普宣教、培训演练、隐患排查等。灾害事故发生后，应急志愿服务还包括现场信息报告、先期处置、灾后服务等内容。

2. **专业救援**。具有专业知识、专业技能的志愿者和志愿者服务组织，利用自身特长和优势，参与专业性应急处置。如在扑救广东佛山市高明区荷城街道“12.5”森林火灾中，共有20多支民间志愿服务队760多人次志愿者参与救援志愿服务，多家企业组织应急救援队主动加入救援。

3. 捐款捐物。志愿者向灾害事故受影响地区捐赠款物。

（四）社会组织的社会动员

社会组织包括协会、社团、基金会、慈善会、非营利公司或者其他法人，不以营利为目的，具有公共性、志愿性、自治性和民间性等特征，具有贴近基层、组织灵活、行动迅速、便于展开等优势，在抢险救灾、人员救治、秩序维护、心理抚慰、科技宣教等方面的作用发挥日益明显，容易产生亲和力并得到公众的积极响应与配合，可以及时疏导社会不良情绪，提供宝贵的人力资源，协助政府进行社会管理和紧急救助，可成为沟通政府与群众之间的桥梁。可以说，社会组织是政府在社会动员中重点整合、统筹的资源，是参与应急管理有益而必要的补充。

三、社会动员作用

灾害事故，特别是重大灾害事故的危害经常会超出社会的承受力，产生严重的后果，打乱社会正常运行秩序。应急社会动员能发挥群策、群智与群力，使整个社会的潜能得到充分释放、资源得以有效整合，从而在最短的时间内形成化解危机、降低损失的巨大社会合力，进而战胜灾难、渡过难关。

（一）增强社会凝聚力

我国正处于社会转型时期，在一定程度上和部分人当中，人们的价值观念及行为取向差别大，规则意识比较淡薄，致使社会成员之间难以建立一种相互信任关系，难以形成一种持续有效的全社会合作。我国高度统一的行政体制、高效集中的社会资源调配以及高度认可的民族集体特性，成为强化国家应急社会动员能力的“倍增器”。应急社会动员可以有效发挥社会有机体的“粘合剂”作用，使社会公众在某个重要问题上取得共识，增进社会凝聚力，实现有效的社会合作，充分释放整个社会的潜能，进而形成应急管理的巨大合力。新冠肺炎疫情是对我国动员能力的一次大考，抗击新冠肺炎疫情在某种程度上也是锻造国家精神的熔炉，从“汶川加油”到“武汉加油”，体现出中华民族的行动力、凝聚力和向心力。

（二）高效处置灾害事故

重特大灾害事故往往规模大、影响深、资源消耗大，并在一定程度上超出了政府控制和管理的范围。吸纳和动员社会各种力量，整合各种社会资源共同应对和处置灾害事故，是应急管理的有效途径。比如在佛山市高明区“12・5”森林火灾中处置中，面对多变的火情态势，广东省森林防灭火指挥部、省应急管理厅果断决定增派力量，广州、深圳、珠海、惠州、中山、江门、肇庆、英德等全省15支森林消防增援力量，从四面八方赶到集结佛山高明，8架直升机首次齐聚组团灭火，成功打赢歼灭战，充分体现了集中力量救大灾的制度优势。在抗击新冠肺炎疫情时，全国各地各部门协调联动支援抗疫一线，军地医护人员驰援武汉、紧急开设专门救治医院，全国军民万众一心，19个省份展开对口支援，330多支医疗队、4万多名医务人员、上百万件防护救治物资驰援湖北，彰显了我国强大的动员能力和资源配置能力，使得我国很快遏制了疫情高发势头。

（三）推动政府与社会公众良性互动

广泛动员社会公众积极参与应急管理活动，是政府民主意识和公信力的充分体现，也是政府决策可信度和可参与度提高的充分体现。社会公众参与应急管理，也增强了社会公众的自豪感、爱国激情和民族凝聚力。每年汛期的每一场防汛防台风对于相关地方来说，都是一场硬仗。面对汛情，层层发动，广泛动员，应急管理部门及时发出预警，广大党员干部主动担责，不分昼夜，连续作战，用辛苦和汗水换来广大群众的生命安全；民间团体主动请缨，为抢险救援贡献力量和装备；人民群众积极响应，主动参与抗灾行动，取得一次又一次胜利。

（四）平复应急需求

灾害事故的不确定性决定了政府及有关部门对应急需求难以作出精确计算。当灾害事故骤然降临或者急剧蔓延时，应急需求大幅度增加；当灾害事故结束或呈现回落时，应急需求大幅度减少。政府往往难以在平时储备过多的应急物资、应急设备等。各地紧急动员，争分夺秒，攻坚克难，迅速建立工作机制，全力以赴推动疫情防控物资相关企业复产达产扩产转产，取得积极成效。可以说，进行应急社会动员可以平复应急需求在常态与非常态之间的波动，实现经济效益与公共安全效益的“双赢”。

四、应急宣传动员

习近平总书记指出：“能否有效进行社会动员，是对执政能力的现实考验。”[①]在防台抗台斗争中演练出来、成熟起来并不断完善的社会动员机制，不仅对防灾避险至关重要，而且具有全局性的重大意义，对做好国防动员、处置公共危机，包括处理重大安全事故、疾病灾害、突发事件等，都有借鉴意义。要认真总结国内外的经验教训，探索规律，完善预案，依托基层，发动群众，加强日常组织和演练，不断完善社会动员机制，切实提高保障公共安全和处置突发事件的能力。

---

① 习近平：《之江新语》，浙江人民出版社2007年版。

面对灾害事故，最珍贵的不是金银财宝等物质财富，而是对未来的希望、对战胜危机的信心。在危急时刻，要播种希望、传递信心，关键就是要有强有力的应急管理社会动员机制，迅速达成共识、凝聚力量，这样就可迸发出想象不到的能量，进而摆脱危机。因此，应急管理必须动员全社会力量共同参与。

（一）发挥动员的制度优势

应急管理事业不能脱离人民，只有密切联系群众、紧紧依靠群众、有力发动群众，应急管理工作才有强大的生命力，才能创造新的成绩、新的奇迹。

人民防线是应急管理最深的根基。动员的制度优势就是依靠群众、发动群众的制度机制，必须把应急管理深深扎根于人民群众创造性实践中，坚定不移走应急管理与群众路线相结合之路，创新完善依靠群众、发动群众的制度机制，发扬守望相助、邻里互帮的优良传统，织密基层应急管理的天罗地网，筑牢防灾减灾救灾的人民防线。

各级政府要不断增强群众防灾减灾意识、安全风险意识、自救互救技能，提升社会抵御自然灾害的综合防范能力，及时组织动员和凝聚基层群众力量参与防灾减灾救灾。比如2019年清明节期间，广东应急管理部门牵头抓总，各有关单位分工协作，各地严防死守，全面动员、全面行动、全民防火，全省组织22.4万人参与森林防灭火工作，实现人员零伤亡，森林火灾数量为历年来最少，防灭火情况为历年来最好。

（二）坚持把宣传作为最有效的动员

宣传是应急管理最前一道防线，应急宣传是最积极的“防”，是最有效的动员，是无形的力量。常态下传播应急知识、提升应急能力，危难时第一时间传递党和政府的温暖与关怀，救民于水火、助民于危难、给人民以力量，不断提升人民群众获得感、幸福感、安全感。

应急管理宣传要把眼光投向社会，把触角伸向基层，把重心倾向预防，多让防灾减灾救灾的创新经验“上头版”，多在提升公众应急避险意识和自救互救技能上“上整版”，将安全防范、防灾减灾、预报预警的声音传得更广、更远。

要在公益宣传上出实招、有绝招，充分利用广播、电视、报刊等传统媒体和互联网、微信等新兴媒体，广泛宣传安全发展和综合减灾理念，要普及安全知识，培育安全文化，不断提升公众的应急意识。要通过宣传动员加强应急教育，提升防范意识与应对能力，形成广泛动员、全民参与、共同应对的社会氛围。

例如广东在重大节日、重大活动时，提前发布短信预警信息，在电视频道密集播出电视公益广告和走马字幕，进行广泛宣传发动，设计发布的“台风来临不出海、台风来临不观海、台风来临不上街”和森林防灭火海报，被省内外主流媒体和应急管理部转发推送，为成功防御各类灾害发挥了重要作用。

（三）通过安全宣传“五进”促动员

应急管理部门应加强与宣传、教育、科技、民政、总工会、共青团、妇联等有关部门和组织的协调联动，围绕“建设人人有责、人人尽责、人人享有的社会治理共同体”，推动安全宣传进企业、进农村、进社区、进学校、进家庭，充分利用广播、电视、报刊等传统媒体和互联网新兴媒体，建立地方政府领导、多部门合作、各方面共同参与的协同机制，深入推进安全宣传“五进”工作理念、制度机制、方法手段的创新，以企业、农村、社区、学校、家庭等基层组织和单位为重点，全面动员、协调联动，提升全民安全和应急技能，提高风险防范素质，不断增强公众的应急意识，全力强化全社会的风险防范能力。

【角色思考】

如何当好科技和信息化处（科）长

科技和信息化处（科）承担着应急管理、安全生产的科技和信息化建设工作，牵头建立统一的应急管理信息系统，建设和运行安全生产和自然灾害风险监测预警系统，完善相关信息传输和共享，承担应急管理、安全生产、防灾减灾救灾的科研、专家队伍和科技创新基地的协调服务工作；负责官方网站和新媒体的网络安全工作。当好科技和信息化处（科）长，必须突出“四个强化”。

一是强化统筹协调。除了要做好内部各单位的工作沟通，还要协调合作单位的工作，必须提前谋划工作思路，制定工作计划，分清轻重缓急，压实工作责任，确保工作落到实处：

二是强化“一盘棋”建设。坚持“需求引领、技术引领、创新引领”，统筹搭建信息化的基本框架，组织各地进行应急管理信息化建设，加大研发应用力度，以信息化推进应急管理现代化。

三是强化科技创新。善于研究新问题、新技术，敢于提出新观点、新思路，勇于推出新举措、新办法，下好科技创新工作的“先手棋”。

四是强化廉政建设。针对统筹建设的信息化项目多、廉政风险点高的情况，带头筑牢廉政防线，开展经常性的谈心谈话，做到廉政风险化解关口前移，建立健全信息化工作机制。

如何当好安全生产执法监督处（科）长

安全生产执法监督处（科）负责非煤矿山（含地质勘探、陆上石油天然气开采）、冶金、有色、建材、机械、轻工、纺织、烟草、商贸等工矿商贸行业安全生产执法监督工作，按权限依法监督检查相关行业生产经营单位贯彻落实安全生产法律法规和标准情况，负责安全生产执法综合性工作，指导执法计划编制、执法队伍建设和执法规范化建设工作。要做到“九个善于”：

一要善于领会贯彻。真学真信真用习近平总书记关于安全生产的重要论述精神，树牢安全发展理念。

二要善于统筹谋划。结合本辖区安全生产形势特点，按照“统筹兼顾、分类分级、突出重点、提高效能”的原则，编制和落实年度监督检查计划。

三要善于整治隐患。对发现的事故隐患，坚持不整改到位绝不放手、不彻底消除绝不销号的态度，真正把问题解决在萌芽之时、成灾之前。

四要善于监管执法。采取常规执法、明察暗访、重点检查、突击抽查、随机抽查相结合的方式，加大执法力度，运用安全生产联合惩戒，加强行政执法与刑事司法衔接，形成有力震慑。

五要善于指导服务。在依法查处发现的生产安全隐患和违法行为的同时，主动加强对企业整改工作的指导服务，强化执法综合效果。

六要善于以案示警。充分运用典型事故、违法案例开展警示教育，督促生产经营单位时刻绷紧安全生产这根弦，自觉主动落实主体责任。

七要善于压实责任。综合运用考核巡查、约谈通报、警示问责等制度措施，压实各级安全监管执法责任，确保安全生产监管执法到位不缺位。

八要善于培养人才。加大执法人员业务培训力度，重点加强现场检查和现场处置实操、法律知识、安全生产技术规范和标准、执法系统应用、案卷评查标准、复议诉讼案例等安全监管执法实务培训。

九要善于管理队伍。按照构建“亲”“清”新型政商关系要求，强化队伍作风建设，打造作风过硬、业务精通、清正廉洁、秉公执法的安全生产监管执法队伍。

如何当好新闻宣传处（科）长

新闻宣传处主要负责应急管理和安全生产、防灾减灾救灾新闻发布，舆情监测和应对，文化建设和宣传教育工作。做好应急管理新闻宣传工作，要做到“三个创新”：

一是在形式上求创新，要坚持开门搞宣传。借助社会力量、媒体力量、专家力量，积极发展各种互动式、服务式、体验式新闻信息服务，实现新闻传播的全方位覆盖、全天候延伸、多领域拓展，推动应急管理的声音直接进入各类用户终端，努力占领新的舆论场，让媒体记者、权威专家、企业员工、农村村民、社区居民、学校师生、家庭成员成为应急管理的宣传员、推广员、普及员。

二是在方法上求创新，要放大宣传效应。在内外结合、上下结合、传统和新兴结合上求创新，将本单位自媒体平台与外部传统媒体、新兴媒体有机结合起来，聚焦党委政府关注什么、人民群众期盼什么，普及应急管理常识，宣传应急管理典型，推出应急管理经验，多形式、多视角、多渠道放大宣传效果，提高宣传工作的针对性、创造性、实效性。

三是在内涵上求创新，要擅长讲“故事”。从重点宣传灾难场面、事故场面向宣传平时预防转变、向宣传先进典型转变、向宣传基层一线转变，善于跟着安全跑、跟着预防跑、跟着灾种发生的规律跑，把大道理讲细讲实、把平常事讲新讲活、把故事讲到受众的心坎里去，与人民群众同频共振，牢牢掌握新闻宣传的主动权，弘扬正能量，凝聚精气神。

第三章

时时应变

2020年6月5日至11日，广东遭遇近15年来最强一次“龙舟水”过程，多地时段雨量突破历史极值，最大过程雨量955.1毫米，最大24小时雨量516.5毫米，最大1小时雨量121.9毫米。这次暴雨洪涝灾害与广东“05·6”特大暴雨洪涝灾害相似，但因灾死亡人数减少了82.6%，灾害损失降低了78.8%，没有发生群死群伤事故，灾害损失降到了最低。有效应对暴雨的经验是什么？广东应急管理部门具体做了哪些工作？

第一节
应变概述

应急管理是一场同安全风险的长期斗争。斗争就要把准斗争方向，明确斗争任务，掌握斗争方法，讲究斗争艺术。应变是这场长期斗争的重要环节，核心在于准确识变、科学应变、主动求变，努力做到“在危机中育新机、于变局中开新局”，立足大局、统筹全局、引领变局、开拓新局，从而赢得优势、赢得主动、赢得未来。

时时应变衔接科学应备和统一应战。应变能力一定程度上反映了应备效果，也一定程度上决定了应战的成败。应急管理本质上是预防管理，是有准备的应急。应备立足长远来防，应备做得好就能提高系统的整体安全性，有效防范和化解系统性风险，努力做到本质安全；应变着眼当前来防，重点是准确识别风险、科学研判风险、防范化解风险，“防”在初始、“治”在源头，将安全风险解决在萌芽之时、成灾之前。应变做得好就能牢牢把握应战的主动权，从而打有准备之仗，大概率打胜仗。

一、应变的内涵

一般来说，“应变”是指“应付突然发生的情况”。时时应变中的“应变”则是感知变化、分析变化和应对变化的全过程。应变的主要内容是风险识别、风险研判、风险防范。应备和应变同属于“防”的范畴，但各有侧重。应备强调着眼长远，实施系统性预防；应变突出实时动态，强化风险管理。应变和应战分属于“防”和“抗”的范畴，两者之间有相对清晰的边界，启动应急响应前的风险管理属于应变，启动应急响应后的统一抗灾属于应战。

《孙子兵法》写道：“知彼知己，胜乃不殆；知天知地，胜乃不穷。”孙子认为，从事战争的先决条件是要做到“知己知彼”，只有全面了解各种情况，正确估量敌我态势，才能做出正确的判断，制定正确的作战方针。如果说应急管理是一场同安全风险的长期斗争，那么安全风险就是最直接的敌人，重大安全风险就是最大的敌人。应变就是发现敌人、识别敌人、消灭敌人的过程。

二、应变的原则

应变的根本目标是将安全风险化解在萌芽之时、成灾之前。从系统论的观点看，安全是系统中各环节、各要素、各方面动态平衡的一种状态。系统各环节、各要素、各方面的变化都会导致动态平衡受到影响，小变化带来小影响，大变化带来大影响，变化的传导、累积、叠加、升级就会打破动态平衡，导致系统失稳，这种变化作用于外部环境就会导致发生灾害事故。时时应变，要求时刻保持如履薄冰的谨慎、见叶知秋的敏锐，准确识变、科学应变、主动求变，做到变中求新、变中求进、变中突破。要求突出一个“早”字，对安全风险早发现、早研判、早处理、早预防，下好先手棋，打好主动仗。

（一）早发现

早发现就要强化风险意识，开展风险排查，全面充分认识安全风险，做到心中有数、了然于胸。从普查中发现风险，比如国务院办公厅下发了《关于开展第一次全国自然灾害综合风险普查的通知》，定于2020年至2022年开展第一次全国自然灾害综合风险普查工作，摸清全国自然灾害风险隐患底数，查明重点区域抗灾能力，客观认识全国和各地区自然灾害综合风险水平；从日常工作中发现风险，根据各类督查检查、督导调研等情况，掌握其规律特点，发现苗头性、倾向性的问题；从灾害事故中发现风险，综合分析历史上发生的灾害事故，抓紧盯牢当下发生的灾害事故，深挖导致灾害事故发生的深层次原因，吸取教训，举一反三，发现和整治隐藏在背后的风险隐患。

（二）早研判

早研判就要做到见叶知秋、见微知著，根据形势变化、任务变化、状态变化、气候变化、季节变化、工作要求的变化等，对潜在的风险进行科学预判，知道风险在哪里，表现形式是什么，发展趋势会怎样，从而精准指导风险防范。比如，面对新冠肺炎疫情防控常态化的新形势，企业正常生产经营活动受到影响，安全投入可能减少。企业生产节奏也被打乱，把精力放在抓生产、找项目上，安全管理可能松懈。企业人员流动也受到影响，复产复工后，调岗换岗、人员变动频繁，安全培训可能不足。这些情况都容易导致安全风险累积叠加，必须加强分析研判，采取有效措施予以解决。

（三）早处理

早处理就要发挥制度优势，压实防范责任，落实工作措施，做到抢早、抢小、抢先，同风险斗争、和时间赛跑。全面落实责任制，推动落实党委和政府的领导责任、部门监管“三个必须”和自然灾害防救责任、企业主体责任。用好信息化手段，综合运用大数据、云计算、物联网、人工智能等手段，建立安全风险“一张图”，落实分级管控措施，实施安全风险精准治理。筑牢人民防线，广泛发动人民群众、动员全民参与、汇聚民智民力，全力推进安全风险网格化管理，把专家服务、监管力量落实到每一个网格。

（四）早预防

早预防就要用大概率思维应对小概率事件，高度重视潜在的风险，注意问题表象背后隐性的、深层次的风险点，做足做好相关准备工作，提前确定专门应对措施。创新方式方法，主动出击，全面推行自然灾害防治“一体三预”的做法，大力实施安全生产“一线三排”工作机制，从源头上、根本上防范和化解风险，打好提前量，做到预判在前，措施在前，行动在前，及时妥善防范化解各类风险。

三、应变的方法

做到时时应变，要有科学的方法。在这场同风险的长期斗争中，头脑要时刻保持清醒、眼睛要特别明亮、意志要特别坚定。善于从纷繁复杂的矛盾中把握斗争规律，运用战略思维、历史思维、辩证思维、创新思维、法治思维、底线思维，提高斗争的科学性、预见性、主动性和创造性，不断积累斗争经验，增强斗争本领。善于抓主要矛盾和矛盾的主要方面，合理选择斗争方式、把握斗争火候，在原则问题上寸步不让，在策略问题上灵活机动，勇于开顶风船，善于化危为机，敢于攻坚克难。

（一）坚持运用战略思维把准方向

战略思维强调思维的整体性、全局性、长期性，是高瞻远瞩、统揽全局、善于把握事物发展总体趋势和方向的思维方法。运用战略思维把准应变的方向，就要把防风险摆在突出位置，“图之于未萌，虑之于未有。”力争不出现重大风险或在出现重大风险时扛得住、过得去。要善于通过现象看本质、分析历史未来、捕捉弱信号背后的强信息，准确把握风险演变为灾害事故的发展链条，突出一个“早”字，落实抢早、抢小、抢先的具体措施，防止安全风险传导、叠加、演变、升级。要坚持系统治理、依法治理、综合治理、源头治理，打破就事论事、头痛医头、脚痛医脚的惯性思维和做法，全过程、全链条、全周期综合管控风险，做到预防为主、标本兼治。

（二）坚持运用历史思维掌握规律

历史思维看重历史过程、历史逻辑、历史必然和历史合理性，它把对象和事物置于历史发展过程中进行思考，注重揭示事物发展的必然进程及其内在逻辑。运用历史思维做到时时应变，就可以有效总结历史经验、把握历史规律、认识历史趋势，充分认识和把握安全风险的规律特点，做到精准预防。近年来，自然灾害和安全生产形势总体平稳，但安全风险在增加，安全形势更趋复杂，呈现“三叠加”特征。从经济社会发展阶段看，我国仍处在灾害事故易发多发期，灾害事故隐患多与抗防标准低、本质安全水平低叠加；从城镇化快速发展进程看，经济人口布局不合理，灾害事故的直接损失和衍生影响放大效应叠加；从当前面临的重点风险领域看，在常态化疫情防控和经济转型压力下，历史积累的矛盾和新业态、新风险叠加。时时应变，就要把握规律特点，全面排查风险，找准最大风险，有效化解风险，坚决打赢风险治理的攻坚战。

（三）坚持运用辩证思维抓住重点

辩证思维是承认矛盾、分析矛盾、解决矛盾，善于抓住关键、找准重点、洞察事物发展规律的思维方式。运用辩证思维做到时时应变，要坚持“两点论”，一分为二地看问题。危和机总是同生并存的，克服了危即是机。要深入分析，全面权衡，善于从眼前的风险、眼前的危机中捕捉和创造机遇。要坚持“重点论”，找到突出问题、抓住重大风险，拿出解决风险问题的实招硬招。要坚持“演化论”，防止量变引起质变、质变引起突变、突变引起巨变，力争把风险化解在源头，不让小风险演化为大风险，不让个别风险演化为综合风险，不让局部风险演化为区域性、系统性风险。

（四）坚持运用创新思维破解难题

创新思维是指因时制宜、知难而进、开拓创新的科学思维。运用创新思维做到时时应变，要求我们有敢为人先的锐气，打破迷信经验、迷信本本、迷信权威的惯性思维，摒弃不合时宜的旧观念，以思想认识的新飞跃打开工作的新局面，防止出现“新办法不会用，老办法不管用，硬办法不敢用，软办法不顶用”的情况；防止对解决问题缺少创新办法、存在畏难情绪，导致问题长期积累，久而久之酿成重大风险。比如，针对企业主体责任不落实的老大难问题，广东创新性地提出推进安全监管执法“三个转变”，即从重点检查企业员工向重点检查企业负责人履责情况转变，从事后吸取事故教训向事前防范化解安全生产风险转变，从客观查原因向主观查不足转变，盯住责任主体，抓住企业“关键少数”，创新方式方法防范风险。

（五）坚持运用法治思维凝聚合力

法治思维是基于法治的理念、原则和标准，将法律作为判断是非和处理事务的准绳的一种客观理性的思维方式。运用法治思维做到时时应变，要求崇尚法治、尊重法律，善于运用法律手段解决问题和推进工作，推动形成办事依法、遇事找法、解决问题用法、化解矛盾靠法的良好法治环境。广东在全国率先出台《关于安全风险分级管控办法（试行）》，每半年定期向社会公布重大风险，接受社会监督，实现重大安全风险公开管控、挂牌警示，及时防范化解重大安全风险。广东应急管理部门还会同多个部门落实《关于对安全生产领域失信生产经营单位及其有关人员开展联合惩戒的合作备忘录》，对发现重大事故隐患、未及时整改等多种情形，实施失信惩戒措施。

（六）坚持运用底线思维争取主动

坚持底线思维、增强忧患意识，是战胜各种风险挑战、不断从胜利走向胜利的重要思想方法、工作方法、领导方法。坚持底线思维，需要学习科学理论，增强大局意识，常怀忧患之心，坚定战略意志，弘扬斗争精神，要求凡事从坏处准备，努力争取最好的结果。运用底线思维做到时时应变，最重要的是杜绝和防止重特大事故、遏制较大事故、减少一般事故和做到自然灾害“不死人、少伤人、少损失”。

广东提出“三个严防、四不发生”是安全生产和防灾减灾救灾工作的底线，即：“严防发生重特大生产安全事故、严防发生群死群伤重大灾害、严防发生重大社会影响事件”；“不发生群死群伤、不发生决堤、不发生爆炸、不发生大火”。这也是时时应变的工作目标。

四、应变的措施

实践反复证明，做好风险防范就是落实、落实、再落实。当前，一些地方应急管理工作存在“四无问题”。第一，部署工作无重点，看似面面俱到，实则找不到问题、抓不住重点，针对性、实效性不强。第二，解决问题无闭环，对问题隐患，一转了之、一交了之、一督了之，不真正研究问题、整改问题、解决问题。第三，研判风险无结论，对安全风险，缺乏警惕性、前瞻性，没有工作思路、具体措施，抓不住要害、找不准原因。第四，面对困难无办法，方式单一、办法不多，尤其在应对重大挑战、化解重大矛盾、解决重大问题上缺乏有效抓手。

做到时时应变，防范化解安全风险，就要立足解决“四无问题”，量化趋势、实化措施、强化责任，做到科学预判、精准指导、责任落实。

（一）量化趋势

安全风险是动态变化的，风险防范必须在动态中把握规律，量化风险，掌握趋势，因时而变、随事而制、以变制变。综合分析应对经验、历史教训、感知数据、风险成因、防范措施、研判结果等量的数据，运用科技信息化手段，全面掌握风险演变的趋势，对潜在的风险进行科学预判，知道风险在哪里，表现形式是什么，发展趋势会怎样，提高多灾种和灾害链综合监测、风险早期识别和预报预警能力，为防范化解风险提供有力支撑。

（二）实化措施

安全风险防范既要做到脑中有弦、心中有数，更要做到手上有招、肩上有责。善于抓住主要矛盾和矛盾的主要方面，分清主次，分清轻重缓急，把问题找准，把措施找实，把责任压到位，防止“捡了芝麻丢了西瓜”。善于实施综合治理，坚持预防是最经济最有效的策略，运用经济、法律、行政等治理手段，切实把风险消灭在萌芽之时、成灾之前。善于抓住防范化解风险的“牛鼻子”，从问题根源入手，对症下药，推进制度创新、体制机制创新、方法手段创新，抓紧抓实各个环节具体措施，创造性解决问题。

（三）强化责任

安全风险防范责任必须落实到岗位、落实到人头，把负责、守责、尽责体现在具体措施落实上，推动领导责任、监管责任和主体责任贯彻到底。强化党政领导责任落实，督促地方党政领导对辖区的最大风险心中有数、手上有招，切实承担起“促一方发展、保一方平安”的政治责任。强化部门履职责任落实，督促落实“管行业必须管安全、管业务必须管安全、管生产经营必须管安全”的要求，督促相关部门把行业的安全风险找准、抓实、遏制住，守住不发生系统性风险的底线。强化企业主体责任落实，抓住“关键少数”，突出企业法定代表人、实际控制人、主要负责人的安全风险防范第一责任，强化打通责任落实“最后一公里”，把风险化解在源头、治理在初始。

第二节
应变与风险识别

时时应变的成败在于信息。没有信息，就没有耳目，就没有风险识别、风险研判、风险防范的“粮草”。做到时时应变，关键是建立收集信息、掌握信息、研判信息、发布信息的工作机制。风险识别是应变的第一步，也是应变的基础。做好风险识别，应急管理部门要主动获取信息、主动分析信息、主动研判信息，不能被动等待信息、当“二传手”、做“甩手掌柜”。要从看起来杂乱无章、无关联的各类信息中分析趋势，把握态势，找到规律，指导实践。

一、风险信息分类

如何从繁杂且分散的风险信息海洋中快速发现有用信息，实现信息高效充分利用，为时时应变提供支撑？信息分类是实现信息高效处理的有效手段之一，通过分类处理，使得信息有序化、归一化和集成化，达到高效利用信息的目的。

（一）从突发事件类型分类

根据《中华人民共和国突发事件应对法》，突发事件按照发生原因、机理、过程、性质和危害对象的不同分为四大类，即自然灾害、事故灾难、公共卫生事件和社会安全事件。风险信息按照突发事件的类型可以相应分为四大类。（见表3-1）

表3-1 突发事件风险信息分类表

类别	主要内容
自然灾害	干旱、洪涝、台风、冰雹等气象灾害；地震、山体滑坡、泥石流等地震地质灾害；风暴潮、海啸、赤潮等海洋灾害；森林草原火灾；农作物病虫害等生物灾害。
事故灾难	铁路、公路、民航、水运等交通运输事故；工矿商贸等企业的生产安全事故；城市水、电、气、热等公共设施设备事故；核与辐射事故；环境污染与生态破坏事故等。
公共卫生事件	传染病疫情、群体性不明原因疾病、食物与职业中毒、动物疫情及其他严重影响公众健康和生命安全的事件。
社会安全事件	恐怖袭击事件、经济安全事件、民族宗教事件、涉外突发事件、重大刑事案件、群体性事件等。

（二）从信息形态分类

根据信息形态，风险信息可以分为静态信息、动态信息。静态信息，是反映历史情况的，即用数字资料、文字描述来反映已经发生的自然灾害、事故灾难等情况。比如，突发事件信息、事故调查报告等。动态信息，是指反映风险进程或发展变化情况的信息。动态信息的内容着重说明已经发生或正在发生的客观情况。比如，危险化学品监测预警系统的实施监测数据。

应急管理部门要注意从静态风险信息中总结分析、深挖根源、采取风险防范的务实措施，防止和杜绝类似风险的失管失控；更要重视动态数据的获取、研判，把握态势、分析形势，因势而谋、应势而动、顺势而为，做到防范在前、措施在前、行动在前。

（三）从信息来源分类

主要分为：实时监测信息、预测预报信息、灾害预警信息、风险隐患信息、事故灾害信息、应急响应信息、网络舆情信息等类型，各类信息来源不同、形式各异，在应变中发挥的作用也各不相同。

实时监测信息。利用卫星、地面测量仪器、在线监测仪器等技术和信息化手段，采集监测对象实时数据的情况。

预测预报信息。专业部门基于监测数据，按照一定的数学模型，通过科学运算和人工分析，对监测对象未来变化趋势进行判断，所形成的预见性结论。

灾害预警信息。针对发生或可能发生、造成或可能造成严重社会危害，由政府及其有关部门组织发布的自然灾害、事故灾难警示提醒信息。

风险隐患信息。人为因素对潜在危险认识不足、管控防范不严、排查整治不到位，或无法通过人工干预完全消除潜在的安全威胁，可能引发灾害性突发事件的相关信息。

灾害事故信息。安全生产、自然灾害类突发事件发生后，描述该起事件发生、发展、结果及原因的信息。

应急响应信息。针对安全生产、自然灾害类突发事件，组织防御应对和救援处置的措施及效果信息。

网络舆情信息。突发事件引发的社会关注度和传播度，公众对突发事件所反映出的意见态度等情况。

二、风险信息获取

应急管理部门是防范化解重特大安全风险的主管部门，既要高度警惕和防范灾害事故重大风险，又要密切关注全局性重大风险；既要做好自然灾害、事故灾难的应急准备和处置工作，又要积极参与公共卫生事件、社会安全事件的协助处置工作，要发挥综合优势、信息化优势，从多种渠道获取信息。

（一）专业监测信息

专业监测信息是指由相关职能部门或专业机构结合大气、环境、地理相关参数，对气象、水文、地震、地质、海洋、森林等进行监控、测量、分析，形成的预测、预报、预警信息。

（二）在线监控信息

在线监控信息是指利用专业监控系统对设备装置运行参数、产品物料的物理化学状态、安全运行管理等进行在线监测或视频监控，通过网络自动上传至企业或政府监管平台的信息。

（三）事件专报信息

事件专报信息是指政府部门报送的突发事件信息专报，反映自然灾害和安全生产类突发事件（涉险事件）发生发展变化过程，以及相关方面应急救援处置的情况。这类信息的内容和表述方式相对规范，报送格式和渠道相对固定，也是最具法律约束力的事件专报信息。

（四）现场采集信息

突发事件发生后，第一现场既是事发地，也是监测信息的发源地，应急管理部门直接联系前方工作组、现场指挥员、救援人员或其他目击者了解情况，或通过现场监控录像、无人机拍摄等科技手段获取的现场信息，这是最直接的第一手资料。

（五）网络舆情信息

网络舆情信息是指在互联网上流行的对突发事件不同看法的网络舆论，是社会舆论的一种表现形式，是通过互联网传播的公众对突发事件所持的有较强影响力、倾向性的言论和观点。网络舆情信息也是风险信息重要来源之一。

三、全域感知信息

全域感知信息是依托科技信息化手段，对安全风险全覆盖、全领域、全方位、全过程感知获取的信息（见表3–2）。全覆盖就是打通以人为主体的指挥体系、以数据的主体的网络体系和以应急资源为主体的保障体系，实现应急管理全要素覆盖。全领域就是涵盖自然灾害、安全生产的方方面面，包括地质灾害、易涝点、森林防火、危化品、尾矿库、有限空间、道路运输、建筑施工等行业领域。全方位就是打造空中、地面和地下的立体感知网络。全过程就是实现事前预判、临灾预告、短临预警。

表3-2　风险信息全域感知

感知领域	感知对象	感知数据	感知技术
安全生产领域	危险化学品（烟花爆竹）企业	1. 重大危险源储罐感知数据。 2. 重点监管的危险化工工艺装置感知数据。 3. 厂区可燃 / 有毒气体泄漏感知数据。 4. 危化品管道数据。 5. 视频数据。 6. 烟花爆竹相关企业视频监控数据。	物联感知、数据采集系统、视频感知
	非煤矿山尾矿库企业	1. 尾矿库信息。 2. 视频监控数据。 3. 预警阈值数据。 4. 预警数据。	视频感知、航空航天感知、数据采集系统
	冶金等重点工贸行业企业	接入企业在线监控视频及安全生产监控系统，获取冶金等重点工贸行业企业相关信息，包括可燃性粉尘、液氨制冷、金属熔铸、工业煤气、有限空间作业等数据。	视频感知、物联感知
	“两客一危一货”车辆	1. 省内车辆感知数据。 2. 省外车辆感知数据。 3. 危化企业感知数据。 4. 联防联控感知数据。	视频感知、物联感知、卫星感知

（续上表）

感知领域	感知对象	感知数据	感知技术
自然灾害领域	防汛抗旱感知物联网	1. 防汛气象数据。	物联感知
		1. 水利工程数据。 2. 水文数据。 3. 防汛抗旱工情险情。 4. 海洋风暴潮数据。 5. 其他相关数据。	物联感知
	森林火灾感知物联网	1. 森林火险监测站自动感知数据。 2. 由气象部门提供气象预报数据以及干旱指数数据。 3. 实时森林火险监控视频数据。	物联感知
	地质灾害感知物联网	1. 监测数据。 2. 预警数据。	物联感知
	地震及气象感知物联网	1. 地震感知数据。 2. 气象预测及感知数据	物联感知
应急现场感知物联网	现场环境感知	在突发事件现场部署环境感知设备，针对有毒、有害、可燃气体等对现场应急处置救援人员生命安全造成威胁的重点感知对象进行实时监测，监测现场环境风向、风力、气压、温度等的实时变化。	视频感知
	现场音视频感知	1. 整合接入现场既有的视频监控等数据。 2. 在应急处置现场部署移动视频采集终端、无人机、单兵图传装备、指挥箱、Mesh 自组网、多链路聚合终端等。	视频感知 物联感知

（续上表）

感知领域	感知对象	感知数据	感知技术
应急现场感知物联网	应急救援物资感知	接入应急救援物资感知数据，通过RFID物资盘点，物资GPRS定位，人员物资分布来跟踪管理应急物资调拨情况。	物联感知
城市安全领域	城市安全感知	接入桥梁感知数据、城市大型建筑感知数据、大型公用设施感知数据、燃气安全运行监测感知数据、地下管网及综合管廊感知数据、城市内涝点、公共空间感知数据、轨道交通感知数据、消防重点单位感知数据、重大活动保障感知等数据。	视频感知、物联感知、航天感知
航空感知	自然灾害感知、应急现场感知	接入航空遥感、航拍等感知数据	视频感知、航空感知
卫星和全民感知	卫星感知	接入中国资源卫星应用中心、国家卫星气象中心等的遥感监测数据。	航空航天感知
	全民感知	利用互联网、微信等移动平台，广泛宣传报道各地应急管理动态，普及防灾减灾知识，吸引社会公众广泛参与应急管理工作，提高公众防灾避险意识和自救互救能力。探索建立政府、社会公益等奖励激励机制，充分调动社会公众快速报送灾害事故、风险隐患等信息的积极性。	互联网技术

应急管理部门应建立信息归口机制，结合实际，健全完善信息报送系统，实现跨地区、跨部门互联互通，确保信息报送及时、快速、准确。

四、风险信息总体分析

风险信息分析要聚焦突出问题，把握总体态势，为风险研判、风险防范提供决策依据。根据风险信息数据，以广东为例，安全风险总体上可从以下十个方面来分析。

（一）危险化学品（烟花爆竹）领域总体安全风险

全省现有危险化学品生产经营单位1.4万多家，生产企业1307家。现有化工园区（聚集区、产业园区）31个，涉及重点监管的危险化工工艺和重点监管危险化学品的企业124家，危险化学品重大危险源802个，另有烟花爆竹经营单位7165家。危险化学品领域安全风险点多、线长、面广。

（二）道路运输领域总体安全风险

全省公路总里程超过22万公里，高速公路通车里程接近1万公里；机动车保有量达3183万辆，驾驶人员达4018万人。此外，还有危险货物道路运输企业1026家，“两客一危一重货”重点车辆约37万辆，包括客运班车1.8万辆，旅游包车1.6万辆，危险货物运输车辆2.88万辆，重型货车约31万辆，另有大量周边省份危运车辆在我省运营。由于全省公路里程长，外来车辆多，运输车辆多，车辆密度大，车辆流动变化大，车辆监管难度大，道路运输生产安全事故多发。

（三）建筑施工领域总体安全风险

全省各类在建工程总面积超过10亿平方米，在建市政道路和地铁工程总长度超过1.3万公里。2020年开工重点项目1230个，总投资5.9万亿元。隧道施工、深基坑、盾构机、起重机、高支模等建筑施工重点环节多。由于建筑施工项目多，危险环节多，施工条件动态变化大，受台风、强降雨天气和地质条件影响大，安全风险总体较高。

（四）渔业船舶总体安全风险

全省海岸线4314公里，有14个沿海地级以上市，共有各类渔船近4万艘，渔港138个，渔业人口近230万人。渔业船舶安全受台风等灾害天气影响大，渔船本质安全水平不高，渔民安全意识有待加强，导致渔业船舶事故多发。

（五）旅游行业总体安全风险

据统计，全省共36个景区建有玻璃桥28座、玻璃栈道（滑道）20条、玻璃观景平台8个（座），400家大型游乐设施运营使用单位在册运营的大型游乐设施2311台，共有104处漂流、悬空栈道、热气球、蹦极、索道、滑翔、冰场等七类高风险游乐项目，叠加旅游旺季影响，旅游安全风险不容忽视。

（六）消防方面总体安全风险

全省2800余个城中村内，有300多万个“三小”“三合一”场所；电动自行车保有量达3000多万辆，充电电池质量参差不齐，充电过程中经常故障引发火灾。全省近8.1万栋高层建筑，大量学校、养老机构、文博单位、医院、大型商业综合体等人员密集场所，一旦发生火灾，极易诱发重特大火灾事故。

（七）非煤矿山总体安全风险

全省共有非煤矿山1074家，其中地下矿山133家、露天矿山941家。地下矿山中单班下井人数超过30人的地下矿山11家，开采边坡总高度超过200米的露天矿山11家。非煤矿山“多、小、散、差”的状况还未得到根本改变，矿山安全基础薄弱，安全投入不足、安全管理较差、生产场所环境不良、装备工艺技术落后等问题不同程度存在，机械化和自动化程度不高，安全欠账较多，不按设计开采、“一面墙”

开采等违法违规情况还不同程度存在。

（八）尾矿库总体安全风险

全省共有尾矿库57座，其中二等尾矿库1座，三等尾矿库11座，四等尾矿库24座，五等尾矿库21座；全省尾矿库中，有19座为“头顶库”。这种“头顶库”，一旦发生溃坝事故，波及范围广、破坏性强，会给下游居民生命财产安全造成严重损失。另外台风暴雨天气多发，对尾矿坝的安全运行也会造成比较大的影响。

（九）工贸行业领域总体安全风险

全省共有冶金机械八大行业企业约96.68万家，三小企业128.47万家。上述企业中，涉爆粉尘企业共7815家，液氨制冷企业共544家，有限空间作业单位1.51万家。工贸企业数量大，小微型企业多，安全管理水平参差不齐，涉及的生产工艺和生产设备多，存在的安全风险因素多，可能发生的事故类型多。

（十）台风等自然灾害总体安全风险

每年正面登陆或严重影响的台风3～4个，台风带来的强降雨容易引发山洪地质灾害。目前，共有地质灾害隐患点5219处，威胁总人口26.1万人，其中威胁人口1000人以上的地质灾害隐患点50处，威胁100人以上的地质灾害隐患点481处。次生灾害不次要，往往是导致人员伤亡的主要因素，需要重点加以防范。

通过风险信息分析，可以总体上把握风险辨识的方向、范围和对象。同时，风险具有不确定性，风险辨识不能一成不变，在把握风险客观性、普遍性的同时，要注意辨识认不清、想不到、管不到的问题。

第三节
应变与风险研判

风险研判是借助科技信息化手段、专业力量，总结经验教训，在及时、准确、全面获取各类风险信息的基础上，多角度、多层次、全方位对已有信息进行分析研究的过程。研判风险所在是防范风险的前提，把握风险走势是谋求战略主动的关键。风险研判是应急管理的基本功和必修课，有利于科学预见形势，把握发展态势，透过现象看本质，及时发现苗头性、倾向性问题。

从应急管理工作实际看，应急管理部门对天气变化、季节转换、长时间降雨、高温干旱、逢年过节、重大活动、停工停产、复工复产、学校开学放假、旅游旺季、外地发生事故、事故多发领域、长周期不发生事故、整改落实情况等都要进行研判。一般来说，风险研判分为综合研判、专项研判和特别研判。

第一，综合研判。主要是定期以会议的形式组织各有关单位，对本行业领域的风险进行综合会商研判，全面分析灾害风险的表现形式、走势态势，提出防范风险的措施建议，如每季度召开的全省防控重大风险形势综合会商研判会。

第二，专项研判。主要是针对每一领域、每个灾种的风险研判，形式灵活多样，会议研判、电话研判，线上线下研判、内部外部研判等，如台风防御研判、森林防灭火形势研判等。

第三，特别研判。主要是针对特别的突发事件、特殊的时间节点而开展的风险研判，如应急管理部门关于统筹疫情防控与经济社会发展安全形势的每日研判、节假日的每日一研判等。

风险研判不管采取什么形式，关键是能够透过现象看本质、分析历史见未来、捕捉弱信号背后的强信息，做到精准研判、精准防范、精准施策。

一、善于透过现象看本质

现象是事物比较表面的、多变的方面；本质是事物本身所固有的根本的属性。比如，应急管理从现象上看是应对突发事件，开展应急救援；从本质上看是预防管理，是有准备的应急。安全生产领域的风险，从现象上看是责任悬空、基础薄弱等；从本质上看是抓发展、抓安全的理念、方法和责任落实跟不上新时代的要求。

善于透过现象看本质，就是运用科学的思维方法，把零散的信息系统化、把孤立的数据整体化、把初步的认识深刻化，从而发现规律、掌握规律、运用规律。从分析研判看，安全风险一般都是从以下五个方面衍生而来的。

（一）安全和发展的关系处理失当

发展决不能以牺牲人的生命为代价，这必须作为一条不可逾越的红线。安全与发展孰轻孰重、谁先谁后是不用考虑、不言自明的。当安全与发展发生矛盾的时候，必须坚持生命至上、安全第一，不能有任何的犹豫和迟疑。但一些地方没有处理好安全与发展的关系，把安全当“选择题”而不是“必答题”，把安全当成无关痛痒、可有可无的事，不评估安全风险，不考虑承受能力，不解决隐患问题，导致形成系统性风险、全局性问题。

（二）安全风险隐患防范失灵

看不到风险是最大的风险、查不出隐患是最大的隐患。一些行业领域长期没有发生事故或者只发生一般的事故，一些地方、一些部门思想开始麻痹，工作开始懈怠，防范开始放松。有些同志自我感觉良好，风险隐患近在眼前，要么视而不见、习以为常、反应迟钝，要么心存侥幸、不当回事、不彻底整治，刀枪入库、马放南山、高枕无忧，不研判风险、不分析形势，即便研判了没有结论，分析了没有措施，凡此种种都是风险隐患防范失灵的表现，最后必然导致风险累积释放、事故多发频发。

（三）形式主义治理失效

安全生产绝不能搞形式主义，形式主义是安全生产最大的敌人。当前，有的地方和部门抓安全生产工作还是以会议贯彻会议、文件落实文件，形式上轰轰烈烈，落实上虎头蛇尾，说了当做了、做了当做成了，安全制度空转、安全责任落空，一些事故教训十分深刻。

（四）“上热下冷”解决失策

在自然灾害防治方面，逐步建立了高效的指挥体系，在自然灾难来临前后，各级领导坐镇指挥，会商研判、预警预报、调度部署，一呼百应、上下齐心、左右呼应，责任层层落实到村居，不漏一户、不落一人，形成了有效的社会动员体系和高效的指挥工作体系。但与之相反，安全生产责任落实“上热下冷”、层层衰减的问题一直没有得到很好地解决，甚至一些地方已经发展成为“上热下冰”，上面波涛汹涌，下面纹丝不动。

（五）违规违章管理失序

比如，从事故统计分析看，交叉作业安全管理不到位，违规违章管理失序，是导致事故的重要原因，尤其是动火交叉作业是最大杀手，密闭空间作业、室内装修工程、危化品车间是这类事故的高发场所。2020年4月29日，韩国京畿道利川市在建冷库因动火交叉作业发生火灾，造成38人死亡，教训十分深刻。

二、善于分析历史见未来

“明镜所以照形，古事所以知今。”要从历史中总结规律、认识规律、利用规律。对于应急管理来说，特别要从过去发生的灾害事故中吸取教训，研究规律，指导灾害事故防范。

以广东为例，每年“龙舟水”期间，降雨强度大、时间长、区域集中，是诱发自然灾害的重要因素之一。为做好强降雨灾害防御，我们分析历史数据，结合局部地形、降水特点、致灾阈值，总结提出了“雨窝”的概念，量化重点防范区域，运用科技信息化手段，加强气象监测，强化短临预警，实施精准防范取得了很好成效。

“雨窝”是指与局部地形有关、频繁发生极端强降水的区域，根据降水特点及致灾阈值，极端降水条件为：1小时降雨量≥50毫米，3小时降雨量≥120毫米，24小时降雨量≥250毫米。满足这个致灾性的极端降水条件的区域称为“雨窝”。综合考虑，1小时、3小时、24小时降水等因子统计，“雨窝”主要出现在粤西南沿海、东南沿海，珠三角以及清远、韶关、云浮等一带。（见表3–3）

表3–3　广东主要“雨窝”分布

所属地级以上市	所属县（市、区）	“雨窝”所在镇街名称
江门	台山	深井、端芬、赤溪、川岛、广海、三合、都斛、斗山、冲蒌、海宴
	新会	崖门
	恩平	那吉、恩平、横陂
	开平	金鸡
阳江	江城	埠场、白沙、城东街道、双捷、红丰、平岗
	阳春	岗美、河口

（续上表）

所属地级以上市	所属县（市、区）	“雨窝”所在镇街名称
阳江	阳东	大八、东城、大沟、东平、北惯、合山
	阳西	塘口
	海陵岛试验区	闸坡
茂名	信宜	北界、金垌、大成
	高州	马贵、新垌、长坡
湛江	遂溪	城月、遂城
	雷州	龙门、南兴、乌石
	廉江	车板
	徐闻	曲界
云浮	罗定	分界
清远	佛冈	水头
韶关	曲江	罗坑
惠州	惠东	白盆珠、高潭、宝口、黄埠
	博罗	湖镇、横河
	龙门	永汉
揭阳	揭西	五经富
	惠来	惠城
	普宁	大坪
汕头	潮南	雷岭、红场、成田
汕尾	陆丰	八万、潭溪
	海丰	阜城、城东、公平
中山	——	三乡、坦洲

（续上表）

所属地级以上市	所属县（市、区）	“雨窝”所在镇街名称
珠海	金湾	三灶、平沙
	斗门	莲洲
深圳	宝安	石岩
广州	花都	新华
	天河	石牌
	增城	派潭、新塘
东莞	——	高埗

广东应急管理部门对2007年以来全省发生的26起重特大事故进行了深入分析，结合各行业领域生产经营条件和安全管理现状，结合各类型事故的破坏方式和影响范围，对重点行业领域安全风险进行了研判，预测全省发生重特大事故风险较高的行业领域由风险高到低排序是：道路运输、工贸行业、建筑施工、化工和危险化学品、非煤矿山和尾矿库；易发的重特大生产安全事故类型是道路运输事故、工贸行业的火灾事故、建筑施工坍塌事故、化工和危险化学品火灾爆炸事故、非煤矿山透水事故等。这个预判对于防范化解安全风险、遏制重特大事故，具有指导意义。

（一）道路运输风险分析研判

2007年以来发生的9起重特大道路运输事故中，直接原因有超速行驶、采取紧急措施不当、车辆超载、违规停车、车辆制动不符合安全要求等。同时，这9起事故中有6起为碰撞事故，而6起碰撞事故中有5起为连环碰撞。研判认为：道路交通重特大事故的主要事故类型是车辆碰撞事故，主要原因是车辆超速行驶、超载行驶和车辆制动性能不符合要求，因而要防止车辆超速、超载行驶，加强车辆制动安全性能的检测和维护，特别是要加强高速公路客运的安全监管。

（二）工贸行业风险分析研判

2007年以来我省工贸行业的6起重大事故分别发生在机械、建材、轻工和纺织4个行业，其中机械行业和建材行业各2起，轻工和纺织行业各1起。研判认为：机械行业方面，全省机械制造业发达，企业数量多，涉及涉爆粉尘、液氨制冷等危险性较大工艺环节，使用的特种设备等危险性较大的设备也比较多，发生事故的可能性比较大，造成严重人员伤亡可能性也比较大，因而研判机械制造业在工贸行业中风险最高，要重点防范。轻工行业方面，全省轻工企业数量多，小型企业多，生产加工的产品类型多，使用危险化学品等有毒有害物质多，生产作业人员比较密集，在工贸行业出现群死群伤事故的风险也比较高，因而研判轻工是风险排序为第二的行业。其他行业方面，全省冶金、有色、建材、纺织行业企业数量相对较少，企业规模相对比较大，生产工艺和设备也较为先进，管理比较规范，发生事故的可能性相对较低，但在一些工艺环节依然可能发生重特大事故，如火灾、爆炸。

（三）建筑施工风险分析研判

建筑施工事故常见类型有高处坠落、物体打击、触电事故和坍塌事故，建筑施工较大及以上事故起数和死亡人数最多的是坍塌事故。坍塌事故直接原因是建筑构建物自身或支护构架体的强度或稳定性不够，根本原因往往是施工质量不符合要求。研判认为：建筑施工领域地铁和公路隧道施工、高架桥梁施工、市政工程深基坑施工、大型架构工程拆除是容易发生坍塌重特大建筑施工事故的主要场所，需要重点防范，加强工程施工质量管理和安全管理。

（四）危险化学品风险分析研判

危险化学品具有易燃、易爆、有毒、有害等特性，在生产、经营、储存、运输、使用和废弃物处置过程中，易造成人员伤亡、财产损毁和环境污染事故。根据化学品安全特性和生产工艺特点、储存方式，结合我省危险化学品企业现状，研判认为：化工和危险化学品可能造成重特大事故的事故类型是火灾爆炸事故，中毒和窒息也可能造成重特大事故。总体上看，危险化学品企业安全管理比较规范，风险管控工作比较好，发生重特大事故的可能性比较低，但一旦发火灾爆炸，往往造成严重的事故后果，所以事故风险比较大。同时，省内化工园区多，园区周边环境也比较复杂，化工园区火灾爆炸多米诺效应的风险比较大，要重视和防控风险。

（五）非煤矿山和尾矿库风险分析研判

综合考虑非煤矿山和尾矿库的安全生产条件和企业安全管理现状，研判认为：非煤矿山和尾矿库重特大生产安全事故风险整体可控，但特定条件有发生重大事故的可能性。露天矿山可能发生的事故类型主要有放炮、火药爆炸、坍塌滑坡、物体打击、车辆伤害、机械伤害、触电、高处坠落事故，可能发生重特大事故的主要有放炮事故、火药爆炸事故、大面积坍塌滑坡事故。地下矿山事故主要类型有透水、跑车、坠罐、中毒和窒息、冒顶片帮、火药爆炸、火灾、机械伤害、车辆伤害、坍塌等。根据地下矿山开采技术条件和安全管理现状，研判可能发生重特大事故类型主要有透水事故、跑车和坠罐事故。尾矿库可能造成重特大事故的事故类型是溃坝，“头顶库”安全风险以及汛期尾矿库周边山体地质灾害防范要高度重视。

（六）消防领域风险分析研判

全省火灾事故多发，人员集中居住场所和人员密集公共活动场所发生火灾重特大事故风险较高。严密防范电动自行车在楼道或家庭中充电、电气设备故障及线路短路、违规动火作业引发火灾。高度关注大型商业综合体、“三小”场所、人员密集的公共活动场所的火灾防范工作。

三、善于捕捉弱信号背后的强信息

“风起于青萍之末。”灾害事故发生前往往会有征兆，这种征兆就是不易察觉的“弱信号”。风险研判要深挖不易察觉的“弱信号”，以小见大、见微知著，高度重视苗头性、倾向性问题，找到灾害事故发生的症结，有针对性地采取对策措施，总结提炼形成风险防范的普遍经验和工作制度。近年来广东危险化学品安全生产形势总体稳定，但一般事故反复发生。通过深入分析，事故企业或多或少存在以下八个方面问题。

一是企业主要负责人对安全生产工作只讲不抓、抓而不实，讲得多、做得少，部署多、落实少。

二是把危险化学品行业当成一般行业，只知赚钱，不知利害，没有落实严格的标准和要求。有些企业实际控制人长期不在岗在位，找来不具备化工企业安全管理素质和能力的其他人顶替。

三是监控室形同虚设，没有安排专人值班，对问题视而不见或没人管理。

四是隐患无标志，或者标志不清晰，起不到警示作用。很多有限空间作业的事故就是缺乏警示造成。

五是违章指挥、违章作业问题比较突出。部分企业安全规程视而不见当摆设，边开车边维修、边投料边动火，违规严重，最终酿成事故。

六是安全生产投入不足。个别地区危险化学品企业的生产设备、设施，普遍存在超过规定时限仍未检测的情况，设备超期服役，安全得不到保障。

七是员工培训流于形式、无针对性。主要负责人不知道企业的风险在哪？安全管理人员说不清工作职责，从业人员讲不清操作规程。

八是对同行业发生的安全事故无动于衷，不组织学习、不吸取教训，事不关己、高高挂起。

对于这些“弱信号”，应急管理部门应盯住不放，分析发现事故往往发生在动火、开工、停工、复工等作业环节，发生在周末、晚间等时段，无人值守或无人处理报警信息等。针对这些问题，分析特点、把握规律、精准施策，制定实施特殊作业“四令三制”，即动火令、动工令、复工令、停工令以及有限空间作业票制、值班室24小时值班制和领导带班值班制，动火作业“三个一律”，即动火前一律不准进行交叉作业、一律清除现场可燃物质、一律检测可燃气体含量、保持良好通风。在全省钢铁企业实行派驻安全生产特派员制度，特派员对照“钢八条”和“七个严格”措施监督、检查企业落实安全生产主体责任。这些措施简明易行，可操作性强，可谓是防范事故的硬招实招。

第四节
应变与风险防范化解

2019年1月21日，习近平总书记在省部级主要领导干部坚持底线思维着力防范化解重大风险专题研讨班开班式上强调：“要强化风险意识，常观大势、常思大局，科学预见形势发展走势和隐藏其中的风险挑战，做到未雨绸缪。要提高风险化解能力，透过复杂现象把握本质，抓住要害、找准原因，果断决策，善于引导群众、组织群众，善于整合各方力量、科学排兵布阵，有效予以处理。”

防范化解重大风险是各级党委、政府和领导干部的政治责任。应急管理部门是防范化解重大安全风险的主管部门，必须坚决扛起政治责任。在思想上，应当增强忧患意识，对风险因素要有底线思维，对解决问题要一抓到底，一时一刻不放松、一丝一毫不马虎；在方法上，应当不断创新理念思路、体制机制、方法手段，全面提升防范应对风险挑战的水平；在落实上，应当发扬斗争精神，增强斗争本领，坚持问题导向，对容易诱发重大突发事件的敏感因素和苗头性、倾向性问题，做到眼睛亮、见事早、行动快，坚决将安全风险化解在萌芽之时、成灾之前。

一、“一体三预”防范化解自然灾害风险

在应对自然灾害的实践中，应急管理部门探索形成了“一体三预”的做法。“一体”就是科学有效、从上到下、左右贯通的应急指挥体系。“三预”就是“预判、预告、预警”，“预判”就是及时会商研判，及早评估风险，时时分析趋势、研判形势、把握态势，做到

科学预判；“预告”就是根据预判结果，对灾害风险的发展趋势、未来影响范围提前作出告示；“预警”就是广泛开展应急响应前的动员，切实做好各项应急准备。

运用“一体三预”的工作机制，强化风险防范，突出一个“早”字，在指挥部框架下，会商在早、研判在早、发现在早、化解在早，及时预警、精准预报、提前转移，“预”字到位，“早”字在前，做到了行之有效、指挥有力、动员有序、落实到位。

二、“一线三排”防范化解安全生产风险

当前，在安全生产方面，除了安委会这个议事协调机构，应急管理部门还没有找到或建立一种在指挥部框架下的工作机制，难以做到上下动员、左右贯通，难以做到一声令下全社会广泛动员、全链条责任落实。在一年365天，每天24小时的安全防范中，我们将自然灾害防治的整套工作机制，复制借鉴运用到安全生产工作中，实行“一线三排”，从根本上防范化解安全风险、排查整治事故隐患。

“一线三排”是防范化解风险、排查整治隐患的创新做法，既要督促企业落实主体责任，常态化开展“一线三排”，也要成为各级应急管理干部的工作本领、专业能力。

“一线”就是坚守发展不能以牺牲人的生命为代价这条不可逾越的红线，“三排”包括排查、排序、排除。

一是全面排查风险隐患。借助科技信息化手段，建立数据互联、物联感知的风险监测预警和隐患排查治理信息系统，实现风险隐患“一张图”和数据库，解决看不到风险、查不出隐患、不把隐患当回事的问题。

二是科学排序风险隐患。建立常态化的风险隐患研判机制，从运行监控、监管执法、事故统计等数据中研判风险，对照风险隐患分级

标准，科学判定重大风险、重大隐患，分清轻重缓急，解决不把隐患当事故、隐患整治慢慢来以及“捡了芝麻丢了西瓜”的问题。

三是有效排除风险隐患。对排查出的重大风险、重大隐患严格执行挂牌警示、挂牌督办规定，做到风险管控早发现、早研判、早预警、早控制，隐患整治责任到位、措施到位、时限到位、资金到位、预案到位，切实把风险隐患消灭在萌芽之时、成灾之前。

三、全国全省“一盘棋”应急响应机制防范化解风险

看不到风险是最大的风险、查不出隐患是最大的隐患。对于防范化解风险必须增强忧患意识和责任意识，始终保持高度警觉，任何时候都不能麻痹大意。实践证明：

一是应急管理不能坐等批示，要有草摇叶响知鹿过、松风一起知虎来的预判，强化担当、积极应对，打好应急管理的主动仗。

二是应急管理不能置身事外、隔岸观火，要把别人的事故当做自己的事故，注重学习借鉴、分析研判，做防范化解风险的行动派、不做观望者。

三是应急管理不能盲目自信，既要看到安全风险防范取得的成绩，又要强化忧患意识、底线思维，一刻也不能懈怠。

四是应急管理不能就事论事，出现问题固然有很多原因，但更深层次的原因是没有学深悟透习近平新时代中国特色社会主义思想，没有牢固树立以人民为中心的发展思想。

五是应急管理不能做表面文章，既要开拓创新，又要“钉钉子”、抓落实，严防走过场、拉空网。

实施全国全省“一盘棋”应急响应机制，就是时刻保持“事发在外地，警示在眼前”的清醒认识，不坐等批示、不置身事外、不盲目自信、不就事论事、不做表面文章，始终不等不靠、主动作为，针对

国内外发生的重特大突发事件，第一时间会商研判，第一时间对照排查，第一时间落实措施，全力以赴把防范化解重大安全风险工作抓实抓细抓到位。

四、“钉钉子”抓整改防范化解风险

事故是安全风险失管失控并在特定条件下发生的，集中反映了风险防范中存在的短板、弱项和漏洞。根据“海因里希法则”，每300个隐患或违章，必然导致发生29起轻伤或故障，在这29起轻伤事故或故障当中，必然包含有一起重伤、死亡或重大事故。这就要求我们不能轻易放过每一事故，应当以“钉钉子”精神，深挖根本原因，深刻吸取教训，把隐患当事故，防范化解风险，防止类似事故的再次发生。

一是抓住关键问题。针对事故暴露出的问题，从思想认识上、工作措施上、责任落实上、风险防范上，全面分析事故发生的深层次原因，突出前瞻性、把握规律性、提高有效性，采用有力措施，从根本上解决系统性安全风险和苗头性、倾向性问题。

二是紧盯整改落实。坚持把每一起事故“钉”住，把每一处整改“钉”紧，把每一点责任“钉”实，以最严格的标准、最严厉的手段，一抓到底、抓住不放，靶向加强安全防范，做到“一厂出事故、万厂受教育，一地有隐患、全国受警示”。

三是及时举一反三。在“钉钉子”抓整改的基础上，立足防范化解系统性安全风险，重点防范化解产业转移形成的风险，因时间推移而累积放大的风险，新技术、新产业、新业态可能出现的新风险，灾害事故衍生的关联风险，尤其要高度关注和化解认不清、想不到、管不到的风险。

五、“一竿子插到底”防范化解风险

防范化解风险必须创新方法、压实责任、狠抓落实。“一竿子插到底”就是借助多种手段，运用各种方法，直面问题、直插一线、直奔基层，严督风险防范工作落实，做到风险研判到哪里，防范措施就落实到哪里，工作检查就跟进到哪里。

一是在责任上“一竿子插到底”。按照“党政同责”“三个必须”要求，建立健全横向到边、纵向到底的责任体系。以“县领导联系镇、镇领导联系村、村干部联系户”，构建基层责任链条。针对独居老人、留守儿童、伤残人士等特殊群体，制定临灾转移“四个一”工作机制，要求“每户一对接”“每村一台账”“每镇一张网”“每灾一行动”，推动形成点、线、面立体化的风险防范责任格局。

二是在部署上“一竿子插到底”。风险防范决不能一般化、大呼隆，决不能搞形式主义、官僚主义。风险识别要实、风险研判要实、防范措施要实，工作作风要实，求真务实，真抓实干。在安全生产方面，研判分析坚持点人、点事、点问题，防范措施做到对症下药、管用实用。在自然灾害防治方面，研判分析突出小尺度、精准化，部署工作做到精准施策、靶向治理。

三是在检查上“一竿子插到底”。充分依托大数据平台、信息化网络和基层一键通系统，派出应急小分队，线上指导与线下检查结合，创新各种方式，有力促进风险防范措施落地落实。

【案例摘编】

广东省有力应对2020年最强“龙舟水”

2020年6月5日至11日，广东遭遇近15年来最强一次“龙舟水”过程，多地时段雨量突破历史极值，最大过程雨量955.1毫米，最大24小时雨量516.5毫米，最大1小时雨量121.9毫米，35条河流超警，部分站点出现超历史实测最大洪水。全省10个地市共37个县（市、区）287个乡镇43.16万人受灾。这次暴雨洪涝灾害与2005年6月广东遭遇的特大暴雨洪涝灾害相似，但因灾死亡人数减少了82.6%，灾害损失降低了78.8%，没有发生群死群伤事故，灾害损失降到了最低。

经验之一：牵头抓总，用好“统”的指挥棒

广东省应急管理厅承担省防汛防旱防风总指挥部办公室工作职责（省三防办），建立健全了“一个指挥中心、一个前方指挥部、一套工作机制、一个窗口发布”的“四个一”应急处置机制。2020年6月5日下午5时，在省应急管理厅多轮密集会商的基础上，省防总启动防汛Ⅳ级应急响应，全省迅速进入统一指挥、统一应战的决战阶段。8个单位到省应急管理厅参加联合值守。省应急管理厅内部打破处室界限，编成7个专业组，以块为主进行响应。提前向省军区、武警广东省总队、省消防救援总队发出了抗洪抢险预先号令，做好投入抢险救灾各项准备。

经验之二：短临预警，吹响行动集结号

广东省应急管理厅联合省气象局、水文局，开展小尺度、短时临近的预报预警，将未来1小时雨强超过50毫米的乡镇信息，靶向预警发布到相关镇村，为基层转移人员赢得了非常宝贵的黄金时间。清远市清城区源潭镇迎咀村委会赤狮坑村小组6月7日晚发生泥石流（方量约2000多立方米），灾害发生前及时撤离了57名村民，韶关市曲江区乌石镇流坑村提前转移16户42人，广州市花都区梯面镇西坑村提前转移84人，避免了因山洪地质灾害造成重大人员伤亡。

经验之三：精准调度，直击防御关键点

广东省应急管理厅根据雨情、水情、灾情变化，全程动态跟踪，精准研判、精准调度、精准前突、精准施策，预判重大雨情水情到哪里，调度指挥就到哪里，工作检查就到哪里，应急小分队就到哪里。本轮强降雨期间，省应急管理厅点对点调度市县镇120余次，派出6支应急小分队赶赴9个受灾现场，精准指导做好防御工作。

经验之四：夯实基础，织密基层防御网

全省各地严格落实“县领导联系镇、镇领导联系村、村干部联系户”制度，执行特殊群体临灾转移“四个一”机制，按照防御指引做好各项工作，充分发挥基层党组织战斗堡垒和党员先锋模范作用，共提前转移危险区域人员10.2万人，有效防范化解重大安全风险，有力保障了人民群众生命安全。

经验之五：应急通信，打造信息“千里眼”

广东省应急管理厅联合多家高科技企业在应急通信方面联合攻关，取得重大突破。本轮强降雨期间，派出应急小分队转战全省9个受灾现场，充分发挥无人机VR、AR技术、卫星通信、自组网技术、窄带通信、小鱼单兵、一键通等信息化手段，实现省、市、县、镇、村五级即时连接零距离、场景即时传播零时差、指令即时下达零延误。

第五节
应变与新冠肺炎疫情防控

2020年年初，新冠肺炎疫情突然来袭。这场疫情是百年来全球发生的最严重的传染病大流行，是新中国成立以来我国遭遇的传播速度最快、感染范围最广、防控难度最大的重大突发公共卫生事件。面对这场全人类与病毒的搏斗，以习近平同志为核心的党中央统筹全局、果断决策，坚持人民至上、生命至上，把人民生命安全和身体健康放在第一位，采取最严格、最全面、最彻底的防控举措，用1个多月的时间初步遏制了疫情蔓延势头，用2个月左右的时间将本土每日新增病例控制在个位数以内，用3个月左右的时间取得了武汉保卫战、湖北保卫战的决定性成果，全国范围的疫情也得到有效控制，书写了人类同重大传染性疾病斗争史上的伟大篇章。

在这场疫情防控的严峻斗争中，组建不久的应急管理部门应当如何发挥作用？发挥什么作用？如何运用新体制新部门的新优势为应对重大突发公共卫生事件贡献力量？本节主要以广东应急管理部门的做法为例，以便不断探索、深入实践、找到答案。

一、全过程投入疫情防控实战

2020年1月23日，根据《广东省突发公共卫生事件应急预案》，结合疫情防控形势，省新型冠状病毒感染的肺炎疫情防控工作领导小组决定，启动广东省重大突发公共卫生事件一级响应。1月24日除夕当天，应急管理部门进入战时状态，党员干部取消休假，全员返岗到位。自1月28日起，各级应急管理部门实行“一日一研判、一日一报告、一日一调度、一日一抽查、一事一处理”的工作机制，积极投身疫情防控和安全防范“两场战役”。

应急管理部门坚持把疫情防控的严峻斗争当做应急管理的练兵场、比武场和磨刀石，立足安全风险防范“主战场”，依托科技信息化手段，派出党员突击队、执法小分队、专家指导队等，全面获取风险信息，准确识别风险，科学研判风险，有效化解风险，为应对各种风险挑战积累经验，演练战法，提升能力。

（一）党员突击队直插火线

从2020年2月4日开始，派出党员突击队，深入省界联合检疫站，全面掌握人流、车流等窗口指标，协调解决高速公路交通堵塞、卡口通信保障等问题。从2月10日起各类企业陆续复工复产，及时调整工作重点，安排党员突击队转战各类生产企业、货运物流、防疫集中隔离点、养老机构、大型商场、餐饮等行业领域，面对面指导帮扶，实打实解决问题。期间，向疫情斗争火线共派出党员突击队796人次，做到党中央决策部署到哪里、疫情防控斗争到哪里，党员突击队就冲锋到哪里、战斗到哪里，让党旗在防控疫情斗争第一线高高飘扬。

（二）执法小分队奋战前线

从2020年3月开始，企业复工复产按下“快进键”，将党员突击队转化为执法小分队，采取值班厅领导线上视频调度与执法小分队线下执法检查相结合的方式，既严查企业隐患问题、又推广工作经验，既严厉依法处置、又开展普法宣传，既严防风险叠加、又帮助解决难题，督促落实安全生产“一线三排”、化工行业“四令三制”、企业复工复产“六个一”等措施，持续把稳守牢安全生产基本盘。

（三）专家指导队深入一线

针对疫情防控以来发生的生产安全事故，第一时间安排专家指导队深入一线开展调研，直接到事故企业，围绕“哪些问题反复出现、关键原因是什么、工作措施落实得怎么样”等，严查事故背后的深层次原因，深入分析事故暴露出的苗头性、倾向性问题，有针对性地提出防范事故的务实措施，现场调研不取代事故调查。

【案例摘编】

广东省应急管理厅开展一场特殊演练
实现三个“首次”、四个“实时”

新冠肺炎疫情发生以来，广东省应急管理厅派出党员突击队、执法小分队直插一线，指导服务企业复工复产安全生产，值班厅领导每天与前线视频调度，在线检查企业安全生产情况，指导帮助企业解决实际问题。

2020年3月14日，省应急管理厅应急指挥中心与在清远慧谷新材料公司的执法小分队队员视频调度。经了解，该公司在广州的工厂曾经发生过一起危险化学品泄漏事故，因现场人员处置不当，导致危险化学品爆燃，造成了人员伤亡，且该公司现有工艺和广州的事故工厂类似，使用同样的危险化学品原料。

该公司有没有深刻吸取事故教训？碰到类似问题，企业的现场人员能不能正确处置？带着一连串疑问，厅主要领导当即通过信息化技术和应急通信保障系统，对该公司进行在线检查，远程抽查了易燃易爆液体过氧化-2-乙基己酸叔丁酯的存储情况，询问了冷藏柜运行是否安全运行、超过储存温度是否有报警设施、是否有温度远程监控、泄露后是否有应急措施等问题，企业负责人一一作了回答。

“如果发生泄露，应该如何进行处置？”企业负责人立即启动过氧化物应急预案，现场进行了应急演练。模拟物料泄漏后，工作人员首先采用惰性材料蛭石进行围堵和吸附泄漏物，减少其蔓延和挥发，加强现场通风并进行可燃气浓度监测，然后使用防爆工具小心将吸附物搜集至专用的泄漏物收集桶内，把收集桶转移到安全场所，顺利地完成泄露物处置。

这次抽查是广东省应急管理厅首次在线指导服务企业复工复产安全生产，首次进行在线远程安全抽查，首次在线开展企业应急演练，实现了线上实时调度、实时监管、实时指导、实时服务，生动展现了改革以来广东应急管理信息化工作成果，创新了企业安全生产检查指导的方式方法。

二、全时段研判分析安全风险

全面掌握信息是风险研判最关键、最基础的工作。应急管理部门充分依托已建立的大数据平台、信息化网络和基层一键通系统，全面收集13个方面的信息（见表3-4），并根据疫情防控形势不断调整信息内容，常态化开展风险研判，从2020年1月28日起，每日编发《关于统筹新冠肺炎疫情防控与经济社会发展安全形势研判报告》，提供给疫情防控指挥部办公室决策参考，为党委、政府当好参谋助手。

表3-4　新冠肺炎疫情防控广东应急管理部门收集数据列表

序号	数据内容
1	35 个省际联合检疫检查站查验情况，每天报送检查人数、发热人数等数据。
2	重要医疗物资生产情况，与企业建立联系，掌握口罩、防护服、消毒液等重要物资每日生产情况。

（续上表）

序号	数据内容
3	30 家定点医院收治情况，掌握医院每日接诊发热人数、疑似人数、确诊人数。
4	全省酒店入住人员查验情况，与文旅部门建立工作机制，掌握全省湖北来粤人员每日入住酒店情况，精确到具体酒店、具体时间。
5	入境人员查验情况，与海关部门建立工作机制，每天掌握入境人数、发热人数。
6	“两站一场一港口”查验情况，掌握全省汽车客运站、火车站（高铁站）、8 个机场、琼州海峡轮渡旅客情况。
7	社区排查情况，通过应急一键通，远程了解重点社区疫情防控情况。派出工作组随机进行抽查。
8	企业复工复产情况，运用危险化学品安全监测预警系统、安全生产隐患排查信息系统，重点掌握企业复工复产情况，提供指导服务。
9	公共聚集场所情况，与省消防救援总队建立工作机制，全面掌握每日各地公众聚集场所火灾防控、人员聚集等情况。
10	每日舆情热点情况，分析每日涉疫舆情热点。
11	每日肉菜市场物价情况，通过新闻播报和实地抽查相结合方式，重点掌握广州、深圳肉菜市场大米、猪肉、青菜价格。
12	利用通信大数据，每天精准分析广东境内湖北籍人员的相关情况。
13	高校留校师生情况，联合省教育厅掌握全省 37 所高校假期在校师生及师生返校数据。

根据疫情防控工作重点和安全风险的阶段特点，应急管理部门全时段研判分析安全风险，高度关注各类窗口指标，分析疫情防控形

势，把握安全风险防范重点，动态调整工作措施，做到时时应变。

（一）疫情防控阻击战阶段

从2020年1月24日广东省启动重大突发公共卫生事件一级响应到2月中旬，应急管理部门主要任务是充分发挥职能作用，扛起政治责任，为坚决打赢疫情防控阻击战贡献力量。聚焦全国、全省疫情防控形势、来粤人流车流分析、防疫物资产量等，重点关注新增及累计确诊病例、新增及累计出院病例、常住人口、流动人口、省界路口检验、“两站一场一港口”查验、次氯酸钠产销存量等窗口指标（见图3-1、3-2、3-3），积极为疫情防控工作提出措施建议。

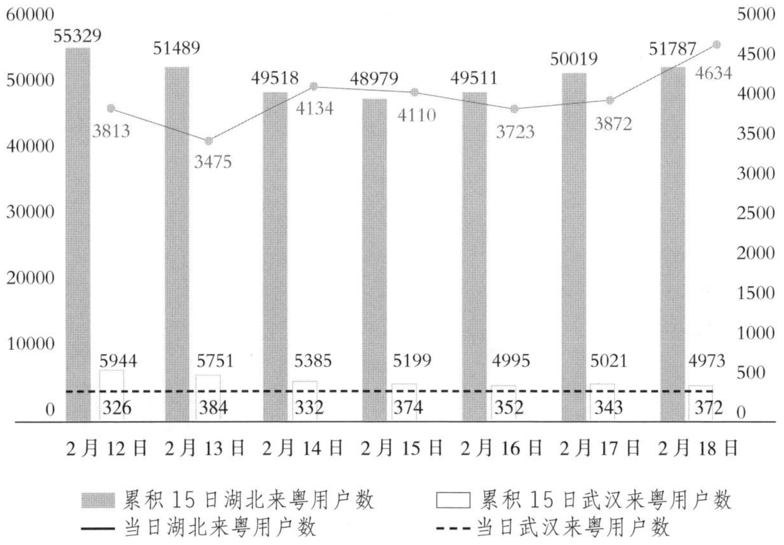

图3-1　湖北、武汉来粤人数变化趋势图

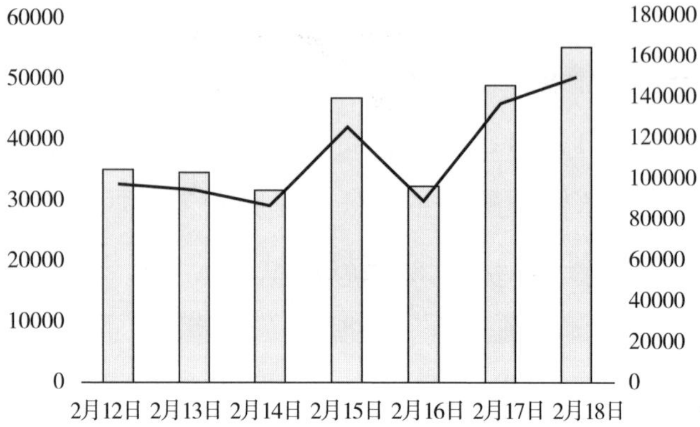

	2月12日	2月13日	2月14日	2月15日	2月16日	2月17日	2月18日
检查人员（人）	104281	102855	94228	139081	96168	145355	164387
检查车辆（辆）	32392	31486	28933	41692	29595	45512	49867

图3-2　省界路口检查入粤车辆和人员趋势图

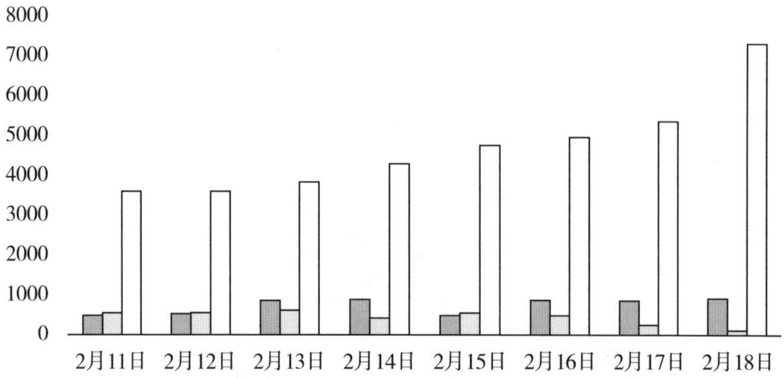

	2月11日	2月12日	2月13日	2月14日	2月15日	2月16日	2月17日	2月18日
生产量（吨）	506	545	879	898	896	876	867	939
销售量（吨）	561	573	630	435	270	491	262	119
库存量（吨）	3608	3610	3854	4316	4770	4984	5376	7329

图3-3　双氧水产销存量现状图

（二）复工复产高峰期阶段

从2020年2月中下旬到3月底，应急管理部门主要任务是建立与疫情防控相适应的安全监管方式，有序推进企业复工复产，确保安全生产。聚焦经济运行、重点行业领域复工复产、安全风险防范，重点关注人口流入流出量、企业用电量、重点石化企业产能负荷率等窗口指标（见图3-4、3-5、3-6），精准把握复工复产形势，精准分析安全风险走势，精准指导和防范化解安全风险。

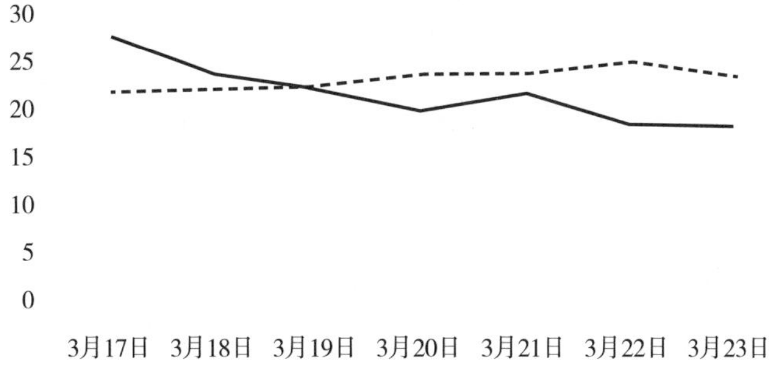

	3月17日	3月18日	3月19日	3月20日	3月21日	3月22日	3月23日
—— 人口流入（万人）	27.84	23.93	22.35	20.05	21.86	18.64	18.37
- - - 人口流出（万人）	21.94	22.27	22.58	23.67	23.72	24.92	23.36

图3-4　广东省流动人员流入流出趋势图

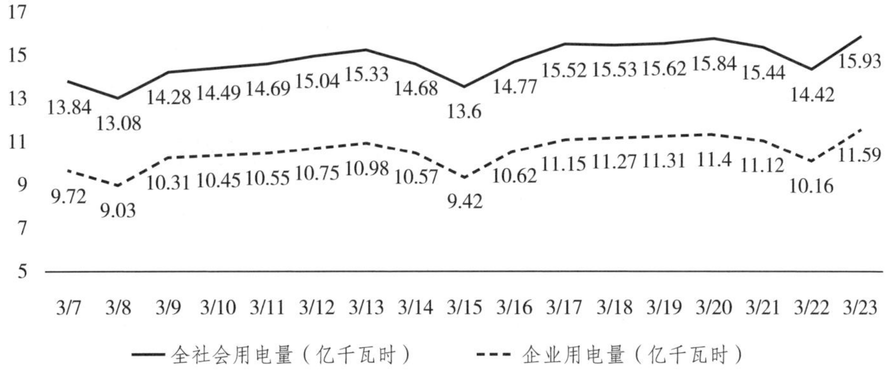

图3-5　广东省社会用电量和企业用电量趋势图

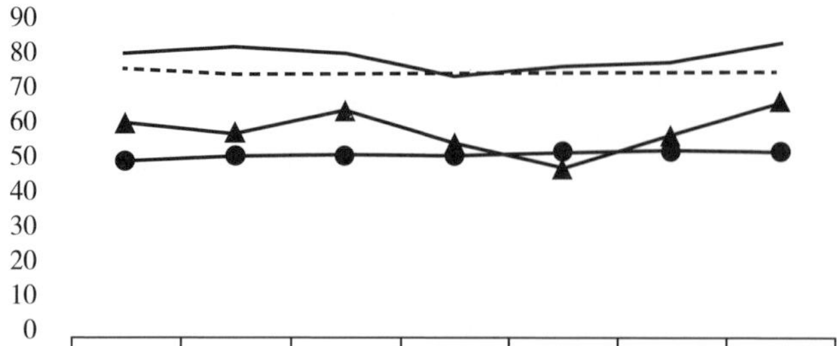

	3/17	3/18	3/19	3/20	3/21	3/22	3/23
—— 广州××公司（%）	80.62	82.54	80.62	74	76.96	78.19	83.62
---- 茂名××公司（%）	76.01	75.03	75	75	75	75.01	75
—▲— 湛江××公司（%）	60.44	57.16	63.98	54.49	47.66	56.71	66.6
—●— 惠州××公司（%）	49.56	51.05	50.96	51.14	52.11	52.46	52.28

图3–6　重点石化企业成品库存比（%）

（三）疫情防控常态化阶段

从2020年4月以来，疫情防控进入常态化阶段，这一时期应急管理部门主要任务是抓好安全风险防范各项工作，严防各类风险叠加碰头，为统筹推进疫情防控和经济社会发展提供安全稳定的社会环境。应急管理部门牢记“三个重要定位”，高度警惕和化解灾害事故重大风险，又密切关注和防范全局性风险，在自然灾害方面，重点研判强降雨、台风及其次生灾害、森林防火等方面的风险；在安全生产方面，重点研判疫情防控常态化条件下的安全风险，危险化学品、建筑施工、渔业船舶等重点领域的安全风险，以及清明、“五一”“十一”等重点时段的安全风险，采取风险防范的实招硬招，防止各类安全风险叠加碰头，不给疫情防控工作添乱。

从总体分析来看，疫情防控常态化条件下，应急管理工作要做到“两个转变”，谋划应急管理工作要从“无疫状态”向“适应疫情长期存在”转变；工作方式要从“无疫条件”向“带疫条件”转变。就好比过去是无疫状态、“晴天”环境，可以放开手脚干活，今后是常疫状态、“雨天”环境，必须“一手撑伞，一手干活”。在这种情况下，疫情加大了企业安全风险，有的工作状态没有跟上疫情防控状态的调整、有的监管节奏没有赶上企业生产的节奏、有的老经验没有适应安全形势的变化；有的企业设备开开停停、员工进进出出、管理时紧时松；有的为了赶进度、抢工期，超能力、超强度生产。这些情况都容易导致事故发生。

【案例摘编】

违规开工引发的爆炸事故

2020年3月5日，位于韶关市乳源瑶族自治县的东阳光氟有限公司R134a（四氟乙烷）生产装置氯化氢分离塔发生爆炸事故，氯化氢分离塔上封头炸裂冲出，造成2人死亡、5人轻伤。

事故直接原因：一是企业作业人员没有严格按操作规程用氮气对氯化氢分离塔吹扫，造成塔中有空气；二是反应系统催化剂再生过程没有按操作规程作业，使用压缩空气带入水分与通入反应器系统的氟化氢产生氢氟酸，氢氟酸腐蚀设备及管道产生氢气，在氯化氢分离塔内与空气形成爆炸性混合气体；三是违规电焊作业使氯化氢分离塔内不锈钢填料与设备筒体产生电位差引发放电，导致氢气闪爆。

从调查情况看，企业违章指挥违章操作凑齐了爆炸三个主要因素，导致爆炸事故发生。进一步分析事故的深层次原因，就是企业对疫情对生产造成的影响认识不深、风险研判不足、措施落实不到位。受疫情影响，一些企业生产时断时续、设备开开停停、人员来来去去，生产节奏被打乱、人员状态被打乱，安全风险如果管控不到位，极易诱发事故。该案例中，事故企业已停产近一个月。事发前，企业急于出产品、急于复产，没有严格执行复工复产“六个一”，企业作业人员在多个环节违规作业，层层失守，最终酿成事故，教训可谓十分深刻。

三、全方位服务企业复工复产

应急管理部门建立与疫情防控相适应的安全监管方式，分区分类实施差异化安全监管，对安全管理好的企业积极提供便利，主动指导帮扶，鼓励尽快恢复正常生产秩序；对风险大、问题多的企业严格把关，既保持监管的力度，更确保服务的温度。

（一）精准指导

应急管理部门先后对危险化学品、矿山、钢铁、汽车、水泥、纺织、电子、造纸、烟草、陶瓷、玻璃、电路板、酒店、稀土等14个重点行业开展行业分析研判，辨识风险，找准措施，编发规范性文件，全面推行复工复产“六个一”的防范措施，规范和加强安全指引。

（二）精准服务

据初步统计，疫情期间应急管理部门主动上门为60多万家企业提供安全监管服务，并帮助企业解决融资、原材料购置、产品销售等难题。同时，创新实施线上线下安全监管，全面实施网上审批，让数据多跑路，大幅减少企业人员跑动。通过应急管理一键通系统，实施远程监管指导。运用危险化学品安全生产风险监测预警系统，对当前石化企业存储风险较高问题进行动态监控预警，指导落实风险防范化解措施。

（三）精准施策

应急管理部门对证件到期的587家危化品企业、15家安全评价中介机构、76223名高危行业企业主要负责人、安全管理人员和特种作业人员，及时公告有效期自动顺延至疫情防控结束，全力推进复工复产和恢复社会经济正常运行。协调安全生产责任保险承保机构扩大保障范围、免费扩容新冠肺炎疫情救助保障、续保保单免费延长、开通理赔绿色通道。

【案例摘编】

广东省应急管理厅用心用情指导服务帮助农资生产企业渡过生产经营难关

2020年2月21日，广康生化主要负责人短信向广东省应急管理厅反映：该公司于2月9日恢复生产，受疫情影响，当前公司生产经营存在三个突出困难，请求协调解决。一是广康公司股东们承诺的3000万资金无法兑现，影响了企业流动资金周转，难以维持正常生产。二是生产出来的产品运不出去，销售受到极大影响，资金难以回笼。三是因企业自身问题，银行信贷受到影响，银行将陆续收回贷款，生产经营难以为继。同时，该公司负责人指出，广康生化是广东仅存的三家农药原药生产企业之一，其顺利复工复产对于保障春耕及农业生产具有重要意义。

2月22日，星期六，广东省应急管理厅会同省农业农村厅派出工作组赴企业所在地清远英德市现场调研指导，召集英德市政府主要负责同志、分管负责同志及有关部门开会。会上，英德市政府主要负责同志明确表态，广康公司是英德市的重点企业，将尽最大努力、采取尽可能的措施，帮扶企业渡过难关；广东省农业农村厅表示将广康公司的产品纳入政府春耕生产保障重点农用物资采购范围，必要时采取由政府部门全部兜底收购广康公司产品的方式帮助解决资金问题，确保正常生产经营。广东省应急管理厅牵头负责加强与人民银行广州分行、广东银保监局等部门的沟通协调，尽快解决企业融资难的问题。

2月26日，广东省应急管理厅召集广东银保监局、英德市农村信用社负责人与广康公司董事长一起开会，各方达成一致意见，继续支持企业续贷问题，做到“不断贷、不抽贷、不压贷”，解决广康公司周转资金问题。3月5日上午9时30分，广康公司负责人专门致电省应急管理厅，企业复工复产三个困难已全部得到解决，对广东省应急管理厅的指导帮助表示感谢，公司已全面复工复产。同时，清远、英德市两级应急管理部门将继续加大对广康公司的指导服务力度，确保疫情防控和安全生产两手抓、两不误。

四、全领域防范风险叠加碰头

应急管理部门以防范化解重大安全风险为核心职能，总结运用时时应变的方法、措施、经验，全力防范疫情防控、安全生产、自然灾害风险“三叠加、三碰头”，为做好“六稳”工作、落实“六保”任务，为统筹推进疫情防控和经济社会发展提供了安全稳定的社会环境。

（一）着力防范化解重点保障单位安全风险

应急管理部门把安全防范服务的重点向集中隔离点、定点医院和医疗物资生产储存单位聚焦。尤其是3月7日福建泉州酒店坍塌事故发生后，迅速启动全国全省“一盘棋”应急响应机制，对在用隔离观察点、30家定点医院和1711家疫情防控重点物资生产及配套企业实现安全服务全覆盖，先后部署开展10轮集中隔离点安全隐患排查整治，狠抓集中隔离点建筑安全、消防安全，对5406项事故隐患全部落实整改，对存在重大隐患的4个隔离点实施停用措施，紧急转移安置隔离人员76人，全力确保重点保障单位安全运行。

（二）着力防范化解危险化学品安全风险

危险化学品不能等同一般物品来看，危险化学品企业不能等同一般企业来管，危险化学品风险不能等同一般风险来防，危险化学品监管不能等同一般工作来抓。抓系统性安全风险防范，在疫情防控最紧张的时刻，派出专家指导组对个别市开展为期15天调查指导，协调督促属地政府落实措施化解系统性风险。抓信息化建设，实现所有1307家危险化学品生产企业监测预警、3D可视化管理全覆盖，牵头建设“两客一危一重货”重点车辆监控预警融合平台，充分运用科技信息化手段，更加精准防范化解风险。抓专项整治，全面开展危险化学品安全生产专项整治三年行动、重大危险源企业专项检查督导，进一步加强危险化学品安全生产工作。抓典型事故，深刻吸取教训，全面推进落实化工行业“四令三制”、动火作业“三个一律”等措施，压实企业主体责任。

（三）着力防范化解重点行业领域安全风险

根据风险研判分析结论，结合重点行业领域发生事故暴露出的问题，全面推行安全生产“一线三排”，督促实施“七个立即”的工作措施，立即派驻专家组对重点市县、重点企业开展专项指导，深挖原因；立即对事故企业主要负责人约谈通报，强化警示警醒；立即启动“一盘棋”应急响应机制，主动加强防范；立即加快事故调查，依法严肃追究责任；立即开展专项执法检查，排查风险隐患；立即开展事故警示教育，切实做到“一厂有事故，万厂受教育”；立即对事故企业主要负责人进行处理和培训，管住关键少数。层层传导压力，采取务实管用的措施，防范化解重大安全风险。

（四）着力防范化解自然灾害方面的安全风险

入汛后，应急管理部门实施“一体三预”的工作机制，加强监测预警，做到事前预判、临灾预告、短临预警。建立健全“县领导联系镇、镇领导联系村、村干部联系户”责任对接制度，严格落实《强降雨防御工作指引》、“防汛四张表”“防台风五个百分之百”，汛前对全省11.36万处削坡建房等重点场所逐项排查登记，切实将风险隐患化解在雨前、水前、风前、灾前。健全落实特殊群体临灾转移“四个一”机制，遇到风险坚决果断转移，切实保障群众的生命安全。严格落实“包山头、守路口、盯重点、签责任、打早小”工作举措，强化森林防火措施落实，坚决将火源堵在山下、防在林外。

【角色思考】

如何当好综合协调处（科）长

综合协调处（科）承担安委会办公室日常工作，负责指导协调、监督检查、巡查考核本级政府有关部门和下级政府安全生产工作，履行综合监管职责，具有任务重、要求高、责任大的特点。综合协调处（科）长是典型的高压力、高风险、高负荷岗位。做好安全生产综合协调工作，应当正确处理好以下“六大关系”。

一要处理好统与分的关系。不越位更不缺位。统要把握好统的时、效、度，做到敢统、善统、能统，要充分发挥安委会（办）的统筹协调作用，重点把工作统起来，把情况统起来，把措施统起来，防止“空对空”。分要坚持“三个必须”，确保事有人管、责有人负，力戒部门之间推诿扯皮，严防安全监管出现盲区。

二要处理好内与外的关系。对内要主动分析问题、主动研究问题、主动解决问题，做好厅（局）党委的参谋助手。对外要主动牵头、主动组织、主动协调，与负有安全监管职责的部门一道，共同推动解决重点行业领域的老大难问题，用实际行动和实际效果信服于人，在解决实际问题中提高应急管理部门的权威。

三要处理好上与下的关系。对上要讲规矩、讲纪律，对本级党委政府和上级应急管理部门作出的决策部署，要不折不扣抓好贯彻落实，决不能阳奉阴违、另搞一套。对下要讲原则、讲效果，要客观公正评价辖区各地的安全生产工作，重在调动各方面的力量提升地方安全生产治理体系和治理能力现代化。

四要处理好虚与实的关系。综合协调工作具有“虚”的特征、“虚”的特性、“虚”的特点，而把“虚”功做活、做实，是每个综合协调处（科）长必须时刻思考的问题。要坚持两点论和重点论的统一，善于抓主要矛盾和矛盾的主要方面，把握工作的重点和关键，区分本末、主次、轻重、缓急；要不断创新综合协调工作的具体形式、方法和途径，讲管用的话、发管用的文、做管用的事，切忌泛泛而谈、含含糊糊、不切实际，切实做到“虚功实做”。

五要处理好刚与柔的关系。既要敢于得罪人，敢于“动真碰硬”，对事故多发和不放心的地区、部门打出考核、巡查、督导、约谈、通报等“组合拳”，压紧压实“三个责任”“三个必须”；也要做好指导协调工作，“请进来”和“走出去”并重，不断加强思想认同和工作认同。

六要处理好新与旧的关系。好的经验做法应当继承，但关键是要破除经验主义、防止路径依赖。要在“一线三排”上下更大气力、创造更多鲜活经验，加快推动安全生产监管工作从以事中执法和事后调查为主的被动管理向以隐患排查、排序、排除为主的主动管理转变，把问题想在前、把防范做到位，有效解决“认不清、想不到、管不到”的问题。

如何当好风险监测和综合减灾处（科）长

风险监测和综合减灾处（科）负责建立安全生产风险监测预警和评估论证机制；承担自然灾害综合监测预警工作，组织开展自然灾害综合风险与减灾能力调查评估；承担省减灾委员会日常工作。

风险监测和综合减灾处（科）长要以习近平总书记关于防灾减灾救灾重要论述精神为指导，坚持人民至上、生命至上，按照“两个坚持、三个转变”的工作方针，牢固树立灾害风险管理和综合减灾理念，统筹推进安全风险监测、研判、预警、管控工作落实，减轻灾害风险，统筹推动各方资源力量整合，提高全社会防灾减灾救灾能力。

一是安全风险心中有数。动态掌握自然灾害和安全生产领域的风险底数及其主要风险的时空分布。

二是风险管控各负其责。建立健全安全风险管控制度，实施安全风险分级管控，压实各级各部门风险管控责任，落实风险评估论证机制、风险形势会商研判机制。

三是发挥统筹协调作用。统筹安全生产和自然灾害领域风险，推动各专业部门建立健全分类监测预警体系，构建综合监测预警平台，协调推进各系统各平台对接，实现监测预警信息交换共享。

四是牵头抓总具体到位。对承担的工作协调机制工作，既要牵头，更要抓总；及时跟进掌握各地各部门负责任务落实情况，及时汇总统计和分析，找准问题强化督促指导。

五是更加注重基层基础。以开展综合减灾示范县、示范社区创建和行政村（社区）防灾减灾救灾能力“十个有”建设为载体，推动更多资源下沉到基层，提升基层防灾减灾救灾能力。结合全国防灾减灾日、国际减灾日等节点，开展防灾减灾科普宣传教育进社区、进乡村、进企业、进学校、进家庭，提高群众的防灾减灾意识和自救互救技能。

六是高度重视技术支撑。了解灾害防治最新科技成果，运用信息化手段，形成风险监测、风险研判、预报预警等技术能力。重视专家队伍建设，发挥好专家在风险识别、评估、研判等方面的咨询和研究论证作用。

如何当好危险化学品安全监管处（科）长

危险化学品安全监管处（科）负责化工（含石油化工）、医药、危险化学品和烟花爆竹经营安全生产监督管理工作，依法监督检查相关行业生产经营单位贯彻落实安全生产法律法规和标准情况，承担危险化学品安全监督管理综合工作，协助指导危险化学品登记工作，指导非药品类易制毒化学品生产经营监督管理工作。当好危险化学品安全监管处（科）长要做到“六个始终”：

一是始终做到人民至上。以习近平总书记关于安全生产重要论述精神为指导，坚持人民至上、生命至上，始终把人民生命安全放在第一位，强化红线意识和底线思维，深刻认识应急管理本质是预防管理，坚持以防为主，始终做到预判在前、措施在前、行动在前。

二是始终做到心中有数。既要熟悉掌握辖内化工、医药、危险化学品和烟花爆竹企业安全生产情况，还要清楚最大的风险在哪里、最大的隐患是什么、管控情况如何。

三是始终做到手里有招。通过执法检查、专家服务、宣传培训、约谈通报等手段分类施策，推动企业把“一线三排”“四令三制”等机制落到实处，压实主体责任，提升本质安全水平。

四是始终做到动真碰硬。对重大安全风险隐患和突出问题，坚持“零容忍”，查准查实、一抓到底，以“钉钉子”精神把每起事故隐患“钉”紧、把每处整改“钉”实、把安全责任“钉”牢。

五是始终做到敢于创新。善于运用信息化解决安全监管实际问题，坚持创新引领，建好用好危化品安全风险监测预警系统，提前研判管控重大安全风险，真正把问题解决在萌芽之时。

六是始终做到如履薄冰。强化“每天归零”理念，始终保持见叶知秋的敏锐、如履薄冰的谨慎，对省内外典型事故及时启动“一盘棋”应急响应机制，切实做到“把别人的事故当成自己的事故”“宁可信其大，不可信其小”。

如何当好安全生产基础处（科）长

安全生产基础处（科）承担非煤矿山和工贸企业安全生产基础工作、安全生产培训考核管理、安全生产检测评价机构资质许可监管等工作，具有监管对象数量多、任务重和业务能力要求高、责任大等特点。当好安全生产基础处（科）长，做好安全生产基础工作，守牢安全生产基本盘，就要贯彻落实“一线三排”工作机制，牢牢把握“四个抓住”：

一是抓住监管重点。面对工矿商贸企业数量众多的现状，不能“眉毛胡子一把抓”，要善于把握各行业安全生产的规律特点，从事故中寻找规律，透过现象看本质，紧紧抓住主要矛盾和矛盾的主要方面。行业监管要牢牢抓住非煤矿山与尾矿库等重点领域；抓住金属冶炼、粉尘涉爆、液氨制冷、有限空间、高处作业重点工艺环节及场所；抓住汛期、台风暴雨、重大节假日、复工复产、维修检修重点时段；抓住主要负责人、安全管理人员和特种作业人员（下称“三项人员”）等重点人员；抓住规范中介机构技术服务这个重点；抓住安全培训考试考核关键环节。

二是抓住风险防控。始终保持见叶知秋的敏锐、如履薄冰的谨慎，任何时候都不能有侥幸心理，不能有丝毫的马虎。风险是变化的，风险研判要常态化，必须清楚知道工矿商贸行业安全风险是什么，重大风险在哪里，始终把“头顶库”、高陡边坡露天矿、地下矿、涉镁铝金属粉尘作业30人以上的机械加工企业等作为高风险单位，严格落实风险防控措施和隐患排查整治，不放过任何一处隐患。重大风险要“一竿子插到底”，紧抓不放，以“钉钉子”精神，狠抓整改落实。要发扬斗争精神，敢于动真碰硬，把问题消灭在萌芽之时、成灾之前。

三是抓住方法创新。要善于解剖麻雀，既注重对代表性企业和典型事故的查处，更要注重分析违法违规行为背后的深层次原因，找出共性的问题，以点带面开展相关行业领域专项整治；要大力推进安全生产标准化和双重预防机制建设，淘汰落后工艺和设施，推进“机械化换人、自动化减人”；要严格“三项人员”的培训考核，提升企业主要负责人的安全意识和能力；依法严厉打击安全生产检测评价机构违法违规行为，提升技术服务质量；综合运用严格安全许可源头把关、线上线下执法检查、树立标杆、警示约谈、列入“黑名单”、应急响应“一盘棋”、增加考核权重等方法推进监管，提升企业安全基础。

四是抓住信息化建设。充分利用全域感知、物联网、大数据等信息技术，推进工业互联网＋安全生产，建立工矿商贸行业安全生产预警预测系统。勇于接受新技术，学习新知识，迎接新挑战，从传统的“眼看耳听手写”的方法向“自动抓取实时监测、在线视频自动分析”的信息化方法转变，拓展监管的深度与广度。建设“三项人员”

网上培训平台，降低成本，提升培训便利化、集约化水平。推进中介机构监管平台建设，让技术服务在阳光下运行，接受社会监督，做到行业自律。要注重监管信息化与提高企业自动化和安全管理水平相结合，在加强监管的同时做好安全服务。

第四章

统一应战

2020年10月23日19时39分，广东省汕头市南澳县深澳镇后花园村发生山火。火灾发生后，省、市、县各级领导高度重视，第一时间对灭火工作做出指挥调度。广东省应急管理厅迅速派出工作组赴火灾现场，调动深圳等7个地市共251名森林消防员，派出航空灭火直升机、无人机、应急指挥车、应急通信车等先进应急装备赴火场增援。广东省消防救援总队调集汕头消防支队210名消防官兵和水罐车、运兵车等39辆消防车辆驰援扑救。汕头市及时成立现场指挥部。经连续奋战三天，山林明火于10月25日16时被扑灭。在南澳县“10·23”森林火灾扑救中，为什么能指挥有力、调度有序？各种救援力量为什么能协同配合、形成合力？

第一节
应战概述

应战是应急管理能力的集中体现，是“五应”的重要环节。应急响应启动后，应急管理即由应变进入应战阶段。应战决胜在统一，统一应战是应急管理能力现代化的特色优势。没有统一的应战是各自为战，有统一的应战才能发挥最大效能。应战必须发挥应急管理“统”的优势，统筹协调前后方、上下级、各方面，做到统一调度、统一指挥、统一行动，高效应战。

一、应战的内涵

一般来说，应战是指与前来进犯的敌人作战。应急管理工作“五应”中的应战是指应急管理部门充分发挥统筹协调作用，牵头组织防范应对灾害事故的全过程，是同灾害事故真刀真枪的战斗。应战是能力，决胜在统一。

统一应战在灾害事故应对处置工作中意义重大，难度也最大，是新时代应急管理实践中亟待突破与解决的课题。灾害事故的发生意味着和谐有序的生产生活状态被打破，意味着人民的生命财产安全遭受侵害。灾害事故带来的后果往往不是孤立的、局部的和单方面的，很可能是相互交织并形成系统性风险。各级应急管理议事协调机构和应急管理部门是无法单打独斗，独立完成的。

同时，参与灾害事故处置的各方力量往往跨区域、跨部门、跨层级，在紧急状态下，各部门、各种力量迅速组织起来协同作战难免会出现磨合上的问题。没有统一，就会各自为战，无法形成工作合力。

因此，统一应战显得尤为重要。通过统一应战可以迅速控制事态，尽可能地降低自然灾害和事故灾难造成的损失。

二、应战的主要内容

统一应战的内容有很多，主要包括应急响应统一发布、灾害事故统一调度、应急处置统一指挥、救援力量统一行动、应对措施统筹落实等五方面。

（一）应急响应统一发布

整合各类自然灾害应急响应的名称、级别，确保响应类型、级别和起止时间的一致性。同时，规范面向公众的自然灾害预警信息的发布名称、级别和权限，坚决避免令出多门。这是统一应战的要求。

（二）灾害事故统一调度

在指挥部框架下，应急指挥中心通过指挥系统、单兵系统连线统一调度基层应急部门、有关单位、企业，发出指挥调度人力、物力的指令，及时把领导指示批示传达贯彻到基层，检查、指导、落实防御措施，及时给地方以支援、给人民以温暖。这是统一应战的原则。

（三）应急处置统一指挥

建立“一个指挥中心、一个前方指挥部、一套工作机制、一个窗口发布”的“四个一”应急处置机制，做到指挥一个声音、发布一个窗口、行动一个步调，确保指令清晰、系统有序、条块畅达、执行有力，精准解决第一线问题。这是统一应战的关键。

（四）救援力量统一行动

强化统筹协调，把握应灾的节点节奏，统筹指挥应急救援力量第一时间赶赴现场救援，及时调拨应急物资运抵现场，步调一致，及时应对，尽最大努力减轻灾害损失。这是统一应战的保障。

（五）应对措施统筹落实

全面统筹落实各项应对措施，严阵以待，严防死守；闻令而动，听令即行；抓铁有痕，踏石留印。不怕兴师动众，不怕十防九空，持续“钉钉子”，打出组合拳。这是统一应战的基础。

三、应战的科技保障

统一应战要有效整合各参与主体的力量，使各参与单位既充分发挥自己的作用，又能相互配合，提高整体效能。这就要借助科技力量，强化科技支撑，建立健全高效畅顺的指挥机制，提升应战能力。

应急管理部门可充分利用一键通系统，将原有“省、市、县、镇”四级指挥体系向农村延伸，强化指挥体系的“神经末梢”，构建完整的“省、市、县、镇、村”五级指挥体系，在指挥层级上实现“四级体系”向“五级体系”转变，实现应急预警达基层，多灾监测掌中看，突发事件一键报，随行指挥面对面，五级联动，一体应对，打通“最后一公里”，有效提升应战能力。

（一）应急预警达基层

灾害临近时，及时将应急响应和预警信息准确送达基层是最重要和紧急的事情。启动应急响应或发出预警信息时，通过应急一键通快速将信息发布到省、市、县、镇、村五级责任人，指导各级、各部门做好临灾防御工作，避免逐级下发，出现“信息不同步、时效性差”等问题。

（二）多灾监测掌中看

应急一键通移动系统，还实时汇聚了卫星、雷达、自动监测站、台风、降雨、大风、地质灾害、地震速报、水库、河流、灾情上报信息等多源监测数据，并对监测数据进行整合分析，实现监测预警功能。各级应急管理干部和基层灾害信息员根据要求安装手机客户端，可随时掌握多灾种的监测预警信息，随时查看动态。

（三）突发事件一键报

各级应急值班人员、应急责任人通过应急一键通系统提供的灾种、突发事件类型的专报模型，对各类突发事件和灾害信息一键上报。一键通系统自动获取责任人定位信息，自动验证身份，自动判断事件等级，并建立事件专题，进行全流程记录的追踪，实现事件专报自动化。通过应急一键通系统，上报信息就像发朋友圈一样简单，有效减轻了基层负担，事件报送效率可提升200%。

（四）随行指挥面对面

应急单兵小分队直插基层一线，实时回传现场画面，实现省、市、县、镇、村五级即时连接。省应急指挥中心通过视频会商＋单兵视频＋大屏、一键通系统随时随地与市、县、镇应急指挥中心各级应急干部、三防责任人、森林防灭火责任人、危化品企业及工矿商贸企业主要负责人、应急专家、灾害信息员等进行单组或群组的视频连线，实现即时连通零距离，场景即时传播零时差，指令即时下达零延误。

第二节
应急响应统一启动

应急响应是应战的冲锋号。应急响应启动后，应急管理就正式进入了应战阶段。机构改革前各部门都能启动应急响应，但令出多门、步调不一，让社会公众无所适从，比较混乱无序。要规范有序进行统一应战，必须健全完善应急响应机制，按要求统一启动或结束应急响应。但统一启动应急响应并不意味统一发布预警，各地、各部门应当根据权限做好预警信息发布工作，确保预警信息发布及时、准确、规范、有序。

一、应急响应启动机制

在当前自然灾害防御具体工作中，我们经常看到：省防汛防旱防风总指挥部启动应急响应，气象部门也启动应急响应；看到有的地市启动了防暴雨应急响应，有的地市又是防汛应急响应；有的地市防暴雨应急响应分为Ⅰ、Ⅱ、Ⅲ、Ⅳ级，有的地市又不分Ⅰ、Ⅱ、Ⅲ、Ⅳ级等等。

各地、各有关单位的应急响应种类复杂，形式多样，发布主体不统一，往往同一个防御阶段有多个部门发布的应急响应。在媒体上一报道，社会公众看到后，因为不清楚有关应急响应的发布机制而混淆，不知道该听谁，最后导致应急响应失去了应有的警示作用。因此，应急管理部门要健全应急响应发布机制。

（一）统一规范自然灾害启动（或结束）应急响应

在现行总体预案和各专项应急预案规定的基础上，应急管理部门对各类自然灾害应急响应的名称、级别进行整合，确保响应类型、级别和起止时间的一致性，统一规范自然灾害启动（或结束）应急响应。应急响应类型统一为：防汛（或暴雨）、防旱、防台风、防低温冰冻、防高温、防大雾、防灰霾、防海上大风、防风暴潮、防海浪、防海啸、防突发地质灾害、森林火灾、抗震救灾和自然灾害救助15种类型，各类响应级别均设置Ⅰ级（特别重大）、Ⅱ级（重大）、Ⅲ级（较大）和Ⅳ级（一般）4个等级。其中，Ⅰ级为最高级。

（二）统一发布启动（或结束）自然灾害应急响应指令

达到相应条件时，由省有关部门向应急管理部门提出启动（或结束）应急响应建议，由应急管理部门统筹协调，以相关专项指挥机构（办公室）名义联署发布或由应急管理部门联合有关部门共同发布。达到Ⅰ级响应标准的，需报请省人民政府，以省政府名义发布指令。（见图4-1）

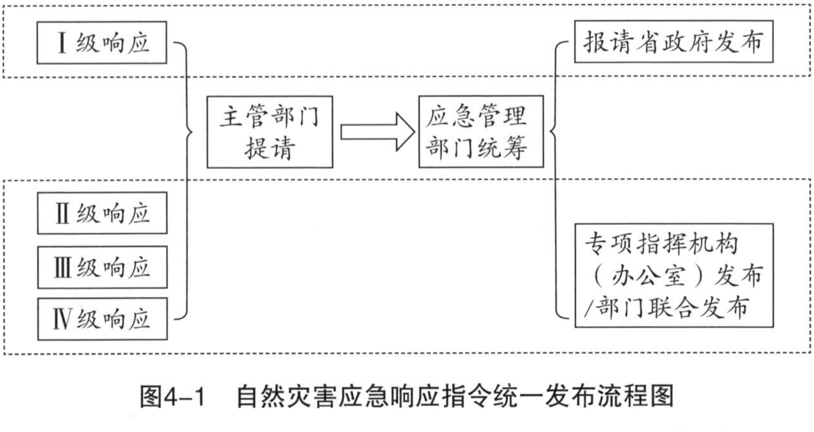

图4-1　自然灾害应急响应指令统一发布流程图

（三）规范行业内部应急响应

各部门根据行业内部工作制度启动（或结束）应急响应的，明确为“×××（行业名称）内部应急响应”，原则上仅限于在本行业内部向相关责任人发布，不向社会公开，避免混淆。

同时，省、地市、县（市、区）三级启动（或结束）应急响应，在上下层级对应关系上不做统一限定，不硬性要求在启动（或结束）应急响应的级别和时间方面保持一致。为避免出现发送范围重叠、内容冲突等情况，各地市启动（或结束）应急响应应报省应急管理部门备案。

二、风险预警信息发布

2020年7月17日，习近平总书记在中共中央政治局常务委员会研究部署防汛救灾工作会议上强调，要精准预警严密防范，及时准确对雨情、水情等气象数据进行滚动预报，加强对次生灾害预报，特别要提高局部强降雨、台风、山洪、泥石流等预测预报水平，预警信息发布要到村到户到人。

及时准确发布预警是应战的一项基础性工作，全面、准确地收集、传递、处理和发布突发事件预警信息，可以迅捷、有效地将信息传递给受突发事件影响的区域和人员，提醒其采取有效对策，实现防风险于未然，也有利于对事态进行科学分析和判断，及时采取有力的应对措施。

（一）发布的类型

各类预警信息整合为暴雨、洪水、干旱、台风、低温冰冻、高温、大雾、灰霾、海上大风、风暴潮、海浪、海啸、地质灾害、森林火险等14种类型。在实际工作中，气象部门加强对暴雨、台风、强对流天气等研判分析，及时向公众发布气象灾害预警信号。应急管理部门会同气象部门加强统筹安排，减少部门重复发布或者扎堆发布，进一步提高突发事件预警信息发布的效率和社会效益。

（二）发布的时机

由于突发事件本身的动态性，使得某一时点发布预警仅针对当时的研判结果，然而突发事件是不断变化的，甚至有时变动剧烈，要根据风险研判的结果，视事态发展情形及时发布预警信息。一般说来，应急响应启动前后均可发布预警信息。在应急响应启动前，应根据灾害或事故以及其他需要提防的危险发生之前及时发布预警信息；在应急响应启动后，要加密预警信息发布频次，更有针对性地进行发布。

（三）发布的内容

预警信息内容应通俗易懂，让公众一目了然。应向公众讲清楚突发事件的类别、起始时间、可能影响范围、警示事项、应采取的措施和发布机关等。其中对于可能对相关范围（区域）内造成影响范围大、危害严重的突发事件预警信息，冠以“重要提醒”，一般突发事件预警信息冠以“温馨提醒”。发布单位名称一般使用规范化简称。省级层面对社会公众发布的预警信息，一般只发布预警信息内容，不标注级别。比如，台风预警信息要让老百姓知道台风什么时候来、在哪里登陆、来了怎么办等，引导公众提前规划行程安排，主动采取防灾避险措施。同时，应注意采取有效技术，向全网手机用户发布预警信息，确保预警信息发送无盲区、全覆盖。

（四）发布的要求

预警信息发布要精准，避免“撒胡椒面”“胡子眉毛一把抓”，应精准分析灾害影响范围，向重点区域公众发送预警信息，有效提高预警和防御的针对性，留足应急的提前量。同时，要及时、准确、全面捕捉突发事件的征兆，并进行多角度、多层面的研判，及时、准确发布预警信息。

应急管理部门要充分利用网站、微信公众号、立体发布厅、应急广播等媒介，结合台风科普和公益广告宣传，及时、准确、滚动发布灾害预警信息、安全警示和防御指引，用最快的速度将信息传递到市、县、镇、村，传递到每一户、每一人，打通信息传递的“最后一公里”，让群众及时掌握信息，做好防灾避险工作。尤其要做到强预警强联动强响应。比如，收到气象预警信息后，地级以上市应急管理部门及时指导相关县（市、区）三防指挥机构启动或调整应急响应，并督促落细落实防范应对工作措施。对于已发布气象红色预警信号但未启动应急响应的县（市、区）三防指挥机构，地级以上市应急管理部门要及时提醒督导其启动相应的应急响应。

三、短临预警发布

应急响应启动后，预警信息的发布更为重要，是精准防范的重要支撑，是统一应战的重要抓手。短临预警预报时效更短，精准度高，预见性强，在应对灾害事故处置，特别是对防御强对流天气起着至关重要的作用。

短临预报是小尺度、短时临近强降雨的预报预警，可以清楚捕捉到强对流天气系统所在位置，从而能够准确预报出降雨的落区，告知公众哪里会有降水出现，哪里降水量较大。如针对一个村庄的预报，当气象部门提前数小时在河流上游捕捉到强对流天气系统的踪迹并发现其影响时，就可以提前几小时预判河流下游地区在未来数小时内是否会发生洪涝，并发出预警让下游的居民及时撤离。

（一）短时临近分镇精细化预告机制

短时临近分镇精细化预告，是指由应急管理部门逐时将未来1小时雨量超过50毫米的预警信息预报到镇，通过省、市、县、镇、村五级三防指挥体系靶向发布。短时临近精细化预告综合运用大数据、云计算、区域数值天气预报模式和“专家修正”等技术手段，通过实时接入风云4号卫星、多普勒天气雷达，以及气象水文监测站数据信息，依托“天河二号”区域数值天气预报模式支撑，通过定量降水估测、多源融合预报输出等系统快速生成未来1小时降水初步预报，经短时临近预报专家团队综合审核后，由应急管理部门逐时发布，第一时间直达受强降雨影响的乡镇村基层一线，为各地防御部署留足提前量。

广东在2020年6月5日至11日的强降雨应对中，通过运用短临预警提醒，清远市清城区源潭镇迎咀村灾前转移55人、广州市花都区梯面镇西坑村灾前转移84人、韶关市曲江区乌石镇流坑村灾前转移42人。各地因坚决、果断、彻底在灾前提前转移群众，有效避免了重大人员伤亡。

【案例摘编】

短临预警的成功运用——迎咀村生命保卫战

2020年6月6日，位于广东省中北部山区的清远市清城区源潭镇迎咀村遭遇特大暴雨袭击，过程雨量达354毫米，6小时雨量266.9毫米，超过当地历史极值，防汛形势十分严峻。6月7日22时35分，广东省应急指挥中心及时向该镇发出了短临预警。

广东省应急管理厅主要负责同志立即视频连线源潭镇政府主要负责同志，要求当地切实做好人员转移工作，并向广东省应急指挥中心报告转移人员数量，确保人员转移到位。6月8日凌晨2时，源潭镇政府紧急召开驻村干部会议，进一步部署落实巡查值守和人员提前转移工作。

6月8日一大早，源潭镇联系迎咀村的镇党委委员董志坚和该村支部书记陈记权冒雨徒步涉水到赤狮坑村小组查看，发现有泥石流发生迹象，当机立断组织动员村民撤离并向镇主要领导汇报。镇委、镇政府迅速组织镇干部、应急队伍和公安民警20多人，进入迎咀村全力开展人员转移工作，总共花了10个小时，赶在灾害发生前4小时，提前将赤狮坑村小组55名群众坚决、果断、彻底转移到安全地带，被转移群众中大多数为留守老人和妇女，其中80岁以上老人有6人，年龄最大的98岁。

6月8日深夜至9日凌晨，迎咀村赤狮坑村小组突发特大型泥石流地质灾害，规模约5000立方米。村庄多处被泥石流和树木覆盖，通往村外的道路多处出现塌方和滑坡，46户房屋受到不同程度毁坏。迎咀村通过成功运用短临预警提醒，55名群众转移及时，成功避免了一起群死群伤的灾难发生。

（二）短期分县精细化滚动预报机制

短期分县精细化滚动预报，是指对受影响地市、县降水过程的起始时间、过程雨量、强降水时段及最大雨强等关键因素，短期分县精细化进行滚动预报，为各地提前做好防御工作提供决策支撑。

目前，受限于当前观测体系建设、大气动力机理科学认知、预报科技业务能力等方面的不足，强天气监测预报预警准确率仍较低。应急管理部门要根据最新预报结论，组织专家团队结合实测数据进行人工研判校正，同时在降雨过程结束后，通过复盘进一步检验分析工作方法，不断探索和提高预报准确性。

（三）夜间重点提醒

“龙舟水”，又称“端阳水”“龙降水”“发龙水”“端午水”等，是我国华南地区端午节前后的一种自然现象。端午节前后，我国南方暖湿气流活跃，与从北方南下的冷空气在黄赤交角处的广东、广西、福建一带交汇，往往会出现持续大范围的强降水。当端午水来时，江河水位迅速上涨，为扒龙舟提供了良好的场地条件，人们将这期间的强降水称之为“龙舟水”。

针对“龙舟水”通常下半夜雨强较大，且人员易疲劳、麻痹的特点，应急管理部门在进一步强化24小时值班值守工作的同时，在夜间加密发布强降雨可能的重点区域，向可能受灾地区的负责同志发布短信，帮助其了解夜间降雨动态，提醒做好防范工作；同时，直接连线检查县、镇基层带班领导在岗情况，提醒基层做好夜间至凌晨的风险防范。

四、应急管理部门处置信息发布

应急管理要两条线，既要上指挥救灾前线，又要上宣传前线。两条线要一起干，克服一条线硬，一条线软，处长（科长）都要上宣传头条，及时发布灾害事故处置信息。

当前，社会公众对突发事件极为敏感，对防灾减灾等民生热点痛点问题倍加关注，尤其是微博、微信等新媒体的兴起，使社会舆论环境发生了重大而深刻的变化。在网络时代，人人面前都有“麦克风”，一旦发生突发事件和敏感问题就是“现场直播”，政府部门回旋空间大大缩小。

因此，在应急响应期间，应急管理部门要建立健全处置信息发布机制。应急管理部门发布的处置信息，不替代地方党委、政府的信息发布；发布信息只讲应急管理部门自己所做的工作，参与处置情况及事故处置的相关要素，如时间、地点，队伍调动、物资调拨等情况，以满足公众知情权，稳定民心。甬莞高速普宁赤岗段发生危化品车辆追尾事故后，广东应急管理部门及时在微信公众号发布事故处置信息，详细介绍了协助地方政府处置事故工作情况。

【案例摘编】

广东省应急管理厅调派力量支持揭阳市做好甬莞高速普宁赤岗段危化品车辆追尾事故处置工作

2020年9月9日，甬莞高速普宁赤岗段发生危化品车辆追尾事故后，广东省应急管理厅认真贯彻落实省委、省政府和应急管理部领导批示要求，省应急管理厅主要负责同志立即派出由厅领导带队的工作组赶赴现场协助处置，并持续在省应急指挥中心调度了解事故处置情况，召集有关业务处室和相关专家进行会商研判，提出相关处置建议供前方指挥部参考；严格实行带班厅领导和带班处长24小时在岗值班制度，持续连线前方应急工作组，及时了解掌握有关情况。

与此同时，广东省应急管理厅调派汕头、汕尾、潮州、梅州等市应急管理局共65辆吸污运输车前往处置现场增援，指挥广东省消防救援总队调派消防远程供水车支援处置，协调广东省生态环境厅、交通运输厅、住房城乡建设厅做好相关设备的支援准备，协调北京联合创业环保工程股份有限公司购买废水一体化处理设备投入使用。

9月11日，广东省安委办、省应急管理厅对该起事故实行挂牌督办，要求揭阳市政府组织事故调查组，依法抓紧组织事故的调查处理，坚决遏制各类生产安全事故发生。

第三节 灾害事故统一调度

统一应战，如同行军作战，重在科学研判、重在精准调度。应急响应启动后，应急指挥中心就进入了“战时”状态，要对灾害事故统一调度。应急管理部门要全面“统”，发出指令，做好组织、协调、监督、指导等工作。

应急指挥中心综合研判雨情、水情、险情、灾情等各方信息，借助会商研判、视频调度、远程督导等形式，通过指挥系统、单兵系统连线，统一调度基层应急部门、有关单位、企业，统一发出指挥调度人力、物力的指令，及时把上级领导的指示批示传达贯彻到基层，检查、指导、落实防御措施，及时给地方以支援、给基层以力量、给人民以温暖。这是统一应战的重要内容。

一、联合值守

按照“平时分、急时统”的原则，在启动应急响应时，应急管理部门对外实施联合值班值守制度，各有关成员单位进驻应战的大后方——应急指挥中心实行联合值守，协同指挥调度和处置灾情险情；对内打破处（科）室界限，以块为主进行响应，确保指挥更有力、责任更落实、处置更高效。

（一）成员单位联合值守

应急管理部门建立防汛防风应急响应期间成员单位联合值守机制。当启动防汛Ⅳ级应急响应后，水利、自然资源、住房城乡建设、交通运输、消防救援、气象、水文、通信等部门派出骨干力量进驻省应急指挥中心参与24小时联合值守。当应急响应提升至Ⅱ级以上后，参加联合值守的单位将增加至28家。

省防汛防旱防风总指挥部成员单位接到省三防办、省应急管理部门启动有关应急响应的通知后，两小时内安排人员自行到省应急指挥中心参与联合值守。联合值守期间实行全天24小时值守制度。

联合值守人员应严格执行省委、省政府决策部署和省防汛防旱防风总指挥部具体要求，及时将省防汛防旱防风总指挥部防御预警、指令、部署和要求传达落实到本单位（系统、行业）。负责收集、汇总本单位（系统、行业）对省防汛防旱防风总指挥部决定和命令执行情况、工作动态、突发应急事项、受灾情况等，并及时向省防汛防旱防风总指挥部报告。同时，还要负责省防汛防旱防风总指挥部与本单位（系统、行业）各级各部门有关防汛、防旱、防风工作的联络和衔接，协调本单位（系统、行业）抢险救援力量参与处理防汛、防旱、防风、防冻等突发应急事项。

（二）内部处室混编成组

应急管理部门对内打破处（科）室界限，构建分工清晰、运转高效的应急响应内部组织体系。在应急响应启动时，把各处（科）室打破界限，编成7个工作组，即应急指挥组、综合协调组、应急救援组、信息化保障组、宣传报道组、救灾和物资保障组、专家咨询组，各组明确责任分工，根据响应级别确定参与响应值班备勤人员，以块为主进行响应，实现内部统一应战、一盘棋共同响应。

二、会商研判

此时的会商研判主要是指应急响应启动后，应急管理部门召集各有关部门，对安全风险、预报预测信息进行分析研判，提出应对措施。具体可分为自然灾害会商研判和安全生产会商研判两大类。例如防汛会商，主要是综合雨情、水情、工情、承灾能力等各方面因素，研判强降雨可能引发的江河洪水、山洪、地质灾害、城乡内涝等灾害，形成防范应对意见等。

（一）会商研判的组织

1. 发出会商通知。应急管理部门根据不同灾害选定参加会商的单位，组织开展集中或视频会商。例如，防台风会商需要气象、水文、海洋、农业农村、水利、自然资源、住房城乡建设、交通运输、文化和旅游、宣传、消防救援等单位参加。防旱会商则需要气象、水文、水利、农业农村、宣传等单位参加。

2. 各单位汇报。会商通常由应急管理部门负责同志主持，省级层面如启动Ⅱ级、Ⅰ级应急响应时，提请省领导主持会商研判工作。会商研判时，有关单位分别汇报情况并提出防范应对措施。如防汛会商时，气象、水文、海洋等预测预报单位分别汇报天气形势，提出防御工作建议；水利、自然资源、农业农村、住房城乡建设等有关单位结合行业防御情况提出有关工作建议。

3. 做出会商结论。经过充分讨论后，由主持会商的应急管理部门负责同志进行总结，在综合考虑各方意见的基础上，最终形成对当前形势的研判意见以及下一步工作建议。

（二）会商研判成果运用

研判结论是应急指挥的科学依据，为统一应战提供决策支撑。应急管理部门通常根据研判结论，发出相应的通知、通告，编发工作简报，发布预警信息等。

1. 通知。根据研判结论，发出防御通知，有针对性地对各地各部门防御工作提出要求。

2. 通告。根据研判结论，发布防御通告，有针对性地对各地各部门应对工作提出要求，同时提醒公众做好相应防御措施。

3. 工作简报。以简报形式将会商结论报告上级应急管理部门和本级党委、政府，并通报各地各部门。

“战时”会商研判要坚持底线思维，做到“宁可十防九空，不可失防万一”“宁可信其有，不可信其无”“宁可信其大，不可信其小”。同时，要根据会商结论加强重点地区、重点领域、重点环节、重点时段的防御部署，做到重点突出，针对性强。

三、精准调度

精准调度要求，预判重大雨情、水情、险情、灾情到哪里，调度指挥就要到哪里，工作检查就要到哪里，应急指挥中心派出的小分队就要到哪里。应急指挥中心根据研判结论，通过视频指挥系统，调度可能受影响的镇村，指导基层落实针对性防御措施。调度指挥要做到随时随地，各项准备工作确保做在雨前、水前，不打无准备之仗。

（一）实时视频调度

一进入主汛期，应急管理部门就进入“战时”状态，应急指挥中心24小时灯火通明，一条条雨情、汛情、灾情信息从各地汇集到这里，一道道调派命令、调拨指令从这里发出。应急管理部门组织气象、水文、自然资源、水利等部门每日会商，逐时研判，根据会商研判情况，雨情、水情、灾情变化，实时视频连线重点地区，第一时间检查指导一线防御措施落实情况，抽查受影响地区值班值守情况，动态调整有关工作部署，确保各地应急管理系统和综合性消防救援队伍、地方专业应急救援队伍严格执勤备战。

（二）单兵突击调度

预判重大雨情、水情到哪里，应急指挥中心就要派出应急小分队直插哪里。应急管理部门派出应急单兵小分队，身穿“应急”马甲，胸前佩戴党徽，直插基层一线，用先进的视频通信技术，实时展现受灾现场情况，为有效处置、科学指挥提供了保障。通过实时位置共享，在“一张图”动态标识小分队所处位置及分布地点，科学统筹指挥调度，根据灾情变化指挥小分队及时奔赴“新战场”。

小分队接到指令后，直插一线，迅速掌握灾情实况，提出工作建议，协调调度各方救援力量，协助地方政府开展抢险救灾，通过无人机VR、AR技术、卫星通信、自组网技术、窄带通信、小鱼单兵、一键通等信息化手段，实时回传现场画面，实现省、市、县、镇、村五级即时连接，为应急指挥中心及时掌握灾情、精准指挥、科学决策提供坚强保障。

（三）点对点精准调度

点对点精准调度，即通过视频一对一精准调度、点对点“把脉问诊”，督促有关地区加强重要部位、关键领域的防范。如强降雨期间，应急管理部门针对易灾地区、基层雨窝点、地质灾害隐患点、削坡建房等危险区域点对点调度，指导所在地区精准防御工作等。

2020年6月5日至9日，广东迎来“龙舟水”时期第四轮强降雨。广东应急管理部门根据雨情、水情、灾情变化，全程动态跟踪，精准调度清远市阳山县杜步镇河水漫堤、佛冈县龙山镇关前村滘江洪水、佛冈县汤塘镇洛洞村山体滑坡，以及惠州市龙门县永汉镇合口村永汉河漫堤决堤应急工作，坚决彻底提前转移群众、提前落实各项应急准备，坚决打好有准备之仗，确保各项准备工作做在雨前、水前，有效避免了因山洪地质灾害造成重大人员伤亡。

【案例摘编】

广东省应急管理厅点对点视频调度佛冈县指挥抢险救灾

2020年第四轮“龙舟水”期间，广东省应急指挥中心点对点调度市、县、镇120余次，派出6支应急小分队赶赴9个受灾现场，精准指导做好防御工作。

6月7日，清远市佛冈县出现超历史记录洪水。广东省应急指挥中心根据研判结果，迅速与清远市、佛冈县应急指挥中心连线，要求当地组织做好防御工作。随即派出应急小分队赶赴一线，进村入户了解灾情和受灾群众需求，第一时间协调物资储备、消防救援、电力、水利、交通等部门，开辟绿色通道。

灾情发生后，广东省应急管理厅对佛冈县的灾情给予高度关注，多次视频连线佛冈县应急指挥中心，听取佛冈关于抢险救灾工作情况汇报，并对佛冈防汛抢险工作提出了具体要求。在强降雨关键时段对佛冈县未来的天气形势进行科学分析，为佛冈指挥救灾决策提供帮助。

8日凌晨0时，广东省应急管理厅主要负责同志与汤塘镇应急指挥中心进行视频连线，详细了解汤塘镇的总体受灾情况，指导该镇分组织发挥镇村党员力量，排查、管制农村危房、水浸桥梁道路等危险区域，及时转移受困群众，解决群众衣、食、住、医等问题。

9日上午7时30分，广东省应急管理厅主要负责同志连线佛冈县应急指挥中心，听取佛冈防汛救灾工作汇报，研判防汛形势，要求佛冈县要以人民生命安全为中心，坚决转移群众，安置好群众，让受灾群众有水喝、有饭吃、有衣服穿、有地方住，安心、放心度过汛期，实现“四有一保障”，最大限度减轻受灾损失。

“一切都会好的。”10日下午，广东省应急管理厅主要负责同志通过视频连线对该县汤塘镇洛洞村一位阿婆进行慰问，并要求省应急管理厅前线小分队，发挥好通信系统保障作用，让洛洞村全村受灾群众都能及时报平安，让他们在异地的亲人放心。

“在此次抗洪救灾过程中，得益于广东省应急管理厅的科学指导和帮助，对佛冈全县开展应急指挥、应急调度、应急预案、应急保障及应急队伍建设提出了具体要求，提升了全县应急处置能力，被困的群众得到了及时的救助，受灾的群众得到妥善的安置，各项防灾减灾工作有序开展，取得了阶段性胜利。”佛冈县应急管理局局长朱建星说。

（四）“一竿子插到底”调度

“一竿子插到底”调度，即用电话或信息化手段直达基层、直达企业，进行视频点名，随机抽查检查有关工作落实情况，提醒并督促责任人落实责任。

清明、“五一”等节日期间，应急管理部门通过“一竿子插到底”的电话督导模式，每天电话抽查县党政主要领导和镇主要领导，并即时公布抽查情况，压实森林防灭火工作责任；通过一键通系统加强市、县、镇三级值班点名，及时提醒并督促落实防汛责任；通过危化品安全风险监测预警系统和“全球眼”系统随机抽查危化品、工矿企业主要负责人在岗在位和值班值守情况，压实企业主要负责人第一责任。

第四节
应急处置统一指挥

应战是统一的战，而不是各自为战。面对灾害事故，各地、各部门服从统一指挥，做到令行禁止是高效有序应战的组织保障。统一指挥、权责一致、权威高效的应急能力体系，主要是看统的能力，看牵头抓总、综合统筹的水平，要做到"战"时统、统在急时、统在处置时。应急管理部门通过建立"一个指挥中心、一个前方指挥部、一套工作机制、一个窗口发布"的"四个一"应急处置机制，做到指挥一个声音、发布一个窗口、行动一个步调，努力实现指令清晰、系统有序、条块畅达、执行有力。

一、应急处置基本原则

应急处置就是指应急救援力量在突发事件发生后采取的应对行动，是统一应战的重中之重。应急处置应坚持以下原则：

（一）人民之上、生命至上

坚持把以人民为中心的发展思想落实到应急管理各项工作中，把挽救和保障人民群众的生命和财产安全，尤其是生命安全，作为处理灾害事故和开展救援工作的首要任务。同时，也要高度关注应急救援人员的生命安全。

（二）统一领导、分级负责

灾害事故发生以后，应急处置需多部门，甚至跨地域调配资源，多部门协同，必须发挥政府主导作用，统一指挥、调用社会各方面资源，形成应急合力。根据灾害事故等级不同，应急响应等级不同，由相应层级的属地政府和应急指挥机构进行处理。

（三）积极应变、快速高效

时刻处于应急状态，灾害事故发生后，各级政府及其应急相关工作人员必须第一时间赶赴现场采取紧急措施，争取最短时间内及时控制事态，防止扩大。积极应变，务求应急处置的迅速高效。

（四）科学应对、专业处置

根据灾害事故特点，结合现场处置工作需要做到处置方案灵活执行、资源灵活配置，因地制宜、因事制宜，科学应对各类灾害事故。发挥专家的决策智力支撑作用，尊重科学，体现专业。

二、“四个一”应急处置机制

应急管理部门在应对处置重大突发事件中实行“一个指挥中心、一个前方指挥部、一套工作机制、一个窗口发布”的“四个一”处置机制，成功处置化解了多起灾害事故，被实践证明行之有效。“四个一”处置机制，主要是指应对突发事件时，成立两个指挥部：后方有应急指挥中心，前方有前方指挥部；卫星电话、无人机、指挥车、通信保障“四合一”装备同步携带就位、同步运作、同频共振；同时，充分利用高科技手段，保障前方指挥部和后方指挥中心互联互通，确保指挥处置更加有力、有序、有效。

（一）一个指挥中心

上下贯通、横向衔接、运行顺畅的应急救援指挥网络，全面、先进、权威、系统的应急指挥平台，是统一处置的重要保障。

一个指挥中心即是指省委、省政府的应急指挥中心，也是全省的应急总指挥部、指挥中枢，是应急救援网络的中枢和神经。由于机构改革后应急管理部门整合了防汛防旱防风总指挥部、森林防灭火指挥部、抗震救灾指挥部职能，所以这个指挥中心也是防汛防旱防风总指挥部、森林防灭火指挥部、抗震救灾指挥部的指挥中心，可以说也是灾害事故应急救援的总指挥部。

省应急指挥中心整合接入多个部门、多个应急相关系统和数据，形成监测预警“一张图”、指挥协同“一体化”、应急联动一键通，构建了快速响应、综合调度的应急指挥调度体系，可满足视频会商高清化及应急救援智能化、扁平化、一体化指挥作战的需求，提升了应急指挥协同沟通和业务应用能力，提高了应急指挥调度及时性、高效性和可靠性。参见广东省应急指挥中心示意图。（见图4-3）

（二）一个前方指挥部

灾害事故发生后，根据抢险救援情况，后方省应急指挥中心派出前方工作组，携带“四合一”装备（卫星电话、无人机、指挥车、通信保障），强化对地方的指导和支援。必要时，前方工作组根据灾害事故处置情况，可转为前方指挥部。

前方工作组主要负责向地方了解处置情况，传达国家、省、厅领导批示精神；掌握灾区灾情，特别是人员伤亡信息，及时向应急指挥中心报告有关情况；提出处置建议，但不替代现场指挥部的应急决策；指导地方开展应急处置工作，但不替代地方党委、政府应急指挥；根据灾区或事故发生地党委、政府请求，协调解决有关应急力量、相关领域专家、救灾物资等支援、支持问题。

（三）一套工作机制

高效的应急处置离不开健全的工作机制。一套工作机制具体应包括：

统一指挥机制，统一部署、统一调动抢险力量，统一开展防洪调度，统一调拨救灾物资。健全完善指挥部办公室工作机制，建立指挥部联络员制度，落实现场联合工作、总结会商等联动措施。

协调配合机制，明确防汛防旱防风总指挥部、森林防灭火指挥

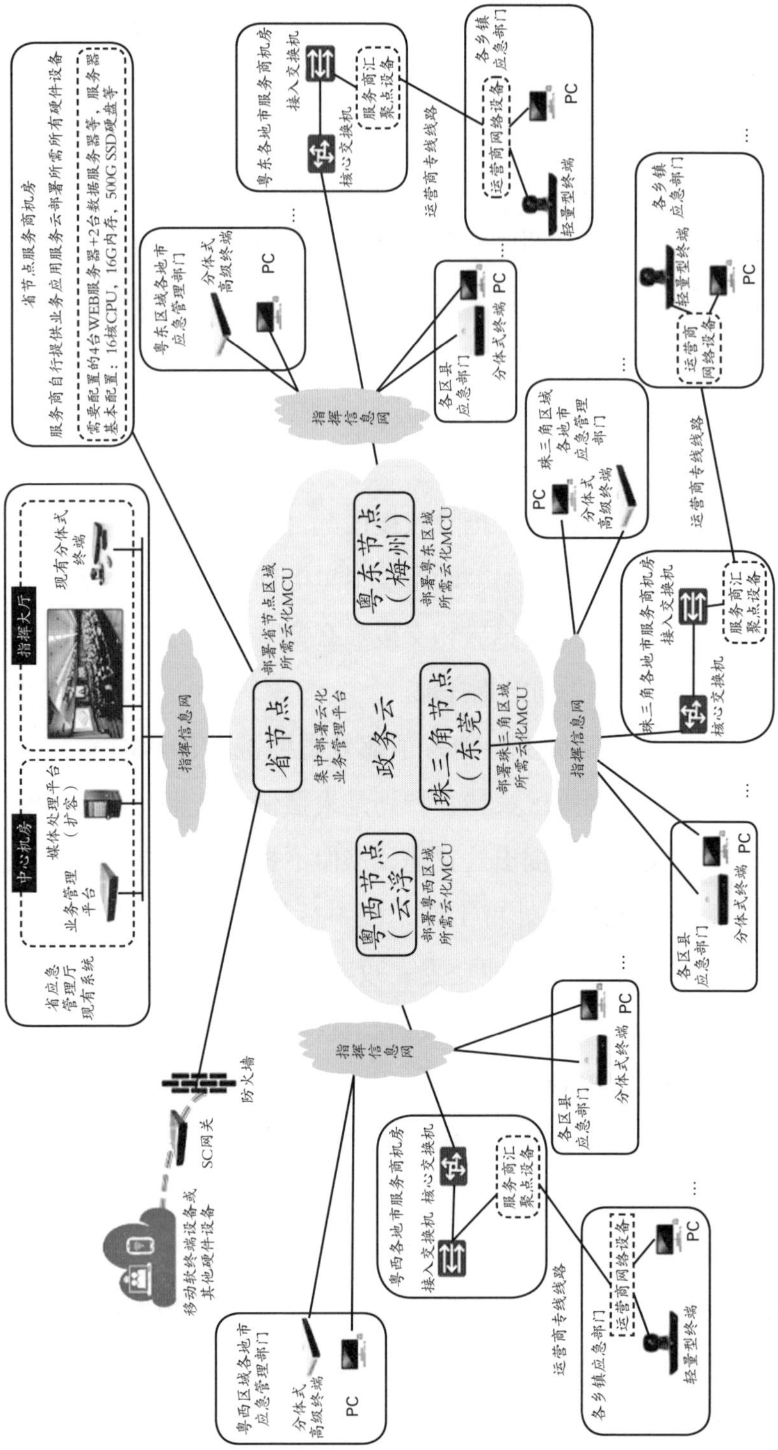

图4-3　广东省应急指挥中心示意图

部、抗震救灾指挥部等工作规则和成员单位职责分工，实行应急响应期间成员单位联合值守。

军地应急联动机制，建立与战区、军区、武警“点对点”联络机制，加强灾情信息通报、灾区情况勘测、应急资源投送、现场救援协同等方面联动。

此外，还有自然灾害救助资金预拨机制、应急新闻发布和舆情应对机制等，确保应急处置统一有序，反应灵敏，运转高效。

（四）一个窗口发布

一个窗口发布即由应急管理部门统一发布应急响应和灾情信息，统一向党委、政府和上级应急管理部报送灾害事故信息，形成一个口径对外的信息发布和报送模式。一是统一发布应急响应。明确自然灾害应急响应由应急管理部门统一发布，其他单位只能发布相关预警信息。Ⅱ级以上级别的预警信息，需经省应急管理部门审定，并由省应急管理部门与省有关部门联合发布。二是统一发布灾情信息。由应急管理部门统一发布受灾情况，解决了改革前灾情发布口径不一的问题。三是统一上报信息。由省应急管理部门统一向省委、省政府和应急管理部报送灾害事故信息，确保数据权威性、准确性和唯一性。

在处置汕头市南澳县“10・23”森林火灾时，广东运用“四个一”应急处置机制，建立起权威高效、快速反应的应急指挥体系，科学制订应对方案，迅速组建前后方指挥部，派出省工作组。前方指挥部设在汕头市，由汕头市党政主要负责人全权指挥；后方指挥部设在广东省应急指挥中心，由省领导坐镇，各有关部门参与值守，根据前方指挥部需求调配力量资源。前后方指挥部各司其职，全省上下协调联动，成功处置了这起森林火灾。

【案例摘编】

广东成功处置汕头市南澳县“10·23”森林火灾

2020年10月23日19时39分，广东省汕头市南澳县深澳镇后花园村发生山火。火灾发生后，广东省委、省政府对扑救工作高度重视，省有关领导同志全程调度指挥，多次联系汕头市委、市政府主要领导，并于10月25日坐镇省应急指挥中心，视频调度汕头前方指挥部指导灭火工作。广东省应急管理厅主要负责同志以及带班厅领导全程调度扑救工作，会同省有关部门和汕头市密集开展综合研判，迅速启动“一盘棋”应急响应机制，派出厅领导带领省工作组赴火灾现场，指导前线指挥部科学制订山火扑救方案，集中力量科学开展山火扑救。

广东省应急管理厅调动深圳、潮州、惠州、汕尾、梅州、河源、广州等7个地市9支森林消防队共251名森林消防员赴火场增援；派出航空灭火直升机、无人机、应急指挥车、应急通信车等先进应急装备第一时间支援。广东省消防救援总队第一时间响应，及时派出队伍，调集汕头、潮州、揭阳消防支队210名消防官兵，以及水罐车、运兵车等39辆消防车辆驰援扑救，充分发挥了供水保障、现场指挥的作用，为抢在黄金时间扑灭山火提供了有力支撑。

汕头市及时成立前方指挥部，汕头市主要领导全程靠前指挥山火扑救工作。全市出动救援车114辆、无人机4架、洒水车34辆，投入扑救人员约1900人。现场扑火人员克服火点风向多变、风力加大、飞火较多等不利因素，采取“打、清、守”相结合的战术，专业森林消防队伍打火头，地方半专业队伍紧接着清理火场，镇街干部留守火场巡查，彻底扑灭山火。

经连续奋战三天，南澳县深澳镇山林明火于10月25日16时被扑灭，无人员伤亡，无重要设施被毁。

三、应急指挥机构

在应战中，根据灾害事故分级处置原则和处置需要，为加强统筹协调，灾害事故现场往往会由属地政府成立现场指挥部，同时，应急管理部门还会派出前方工作组到达现场，再加上设在省应急指挥中心的后方指挥部，形成现场指挥部、后方指挥部、前方工作组等三个指挥机构。

（一）现场指挥部开设

现场指挥部是在灾害事故现场，由相关部门组织、临时性应对灾害事故的决策、指挥与处置机构，是应急决策与处置的中枢神经。突发事件发生后，属地政府应立即启动相应级别应急响应，结合灾害事故特点、规模大小、影响范围、救援处置情况等，确定现场指挥部开设地点、规模，按照“减少层级、沟通畅通”的原则，迅速开展灾害事故应对工作，由现场指挥部统一组织现场应急处置。

现场指挥部应随时跟踪事态的进展情况，事态如有扩大的趋势，超出现有控制能力时，应报请上级应急指挥机构协调调配其他应急资源参与处置工作。必要时，应按照“逐步移交指挥权”的原则，将现场指挥权移交至到场接管的负责同志，开设省重（特）大灾害现场指挥部。

（二）现场指挥部与前方工作组的关系

现场指挥部与前方工作组应坚持“现场指挥部指挥决策、前方工作组指导配合”的工作原则。突发事件发生后，根据分级负责原则，事发地应立即启动先期处置和地市级应急响应。省应急管理部门根据地市级应急管理机构请求或工作需要，派出前方工作组赴现场了解掌握相关信息，督促指导灾害事故发生地党委、政府及其应急管理机构开展有关工作。

在应急处置过程中，现场处置以现场指挥部为主体，前方工作组全力配合。前方工作组可全程参与现场处置方案会商研判，指导协调增援队伍，掌握处置进展情况，可以在各类工作会议上，听取现场指挥部应急处置情况，科学分析研判，提出工作建议，但不替代现场指挥部的应急指挥处置职责。

【案例摘编】

广东省应急管理厅派出前方工作组配合揭阳市做好环境污染事件应急处置工作

2020年9月9日6时许，甬莞高速揭阳普宁赤岗段发生一起危化品运输车交通事故，一辆装载29.5吨苯酚的危化品槽罐车被一辆液化天然气运输车追尾，导致苯酚全部泄漏，造成附近长约8公里的沟渠水体受到污染。

事件发生后，广东省应急管理厅立即派出前方工作组，由分管厅领导带队赶赴现场，靠前作战，全程参与，全力配合揭阳市委、市政府开展应急处置工作。前方工作组抵达后，全方位勘察现场，实地走访普宁市赤岗镇埔下村居民，全面了解水体污染情况、应急处置情况和当地村民供水用水情况。主动参与现场指挥部工作会议17次，提出“分段堵截、异地转移、分类处理”等意见建议。

前方工作组每天早晚与现场总指挥碰头会商，与省生态环境厅、省消防救援总队现场负责同志交换工作意见。每天定时调度、现场检查参与处置的队伍人员到位情况、装备物资部署情况、设备管线运行情况、临时污水受纳池开挖情况、污水处理进展情况及抽取沟渠水量和水位下降情况；及时协调调集硫酸、双氧水、烧碱等反应药剂共114

吨，潜水泵14台，有效解决污水处理厂化学药剂储备、抽水装备不足的问题。前方工作组始终驻守一线，与地方党委、政府和有关单位、处置队伍齐心协力，并肩作战，一直坚持到9月16日晚，将需要异地转运的污水抽空见底，并经现场指挥部同意后才离开。

（三）现场指挥部与应急指挥中心（后方指挥部）的关系

后方指挥部设在省应急指挥中心，负责全程指挥调度，协调各方力量，根据现场指挥部的请求，调动各种应急救援装备、应急物资等支援前方，为现场救援提供各种保障，提出处置建议，协助前方指挥部进行有效处置。在处置揭阳“9·9”危险化学品车辆交通事故时，后方广东省指挥中心密切关注，组织专家集中分析会商，综合分析污染物苯酚危害特性、受污染水体情况、当地降雨趋势情况等，形成6条处置建议供现场指挥部参考，为成功处置事故发挥了重要作用。同时，因应现场处置需要，协调各方力量支援处置工作，指挥省消防救援总队出动集结队伍火速驰援揭阳，有力推动事故得到成功处置。

【案例摘编】

揭阳“9·9”危险化学品车辆交通事故6条处置建议

一、 事故点至小溪流经处的土壤已不同程度污染，为避免进一步渗透，应结合地形及检测结果，挖除已被苯酚污染的土壤进行专门处理，同时用颗粒状活性炭填充吸附。

二、 第一段2公里内已被严重污染的水体，结合检测结果，将水全部抽取送污水处理厂处理，河底淤泥挖出送危废处理厂处理，同时填充颗粒状活性炭吸附。

三、第二段2～8公里已被污染的水体，结合检测结果，向溪里投入粉末状活性炭，进行沉淀吸附。

四、水厂取水口附近，结合检测结果，投入粉末状活性炭，进行沉淀吸附，以确保用水安全；同时建议水厂的砂滤池进行应急改造，挖出部分砂滤料，新增颗粒状活性炭滤层。

五、近期揭阳仍有降雨，溪流水量仍会暴涨，需要提前预置足够的抽水设备，做好相关应对准备。

六、 由于苯酚具有很强的腐蚀性和难闻的刺激性臭味，参与应急处置人员（尤其是接触高浓度土壤和污水的人员）应穿戴防毒服、塑胶手套和防毒面具，意外接触应立即用大量干净水冲洗。如果有少量泄漏，可以立即用干石灰等覆盖防止分散和挥发。

（四）应急指挥中心（后方指挥部）与前方工作组的关系

省应急指挥中心（后方指挥部）根据需要派出前方工作组，前方工作组主要负责掌握处置进展情况，掌握处置现场的第一手资料，为省应急指挥中心（后方指挥部）的决策指挥提供依据；同时，前方工作组应及时向省指挥中心（后方指挥部）反馈现场处置需要调配的物资设备、人员队伍等情况，还要确保前后方通信畅通和应急指挥协同。

在处置系列灾害事故的实战中，前方工作组发挥了重要作用，是省指挥中心（后方指挥部）的“眼睛”，协助省应急指挥中心（后方指挥部）成功处置了不少灾害事故。2020年10月3日，在处置渔船“粤阳西渔39588”遇险时，后方广东应急指挥中心根据前方工作组报告的情况，全力协调增援支撑保障，及时协调气象、海洋、渔政、海军、武警海警、南航通用航空公司等力量增援，经各方紧急救援，成功救起13名“失联”渔民中的12人。

四、现场交通管控

灾害事故的成功处置离不开规范有序的现场秩序。如果没有规范的现场秩序，一旦发生事故，就会十分混乱，往往会造成里面的人出不来，外面的救援人员进不去。因此，做好事故现场交通管控十分重要。广东在处置“12·5”佛山高明森林火灾时，应急、公安交管、交通部门紧密合作，及时开展交通管制和通行疏导工作，为救援队伍开辟绿色通道。广东省机场公安部门接到省森林防灭火指挥部指令后，派出专人专车护送从哈尔滨空运过来的M-26直升机零部件，一直送到佛山机场，为直升机吊桶作业争取了宝贵的40分钟，为成功处置做出了重要贡献。

为确保应急处置现场工作安全有序，要以突发事件的发生地点为中心，按照远端分流、外围控制、核心维护线路保通的原则，建立健全“10公里警戒、5公里管制、1公里核心区禁入”的交通管控机制，将突发事件现场及周边由内到外划定1公里核心处置区、5公里安全管制区和10公里外围警戒区。（见图4-4）

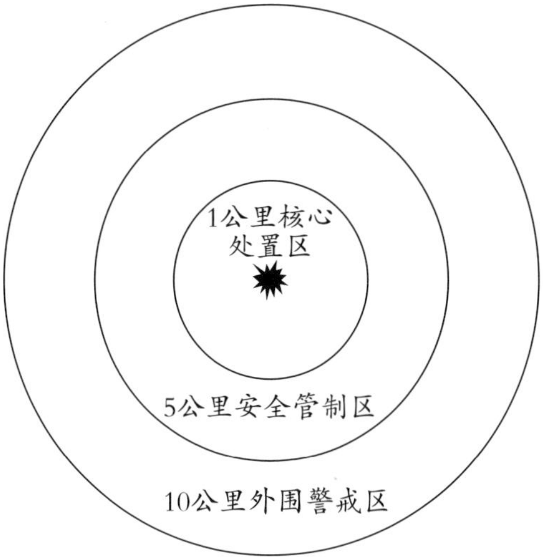

图4-4　灾害事故现场交通管控机制

（一）1公里核心处置区

1公里核心处置区，为抢险救援工作区域，应当设置警戒线，由属地政府调动公安等力量进行管控。该区域除抢险救援人员外，禁止其他人员进入。区域内抢险救援人员应做好自身的安全防护，确保不发生人员伤亡事件。

（二）5公里安全管制区

5公里安全管制区，为到场开展应急处置各部门、各单位人员的工作区域。该区域应设置警戒线，调动公安等力量进行管理。进入现场人员需核验身份，除参与事件处置的人员和车辆外，禁止与事件处置无关的人员和车辆进入。相关部门和单位应为现场应急工作人员提供防护建议、防护措施以及防护物品，确保人身安全。现场指挥部可设置于该区域内。

（三）10公里外围警戒区

10公里外围警戒区，为根据事件处置需要对社会面秩序进行临时管控的区域。该区域实行远端交通临时管制，根据现场指挥部的命令，统一调度指挥应急车辆有序进出事件现场。必要时，由公安交通管理部门牵头，会同交通部门向社会发布临时交通管理信息。

应急管理部门要与公安交管部门建立重大事故灾害交通保障应急联动机制，确保信息互通，快速处置。

第五节
救援力量统一行动

应急救援力量要统一行动。应急管理部门要加大统筹协调力度，把握应灾的节点节奏，指挥消防救援队伍及社会应急力量第一时间赶赴现场救援，通过应急通信保障系统或调度通信运营商派出应急通信车辆及时恢复通信，协调军队派出救援队伍参与救援，调拨应急救援装备及时运抵现场，安排灾区救助资金及时到位，统一行动，步调一致，及时应对处置，有力、有效、减轻灾害损失。要重点把握好应急救援力量调动、救援装备调拨和应急通信三个环节，确保救援行动落到实处。

一、救援力量统一调动

2020年7月17日，习近平总书记在中共中央政治局常务委员会研究部署防汛救灾工作会议上强调，要全力抢险救援救灾，对各类抢险救援力量，要统一调度、提前预置、快速出动、高效救援，努力将各类损失降到最低。以往应急救援力量各自为战、单打独斗、条块分割、重复建设，没有形成合力。机构改革后，应急救援力量从“分散管理、各自为战”向“统一指挥、协同作战”转变，应急救援从“单一灾种”向“全灾种、大应急”转变。应急管理部门应统筹协调各方应急救援力量，建立密切协同的联调联战工作机制，统一行动，科学高效处置各类灾害事故。

（一）综合性消防救援队伍调动

综合性消防救援队伍是抢险救援的主力军，应急管理部门按规定权限调动综合性消防救援队伍，组织消防救援队伍参与抢险救援。在不少灾害事故处置、抢险救援中，消防救援队伍都冲锋陷阵，发挥重要作用。在处置揭阳“9·9”危险化学品车辆交通事故引发环境污染事件时，广东应急管理部门接到省领导关于调派消防救援力量支援处置的指示后，立即指挥广东省消防救援总队出动。广东省消防救援总队接令后迅速调集总队特勤支队和广州、深圳、汕头等10个地市消防救援支队共41辆消防车、15套远程供水车组、351名指战员连夜赶往揭阳现场增援，听从现场指挥部指挥。

（二）专业应急救援队伍调动

各类专业应急救援队伍是抢险救援的骨干力量，应急管理部门按照需要进行调动。应急管理部门应统筹森林火灾扑救、抗洪抢险、地震和地质灾害救援、海上搜寻与救助、生产安全事故救援以及水、电、油、气工程抢险救援等专业应急队伍，充分发挥其专业性，积极参与抢险救灾。在处置汕头市南澳县“10·23”森林火灾时，广东应急管理部门调动深圳、潮州、惠州、汕尾、梅州、河源、广州等7个地市9支森林消防队共251名森林消防员赴火场增援。

（三）社会应急力量调动

社会应急力量是抢险救援的辅助力量，要引导社会力量积极参与防灾减灾工作。应急管理部门可根据需要，协调、引导具备相应救援能力的社会力量参与抢险救援。在处置“12·5”佛山高明森林火灾时，共有20多支民间志愿服务队760多人次志愿者参与本次救援志愿服务，多家企业组织应急救援队主动加入救援。

（四）军队应急力量调动

执行国家赋予的抢险救灾任务是军队的重要使命，军队是抢险救灾的突击力量，经常参与重特大事故灾害处置，并发挥重要作用。应急管理部门应统筹协调解放军、武警部队，建立健全军地抢险救灾协调联动机制，按照优势互补、密切配合、注重实效、稳步推进的原则，构建军地信息共享、工作会商、综合演练、救援联动等工作机制，加强灾情信息通报、灾区情况勘测、应急资源投送、现场救援协同，确保联络渠道畅通，实现快速联动，切实提高应急处置能力。

在处置渔船“粤阳西渔39588”遇险事件时，广东应急管理部门全力协调增援，及时协调气象、海洋、渔政、海军、海警、南航通用航空公司等多方力量增援，形成了空中、远海、近海联合搜救的合力，成功救起了12名渔民。

【案例摘编】

广东成功化解渔船“粤阳西渔39588”遇险事件

2020年10月3日0时30分接报，阳江籍渔船“粤阳西渔39588”在江门台山市上川岛东南方约3海里海域航行时，于10月2日23时12分倾斜沉没，船上13名渔民“失联”。经各方紧急救援，其中12人于10月3日上午8时41分成功获救，身体正常；截至10月4日上午10时仍有1人“失联”。事发时正值深夜，海上风浪大，救援难度高。

前方成立由江门市政府牵头的指挥部，下设综合协调组、海上搜救组、医疗救护组、安抚维稳组、舆情宣传组等，负责整个救援的组织工作。江门市、阳江市及时组织两地农业农村、渔政部门和周边渔船共同展开救援。广东省海上搜救中心（广东海事局）发挥专业优势，有序组织南海救助局等海上搜救力量开展救援。

后方广东省应急管理厅全力协调增援支撑保障，及时协调气象、海洋、渔政、海军、海警、南航通用航空公司等力量增援。江门台山市组织当地113艘渔船参与救援。驻粤海军充分发挥熟悉事发地域海况和气象的优势，海军某舰主动参与救援。此次救援一线共出动直升机2架、船只255艘、救援人员973名。参与搜救的单位和人员克服困难，密切协作，形成了空中、远海、近海联合搜救的合力，与时间赛跑、同风浪较量，谱写了一曲省、市、县镇高效联动、党政军民有力协同的救援凯歌，成功救起了12名渔民。

二、重点地区提前预置

按照“力量跟随灾情走”的原则，启动应急响应后，属地应急管理部门根据当地气象预报情况和灾情判断，及时组织分析研判，对可能成灾地区，提前在重点地区、重点部位、重大工程预置救援力量，消防、矿山、危险化学品、森林防火、地震等各专业应急救援队伍，要进入临战待命状态，一旦遇到事故和险情，确保能够拉得出、冲得上、打得赢，迅速响应处置，最大程度减少灾害损失。要坚决防止出现因路断、塌方、通信不畅通等原因，救援队伍无法进驻的情况。

防御强降雨时，要将应急排涝队伍和设备预置到所有易涝点附近待命；消防救援队伍、应急救援力量预置到可能成灾的乡镇一线，随时投入抢险救灾；水利、交通、电力、通信等部门工程抢险队集结人员和装备，做好应急抢险准备。

同时，应急管理部门要实行救援救灾一体化运作，灾前派出工作组，指导地方排查风险隐患，做好防范应对，灾害发生时指导抢险救援，灾后就地转为救灾工作组，协助地方做好群众救助工作。

三、救援装备统一调拨

救援装备是应急救援和处置的重要物资支撑。应急救援往往会消耗大量应急救援装备。应急管理部门应建立健全应急救援装备的调拨机制，应加强统筹协调；及时启动应急物资联动保障机制，开辟物资保障绿色通道，确保救援物资快速到位，赢得更多的救援时间，促进救援工作的顺利开展。

应急管理部门与粮食和物资储备部门要建立救灾物资应急保障联动机制，粮食和物资储备部门根据应急管理部门的动用指令按程序组织调运应急物资。同时，要把省、市、县三级的救灾物资、防汛防旱防风物资和森林防灭火物资信息都整合到省应急物资综合信息平台，实现应急物资申请、审批、调拨、接收、发放全过程管理，智能生成调拨方案，实时展示调拨进度，提高应急物资调用时效。

四、应急通信统一保障

应急通信是应急管理部门统筹指挥调度的根本保障，没有应急通信就无法实施有效的指挥调度。严重的自然灾害往往伴随着电力、道路、通信中断（简称“三断”），村庄失联，灾情信息传不上来，工作指令发不下去，党和政府牵挂百姓安危，外界群众忧心忡忡。

在应战中，应特别注重加强“三断”条件下的应急通信保障，要建立“四合一”通信保障机制、创新利用VR图传，组建准军事化的应急通信保障队伍，确保应急指挥高效畅通。

（一）“四合一”通信保障机制

应急管理部门要建立卫星电话、无人机、指挥车、通信系统“四合一”的通信保障机制，确保即时连通零距离、场景即时传播零时差、指令即时下达零延误，解决极端条件下应急通信保障问题。

2019年以来，广东应急管理部门联合华为、海格通信、佳都新太、清华大学等高科技企业和高校开展应急科技联合创新，集中攻关，在应急通信方面取得重大突破，攻克了自组网前突语音、视频多媒体指挥调度、LTE宽带远距离音视频传输等多项通信技术难题，研发配备了KU卫星通信车、LTE无人机升空通信系统、3D建模和侦察无人机、KA卫星便携站、华平单兵终端、小鱼音视频终端等多种先进实用的应急通信装备，深度融合无线窄带、宽带、卫星、自组网、无人机等传输方式，为解决极端条件下应急通信问题提供了保障。

（二）三维建模VR图传

在全面整合各部门信息资源，实现应急指挥“一张图”的基础上，应急管理部门充分利用无人机机动性强、视角广、功能全的突出优势，搭载高倍变焦镜头，对受灾区域进行无死角空中巡查，通过无人机高空信息采集，进行超高清、大比例缩放、720° 全景浏览，综合运用VR、AR、空间三维技术，对受灾现场环境进行三维重建、场景模拟仿真，精准测量灾区范围，精确构建3D建模实景，真实还原灾情现场，在极端环境下通过应急通信系统，将灾情环境画面实时回传指挥中心，实时连通一线指挥员、基层干部，掌握最新的现场一手信息，实现应急救援精准判断、精准组织、精准协调、精准指挥。

（三）应急通信保障队伍

应急管理部门要组建专门应急通信保障队伍，实行准军事化训练，制订一套覆盖“指挥中心——现场指挥部——灾害一线”的应急通信保障解决方案。

到达预定灾害现场后，小分队人员迅速按照任务分工，搭建前方指挥部。在公网瘫痪情况下，依托卫星便携站传送数据，并建立现场与应急指挥中心、指挥部与前方通信畅通一体化指挥平台。通过无人机、单兵图传、布控球等设备不间断传输语音图像，从而达到信息上下互连、视频互通，实时传回现场画面，实时后方指挥中心与现场指挥员连通，及时掌握灾情，提供决策保障。

2020年第四轮“龙舟水”期间，广东省清远市佛冈县汤塘镇洛洞村道路、电力、通信中断，村民打不了电话，广东应急管理部门小分队迅速搭建应急通信网络，及时帮助通信中断的灾区群众与亲友取得联系，受灾群众交口称赞。

【案例摘编】

清远市佛冈县汤塘镇洛洞村村民拨通了报平安的电话

“感谢共产党，感谢政府，帮我们渡过了难关，还帮我们修好了路、架好了桥……”。6月10日下午，清远市佛冈县汤塘镇洛洞村的一位阿婆正通过手机向亲人报平安，脸上露出了久违的笑容。

受西南季风和地形辐射作用影响，2020年6月7日、9日，佛冈县连续遭受两场特大暴雨的袭击，发生了50年一遇特大洪灾，汤塘镇遭受强降雨，最大降雨量一度达到537毫米，属特大暴雨级别，强降水还造成该村停电、通信中断。

了解到这一情况后，广东省应急管理厅立即派出小分队赶赴该村，一方面指导该村积极进行防汛抗汛，及时转移受灾群众，另一方面紧急调拨了一批水、食物、药品、充电宝等物资，并送到了受灾群众的手里，解决了受灾群众的生活难题。

广东省应急管理厅积极协助当地全力以赴抢通道路、修复桥梁。应急通信车、背负式通信装备等开进村里，为村民续接上了中断许久的通信信号。当天，先后有18名村民借助广东省应急管理厅应急通信装备，向远在外地的亲人报了平安。

第六节
应对措施统筹落实

应对措施能否落实，是应战成败的关键。每一场灾害既是对应急管理的大考，也是对应对工作的检验，必须严阵以待，严防死守，全面统筹落实各项防御措施。应急管理部门要按规定及时启动应急响应，把“宁可信其有、不可信其无”“宁可信其大、不可信其小”“宁可听见骂声、不可听见哭声”落实到位，特别是一些预判灾害风险不大的地区，要按照提升一级响应的标准落实防御措施，不要怕兴师动众、不要怕十防九空。

防范到位了，应对突发事件就是打歼灭战，就会打胜仗；防做空了，就会应接不暇、疲于应付，就会打败仗。只有防御措施真正到位了，工作才能稳操胜券。要制订防汛、防台风、森林防火等工作指引，成为应急管理部门统筹落实应对措施的硬招、实招，点对点指引基层做好应对工作。

一、人员转移工作指引

自然灾害来临前，提前将危险区域人员转移到安全地带，是避免人员伤亡的最有效手段，也是防御工作的重中之重。应急管理部门应建立健全灾害受影响群众转移安置工作机制，高效、及时、精准转移安置受灾群众，切实保障受灾群众生命财产安全。

（一）健全完善人员转移方案

各村（居）应对处于山洪易发区、地质灾害隐患点、易涝点等危险区域的人员建立台账，制订危险区域人员转移方案，明确预警信号、对接人员、转移路线、集中安置地点等，并每年至少开展一次演练，不断完善方案。

（二）提前下沉力量组织转移

在当地发布暴雨橙色预警信号时，有联系任务的乡镇（街道）领导必须进驻所负责的村（居），村干部要下到包片的区域，组织力量加强巡查监测，提前做好人员转移各项准备。

（三）坚决果断转移人员

对心存侥幸不愿转移的群众，要采取有力措施强制转移，确保不漏一户、不落一人。

（四）特殊群体转移落实“一对一”帮扶

独居老人、伤残人士、留守儿童等特殊群体行动不便，是临灾转移需要重点关注的群体。针对这些人员，在临灾转移时要安排专人负责，一对一联系，点对点转移，确保不漏一户、不落一人。

1. 建立“每户一对接”转移责任。以村（居）为单位，组织对辖区内的独居老人、伤残人士、留守儿童等特殊群体逐一进行排查登记，按照每一户确定至少一名转移对接责任人的要求，明确具体的对接人员、对接时点、对接方式、转移路线、安置地点等。

2. 建立“每村（居）一台账”转移清单。每个村（居）建立特殊群体临灾转移责任台账，明确特殊群体人员姓名、年龄、住址、联系方式和转移对接责任人名单、联系方式、转移工作要求等信息。村（居）要组织转移对接责任人平时定期上门与所对接的联系户沟通，并每年至少开展一次演练，确保临灾时能及时有效对接和转移。

3. 建立“每镇（街）一张网”转移体系。乡镇（街道）督促指导各村（居）落实好转移对接机制，加强对接工作检查。要落实“镇（街）领导联系村（居）”制度，挂点驻村的镇（街）干部平时要具体指导所联系村（居）的转移对接工作，临灾时要督导转移对接工作切实到位。

4. 建立“每灾一行动”转移启动机制。各地应结合本地区实际，建立与三防、应急、自然资源、水利、气象、水文等预警信号相挂钩的转移启动机制，明确临灾前人员转移对接的启动时机，畅通预警信息和转移指令发布接收渠道。（见图4–5）

图4–5　特殊群体临灾转移“四个一”工作机制

（五）做好转移人员安置管理

对危房要“上一把锁、贴一张封条、拉一条警戒线”，防止转移人员冒险返回。安置点要安排专人负责，及时劝导转移人员，确保在危险解除前，不得擅自返回危险区域。同时加强安置场所疫情防控措施，配备医疗人员和充足的防护物资，防止风险叠加。

【案例摘编】

广州市花都区梯面镇落实危险区域人员转移机制受灾人员及时安全转移

2020年6月7日晚，位于广东省广州市北部山区的花都区梯面镇遭遇百年一遇特大暴雨袭击，录得过程全区最大累积雨量361.8毫米、最大小时雨量120.6毫米，梯面镇12小时累积雨量361.8毫米，破花都区12小时雨量历史记录，部分路段出现塌方、山体滑坡。

8日20时，广东省应急指挥中心向梯面镇发出短临预警，梯面镇将迎来一次强降雨，且降雨量可能达100毫米以上，防御形势十分严峻。广东省应急管理厅主要负责同志一直密集连线，调度花都区和梯面镇应急指挥中心，要求在凌晨大暴雨来临前的“黄金六小时”做到“应转尽转”，并派出应急小分队连夜赶赴梯面镇。省、市、区、镇、村五级联动，组织动员一切力量，按照“应转尽转、不漏一户、不落一人、特殊群体专人负责”的原则，与时间赛跑、与降雨竞速，开展一场惊心动魄的雨夜大转移。

面对即将侵袭的特大暴雨，按照“应转尽转”要求，严格落实“三个联系”制度，花都区8位区负责同志直接插村社一线，分赴梯面镇所有8个行政村，“一对一”分村包干组织群众开展转移安置工作。起初，由于8日晚上雨势有所减缓，部分村民不愿意转移，但在区、镇、村三级领导干部共同逐家逐户的耐心解释、动员下，得到群众的理解信任，确保转移工作顺利开展。全镇5582人全部转移到安全地带，有效避免了造成重大人员伤亡。

二、强降雨防御工作指引

在强降雨防御方面，要重点落实防御工作指引和防汛“四张表”（见P224）。

（一）防御工作指引

应对强降雨防御工作指引，重点对强降雨防御工作的责任落实、隐患排查、应急响应和人员转移、水利工程安全、山洪和地质灾害防御、城乡内涝防御、安全生产、应急力量、危险道路通行管制、信息报送等方面进行规范。

1. 严格“三个联系”机制。落实县（市、区）领导联系乡镇（街道）、乡镇（街道）领导联系村（居）、村（居）干部联系户的“三个联系”责任制，确保转移安置“最后一公里”落到实处。目前，广东全省119个县（市、区）1587个乡镇（街道）均建立了“三个联系”机制，近100万名责任人被纳入信息系统管理，并建设了发布能力为每秒1万条的手机短信预警发布平台，确保责任人随时接收预警短信和防御指令。

2. 明确防御行动与预警信号挂钩。在当地发布暴雨黄色预警信号时，有联系任务的县领导必须与所负责的乡镇（街道）主要负责同志联系对接防汛工作。在当地发布暴雨橙色预警信号时，有联系任务的县领导必须进驻所负责的乡镇（街道）检查指导防汛工作，降雨未结束不得返回。

在当地发布暴雨黄色预警信号时，有联系村（居）任务的镇领导必须与所负责的村（居）联系对接防汛工作。在当地发布暴雨橙色预警信号时，有联系任务的镇领导必须进驻所负责的村（居）组织落实防汛各项措施。

3. 明确建立队伍物资提前预置机制。有较大雨情预报预警期、降雨过程及降雨影响期内，应急排涝队伍和设备要预置到易涝点附近待命。水利、交通、电力、通信等部门工程抢险队伍要集结人员和装备，做好应急抢险准备。消防救援队伍等应急救援力量要视情预置到可能成灾的乡镇一线，随时投入抢险救灾。

【专栏】

应对强降雨防御工作指引

一、在责任制落实方面

1. 强降雨期间，市、县（市、区）三防指挥长或副指挥长坐镇指挥部进行指挥。强降雨可能影响区域市、县（市、区）、乡镇（街道）主要领导不得同时离开所辖区域，落实足够干部在岗备勤。

2. 落实县（市、区）领导联系乡镇（街道）。在当地发布暴雨黄色预警信号时，有联系任务的县领导必须与所负责的乡镇（街道）主要负责同志联系对接防汛工作。在当地发布暴雨橙色预警信号时，有联系任务的县领导必须进驻所负责的乡镇（街道）检查指导防汛工作，降雨未结束不得返回。

3. 落实乡镇（街道）领导联系村（居）。在当地发布暴雨黄色预警信号时，有联系村（居）任务的镇领导必须与所负责的村（居）联系对接防汛工作。在当地发布暴雨橙色预警信号时，有联系任务的镇领导必须进驻所负责的村（居）组织落实防汛各项措施。

4. 落实村（居）干部联系户。在当地发布暴雨黄色预警信号时，有联系任务的村（居）干部必须与所负责的转移人员进行对接。在当地发布暴雨橙色预警信号时，有联系任务的村（居）干部要迅速上门，视情转移群众。

5. 要落实特殊群体临灾转移“四个一”机制，转移中对特殊群体要做到“一对一”帮扶。

二、在隐患排查方面

1. 强降雨前，各级要组织对水利工程、在建工程、山洪易发区、地质灾害隐患点、中小河流、城市易涝黑点、旅游景区、农家乐、学校、医学隔离点等重点环节进行再检查、再落实。

2. 对排查出的隐患，要立即逐项落实应急处置措施。

三、在应急响应和人员转移方面

1. 各级三防指挥部要建立气象灾害预警信号与应急响应挂钩机制，及时启动应急响应，落实联合值守制度，做好各项防御工作。加强自然资源、住建、水利、应急管理、消防救援、气象、水文等关键部门协作联动，有效形成工作合力。

2. 发布暴雨黄色预警时，当地应组织危险区域群众做好转移准备；发布暴雨橙色预警时，转移对接责任人要上门对接，并视情组织危险区域群众转移；在确认安全前，已转移群众不得擅自返回。

四、在水利工程安全方面

1. 降雨期间，要加强水库、水闸、堤围、水电站等水利工程安全监管。水利工程行政责任人要及时掌握工程动态和水雨情；技术责任人要加强技术指导；巡查管护责任人要加密巡查。

2. 充分发挥水利工程的防洪调度功能，严格监督水库不得擅自超汛限运行，视情做好预泄，加大调蓄能力；病险水库降低水位运行，必要时空库运行。

五、在山洪和地质灾害防御方面

1. “山边、河边、村边”危险区域，以及山洪易发区、地质灾害隐患点、削坡建房、泥砖房、易过水桥梁等重点部位，降雨期间一律安排专人24小时盯守。

2. 削坡建房、泥砖房、地质灾害隐患点落实“雨前排查、雨中巡查、雨后复查”；降雨影响期间提醒削坡建房居民“住前不住后，住上不住下”，不得盲目清理后坡。

六、在城乡内涝防御方面

1. 地下构筑物、地下停车场、地铁、下沉式立交桥、地下隧道、涵洞、易涝点、内涝黑点，降雨期间一律安排专人24小时盯守，设立警示标志，落实安全管控责任，并视情预置排涝队伍和装备。

2. 城区内河道做好预排，提前降低水位。

3. 检修排涝设备、疏浚排水河道和管网，确保排涝系统运转正常。

4. 水浸区域及时切断电源，防止人员触电。

5. 积水路段迅速实行交通管制，及时引导车辆绕行。

6. 三角洲河网区密切关注强降雨和潮水顶托，沿海（江）低洼地区落实24小时值守，果断转移人员。

七、在安全生产方面

1. 对生产储存危险化学品的厂区、成品仓库要落实防涝防雷措施，严格安全管控，及时转移遇湿易燃易爆危险化学品。

2. 深基坑、地下管网等在建工程降雨期间一律停工，山边、水边的施工人员及时撤离。

3. 塔吊、龙门吊、脚手架雷雨大风期间一律停止作业，划定危险区域，防止人员滞留。

4. 山区旅游景区、漂流娱乐设施、非开放的自然保护区、林场要落实安全管控措施，防止强降雨导致游客遇险。

八、在应急力量方面

1. 有较大雨情预报预警期、降雨过程及降雨影响期内，应急排涝队伍和设备要预置到易涝点附近待命。消防救援队伍等应急救援力量要视情预置到可能成灾的乡镇一线，随时投入抢险救灾。

2. 降雨期间，水利、交通、电力、通信等部门工程抢险队伍要集结人员和装备，做好应急抢险准备。

九、在危险道路通行管制方面

高边坡道路、铁路沿线地质灾害隐患点、有淹浸风险的道路，降雨期间要落实安全管控责任和措施，视情封闭道路，组织绕行。

十、在信息报送方面

各级三防办要加强有关行动措施、转移人员、受灾情况等信息汇总，按规定及时上报上级三防指挥部。启动应急响应期间要加密上报。遇突发灾情、险情要第一时间上报。

（二）防汛“四张表”

防汛“四张表”主要包括，易淹地下车库防汛措施统计表、城市内涝易发点情况统计表、地质灾害点情况统计表、临灾转移人员统计表等，每张表都明确填报单位、具体应对措施或转移情况，主要目的是精准指导各地落实内涝易发区隐患排查、排涝队伍设备预置、地下车库安全管控、地质灾害防御、危险区域人员转移等关键措施。

防汛“四张表”由各地统一印制，倒逼各地提前转移群众，提前应急准备，也倒逼各地应急部门及时掌握各方情况，发挥好统筹作用。（见表4-1、4-2、4-3、4-4）

表4-1　易淹地下车库防汛措施统计表

序号	市	县（市、区）	镇（街）	车库名称	责任人及电话	应对措施	填报单位
1							
2							
3							

表4–2 城市内涝易发点情况统计表

序号	市	区（县、市）	街（镇）	位置	责任人及电话	应对措施	出动强排设施情况	填报单位
1								
2								
3								

表4–3 地质灾害点情况统计表

序号	市	县（市、区）	镇（街）	名称	责任人及电话	转移人数	填报单位
1							
2							
3							

表4–4 临灾转移人员统计表

地市	县（市、区）	镇（街）	转移和安置地点	转移原因	转移人数	安置人数	填报单位
	合计						
总计							

三、应对台风防御工作指引

应对台风防御工作指引，重点对台风防御工作的责任落实、海上防风、陆上防风、“五停”措施、台风带来强降雨及次生灾害防御、信息报送等方面进行规范。

根据台风预警信号，三防责任人要严格落实防御台风措施。如发布台风白色预警信号后，各级三防责任人密切关注台风发展动态。发布台风蓝色预警信号后，台风可能影响区域市、县（市、区）、乡镇（街道）党政主要领导不得同时离开所辖区域，做好防御台风准备。

发布台风黄色预警信号时，中小学校、幼儿园、托儿所应当停课，发布台风橙色及以上级别预警信号时，中小学校、幼儿园、托儿所一律停课。发布台风橙色及以上级别预警信号时，视情采取停工、停业、停市、停运等应急措施（特殊行业除外）。

【专栏】

应对台风防御工作指引

一、关于责任制落实

1. 发布台风白色预警信号后，各级三防责任人密切关注台风发展动态。

2. 发布台风蓝色预警信号后，台风可能影响区域市、县（市、区）、乡镇（街道）党政主要领导不得同时离开所辖区域，周末或节假日期间落实足够干部在岗备勤，有防台风任务的人员取消休假，做好防御台风准备。

3. 发布台风黄色及以上级别预警信号后，市、县（市、区）三防指挥长或副指挥长要坐镇指挥部，乡镇（街道）领导要坐镇当地应急指挥中心进行指挥。

4. 落实县（市、区）领导联系乡镇（街道）。发布蓝色预警信号后，有联系任务的县领导必须进驻所负责的乡镇（街道）检查指导防台风工作，台风影响结束前不得返回。

5. 落实乡镇（街道）领导联系村（居）。发布台风蓝色预警信号后，有联系任务的乡镇（街道）领导必须进驻所负责的村（居）组织落实防台风各项措施。

6. 落实村（居）干部联系户。发布台风蓝色预警信号后，有联系任务的村（居）干部必须上门与所负责的转移人员进行对接，并视情转移群众。

7. 落实特殊群体临灾转移“四个一”机制，转移中对特殊群体要做到“一对一”帮扶。

二、关于海上防风

各单位应当按照职责分工，根据台风影响情况，及时通知、组织海上作业平台和渔船、渔排人员撤离、船舶回港或者离港避风，引导商船避开台风影响区域，并做好船舶避风保障工作，确保出海渔船百分百回港，海上船舶百分百落实防台措施，渔排人员百分之百上岸。渔业船舶管理单位应当及时、主动掌握海上渔业船舶避风状态。

三、关于陆上防风

1. 发布台风白色预警信号后，县级以上人民政府市政设施管理部门应当加强市政设施的防风安全检查，及时消除安全隐患；建设单位、施工单位应当采取加固措施，加强工棚、脚手架、井架等设施和塔吊、龙门吊、升降机等机械、电器设备的安全防护；简易建筑物、交通指示牌、电线杆、铁皮屋、彩钢瓦、广告牌、霓虹灯、水箱、宣传条幅、塑料膜、遮阳网膜和树木等的所有者和经营者应采取加固或者拆除措施，消除安全隐患；提醒有关单位、物业服务企业和个人应当采取措施，防止阳台、窗台、露台、屋顶上的搁置物、悬挂物坠落。

2. 发布台风蓝色及以上级别预警信号时，有高空作业的建筑工地一律停工，居住在简易工棚人员转移到坚固安全的房屋。

3. 发布台风蓝色预警信号后，滨海浴场、景区、公园、游乐场视情停止营业，关闭相关区域，组织人员避险。

4. 发布台风蓝色预警信号时，停止户外集体活动，居民尽量避免外出，确保留在安全场所。

5. 发布台风黄色及以上级别预警信号时，停止室内大型集会，立即疏散人员。

6. 发布台风蓝色预警信号后，暴潮巨浪高危区、滨海旅游度假区、危破房、低洼地简易房人员及户外施工作业人员百分之百转移到安全地带。

7. 发布台风橙色及以上级别预警信号时，小流域洪水高危区、山区地质灾害高危区人员百分之百转移到安全地带。

四、关于“五停”措施

1. 发布台风黄色预警信号时，中小学校、幼儿园、托儿所应当停课，未启程上学的学生不必到校上课；上学、放学途中的学生应当就近到安全场所暂避或者在安全情况下回家；学校应当妥善安置在校（含校车上、寄宿）学生，在确保安全的情况下安排学生离校回家。

2. 发布台风橙色及以上级别预警信号时，中小学校、幼儿园、托儿所一律停课，学校应当妥善安置寄宿学生。

3. 发布台风橙色及以上级别预警信号时，视情采取停工、停业、停市、停运等应急措施（特殊行业除外），并为滞留人员提供安全的避风场所。

五、关于台风带来强降雨及次生灾害防御

当台风带来强降雨可能引发次生灾害时，按照《广东省应对强降雨防御工作指引》执行。

六、关于信息报送

各级三防办要加强有关行动措施、转移人员、受灾情况以及“防台风五个百分之百”落实情况等信息汇总，按规定及时上报上级三防指挥部。启动应急响应期间要加密上报。遇突发灾情、险情要第一时间上报。

四、森林防灭火工作指引

在森林防灭火方面，应急管理部门在实践中要把握森林防灭火工作的规律和特点，出新招、实招，采取五项措施，开展“五清”整治和“十查”行动，确保应对措施落到实处。

（一）五项措施

五项措施即在基层落实“包山头、守路口、盯重点、签责任、打早小”工作举措。

（二）“五清”整治

开展“五清”即“清坟边、清林边、清地边、清隔离带和清旅游景区内可燃物”的大排查大整治行动。

（三）“十查”行动

开展直插一线的“十查”，即查各级党委政府责任落实、查火源管控、查“五清”行动、查值班值守、查应急物资、查文明祭扫、查宣传教育、查隐患排查治理、查应急预案、查队伍建设情况等。

【专栏】

清远市阳山县森林防灭火工作“五项措施”

清远市阳山县总面积3418平方公里，辖12个镇1个瑶族乡，总人口57.6万人。阳山县山地约占全县总面积的90%，林业用地面积407万亩，森林覆盖率为76.7%。现有县森林消防大队队员35人，镇级半专业森林消防中队13支共184人；乡镇林业工作站专职护林员135人，村级护林信息员435人。在森林防灭火实践中形成了“五项措施”：

一是包山头。实行县四套班子领导成员包镇、镇领导包村、镇村干部包村小组及山头地块，层层落实各级领导、干部的责任。同时，将往年发生过山火及易发生火灾的山头作为重点，由乡镇护林员和村级护林信息员分别包干，每天按网格化管理机制开展护林巡查。山头的情况当地村干部最熟悉，起火的原因当地护林员最清楚。包山头包责任，实现防控重心前移，达到严防严控野外火源的目标。

二是守路口。各乡镇党委政府采取超常规措施，安排镇村干部、林业员、护林员每日巡查监控；在每个进山路口“设卡”登记、排查火种，对组织祭祖的宗族牵头人、进山作业企业主、种养户主落实进山前作出防火承诺和责任自负保证，传递责任压力。

三是盯重点。盯住重点林区、重点山头，盯紧重点野外施工作业队、重点种养殖户及农村精神病患者等森林火灾肇事高危人群，对重点山头、重点作业现场采取“人盯人”的办法严防严守，每一宗野外作业都在护林员、村干部的监视下进行，确保“山有人管，林有人护，火有人盯，责有人担”。

四是签责任。与乡镇长、林场负责人、村长、村组长、护林员以及工矿企业、工程建设施工队、种养户逐级签订《森林防火目标责任书》《森林防火安全承诺书》《森林防火安全保证书》，压实工矿企业、旅游景点和建设单位，公路、电力与电信线路经营单位，森林、林木、林地经营单位和个人的森林防火责任，把防灭火责任落实到“山头”“人头”和重点人群的监护人。

五是“打早小”。各乡镇严格执行24小时森林防火领导带班、人员值班制度，确保火情发现及时，信息报送及时，应对处置及时。专业、半专业森林消防队伍在森林特别防护期间实行驻地集中管理，下雨才是休息天，时刻保持待命出发状态，随时做好扑大火、打硬仗的准备。做好扑火物资装备储备、维护、检修，确保扑火救灾时拿得出、用得上、有成效。发现火情时，立即由镇、村级半专业队伍第一时间先行扑救，将山火扑灭于初始状态，将火情控制住，力争打早打小打了。如火势难以控制，即由县专业队立即赶赴现场扑救。

【角色思考】

如何当好汛旱风灾害救援处（科）长

汛旱风灾害救援处（科）负责组织协调水旱、冰冻、台风灾害应急救援工作，协调指导有关江河湖泊和水工程实施防御、洪水台风抗御、旱灾调度和应急水量调度等工作，组织协调冰冻、台风防御工作。当好汛旱风灾害救援处（科）长要做到“十会”：

一要会“用”。用习近平总书记关于防灾减灾救灾重要论述精神指导工作，坚持人民至上、生命至上，始终把确保人民群众生命财产安全放在首位，树牢底线思维，忧患意识，自觉做到“宁可十防九空、不可失防万一”“宁可信其有、不可信其无”“宁可信其大、不可信其小”“宁可事前听骂声、不可事后听哭声”。

二要会“听”。仔细聆听指挥长的指示，准确领会领导意图，把指挥长的指示不折不扣贯彻落实好。

三要会“判”。组织有关成员单位进行会商，研判风情、雨情、水情、潮情、浪情、墒情、工情等信息，研究决策是否启动应急响应。

四要会“说”。召开防御工作部署会议，把台风、洪水、强降雨等防御形势及防范应对的措施、要求说清楚、说到位。

五要会“看”。通过视频调度等方式，及时了解掌握重点地区、基层单位防御工作情况。

六要会“传”。解决断网、断电、断路等极端条件下应急通信问题，派出应急通信小分队，确保实时将灾区画面传回指挥中心。

七要会“算”。组织有关专家对水利工程调度、降雨量、江河洪量、台风量级等数据进行精准计算，为指挥决策提供科学依据。

八要会“督”。通过派工作组明查暗访、视频调度“一竿子插到底”等方式，督促基层落实防御工作。

九要会“救”。灾前，提前向重点区域预置救援力量；灾中，快速调动受灾地区周边抢险救援力量科学施救；灾后，向灾区调拨救灾物资，组织抢险救援力量尽快恢复灾区道路、电力、供水、通信。

十要会“统”。统筹协调成员单位各司其职，有效形成合力。组织应急响应期间联合值守、综合会商，及时向各成员单位下发指挥部的工作指令，汇总工作信息。

如何当好火灾防治处（科）长

火灾防治管理处（科）负责组织拟订和监督实施消防地方性法规和技术标准，组织指导城镇、农村、森林消防工作规划编制并推进落实。协调消防监督、火灾预防、火灾扑救工作以及重大火灾调查处理（评估）有关工作和较大火灾事故查处挂牌督办工作。当好火灾防治处（科）长要注重增强“五种能力”：

一是要有使命感，具备深化学习的能力。要学深悟透习近平总书记关于安全生产、防灾减灾救灾和应急救援等重要指示批示和重要论述精神，理解吃透党中央、国务院及上级决策部署，始终坚持“人民至上、生命至上”理念，勤学、善学，融会贯通，深刻认识做好森林防灭火工作对保护人民生命财产安全、保障生态文明建设的重要意义，切实增强做好森林防灭火工作的事业心和责任感。

二是要有责任心，具备驾驭全局工作能力。要紧紧抓住不发生重特大森林火灾这个底线，部署做好重点时段和高火险期森林防灭火工作。充分发挥好年度安全生产、消防和森林防灭火考核“指挥棒”作用，推动各地防灭火举措落实。推动建立健全森林防灭火制度，构建顺畅的森林防灭火工作机制，打造契合当地实际的森林防灭火工作体系。

三是要有主动性，具备统筹协调的能力。要充分发挥森林防灭火指挥机构牵头抓总、统筹协调的优势，主动出谋划策，指导基层各级政府和指挥部成员单位做好森林防灭火工作，协调落实重要事项和解决工作中的重要问题。牢牢抓住“地方行政首长负责制”尚方宝剑，织牢各级政府、行业管理部门、林地经营单位的防灭火“责任网”，推动森林防灭火工作“党政同责、一岗双责、齐抓共管、失职追责”和“三个必须”（管行业必须管安全，管业务必须管安全，管生产经营必须管安全）的责任体系横向到边、纵向到底，形成合力。重点时段，严格落实包山头、守路口、定重点、签责任、“打早小”举措，细细织密“防控网”。严格落实《森林防火条例》，严厉打击野外违规用火行为和火灾肇事者，牢牢织严“法治网”。推动建设好“三支队伍”（专业森林消防队伍、半专业森林消防队伍和护林员队伍），提升应急救援能力。

四是要有敏锐性，具备解决实际问题的能力。要经常深入开展森林防灭火工作“十查”，听取群众意见，了解实际情况；通过调研及时发现问题，剖析原因，强化问题导向、目标导向，提出加强工作、补足短板的意见建议。推动健全完善季度森林火险分析研判机制，创新研判方式，加强火险监测预警研判，及时发布森林火险预警信息，确保火情早发现、早处置。

五是要有斗争精神，具备抓落实的能力。要时时念好“预字诀”，按照“五个特别”（特别讲政治、特别讲纪律、特别讲科学、特别讲认真、特别讲精神）的要求，担当作为，狠抓落实，坚决克服工作中形式主义、官僚主义。要发扬斗争精神，有敢于斗争的底气、善于斗争的勇气，推动决策部署落实。重点督促镇村一线森林火灾防控举措落实，加大森林火灾案件查处力度，通过督办、约谈、明察暗访等形式，督促落实防灭火责任。

怎样当好地震地灾处（科）长

地震和地质灾害救援处（科）负责组织协调地震、地质灾害应急救援工作，指导协调地震和地质灾害防治工作。当好地震地灾处（科）长，关键要做到“三个有”：

一是心中有民。坚持以习近平新时代中国特色社会主义思想为指导，把深入学习贯彻习近平总书记关于提高自然灾害防治能力重要论述作为重大的政治任务，认真贯彻落实“人民至上、生命至上”理念和“两个坚持、三个转变”的工作方针，积极推进地震和地质灾害防治能力建设，切实增强做好地震和地质灾害救援工作的政治自觉、思想自觉和行动自觉。冲在第一线，守护人民安全。深入基层第一线查找地震和地质灾害风险隐患，深入灾害现场第一线及时开展应急救援，日夜兼程、风雨无阻，力克官僚主义、形式主义。

二是心中有数。熟悉主业，摸清风险隐患，坚持“三线三查”

（生命底线、生态红线、工作一线，全面排查、常态巡查、重点督查），摸清地震灾害、地质灾害风险隐患点，了解隐患点灾害类型、威胁人口、风险等级等具体情况；把隐患当做事故，做好应急处置预案。清楚防控措施，清楚地震易发区房屋设施加固工程措施；清楚地质灾害群测群防、工程治理、搬迁避让措施和专业监测预报预警；清楚地震、地质灾害应急预案和相关政策法规。掌握应急救援资源，了解应急指挥体系、应急联动机制、现场指挥协调机制、地震和地质灾害救援队伍建设情况；了解医疗救治、专业技术支撑、救灾物资、避难场所、供电抢修、应急通信等情况。

三是心中有招。“统”招。善于发挥减灾委办公室、抗震救灾指挥部办公室的统筹作用，主动加强与各协调机构成员单位沟通联系，敢于统筹抓总，推动各成员单位职责落实。“防”招。树立应急管理本质上是预防管理的理念，坚持以防为主和分级负责原则，进一步压实地方的主体责任。建立地质灾害立体感知数据库，提升临灾预警和应急处置能力水平。“救”招。立足抗大震、救大灾，做好地震和地质灾害应急救援准备。灾害发生时必须第一时间赶赴现场处置，统一指挥救援工作。“练”招。开展全省性、区域性和跨省协作等常态演练，磨合应急工作机制，熟悉应急处置流程，提高应急响应速度，不断提升应急救援能力。“督”招。发挥“统筹抓总”作用，抓好地震和地质灾害隐患点治理工程和防治工作进展情况汇总统计；抓好组织评估，坚持问题导向、目标导向，及时总结经验和发现工作短板。

怎样当好应急支援和预案管理处（科）长

应急支援和预案管理处（科）承担应对重大灾害指挥部现场指挥

的组织、协调、保障工作，应急救援队伍建设工作，队伍培训和基地建设管理工作，统筹应急预案体系建设，承担预案演练的指导监督工作，开展交流合作和跨区域救援工作，承担专家组秘书处工作等等。当好应急支援和预案管理处（科）长应在以下六个方面下功夫：

一是在政治教育上下功夫。应急救援工作是一项急难险重的任务，常常面临着过度紧张和生死考验，需要强有力的思想教育，提高队伍的责任感和使命感。要深入学习习近平总书记关于应急管理、防灾减灾、安全生产重要指示批示精神，深刻认识到应急管理工作维护着人民群众生命财产安全，艰巨而光荣，伴随着辛苦的是荣耀。

二是在处理统分上下功夫。应急支援和预案管理处（科）工作涉及面广，统筹难度大，准确处理好统与分意义重大，不越位更不缺位。“统”要做到关键时刻敢统、善统、能统。队伍建设要统筹全省各方面的力量，掌握底数，不求为我所有，但要为我所用；预案管理要出台编制规划，落实各牵头单位的编制责任，加强指导，在审核环节做好衔接；发生突发事件时，更要统一协调调度各方面资源。“分”要坚持事有人管、责有人负，力戒部门之间推诿扯皮，全力以赴做好突发事件的预防和处置工作。

三是在完善制度机制上下功夫。要不断探索建立应急救援协调联动机制，着眼建立统一指挥、反应灵敏、上下联动、协同高效的救援协调工作机制，统筹各方力量，整合优化资源，顺畅内外关系，实现统一指挥调度。明确重大灾害应急响应和保障机制，固化应急响应程序，加强统筹协调，确保指挥顺畅。建立省市县乡镇四级联动机制，形成内部运转高效、外部衔接顺畅的指挥协调机制。完善应急预案管理制度，不断健全“横向到边、纵向到底”的全覆盖应急预案体系。

四是在队伍统筹上下功夫。着眼应急救援指挥处置“实战化”工作机制，与综合性消防救援队伍建立“点对点”联络机制，确保发生突发事件能信息共享，迅速出动；对专业救援队伍按照“一专多能”进行整合，加强培训和装备建设，完善资金支持机制；推进应急救援航空体系建设，提升应急救援效能。对社会力量加强引导，通过项目委托、签订合同等方式创新资金支持方式。加强各队伍之间沟通联系，实现共训共练。

五是在运用信息化上下功夫。加强信息化知识学习，及时了解前沿科技装备应用情况，探索完善救援装备信息获取渠道。建设应急预案和应急资源管理系统，实现应急预案信息化管理和应急资源的智能化调配，为突发事件的现场处置提供快速有序的支撑。

六是在发挥专家作用上下功夫。加强应急管理专家管理，完善应急管理专家队伍运作和管理工作机制，搭建理论研究平台、建言献策平台、宣教培训平台、科技创新平台。建立信息通报机制，完善服务支持机制，充分发挥专家支撑作用、创新作用、指导作用，推动建立应急救援科学决策机制。

如何当好应急指挥处（科）长

应急指挥处（科）承担应急值守、政务值班等工作，负责突发事件预警信息发布和应急指挥协调等工作，是应急指挥体系的“关键节点”和“神经中枢”。应急指挥处（科）长要充分发挥“承上启下、上传下达、下情上报、联系左右、沟通内外”的枢纽作用，为应急指挥决策提供可靠的服务保障。当好应急指挥处（科）长要做到“一个确保、三个强化、三个统筹”：

一是确保应急值班值守工作高效运转。积极适应新形势、新任务需求，聚焦值班信息综合和应急指挥协调能力提升，健全完善应急值班制度，规范突发事件信息报告、核实、审批、上报程序及工作要求，对值班工作全流程实施精细化管理。

二是强化突发事件信息收集、核实、研判和报送工作。要主动拓展“信息源”，善于捕捉“弱信号”，对各类突发事件信息保持高度敏锐，与监测预报和相关职能部门建立信息共享和会商研判机制；组织分析研判突发事件性质、发展态势，研究提出防御应对措施，及时、准确、全面报送突发事件信息，为应急响应提供决策参考。

三是要强化应急指挥机制建设。要组织落实“四个一”（一个指挥中心、一个前方指挥部、一套工作机制、一个窗口发布）应急处置机制，为统一发布预警和灾情，统一指挥协调应急救援队伍，统一调拨救灾物资等做好保障，使各层级、各条块的应急响应更加协调有序。

四是强化部门内部应急响应工作的组织协调。要按照“偏平高效”的原则，建立本部门快速响应的应急指挥力量编组，细化任务分工，明确工作措施，组织应急响应联合值守，推动落实自然灾害、安全生产防范措施，动态掌握监测预警、会商研判、调度处置、检查督导和信息报送等工作情况，确保各类突发事件得到及时处置。

五是统筹做好突发事件预警信息发布工作。要会同气象、水利、自然资源等监测预报部门，通过各种渠道，打通预警信息发布“最后一公里”；要依靠专业监测预报部门、大数据分析手段和应急指挥体系，探索开展短时临近预报预警工作，把重大预警信息靶向精准发布镇村一线。

六是统筹落实全国全省“一盘棋”应急响应机制。时刻保持“事发在外地，警示在眼前”的清醒认识，针对辖区外突发严重事故灾害，不坐等批示、不置身事外，第一时间联系事发地应急部门，跟进事态进展，及时协调相关业务部门按照“一盘棋”响应机制，有针对性地开展防范应对工作，并根据实际需要积极协调救援力量给予支援。

七是统筹做好横向部门应急响应联动。发生重大险情、灾情或收到重大灾害性天气预报后，要主动协调有关部门，收集汇总相关部门监测预报和防范应对情况，协调军队、武警、消防和社会救援力量参与事故灾害应急救援，推动落实应急指挥部的决策部署。

第七节 实战中的指挥素质

应急救援不是做表面文章，是实打实、硬碰硬的刀山火海、生死考验。紧要关头，指挥员需要的不仅仅是“救”的队伍、“救”的手段，更重要的是“救”的决心、“救”的勇气和“救”的策略。

一、要有“救”的决心

灾情就是命令。灾害事故发生后，头等大事就是组织力量开展抢险救援，全力搜救被困、失踪人员，尽最大努力减少人员伤亡。救援过程中，指挥员的首要素质，就是“救人”的信心、决心，带动激励全体救援人员不怕疲劳、连续作战，保持旺盛斗志和持续战斗力，排除万难去“救人”，只要有1%的希望就付出100%的努力。

【案例摘编】

合力不合眼的救援

2021年7月15日凌晨3时30分，珠海市兴业快线（南段）项目石景山隧道施工段1.16公里处发生透水事故，导致14名施工人员被困。

事故发生后，广东省委、省政府成立由常务副省长任组长的现场救援指挥部，下设救援组、医疗组、新闻组、善后组、监测组、综合组、联勤办公室等7个组，构建了领导体系、值班体系、决策体系、执行体系、督查体系“五位一体”的调度指挥体系，全面领导现场救援工作。省应急管理厅、省消防救援总队、省住房城乡建设厅和珠海市、中铁二局等单位分工负责、密切配合，形成高效协同的工作机制和工作合力。

现场救援指挥部迅速调集省内外69支救援队伍、6968名救援人员，500余套大型设备和260余辆救援车全力开展搜救工作。针对事故特点和现场情况，现场总指挥部作出了“上堵下抽”的总体救援决策，制定了详细的救援方案。现场救援指挥部总指挥长靠前指挥、身先士卒，每3个小时召开一次例会，共召开41次会议，团结带领全体救援人员昼夜奋战，克服来自水库、山体、洞体的种种挑战和困难，以176个小时不眠不休的救援行动兑现“不抛弃、不放弃”的承诺。

为什么要每3个小时开一次例会？因为领导带头，指挥部工作人员和救援人员就不会想着“松口气、歇歇脚”，更不会“尽力了、算了吧”。“7·15”事故救援处置过程中，应急管理部、住房城乡建设部、国务院国资委有关负责同志组成的联合工作组始终与指挥部在一起，指导帮助指挥部开展救援处置。省安委办、省应急管理厅以及珠海市委、市政府主要负责同志始终靠前组织，一线落实指挥部各项决定。珠海市各有关部门攻坚克难、日夜奋战，展现了特区党员干部的实干精神和担当作为。这次救援是广东应急管理改革以来安全生产救援的首次大考。全体救援人员在习近平新时代中国特色社会主义思想的指引下，发扬不怕疲劳、连续作战、不畏艰险的顽强作风，克服了种种困难，在狭窄洞内300人以上同时作业的情况下，实现了“无次生灾害，无衍生事故，未发生疫情”，实实在在地检验了党委的领导力、政府的执行力、队伍的战斗力、社会的动员力和各方的凝聚力。

为什么要每3个小时开一次例会？因为这次事故救援处置的难度

高、情况异常复杂。难度和复杂性在于水库、渗漏区域的水系被打通，形成了库体、山体、洞体三体合一的管网结构，水库水、裂隙水和地下水源源不断向洞体输送，成倍加大洞内涌水量，抽排水计算量占测算量的1/10，即：抽10立方米的水只有1立方米是洞内水。难度和复杂性在于左右洞工作面窄，抽排设备无法最大化发挥作用。随着洞内水线下降，运送距离不断增加，加之洞内坡度只有3%，使得“龙吸水”装备不能稳定工作，每工作半小时就要移动一次，需动用大量劳力。难度和复杂性还在于洞内通风条件有限，造成一氧化碳浓度最高时在520PPM，超过警戒线10倍以上，救援人员安全受到威胁。

为什么要每3个小时开一次例会？因为指挥部充分发挥各方面专家作用，一刻不停地在会商、在决策、在统筹、在督导，这样才能有效克服种种困难。包括：迅速封堵透水点。通过采取对3个透水点进行围堰、强抽与涵管放水相结合等措施降低水库水位。围堰合龙后采取往水库内回填、帷幕注浆等措施迅速封堵，共注浆1933立方米。全力开展抽排水工作。使用专用抽排水管超过22公里，实施“用二备一”，采取“龙吸水”排涝车串联接力方式，调动31支队伍、部署10套14台设备按“一套设备一个专班”接替推进，持续开展抽排工作。全面开展搜救。组织7支专业潜水队伍，持续开展声纳（河床）探测、水下机器人下水探测、蛙人潜水作业、无人船探寻等搜救方式，不断尝试扩大搜救面，千方百计搜救被困人员。充分发挥科技支撑作用。快速搭建可视化指挥大平台，运用应急指挥通信车、侦察无人机、建模无人机、移动图传单兵、LTE通信、卫星便携站等应急通信保障设备，为现场救援提供科技支撑。做好救援现场安全监测和风险管控。围绕“四防”（防结构、防漏电、防渗水、防中毒），加强巡查监测，落实隧道内空气、水样、卫生防疫每30分钟检测通报机制。

176个小时不眠不休，但是大家没有感觉到累，它展现了一种精神，就是“只要有1%的希望就付出100%的努力”的精神。这种精神源于习近平总书记以人民为中心的发展思想，再次彰显了习近平新时代中国特色社会主义思想的真理力量和实践伟力，也从一个侧面展现了应急管理改革的成果。

二、要有“救”的勇气

应急救援也不都是顺顺当当就能实现的。以化工为例，随着石化的快速发展，生产装置高度集成、规模大，储罐单罐容积越来越大，总容量越来越多，大型储罐一旦发生火灾，火势蔓延，极易形成群罐火灾，给抢险救援带来巨大挑战。越是形势复杂、任务艰巨，越是考验指挥员的责任意识、担当意识；越是风险高、难度大，越是需要指挥员挺身而出、冲锋在前。

【案例摘编】

生死考验的89个小时

2022年6月8日12时41分，茂名石化化工分部芳烃车间球罐区出料泵房部位发生泄漏着火事故，造成1人受伤、1人失联、1人遇难。事故部位位于芳烃车间球罐区，有26个球罐，分别储存乙烯、丙烯、混合碳四、混合碳五、丙烷等易燃易爆危化品，总罐容4.28万立方米。周边共有9个车间、21套危化品生产装置、5个储存罐区、164个危化品储罐、危化品总容量25万立方米。起火罐体一旦失控，随时可能爆炸，并会引起罐区其他25个罐体连环爆炸，进而引发周边大爆炸，后果不堪设想。

事故发生后，中石化和广东省政府成立事故现场联合领导小组，研究解决重点难点问题，及时协调事故处置工作。茂名市迅速成立现场指挥部，茂名市政府和茂名石化主要负责同志担任总指挥，下设8个专项工作组。指挥部共调集省内7个消防救援支队，187辆消防车、642名消防员赶赴现场增援，经过近1800多名抢险救援人员和现场指挥部全体工作人员鏖战5天4夜89个小时，至6月12日5时51分，封堵导流作业完成，重构火炬系统启动，事故现场明火熄灭，实现安全处置，事故风险基本解除。

为什么说是生死考验？因为敏感程度、风险烈度超乎想象，是一场输不起的救援。这起事故发生在球罐区、发生在中石化这样的央企，发生在落实“疫情要防住、经济要稳住、发展要安全”重要要求的关键节点，如果处置不当造成灾难后果，是一场绝对不能输的决战。同时，自6月8日12时41分事故发生到23时15分火势得到控制，这11个小时内火光冲天，火柱高达30米，燃爆点最近的乙烯罐装有800吨乙烯，燃点极低，实测罐体表面温度达到1253℃，超过罐体所能承受的临界点200多度，随时可能爆炸。据测算，在半径513米范围内会引起周边其他25个罐体发生多米诺效应，发生连环爆炸，带动周边装置、罐区、管线连锁反应，将导致死亡半径767米、重伤半径1000米范围内12个自然村的2862名群众受到绝对伤害，将对茂名市造成毁灭性的破坏，是谁都无法接受的。

为什么说是生死考验？因为事故的处置难度异常复杂，每一步都不能错。整个处置过程，着火物料之复杂，周边环境之凶险，抢险救援之困难，现场处置之危险都是前所未有的。现场争分夺秒重构火炬系统，现场需要攻克带压开孔、封堵导流、管线架接等3大难关，涉及带压作业、动火作业、交叉作业、高空作业等高危作业，操作稍有不当，将导致高压易燃易爆物质喷涌，引发新的着火爆炸。同时，现场高强度喷水，最高用水量达9000吨/小时，累计用水量约10万吨，待处置废水3万吨，水源水压保障、废水排放处置、大气污染控制均属一步都不能错的严峻考验。

为什么说是生死考验？因为危急时刻，各类救援队伍临危不惧、冲锋在前，困难面前豁得出、关键时刻冲得上，以生命赴使命。国家综合性消防救援队伍和各地陆续赶来支援的专业救援队伍，与茂名石化专业消防队一起，密切协作、同心合力，以决战决胜的劲头连续奋战，在极端艰难的条件下，在随时面临爆炸的背景下，依次组织6批次12名操作人员爬上着火点周围26座球罐罐顶，冒着生命危险，关闭了物料进出口阀门等134台，及时切断了物料，控制了火情，防住了爆炸，保住了安全，用血肉之躯守护了人民群众生命安全。茂名石化是事故发生的责任企业，但在应急处置面前没有逃避、在重大危机面前没有退缩，茂名石化党委书记、总经理身先士卒，组织36名敢死队员争分夺秒开展带压开孔、封堵导流作业，成功将残留物料引到火炬系统，取得应急处置的决定性胜利，比预定时间提前14小时实现现场明火扑灭。

这惊心动魄、生死考验的89个小时，考验的不仅仅是统一领导、统一指挥、统一管控、统一口径、统一组织，考验的更是指挥员的勇气和魄力，这种勇气和魄力源于习近平总书记重要训词精神，时刻听从党和人民的召唤，弘扬赴汤蹈火的精神，把热血抛洒在应急救援的战场上，为维护国家和人民生命财产安全，忠诚使命、献身使命、不辱使命。

三、要有“救”的策略

应急救援是在看不见硝烟的战场上跟时间的赛跑、跟风险的斗争。斗争就要讲策略、讲方法，抓主要矛盾和矛盾的主要方面。根据形势需要，把握好时、效、度，及时调整斗争策略，做到斗争过程和斗争实效相统一。

【案例摘编】

打赢历史性特大洪水保卫战

2022年6月12日至21日，广东出现了持续性暴雨到大暴雨。降雨过程12日至15日主要发生在河源、梅州；16日至21日暴雨中心移至韶关、清远，22日过程减弱结束。降雨过程最大累积雨量为清远英德东华镇990.5毫米。特大暴雨叠加上游来水，引发粤北地区严重汛情，全省89条河流发生超警洪水，北江干流、连江等均出现超百年一遇洪峰流量。据统计，韶关、河源、梅州、清远等15市59县632个乡镇160.69万人受灾，因灾死亡失踪13人（其中失踪1人），紧急转移避险安置43.96万人，倒塌房屋2783间，直接经济损失80.33亿元。

面对超百年一遇特大洪水的严峻考验，广东省委、省政府以空前的重视和力度，带领全省上下万众一心、众志成城，防大汛、抗大险、救大灾，省委书记、省长亲自部署，于6月15日，并再次于6月21日、22日深入惠州、清远、韶关一线、靠前指挥。在防御特大洪水的紧要关头，省委书记、省长还于6月5日、6月18日两次到省应急指挥中心亲自调度指挥。省防总历史上第一次启动防汛Ⅰ级应急响应，统筹组织各地各部门，科学调度拦蓄洪水近10亿立方米，成功削减北江石角站超百年一遇特大洪水，及时转移危险区域群众43.96万人，果断采取停课、停工、停产、停运、停业等措施。全省没有出现群死群伤，没有出现水库堤围溃决，没有出现群体性社会事件，打赢了历史性特大洪水保卫战，为防御历史性“龙舟水”画上圆满句号。

广东是怎么打赢这场历史性特大洪水保卫战的？一言以蔽之，就是：盯住风险点、预足提前量、打好主动仗。

首先，搞清楚风险在哪？

地质灾害的风险。在5月21日至6月20日30天时间里，每天都有区县出现暴雨，其中有26天出现大暴雨，12天出现特大暴雨。全省平均雨量达到514.5毫米，比常年偏多54%，是自1951年有记录以来历史第三多。降雨呈现“北多南少”态势，落区高度集中在粤北市县，韶关、清远平均降雨量847.2毫米、845.8毫米，均打破当地历史记录。由于降雨集中落在粤北和珠三角北部地区，河源、梅州、清远、广州等地发生滑坡、塌方等地质灾害2万余处，仅龙川县就有10463处。地质灾害相继造成梅州、河源8人死亡失踪（其中失踪1人）。

重点流域的风险。6月16日至22日，北江流域平均降雨量294毫米。受强降雨和上游来水影响，北江流域发生了仅次于1915年的特大洪水，新韶站、英德站、阳山站、青莲站、飞来峡水库站洪水均超历史实测最大值。6月22日21时，连江发生超百年一遇洪水，洪峰流量8650立方米/秒。22日23时，飞来峡水库出现19900立方米/秒的最大入库流量，超百年一遇，为建库以来最大。经过水利工程调蓄，北江下游控制站石角站出现18500立方米/秒的洪峰流量，超五十年一遇。51宗水库、522处堤防出现不同程度险情。

重点地区的风险。韶关市最低洼处防洪能力不足十年一遇，在面对近五十年一遇超标准洪水时，市区出现1-1.5米的淹浸。清远英德市浛洸、西牛、江口、大站等镇防洪标准低，全市299个行政村有210个被洪水围困，交通、通信、电力中断，被浸泡时间最长的达9天，给群众正常生活带来极限考验。

知道了风险，就要早响应、快行动、精准地防。

响应要早。广东早于6月13日11时启动防汛Ⅳ级应急响应，25日17

时结束应急响应，响应时长共计294个小时。随着北江汛情急剧发展，省防总果断于14日10时、17日16时、21日19时三次将应急响应提升至最高等级Ⅰ级。同时，为确保北江大堤和飞来峡枢纽安全，于20日23时30分启动北江大堤—飞来峡水利枢纽洪水灾害防御Ⅲ级应急响应。全省16个地市先后启动了防汛应急响应，其中韶关市、清远市也最高启动了防汛Ⅰ级应急响应。

转移要快。广东全省开展地质灾害威胁人员大转移，河源市、梅州市分别转移地质灾害风险点人员16.07万人、1.95万人。韶关市及时发布防洪1号令，组织洪水威胁区域7.28万人转移。清远市转移安置潖江蓄滞洪区等危险区域人员15.5万人。佛山市转移江心洲、外滩地等受影响群众8833人。

措施要准。水利部珠江水利委员会协调广西调度西江骨干水工程，将西江洪水延后38小时，将洪峰流量削减至五年一遇以下，有效避免西江、北江洪水叠加碰头。广东省水利厅统筹调度15宗水工程，先后启用潖江蓄滞洪区5个围滞洪，有效拦蓄洪水近10亿立方米，将北江超百年一遇特大洪水削减为超五十年一遇。国家防总和省防总紧急调集22871名应急队伍和抢险装备驰援英德，并在英德每个镇建立一个由镇党委书记、消防救援队伍、地方专业队组成的“三人小组”，镇党委书记总牵头，统一指挥救援行动，调配救援力量，迅速扭转救援工作一度存在的被动局面。

下好先手棋、打好主动仗。打赢历史性特大洪水保卫战的实践再次证明，习近平总书记关于防范化解重大风险的重要论述，是我们战胜前进道路上各种艰难险阻的“制胜法宝”。大灾大难面前，只有把人民放在心中最高位置，才能做到宁可信其有、不可信其无，宁可信其大、不可信其小，宁可十防九空、不可失防万一，宁可备而不用、不可用而无备，宁可听骂声、不可听哭声。只有从最坏处着眼、做最充分的准备，才能朝好的方向努力、争取最好的结果。

第五章

精准应灾

2019年6月9日至13日，河源市遭到特大暴雨袭击，接连经受了“6·10”“6·12”两次有记录以来最严重洪涝灾害，灾情十分严重。一年来，该市扎实推进灾区重建、确保群众安居、加快重建修复基础设施、推进地质灾害点整治等，防灾减灾综合能力得到提升，应急管理体系逐步完善，展现出在灾难后重生、在重建中跨越的生动景象。为什么河源市复产重建工作能够顺利推进、快速恢复?

第一节
应灾概述

应急救灾是应急管理的最后一道防线，是应战的延续。应战重在指挥应急救援力量进行抢险救援，尽最大努力保障受灾群众的生命财产安全，救灾重在受灾群众的灾后救助和恢复重建。应灾也是各级应急管理部门的主体责任，要害在精准，要推进避难场所建设，精准预拨资金，精准调拨物资，精准紧急安置，精准恢复重建，精准配置保险，充分发挥中国应急管理体制的特色和优势，努力将灾害损失降到最低，确保受灾群众有饭吃、有衣穿、有地方住、有干净水喝、有病能及时医治。

党的十八大以来，以习近平同志为核心的党中央高度重视应急管理工作。习近平总书记就防灾减灾救灾工作发表一系列重要讲话，全面阐述了防灾减灾救灾工作的新定位、新理念和新要求，提出了防灾减灾救灾“两个坚持、三个转变”的重要论述，既高屋建瓴、立意深远，又贴近现实、内涵丰富，充满着辩证法思想和哲学智慧，是新时期我国防灾减灾救灾理论和实践的升华，为应急管理事业改革发展提供了重要遵循和行动指南。

2016年7月28日，习近平总书记在河北唐山市考察时强调，防灾减灾救灾是衡量执政党领导力、检验政府执行力、评判国家动员力、体现民族凝聚力的一个重要方面。当前，各类自然灾害、事故隐患和安全风险交织叠加、易发多发，影响公共安全的因素日益增多，防灾减灾救灾模式也发生了变化，已由传统人海战术型向科学精准型转变、由政府主导模式向全社会参与模式转变，救灾工作日趋精准化、精细化，精准应灾成为新时代应急管理工作的基本要求。

一、精准应灾内涵

一般来说，应灾是指应对自然灾害；“精准”，即精炼、准确，是时间感念中、空间位置上精细练达的准确。“五应”中精准应灾是以精、准、细、严为基本要求，以精准施救为目标，能准确识别救助对象，明确灾害救助标准，严格救助对象台账，及时有效保障受灾群众基本生活的新时代救灾方式。

救灾不够精准，很容易引起混乱、降低救灾效率。据报道，2013年4月20日上午8时2分，四川省雅安市芦山县发生7.0级地震。芦山地震发生以后，全社会目光都集中到了灾区，从“国家队”到“地方队”，从社会组织到热心群众，都紧急集结了起来，投入到抗震救灾的紧张工作之中。各路救援人马都向灾区涌去，雅安地区道路十分拥堵，伤者出不来，救援人员也难以进去，导致整体的救灾工作被迫延误。公安部交通管理局不得不紧急提示：灾区道路部分路段出现交通拥堵，为保障救灾生命线的畅通，请公司企业和个人不要自行驾车前往灾区送物资；要求社会车辆和广大群众尽量避免通行灾区道路，服从交通民警的指挥。这是由于救灾工作初期不够精准，缺乏科学的协调、合作而导致应急救灾比较混乱的一起事例。

与传统救灾方式不同，精准救灾则有效克服了传统粗放型救灾造成的救灾现场管理混乱、救灾物资分配不均等问题，可以有效杜绝不分灾情大小、严重程度、受灾群众自救能力等平均用力、平均分配救灾款物、人人享受救助的错误做法，真正把有限的救灾物资、救灾资金用于受灾严重、基本生活无保障的困难群众，切实增强灾害救助快速反应能力，提高救助管理水平，更好保障受灾群众基本生活。

精准应灾，是深入贯彻落实习近平总书记“两个坚持，三个转变”的防灾减灾救灾新理念、积极落实《自然灾害救助条例》的重要举措，也是创新救灾工作手段、实现救灾工作管理程序化、对象精准化、政策标准化、考核定量化的重要方式。

二、精准救灾原则

2020年7月17日，习近平总书记在中共中央政治局常务委员会会议上强调，防汛救灾关系人民生命财产安全，关系粮食安全、经济安全、社会安全、国家安全。落实以人民为中心的要求，首要任务就是保障人民群众的生命财产安全，提升人民群众的获得感、幸福感、安全感，增强政府的公信力和执行力。他多次强调，要把确保人民群众生命安全放在第一位。灾难面前，人命最重。人民的生命重于泰山、人民的利益重于泰山。灾害发生后，应及时启动应急响应，紧急转移安置受灾群众，及时调拨救灾款物，切实保障受灾群众基本生活。实施精准应灾要“快、准、优”，应坚持以下原则：

（一）坚持把救灾作为第一任务

应急管理部门应把救灾作为第一任务，全力加强救灾力量驰援、救灾物资调配等统筹协调，促进灾区社会秩序和正常生产生活迅速恢复。

（二）坚持把救人作为第一原则

坚持人民至上、生命至上。应急管理部门应把妥善保障受灾人员基本生活作为救灾工作的出发点和落脚点，确保受灾群众有饭吃、有衣穿、有干净水喝、有病能及时就医、有临时安全住处。

（三）坚持把灾情统计作为第一能力

灾情统计是精准应灾的前提。应急管理部门应健全灾情统计指标体系，提升灾情统计发布能力，及时准确核查、评估、报送灾情，为救灾工作决策提供可靠依据。

三、精准应灾要求

为确保救灾工作精准化，应做到核灾要精准、需求要精准、政策要精准、救助要精准、掌控要精准等“五个精准”。（见图5-1）

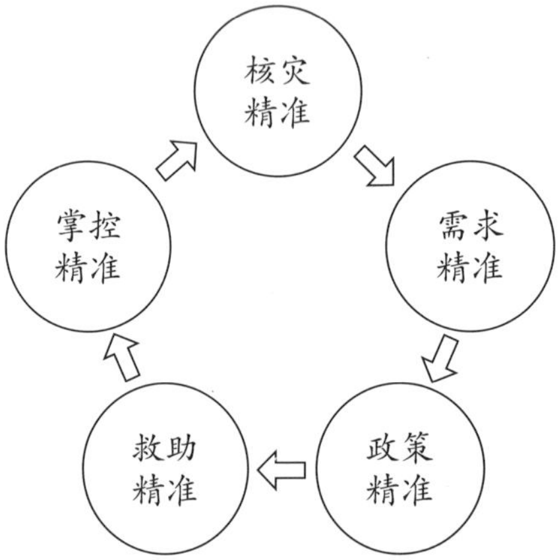

图5-1　应灾五个精准示意图

（一）核灾要精准

扎实做好灾情管理工作，做到初报迅速、续报及时、核报准确。

（二）需求要精准

全面掌握受灾对象情况、灾害损失情况及因灾需生活救助情况。

（三）政策要精准

根据灾情及受灾群众的需求，及时、准确、规范地落实各项灾害救助政策。如应急救助、过渡性生活救助及倒塌、损坏住房恢复重建救助、旱灾临时生活救助、冬春生活救助等。

（四）救助要精准

采取行之有效救助措施，切实做好受灾群众安置，严格救灾物资发放，确保不漏一户，不落一人，不留死角，确保受灾群众应救尽救、渡过难关。同时要妥善解决受灾群众的合理诉求，确保社会稳定。

（五）掌控要精准

重视信息手段转化，积极运用大数据、云计算、移动互联网等信息技术，提高资源数据信息化、集约化水平，努力做到第一时间精准定位、精确动员、高效运用。

第二节
精准安置保障

应灾工作从受灾群众转移安置开始。要及时将受灾群众转移至应急避难场所，及时下拨救灾款物，全力保障受灾群众的基本生活，确保受灾群众有饭吃、有衣穿、有地方住、有干净水喝、有病能及时医治；要深入受灾群众当中进行慰问，让受灾群众第一时间感受到党和政府的关心关怀。应急避难场所是做好精准安置的前提和保障，要做到精准安置工作，建设规范、安全的应急避难场所十分重要。

一、应急避难场所含义和类型

应急避难场所是指在重大突发性自然灾害发生时，为受灾群众提供紧急疏散、应急避险和生活救助的重要场所，是应对突发事件的一项重要灾民安置措施。重大自然灾害或突发性事件往往造成房屋倒塌和严重破坏，生命线系统瘫痪，造成受灾群众暂时或者较长时间内无家可归。应急避难场所可成为受灾群众躲避火灾、爆炸、洪水、地震、疫情等重大突发事件的安全场所，成为呵护生命的家园，必须建设规范、安全的应急避难场所，同时要统筹加强应急避险场所管理。

应急避难场所主要包括五种类型：一是公园式应急避难场所。一般利用公园、绿地、学校及广场改造，增减一些生活设施；二是体育馆式应急避难场所。通过对体育馆等大空间结构设置为具有避险功能的场所；三是人防工程避难场所。利用城市人防工程，完善相应生活设施及条件；四是城乡式应急避难场所。利用城乡接合部建设应急避难场所；五是林地式应急避难场所。充分利用林地以达到人员疏散、

避险等要求。（见图5-2）

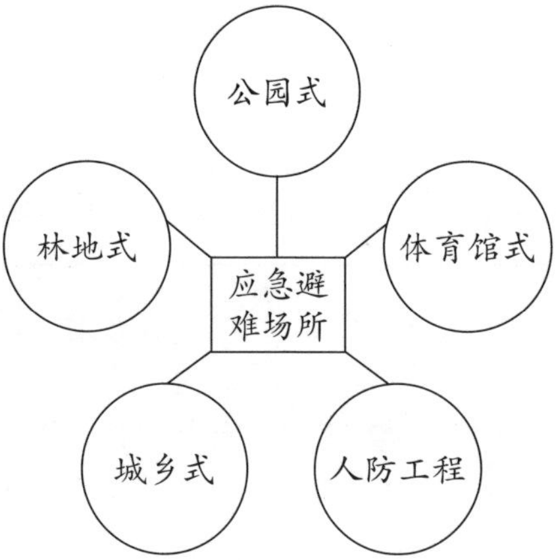

图5-2　应急避难场所常见类型

二、应急避难场所规划设计

统筹加强应急避难场所建设和管理，要按照应对巨灾要求，充分考虑城乡公众应急避险需求，结合城乡人口分布与活动规律、土地适用和空间资源等情况，建立与人口密度、城乡规模相适应的应急避险体系。

应急避难场所应遵循“以人为本、安全可靠、平灾结合、就近避难”的原则，综合利用村（居）委会办公场所、文化活动中心、学校、广场、体育馆、公园、绿地、露天停车场、晒谷场等地势较高、结构稳固的场所，因地制宜设置。应急避难场所设计应依据城市空间规划、人口分布及建筑密度等特点和人员疏散要求，场所选址应保证具有一定辐射半径，同时选址应充分考虑场地的安全问题以及地质情况，避开地震断裂带、山体滑坡、泥石流等自然灾害易发地段，易于排水，适宜搭建帐篷等地形。

应急避难场所应配置应急指挥管理设施、应急避难休息区、应急物资储备设施、应急供水设施、应急供电设施、应急照明、应急厕所、应急医疗救护与卫生防疫设施、应急消防设施、应急标志等基本功能设施。（见表5-1）

表5-1　行政村（社区）应急避难场所的基本功能设施配置表

序号	基本功能设施	基本要求
1	应急指挥管理设施	应急指挥管理设施可包括广播、图像监控、有线通信等系统，其中广播系统应覆盖应急避难场所内道路及出入口。
2	应急避难休息区	应急避难休息区主要用于受灾人员临时休息和住宿，场所面积应满足本村（社区）安置受灾人员的使用需要。
3	应急物资储备设施	应急物资储备设施应设置在应急避难场所周边，有条件的设置永久性专用物资库，储备救援工具、消防设施、应急通信设备、应急照明、应急药品、棉被、折叠床等应急物资，并做好日常管理维护和更新。可与附近的商场、超市、药店等单位签订《防灾减灾储备物资供应协议》，提供食品、医疗、储备物资等服务。
4	应急供水设施	应急避难场所应具备供水条件，与供水管网可靠连接。应急供水设施应符合如下要求：（1）每100人不少于一个水龙头，每250人不少于一处饮水处；（2）饮用水供应量应不少于每人每日3升，生活用水供应量不少于每人每日10升。
5	应急供电设施	应急避难场所应设置保障照明、医疗、通信、通风的供电系统，有条件的，可配置移动式发电机组（连续供电时间不小于6小时），供、发电设施要具备防触电、防雷击保护措施。

（续上表）

序号	基本功能设施	基本要求
6	应急照明	应急避难场所应设置应急照明设施，可配备手电筒、应急灯、移动照明等。
7	应急厕所	应急避难场所应设置满足应急生活需要的厕所，厕所应满足环境保护和卫生防疫要求，并符合如下要求：（1）每 100 人至少一个坑位；（2）水冲式厕所应附设或单独设置化粪池；（3）不满足要求时，可增设一定数量的移动式应急厕所。
8	应急医疗救护与卫生防疫设施	应急避难场所应设置临时或固定的用于紧急处置的医疗救护与卫生防疫设施，用于对受伤人员的一般清理包扎、消毒、等待转运等简单医疗救护活动。
9	应急消防设施	应急避难场所应配备灭火器、消火栓等应急消防设备和设施。靠近江、河、湖的行政村（社区）可配置至少 1 台抽水泵。消防设施可利用附近的微型消防站。
10	应急标识	在应急避难场所、关键路口等设置醒目的应急标识或指示牌，张贴应急疏散路径示意图，引导村（居）民快速找到避难场所。应急避难场所应设置应急设施标识，张贴应急避难场所功能分区示意图。

三、应急避难场所标识设置

应急避难场所标识设置主要包括应急避难场所功能分区图和应急疏散路径图。

（一）应急避难场所功能分区图

在应急避难场所显著位置张贴应急避难场所功能分区图，明确避难场所可安置人数、出入口、疏散路线、管理人员、联系方式、指北

针、图例等基本信息以及应急指挥、医疗救护、休息、物资供应、供水、供电、厕所、消防等功能分区信息。（见图5-3）

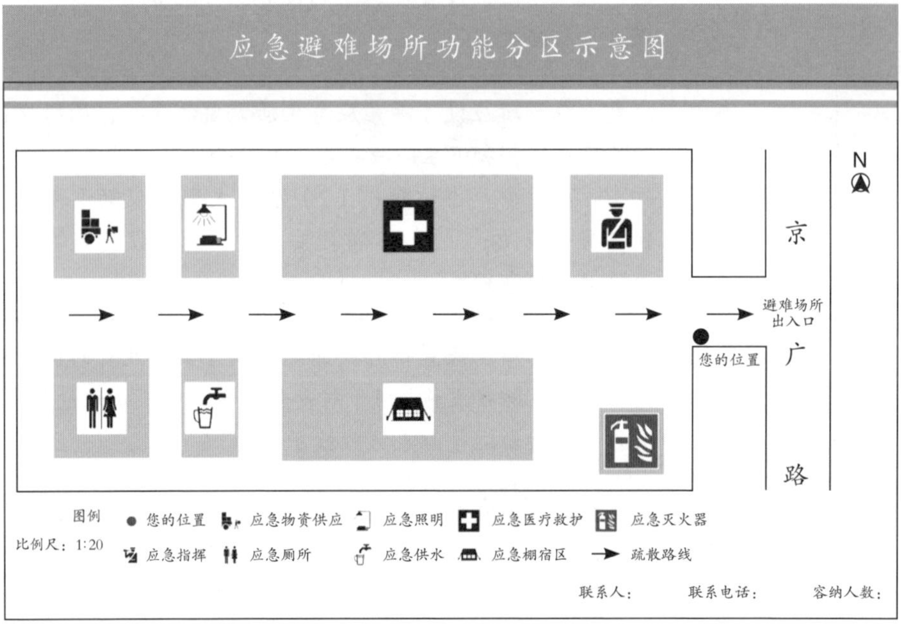

图5-3　应急避难场所功能分区示意图（示例1）

（二）应急疏散路径图

在村（居）民主要集散通行的区域，如村（居）委会办公场所、文体活动中心、村（社区）广场、公园等人员集中场所、主要路口处设置行政村（社区）应急疏散路径示意图，明确区域边界及出入口、村（居）民居住地、主要道路和标志性建筑以及应急避难场所的名称、位置、应急疏散路线、指北针、图例、比例尺等信息。（见图5-4）

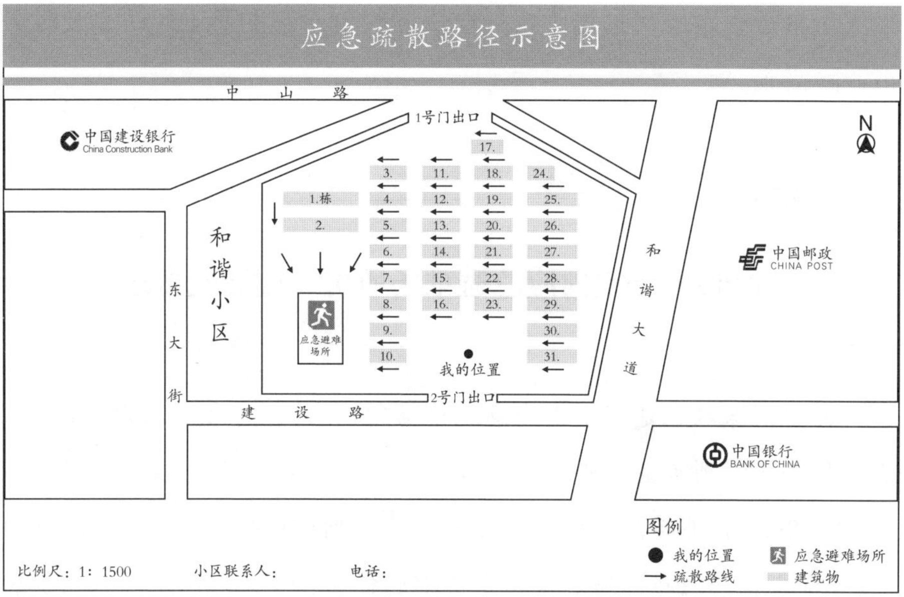

图5-4　应急疏散路径示意图（示例2）

四、应急避难场所管理

应急管理部门要统筹加强应急避难场所的规范管理，确保灾情发生时，应急避难场所能够及时启用，受灾群众能够快速有序地到达指定场所，及时有效救助；让应急避难场所成为保障生命线的避难所，最大限度保障人民群众生命安全。

应急避难场所应完善配套设施，设置指示标识，明确转移责任人，发放责任人联系卡、转移明白卡、安全注意事项手册，组织制订应急避难场所应急预案，开展应急避难场所启用和运行的演练工作，确保灾害发生时，受灾群众能够快速有序安全转移。要保障受灾群众“五有”，即保证受灾群众有饭吃、有衣穿、有干净水喝、有安全住所、有病能得到及时医治。深圳市还充分利用信息化手段，将已建成的592处室内应急避难场所位置信息，标注在腾讯地图上，如果遇到突发灾害事故，市民可通过手机导航快捷找到身边的避难场所，及时采取避险措施。

【案例摘编】

深圳592处室内应急避难场所可一键导航抵达

目前，深圳已建成室内应急避难场所592处，可容纳人数约19.5万人。根据《深圳市室内应急避难场所规划（2010—2020）实施方案》，到2020年，深圳市将建成室内应急避难场所659处。深圳市已建成的592处室内应急避难场所位置信息，都已标注在腾讯地图上。深圳市民可在腾讯地图App客户端，或在“腾讯地图+”微信小程序，搜索“室内应急避难场所”，获取附近所有室内应急避难场所的地理位置、名称、地址、紧急联系电话等信息，同时可一键导航抵达。

什么情况下市民可前往室内应急避难场所避险？当台风黄色以上预警或暴雨红色预警生效后，深圳市室内应急避难场所将对公众开放，公众可前往防灾避险。此外，在高温、寒冷、洪（潮）涝灾、地质灾害、火灾、重大危险源事故、恐怖袭击、核设施事故、地震、海啸、交通滞留等突发情况发生时，如有需要，公众可前往应急避险。

第三节
精准调拨款物

应急物资是精准应灾的重要保障。群众受灾后，就要调拨应急物资进行救助。能不能吃得好、穿得暖、住得舒适安全，是受灾群众最急最忧最盼的紧迫问题，应急物资调拨要快速、精准、优质，第一时间把救灾物资送达受灾群众手里，保障救灾需要和受灾群众需求，努力做到物资保障精准到位。

一、精准调拨机制

物资调拨往往涉及多个部门、多个环节、多个储备物资品种与储备运行管理的多种资源，需要有一套协同高效的调拨机制。应急管理部门应制定应急物资调拨工作制度，建立健全应急物资调拨机制。

突发事件发生后，省级应急管理部门应积极研判分析事件发生地受影响情况，及时作出是否调拨应急物资的决策。受灾市、县（市、区）应先使用本级储备的应急物资，在本级应急物资不能满足处置需要的情况下，可申请使用上级物资。

（一）调拨申请

1. 申请使用上级应急物资，由当地应急管理部门专业处（科、股）室向负责物资保障工作的处（科、股）提出需求。

2. 负责物资保障工作的处（科、股）向上级应急管理部门提出书面申请，逐级上报。

3. 发生重特大突发事件，可越级上报，可先行用电话上报，事后补办书面申请。书面申请内容包括：突发事件发生时间、地点、种类；需要应急物资名称、用途、种类、数量、运往地点、时间要求、联系方式等。

（二）物资调出

1. 上级应急管理部门批准同意后，由负责物资保障工作的处（科、股）以三防办、森林防灭火指挥部、应急管理部门等名义向承储单位下达调令，专业处（科、股）对调出的物资进行分类指导。若有重大险情，需紧急调用，可先电话通知办理物资出库手续，应急处置结束后，及时补办书面调令。调令内容包括调用物资的名称、用途、种类、数量、运往地点、时间要求、联系方式等。

2. 承储单位接到调令后，以快速、高效为原则，就近选择发货仓库，并发出物资出库通知。特殊情况下，经分管领导同意，可通过电话通知调拨物资，有关书面通知后续补办。

3. 仓库接到出库通知后，立即清点物资、联系运输、搬运装车，在规定时间内将物资运送至应急现场（广东省规定5～8小时送达目的地，国家规定36小时送达目的地），与物资接收方办理交接手续，填写物资交接单，盖章签名，确保物资数量齐全、质量良好，并及时向应急管理部门反馈调运情况。

2020年6月“龙舟水”期间，广东应急管理部门先后两次会同省粮食和物资储备局紧急调拨省级救灾物资驰援肇庆市、清远市，快速协同完成救灾物资书面申请、指令下达、物资装车及起运等工作，在3小时内就将救灾物资送到受灾群众手中。

（三）物资发放

1. 申请单位在收到上级调拨的物资后，负责物资保障工作的处（科、股）或相关处（科、股）要做好应急物资清点、验收，并登记造册。如发生数量或质量问题，要及时协调处理并将情况向上级应急管理部门报告。

2. 负责物资保障工作的处（科、股）会同相关专业处（科、股）室重点做好应急物资的发放工作，确保程序规范、账目清楚、手续完备。

3. 救灾物资的发放，由负责物资保障工作的处（科、股）会同乡镇政府（街道办事处）在灾区设置救灾物资发放点，由发放点直接向受灾群众发放。确实无能力领取救灾物资的老弱病残人员，经乡镇（街道）有关部门核实后，可以委托亲属或者村（居）委会负责人代领。同时，要把好物资质量关，自觉接受群众、审计、社会、媒体、舆论监督。

（四）物资回收

在应急物资使用结束后，负责物资保障工作的处（科、股）配合物资承储部门，应当及时组织对帐篷等可回收利用的物资进行回收，并做好清洗、消毒和整理，对无重复使用价值的，根据有关规定进行报废处理。

应急管理部门应加强救灾物资调运接收、分配使用和监督检查等工作的统筹协调，切实管好用好救灾物资；会同有关部门加强救灾物

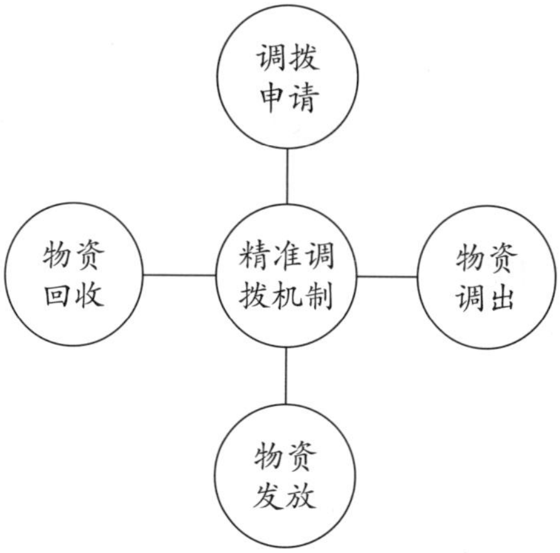

图5–5　救灾物资调拨机制流程图

资质量检验、检疫和卫生监督，发放人员要严格把关，严禁使用质量不合格物资，确保救灾物资使用安全。

（五）联动机制

为了做好精准调拨工作，应急管理部门与粮食和物质储备部门要建立联动机制：

1. 日常信息通报机制。每季度定期通报相关信息。

2. 应急联络对接机制。明确相关联系人和联系方式，及时解决救灾物资调拨等方面问题。

3. 储备布局协商机制。应急管理部门根据辖内各区域常年受灾情况、人口数量等，定期会同粮食和物资储备部门研究提出救灾物资前置等工作方案，粮食和物资储备部门按照相关工作方案做好落实。

应急管理部门与粮食和物资储备部门要明确职责分工，明确救灾物资采购、调拨等系列工作流程，建立日常信息通报、应急联络对接、储备布局协商等联络制度，强化救灾物资应急保障能力。

二、前置救灾物资

物资前置，救灾更及时。为确保应急物资快速调配，应急管理部门要实行救灾物资前置，即将适宜前置储存的救灾物资提前存放在多灾易灾地区，下沉部署，妥善做好救灾救助准备，一旦发生灾害，可以确保受灾群众第一时间得到及时救助。

（一）提前研判灾情

应急管理部门要密切关注灾情变化，进行实时监测，并对灾情的发展趋势进行预测。如每年汛期前，根据自然灾害年景预测研判情况，以及当地防灾减灾救灾能力建设水平等因素，实行救灾物资前置。

（二）提前选取前置点

结合自然灾害特点、常年灾情、地理位置等因素，提前选取前置点。广东应急管理部门会同省粮食和物资储备部门从粤东、粤西、粤北等地区选择南澳县、翁源县、仁化县、龙川县、连平县、兴宁市、惠东县、陆河县、台山市、阳春市、徐闻县、雷州市、信宜市、高州市、广宁县、连州市、连南县、潮安区、普宁市、新兴县等20个多灾易灾县（市、区）作为省级救灾物资前置点。前置物资包括折叠床、棉被、毛毯、夏服、防雨篷布等，有效提高了灾害救助工作成效和反应速度，增强了全省救灾物资应急保障能力。

三、精准预拨资金

传统上，发生灾害时，根据受灾地区上报灾情、请款报告，省级应急管理部门对灾害影响及其发展趋势进行综合评估，并与财政部门密切沟通，拟订自然灾害救助资金预拨方案。按照自然灾害救助应急预案，启动省级救灾应急响应，按程序报批省级自然灾害救助资金分配方案后，函请省财政部门下拨资金。两部门协商一致后，以两部门名义下拨。这种方式程序较多、费时较长。

与传统下拨救灾资金不同，精准预拨资金是指临灾前向即将遭受灾害影响地区预拨救助资金。预拨资金采取先行预拨部分救灾资金，后期清算的方式，可以有力提升救灾资金使用的时效性，及时有效保障自然灾害发生期间受灾群众基本生活。为精准预拨救灾资金，应急管理部门应会同财政部门建立救灾资金快速下拨机制，简化审核拨付流程，确保灾害发生后救灾资金快速拨付到位。紧急情况下要急事急办、特事特办，按照突出重点、分类救助的原则，对受灾群众进行重点救助、精准救助，迅速将资金发放到受灾群众手中，及时保障受灾群众的基本生活。

2019年6月10日，广东省河源市发生暴雨洪涝灾害，受灾严重。了解灾情后，广东应急管理部门立即会同省财政部门启动救灾资金快速下拨机制，根据灾情安排下拨第一笔应急救助资金401万元，于6月12日即下拨到位，迅速投入到当地灾害救助工作当中，在妥善安排受灾群众的基本生活中发挥了重要作用。

四、运输绿色通道

应急物资运输是以提供突发事件所需应急物资为目的，以追求时间效益最大化和灾害损失最小化为目标的一种特殊物流活动。应急物资要发挥其本身的使用价值，就必须在一定的时间内送达需求者手中，才能发挥其效用和价值。超过时限就失去了意义，也就不再称为“应急物资”了。要保证应急物资快速到达，必须统筹公路、水路、铁路、民航、邮政等多种方式，建立应急运输“绿色通道”，全力保障各类应急物资运输畅通。

新冠肺炎疫情发生后，交通运输部门以防疫物资便利快速运输、应急运输通道不断为原则，对开展疫情防治应急物资运输车辆跨省通行高速公路，实行免收车辆通行费政策，并保障优先通行。2020年2月3日凌晨4时，一辆发自广州的冷链货车安全抵达武汉，车载的新型冠状病毒检测试剂盒和配套医疗设备顺利送到武汉医务人员手中，全程不到15个小时。这是广东交通运输部门打通应急物资运输“绿色通道”的一个缩影。建立应急运输绿色通道，需要明确各有关部门职责，协同推进。

（一）应急管理部门

应急管理部门要与交通运输、承储等单位建立紧急协同运输保障机制，推动建立应急运输“绿色通道”，保障重大突发事件时运输通畅高效。应急管理部门要建立应急联运机制，统筹协调物流企业参与应急物资运送，切实提高应急物资运输保障能力。可采取与大型物流企业签订应急物资运输协议等方式，强化双方信息共享、沟通交流及应急联系，充分利用社会资源，提高物资快速保障能力。

（二）交通运输部门

交通运输部门负责做好应急物资运输运力准备，开通“特事特办”审批“绿色通道”，迅速发放应急物资运输通行证，组织沿线收费站点免收车辆通行费，服务区做好优先加油、加水、餐饮、住宿、车辆维修等公路通行服务保障工作，并及时将有关信息告知沿途各交通运输部门，确保应急物资运输不停车、不检查、不收费和优先便捷通行“三不一优先”，快速送达救灾一线。

（三）铁路、民航、邮政部门

铁路、民航、邮政等部门收到应急物资后，应第一时间通过“绿色通道”装运，确保及时送到目的地。邮政部门要开通“绿色通道”，调度运力资源，协调寄递企业积极为灾区运送应急物资。

（四）物资储备仓库

物资储备仓库应当做好物资调运的准备工作，可提前与物流机构签订运输协议，确保随时提供运输车辆，车况良好，保险齐全，严禁超载，同时对司机进行安全教育；仓库应签订搬运协议，保障物资顺利装车，对搬运人员进行培训、安全教育，并购买保险；司机和押车人员保持手机畅通，随时报告行车情况及到达地点；运送应急物资时，应做到每台车辆（车厢）成套运输物资，避免运至应急处置现场的物资出现部件缺少或不配套等问题。

五、应急援助兄弟省（区、市）响应机制

为积极落实全国“一盘棋”应急响应要求，确保兄弟省（区、市）遭受严重自然灾害时能及时得到必要的应急援助，有的省（区、

市）如广东制定了应急援助响应机制。

（一）应急援助响应启动条件

当兄弟省（区、市）遭受严重自然灾害，国家减灾委、应急管理部根据《国家自然灾害救助应急预案》对受灾地区启动救灾应急响应，或经研判认为有必要实施援助的，立即启动应急援助响应机制。

（二）应急援助响应范围

广东对口支援地区、东西部协作地区以及与广东签订对口合作协议的省份。

（三）应急援助标准

参照《国家自然灾害救助应急预案》有关要求和标准，国家对上述地区启动自然灾害救助应急响应时，广东启动相应的援助应急响应，以省委、省政府名义发出慰问电，并给予资金援助：

1. 国家启动Ⅳ级救灾应急响应的，援助300万元人民币；
2. 国家启动Ⅲ级救灾应急响应的，援助400万元人民币；
3. 国家启动Ⅱ级救灾应急响应的，援助500万元人民币；
4. 国家启动Ⅰ级救灾应急响应的，援助数额另定。

（四）应急援助响应启动程序

广东应急管理部门负责关注国家减灾委、应急管理部发布的救灾应急响应，收集当地有关灾情信息，主动与应急管理部及受灾地省（区、市）应急管理部门联系了解灾区受灾情况，经综合研判，制订应急援助方案上报省委、省政府。对于国家启动相应救灾应急响应，并有明确援助标准的，由广东应急管理部门直接报批；对国家未启动相应救灾应急响应，属于经研判认为需要援助的，由广东应急管理部门会同省财政等相关部门研究提出援助方案后报批。

2020年7月，受强降雨和长江来水影响，江西省汛情严峻。广东及时启动全国“一盘棋”应急响应机制，向江西省发去慰问电，援助300

万元，抢险车队驰援江西抗洪。江西省专门向广东省发来感谢电，表示感谢和敬意。

【案例摘编】

广东派出抢险车队驰援江西抗洪

2020年7月，受强降雨和长江来水影响，江西省汛情严峻。广东及时启动全国“一盘棋”应急响应机制，密切关注长江中下游汛情变化情况，并在人员、物资方面提前做安排，随时准备调运支援。

接到江西省防汛办请求后，广东省三防办、省应急管理厅在省水利厅和广州、深圳、珠海、佛山等市的大力支持下，全力以赴，不到2个小时就协调出7辆排水抢险车辆于广州集结，这些大功率排水抢险车辆，主要用于迅速排减内涝洪水，曾在广东应对强台风“山竹”的抢险救灾中发挥重要作用。

7月16日晚，伴随一声令下，总排量达22500m立方米/小时的7台大功率排水抢险车辆、8台保障车辆，载着48名支援人员从广州出发，连夜奔赴江西。救援队一共出动了7台排涝抢险车、1台通信保障车、8台后勤保障车，包括：广东省三防物资储备中心的3000立方米/小时龙吸水抢险车1台，广州市城市排水有限公司的1500立方米/小时龙吸水抢险车1台、1000立方米/小时龙吸水抢险车1台，后勤保障车3台，深圳市广汇源水利建筑工程有限公司的4500立方米/小时大型泵车1台，珠海市应急管理局总流量3400立方米/小时抢险排水泵车1台，佛山市盈浩排水建设管养有限公司总排水量5200立方米/小时应急排涝车1台。另配置六台便携式潜水泵。

支援江西抗洪期间，广东省应急管理厅两次先后抽调91人、11台抢险排涝车和11台保障车，分为两批次抵达江西省永修县三角联圩水上公路、白沙村作业点执行排涝抢险，连续奋战44天，共排水1452.6万立方米，圆满完成了排涝抢险任务，有力支援了江西抗洪抢险工作，得到了广东省、江西省、应急管理部领导的高度肯定和一致赞许。

第四节
精准掌握灾情

全面、准确、客观的灾情信息是积极有效开展各项抗灾救灾工作，最大限度地减少灾害损失，保护人民群众生命财产安全的重要保证。做到精准应灾，首先要做好灾情调查统计、精准报告灾情信息。灾情信息包括突发性自然灾害情况、干旱灾害情况、冬春期间受灾人员生活困难情况、全年灾害损失情况等四大类。

一、灾情调查统计

自然灾害灾情调查统计内容包括灾害损失情况、救灾工作开展和受灾人员冬春救助情况两大类。特别是灾害损失情况统计是开展精准恢复重建工作的前提和基础，要做到底数清、情况明，才能对症下药，精准施策。

（一）灾害损失情况

灾害损失情况统计主要包括灾害发生时间、灾害种类、受灾范围、受灾人口、因灾死亡失踪人口、紧急转移安置人口、需紧急生活救助人口（旱灾为因旱需生活救助人口、因旱饮水困难需救助人口）、农业受灾和绝收面积、倒塌房屋户数和间数、严重或一般损坏房屋户数和间数、灾害造成的直接经济损失等。其中，受灾人口统计范围包括本级行政区域内的常住人口和非常住人口。

（二）受灾人员救助情况

受灾人员救助情况统计主要包括启动响应等级和次数、发放自然灾害救助资金（分为应急期生活救助资金、遇难人员家属抚慰金、过渡期生活救助资金、恢复重建补助资金、旱灾救助资金、捐赠资金、冬春生活补助资金）、发放救灾物资种类和数量、需救助和已救助人口、需重建和已重建住房间数和户数、需维修和已维修住房间数和户数等。

二、灾情调查实施

应急管理部门按照《中华人民共和国统计法》及《自然灾害情况统计制度》的规定，开展自然灾害情况统计报送工作。

（一）主责部门

应急管理部门是灾情统计的主责部门。自然灾害情况统计工作由各级应急管理部门组织、协调和管理，相关涉灾部门按照要求提供本行业的灾情及其他相关数据，并接受同级政府统计机构的业务指导。应急管理部门负责自然灾害情况的汇总工作，组织开展阶段性灾情和重特大灾情的会商核定工作，向上级部门报告灾情和救灾工作信息。

（二）统计要求

1. 数据真实。不得瞒报、虚报、漏报、迟报，不得伪造和篡改，应当严格执行有关自然灾害统计报表表式、指标设置、统计口径等规定。

2. 分工合作。针对启动省级救灾Ⅳ级以上（含Ⅳ级）应急响应的重特大自然灾害以及灾情年报，应急管理部门负责自然灾害损失情况统计表（主表）、救灾工作情况统计表、因灾死亡失踪和倒塌损坏住房一览表的填报，相关涉灾部门负责自然灾害损失情况统计表（附表）的填报，相关涉灾部门须及时将数据共享至应急管理部门汇总。

3. 特灾特报。对于启动国家Ⅰ级救灾响应或国务院作出特殊要求的重特大自然灾害，自然灾害情况统计工作按照《特别重大自然灾害损失统计制度》进行填报。

（三）灾情核查

应急管理部门须建立健全灾情核查制度。根据灾情情况，分级负责，派出核灾工作组。针对启动省级救灾Ⅳ级以上（含Ⅳ级）应急响应的自然灾害，省级应急管理部门组织核灾工作组赴灾区核查核定灾情。重特大灾害稳定后、每月底及每年底，地方各级应急管理部门与相关涉灾部门及时会商核定灾情。

三、灾情统计规范

灾情统计报告工作实行分级管理和逐级报告制度。对于造成重大或者较大人员伤亡、财产损失的，受灾地区应急管理部门同时直接报告省级应急管理部门；对于造成特别重大或者重大人员伤亡、财产损失的，受灾地区应急管理部门应同时直接报告省级应急管理部门和应急管理部。

（一）自然灾害快报

快报主要反映自然灾害发生、发展和救援救灾工作情况，分为初报、续报和核报。

1．初报。本行政区域内发生自然灾害后，县级应急管理部门在灾害发生后的2小时内，将反映灾害基本情况的主要指标向地市级应急管理部门报告（含分乡镇数据），包括灾害种类、发生时间、受灾人口、因灾死亡失踪人口、紧急转移安置人口、需紧急生活救助人口等。地市级应急管理部门在接到县级报表后，应在2小时内审核、汇总数据，并将本行政区域汇总数据（含分县数据）向省级应急管理部门报告。省级应急管理部门在接到地市级报表后，应在2小时内审核、汇总数据，并将本行政区域汇总数据（含分地市、分县、分乡镇数据）向应急管理部报告。

对于造成3人以上、9人以下死亡（含失踪）的自然灾害，县级应急管理部门应在灾害发生后2小时内，同时上报省级应急管理部门；对于造成10人以上（含10人）死亡失踪等灾情严重的自然灾害以及敏感灾害信息、可能引发重大以上突发事件的信息、社会舆论广泛关注的热点和焦点灾害事件等，县级应急管理部门应在灾害发生后2小时内，同时上报省级应急管理部门和应急管理部；报告方式可通过电话、传真、微信、短信或报灾系统等上报。接到应急管理部要求核实信息的指令，地方各级应急管理部门应及时反馈情况。对具体情况暂不清楚的，应先报告事件概要情况，随后组织调查反馈详细情况。原则上，电话反馈应在接到指令后30分钟内完成，书面反馈（包括传真、微信、短信等方式）应在接到指令后1小时内完成。

2. **续报**。在灾情稳定前，省、市、县三级应急管理部门均须执行24小时零报告制度。即灾害发展过程中，地方各级应急管理部门每24小时须上报一次灾情和救援救灾工作动态，即使数据没有变化也须上报，直至灾害过程结束。

3. **核报**。灾情稳定后，应急管理部门组织力量，全面开展灾情核定工作，并逐级上报。县级应急管理部门应在5日内将经核定的灾情（含分乡镇数据）向地市级应急管理部门报告；地市级应急管理部门在接到县级报告后，应在3日内审核、汇总，并将本行政区域汇总数据（含分县数据）向省级应急管理部门报告。

（二）自然灾害情况年报

自然灾害情况年报主要反映全年因自然灾害造成的损失情况及救灾工作情况，可分为年报初报和年报核报两种方式。

1. **年报初报**。县级应急管理部门应在当年9月下旬开始，初次核查本年度本行政区域内的灾情数据（含分乡镇数据），于10月15日前上报地市级应急管理部门。地市级应急管理部门接到县级应急管理部门报告后，及时核查、汇总数据，于10月20日前将本行政区域内的汇总数据（含分县数据）上报省应急管理部门。

2. 年报核报。县级应急管理部门应在当年12月下旬开始，组织核查本年度本行政区域内的灾情（含分乡镇数据），于下年1月10日前上报地市级应急管理部门。地市级应急管理部门接到县级报告后，及时核查、汇总数据，于1月15日前将本行政区域的汇总数据（含分县数据）上报省应急管理部门。

灾情信息一般通过国家自然灾害灾情管理系统网络报送。该系统以乡镇（街道）为统计录入单位，县级以上地方应急管理部门为上报单位，包括数据报表和文字报告两部分，有条件的同时报告图片和多媒体信息。系统网络中断时可通过电话、短信、传真、邮件及新媒体等方式先行报送，网络恢复正常后立即补报。紧急情况下，可先通过电话口头报告，再书面报告。涉密信息报送应遵守相关规定。

四、应急生活救助

社会救助是指国家和社会对由于各种原因而陷入生存困境的群众，给予财物接济和生活扶助，以保障其最低生活需要的制度。与社会救助不同，应急生活救助重点是解决受灾群众在口粮、衣被、取暖等方面遇到的基本生活困难，以维持其基本生活需求，保障其最低生活水平。生活救助包括过渡期生活救助和冬春生活救助。

（一）过渡期生活救助

过渡期生活救助是指在应急救助阶段结束后，对于基本生活仍存在困难的受灾群众给予一定时期的救助。过渡期生活救助是完成恢复重建之前的安置工作，是妥善安排受灾群众、维护社会安定、保障自然灾害应急救助向灾后恢复重建平稳过渡的重要阶段。

1. 确定救助对象。过渡期生活救助的对象是指因自然灾害造成房屋倒塌或严重损坏，无房可住、无生活来源、无自救能力（上述三项条件必须同时具备），需政府在应急救助阶段结束、恢复重建完成之前帮助解决基本生活困难的人员（含非常住人口）。根据救灾工作实际，以下五类受灾群众一并纳入过渡期生活救助范围：

（1）房屋因灾倒塌需要长期安置的；

（2）农作物严重绝收的；

（3）赖以生存的家庭财产严重损毁或被冲走的；

（4）种植业、养殖业造成重创，导致基本生活出现困难的；

（5）长期集中安置或分散安置无法返回家里的。

2. 建立工作台账。灾情稳定后，应按照“户报、村评、镇审、县定”的程序确定过渡期生活救助对象，建立工作台账。对享受救助的户主姓名、身份证号、家庭类型、家庭人口、需救助情况、救灾款物发放情况登记在册，建立台账，一户一档，并做好信息公开，接受社会监督，确保救助工作档案齐全，手续完备，阳光透明。

3. 发放生活救助资金。根据因灾过渡期生活救助工作台账，确定受助对象，发放补助资金。救助资金社会化通过涉农补贴资金“一卡（折）通”直接拨付到受灾群众手中。

（二）冬春生活救助

冬春生活救助是指各级政府对因自然灾害造成冬春期间存在口粮、饮水、衣被、取暖、医疗等基本生活困难的受灾人员所给予的生活救助。冬春生活救助分冬令和春荒生活救助，冬令救助时段为当年的12月至次年的2月，春荒救助时段为次年的3月至5月。大灾之年可根据情况适当延长救助时段。冬春生活救助时间跨度长，在帮助受灾困难群众温暖过冬、维护灾区和谐稳定等方面发挥着重要作用。

1. 全面摸清底数。要组织安排力量，采取入户查看、邻里走访等形式，全面核查统计受灾群众家庭生活困难情况，摸清受灾群众自救能力以及口粮、衣被、取暖等方面存在的困难和需求。按照受灾群众困难类型、救助需求种类和数量、需救助时段进行分类，全面掌握受灾群众冬春需救助底数，规范填报《受灾人员冬春生活需救助情况统计表》。

2. 组织需求评估。初步掌握受灾群众救助需求第一手资料后，应组织相关部门开展冬春生活救助需求评估工作。要重点评估分析灾情影响、受灾群众自救能力及困难、分项需求等，做到理由充分、重点突出，为科学规范开展冬春生活救助工作奠定基础。

3. 科学制订方案。结合上级补助和本级配套的救助款物总量、受灾人员困难程度、需救助人数和需救助家庭人口数等情况，制订冬春生活救助工作实施方案，明确救助范围和对象，科学确定冬春生活救助实施标准及程序等。

4. 实施精准救助。冬春生活救助工作不是“撒胡椒粉”，不搞平均主义。应突出重点区域救助，重点支持欠发达地区、贫困山区、革命老区、原苏区、民族地区冬春生活救助工作。要突出重点人群救助，精准把脉，精准帮扶，特别是要重点做好因灾致贫返贫、倒房重建户，受灾低保户、五保户、困难户、残疾人家庭冬春生活救助工作。

5. 加强监督检查。密切关注冬春生活救助工作进展情况，加强督促检查和跟踪问效。在冬春生活救助时段内或救助时段结束后，要组织力量采取随机抽样调查等方式，对受灾群众生活救助效果进行评估，及时发现解决工作中存在的困难和问题，提出改进措施，加强对实际救助效果的绩效评估，及时应验工作成效，不断提高冬春生活救助水平。

应急管理部门重点聚焦灾后应急和过渡期救助，民政部门聚焦长期、兜底保障救助。应急管理部门要牵头统筹协调，会同民政部门制订工作计划，充分发挥两个部门各自优势，共同做好受灾群众基本生活保障工作。

五、灾害信息员管理

灾害信息员队伍是国家防灾减灾救灾人才队伍的重要组成部分，是提高灾情信息报告时效、降低灾害损失和影响、保障人民群众生命财产安全的关键力量。要着眼新时代应急管理工作新使命、新要求，健全灾害信息员队伍管理机制，推动建立一专多能、覆盖全面、专兼结合的灾害信息员队伍。

（一）灾害信息员岗位职责

灾情统计报送是灾害信息员的主要职责。每个行政村和城乡社区至少设立1名灾害信息员，多灾易灾和重大灾害隐患地区可适量多配。灾害信息员要明确灾情统计报送和管理职责，建立值班制度，实行应急期24小时值班，确保人员在岗在位，通信网络畅通。

（二）灾害信息员保障机制

做好灾情统计工作，必须要有健全的保障机制。灾害信息员队伍要保持稳定。应急管理部门要抓住“练在平时，用在战时”两个关键口，以训促练，平战结合，建立高素质的灾害信息员队伍。

1. 提供经费保障，改善工作条件。结合防灾减灾救灾工作形势和任务，按照分级负担的原则，将灾害信息员工作经费纳入政府购买服务范畴，为基层灾害信息员适当发放补助，并配备交通、通信等必要的技术装备，为基层灾害信息员创造良好的工作条件。

2. 利用信息化手段，提高工作绩效。以《国家自然灾害灾情管理系统》和手机报灾移动终端APP为基础，充分利用应急管理信息化系统，开发灾情预警发布、信息快速收集、统计实时快报、文件图像传输、讯息联通和视频语音调度等功能，利用一键通实现人员到位提醒、工作岗位传呼、透明化监管和识别纠偏等，全息化管理灾情工作各个环节，有效提高灾害信息的及时性、准确性、全面性。

3. 建立常态化培训机制，开展灾害信息员培训。应急管理部门要建立常态化灾害信息员培训机制，按照“下沉两级”的原则，应训尽训，灾害信息员参训率要达到100%。要重点加大乡镇（街道）、村（居）灾害救助和信息员培训力度，确保各级灾害信息员每年度至少参加一次专题培训，稳定基层灾害信息员队伍。可以依托福彩和其他社会公益金，为基层社区灾害信息员提供岗位培训补助，将社区灾害信息员纳入社工培训和奖励体系，保障基层社区灾害信息工作持续发展。

4. 建立灾害信息员社会化服务机制，创新灾害信息员管理方式。积极引入市场化管理经验，通过公开招投标、项目化管理等多种方式，创新灾害信息员管理方法和途径。还可动员社会力量，依托社会组织，鼓励、吸纳保险公司和其他机构共同参与灾害信息员职业化建设，建立灾害信息员合理获取市场服务报酬的机制，逐步形成政府购买服务与社会力量共同参与的灾害信息员社会化服务体系。

（三）灾害信息员工作要求

在灾前，灾害信息员队伍担负着宣传普及防灾减灾救灾知识、提高群众防灾减灾技能的工作；在灾时，灾害信息员队伍可以及时发出灾情预警，转移安置受灾群众，保障群众生命财产安全；在灾后，灾害信息员队伍及时报送灾情数据，为灾后救助等工作提供最基础的决策依据。同时，承担灾后救助和恢复重建等工作任务。灾害信息员是解决灾害预警信息传递“最后一公里”瓶颈问题和确保灾情信息及时准确上报的重要力量。如何当好灾害信息员？

1. 熟悉灾情统计报送。灾害发生后，灾害信息员要严格按照《自然灾害情况统计制度》要求，在灾后2小时内将本地区灾害情况统计、汇总、审核，并报上一级。对于造成10人以上人员死亡（含失踪）或房屋大量倒塌、城乡大面积受灾等严重损失的自然灾害，以及社会舆论广泛关注的热点和焦点灾害事件等，灾害信息员应在接报后立即电话上报初步情况，随后动态报告全面灾害情况。灾情稳定前，实行24小时零报告制度。接到应急管理部要求核实信息的指令，灾害信息员应及时反馈情况，对具体情况暂不清楚的，应先报告事件概要情况，随后反馈详情。原则上电话反馈时间不得超过30分钟，书面反馈（包括传真、微信、短信等方式）时间不得超过1小时。

2. **熟悉灾情台账管理。**灾情台账是实施灾后救助的主要依据，灾害信息员对于因灾死亡失踪人员和房屋倒塌情况，应按照灾情统计制度要求，及时填报《因灾死亡失踪人口一览表》《因灾倒塌损坏住房户一览表》，加强台账管理。灾害信息员应按照“国家自然灾害灾情管理系统”规定格式和要素填报各项信息，包括灾害发生时间、地点、灾种、影响范围、灾情损失、因灾死亡失踪人员台账（有具体死亡失踪原因描述）、灾害发展趋势、处置情况、拟采取措施和下一步工作建议等要素。

3. **熟悉灾情核查核定。**灾情稳定后，灾害信息员要及时做好本地灾情核查核定。省、市、县级灾害信息员对于可能达到启动本级应急响应级别的重大灾情，要报请本级应急管理部门牵头组织灾情会商核定，并逐级建立同本级涉灾部门的会商核定机制，确保各涉灾部门灾情数据准确、口径一致。

具体来看，做好灾情报送工作，要做到“八个要”：

一要有敬业精神和专业素质。要充分认识灾情统计重要意义，认真履行岗位职责的要求，具备专业素质。

二要熟悉统计制度规定。掌握快报、年报两类灾情报表要求。灾情快报：初报→续报→核报；灾情年报：初报→核报。掌握冬春生活救助报表要求：10月份需救助→ ，3月份已救助→ ，6月份已救助。

发生重特大灾害时，单独填报其他报表格。

三要熟练掌握报表内容。了解报表中各项指标的释义，掌握数字逻辑关系，测算评估的各项指标数值应符合实际。

四要熟练掌握三个台账填写：因灾死亡（失踪）人口台账、因灾倒塌损坏住房户台账、受灾群众冬春生活政府救助人口台账。

五要熟悉本地基本情况。熟悉本地区自然环境、地理概貌，掌握山地、河流流域面积、地质灾害点分布、山塘水库下游等灾情易发地居民人口数，熟知各季节本地区常发灾害，掌握救灾基础数据。

六要把握报灾关键要素。有灾必报，报灾必须有灾，科学评估统计上报灾情，把握因灾伤亡人口、因灾转移安置人口、农房倒塌和损坏情况等关键要素，冬春救助要重点把握因灾缺粮人口数量等要素。

七要熟悉计算机网络应用。掌握计算机基本应用技术，掌握报灾系统软件使用。

八要及时上报救灾工作情况。及时反映灾害发生地的行动、成效和下一步计划及需求。

第五节 精准恢复重建

2020年7月17日，习近平总书记在中共中央政治局常务委员会研究部署防汛救灾工作会议上指出，要精心谋划灾后恢复重建，及时下拨救灾资金，调运救灾物资，尽快恢复灾区生产生活秩序，及时抢修水电、交通、通信等基础设施，组织带领受灾群众恢复生产、重建家园。做好恢复重建，直接关系到受影响群众的切身利益和灾区的长远发展。做好恢复重建各项工作，应科学统筹、提前谋划、精准施策。同时，通过恢复重建，既要复原社会生产生活，又要推动经济社会发展，提高社会的公共安全度。

一、恢复重建原则

灾害事故给人类带来磨难，同时又促使人类更加自觉地去认识和把握自然规律、增强抵御自然灾害能力，进而推动人类文明进步。灾区恢复重建不是简单恢复，而是要有质的提高。正如恩格斯说："没有哪一次巨大的历史灾难，不是以历史的进步为补偿的。"恢复重建是一项负责的系统工程，要科学规划，精心组织实施。恢复重建要遵循以下原则：

（一）人民至上、生命至上

关爱受事故灾难影响的人员，以确保受害人的安全为前提，把保护人的生命健康和安全作为恢复与重建的首要任务，切实把确保人民生命安全放在第一位、落到实处。

（二）政府主导，公众参与

政府要起到主导作用，组织有关部门，调动各种资源，尽快恢复灾区的生产生活秩序，消除灾害事故所带来的影响。同时，在恢复重建阶段，要积极开展社会动员，鼓励灾区社会公众开展灾后自救互救，必要时，号召其他地区的社会公众向灾区捐款捐物。

（三）全面恢复，突出重点

恢复重建不仅要整体规划，全面消除灾害事故对社会、环境、经济乃至社会公众心理的影响，还要分步实施，突出复原对灾区至关重要的生命线系统。

（四）因地制宜，着眼长远

要结合影响区域的实际情况和特点，因地制宜开展恢复重建工作。充分考虑经济、社会、文化、自然和民族等各方面因素，合理确定重建方式、优先领域和建设时序。既要立足现实，又着眼长远，有计划、分步骤地推进恢复重建。

二、恢复重建过程

恢复重建工作短则数月，多则持续数年。恢复工作具体可以分为短期恢复重建与长期恢复重建两大类。

短期恢复重建在事件处置活动结束后就立刻实施，并可在短期内起到立竿见影的效果。如为受灾群众提供基本公共卫生服务，恢复受损的管道、桥梁、电线、道路等关键设施、为灾民提供临时住房等。

长期恢复活动可能持续数月或数年，主要目的是使生产生活全面恢复到灾前状态或更高水平。如制订灾区经济恢复计划，促进灾区经济增长；提高建筑标准，改变土地用途；推进基础设施建设，增强抗灾毁能力；进行历史遗迹保护等，往往从经济社会整体发展的高度进行全面规划，以期促进灾区经济发展，增强防灾减灾能力。

一般地说，恢复重建的过程包括准备、计划、实施、验收、总结等五个阶段。

（一）准备阶段

建立事故灾难恢复重建领导小组，提供组织保障，对受灾地区的状况进行全面评估，并做出损失评估报告。如河源把灾后复产重建工作作为头等大事，按照“党委领导、政府主导”“市级统领、县区主体”的原则，成立以市委书记、市长为“双组长”的工作领导小组，下设指挥部和9个工作组，上下联动、对口衔接、统筹协调，有力有序有效开展灾后复产重建工作。

（二）计划阶段

恢复重建领导小组根据损失评估情况，制定具有针对性的恢复重建计划，并向执行部门和社会公众公布。

（三）实施阶段

动员、准备、整合各种资源，实施恢复重建计划。

（四）验收阶段

对恢复重建工作进行验收与评估。

（五）总结阶段

对恢复重建工作进行总结，并将经验及教训纳入未来防灾减灾的规划中。

三、恢复重建要求

做好恢复重建，直接关系到受影响群众的切身利益和灾区的长远发展。如果各行其是、盲目蛮干，将给长远发展带来隐患。必须坚持精准善后、精准评估、精准制订实施方案、精准拨付重建资金，积极稳妥做好恢复重建各项工作。

（一）救灾善后要精准

善始容易善终难。抢险救灾停止执行，并不意味着导致灾害发生的原因、灾害可能产生的危害都已完全消除。在某些情况下，一起灾害还可能引发其他灾害，形成复杂的灾害链，产生系统性危害。因此，在停止实施抢险救灾应急措施后，仍需采取必要措施，巩固抢险救灾成果，避免发生各种次生、衍生事件，为尽快启动恢复重建，推动灾区和灾区群众恢复正常生产、生活秩序奠定良好基础。

（二）损失评估要精准

灾害损失评估是开展精准恢复重建工作的前提和基础，只有做到底数清、情况明，才能对症下药，精准施策。在实际工作中，由于灾害损失评估与灾后重建资金分配直接相关，受损方通常倾向于多报损失。如若灾害损失评估不够科学精准，无法保证恢复重建资金分配公平与权威，有关方面可能会“向上要钱”。

在进行灾害损失评估时，要做到综合考量，认真评估因灾伤亡人数、需要安置人数和灾害中各种设施设备的损失情况、公私财物的损失情况等。在方法上，灾害损失评估既要利用传统以人力为主的老办法，也可充分依托互联网、大数据、物联网、云计算、人工智能等现代信息技术手段，增强灾害损失评估的及时性、全面性、准确性。

（三）组织重建要精准

要在全面调查统计和掌握灾情基础上，科学组织恢复重建。要摸清底数，统筹当前与长远、生活与生产、经济发展与生态保护，促进灾区经济社会全面协调可持续发展。要精准制订实施方案，实施方案要立足灾区实际，遵循自然规律和经济规律，区分轻重缓急。

重建项目要科学安排，分类精准指导。恢复重建要优先推进受灾群众最关心、最急需、最迫切的灾后重建项目。与受灾群众关系最密切的损毁道路、桥梁应及时修复；对受损房屋，按受损情况分类处理，该加固的及时加固，该重建的及时列入重建范围，抓紧组织实施；对关系农业生产的水毁江河堤坝、水利灌溉等水利工程要尽快修复。对于关系长远的重大工程建设、重要基础设施、城市内涝治理、防灾减灾体系建设等，要尽早谋划，论证成熟的可及时纳入有关规划中统筹考虑。

（四）资金拨付要精准

恢复重建资金不能“大水漫灌”，一定要做到精准，有侧重点，坚决克服盲目性和随意性，不能盲目攀比、贪大求洋，不能搞华而不实的“形象工程”和“政绩工程”。上级部门用于恢复重建项目的补助资金，要精准到每个项目，精准到每座桥梁、每个堤坝、每条道路，把钱用在“刀刃”上。

如2019年6月，受“6·10”“6·12”特大洪涝灾害影响，河源市灾情严重，广东省政府下拨资金近20亿元，点对点用于河源市的地质灾害应急治理、房屋重建修缮、交通基础设施修缮、农林水基础设施修复、环卫设施修复、教育卫生气象设施设备、受灾贫困户复产重建等94个省级灾后重建补助项目。在这些灾后补助项目带动下，河源精准推进恢复重建工作，取得明显成效。

【案例摘编】

河源推进精准恢复重建工作

2019年6月9日至13日，河源市遭到特大暴雨袭击，接连经受了“6·10”“6·12”两次有记录以来最严重洪涝灾害。连平县、龙川县遭受重创，和平县、东源县灾情较重，其余县区不同程度受灾。这次灾害特点是短时降雨较大、江河流量大，洪水急、破坏性强，受洪水围困和山体滑坡灾害影响范围广、面积大、程度深。该市88个乡镇38.76万人受灾，死亡人数21人，转移受灾群众51135人，倒塌房屋5785间，农作物受损面积27.88万亩，全市直接经济总损失约37.41亿元。

为帮助河源市推进恢复重建工作，根据河源市政府请求，广东省政府下拨省级灾后补助资金18.4亿元，点对点用于补助重建项目。截至2020年10月26日，69个省级交通公路灾后重建补助项目总投资14.5亿元，完成总进度85.7%，已完工59个，除国道G105线连平县内莞镇显村段改线工程项目外，其他项目将于2020年底前完工。其中，紫金桥项目已完成投资2.53亿元，2020年底可通车。总投资0.7亿元的7个省级农业水利灾后重建补助项目已全面完工，水毁农业设施已全面修复，完成复产农作物面积19.5万亩、补种改种面积30.32万亩。连平县大席河治理工程、龙川县铁场河治理工程、和平县浰江治理3个省级灾后重建补助项目总投资2.1亿元，已全部完成建设。15个地质灾害类项目总投资1.1亿元，完成总进度90%，已完工8个，其余7个将于2020年底前完工。

灾区生产生活全面恢复正常。按照“五有”标准妥善安置群众，发放自然灾害生活救助资金6286.8万元，确保38.76万受灾群众得到全覆盖、全方位救助。2020年春节前完成了540户因灾“全倒户”房屋重建、1258户“严损户”房屋修缮。修复104个农村饮水工程并实现通水，保证了灾区供水安全。因灾致贫、返贫人员全部脱贫，人居环境显著改善，龙川县贝岭镇米贝村57户地质灾害避让搬迁安置户全部入住新建成的安置小区，影响百人以上的地质灾害隐患点2020年底前可完成治理。

与此同时，河源市全面加强安全隐患全面排查整改，加快治理水库隐患、地质灾害，大力推进农村防灾减灾“十有”建设，防灾减灾信息化水平大幅提升，通过恢复重建，有力提升了全市防灾减灾水平。

在恢复重建工作中，要注重“三个结合”，即将灾后重建与实施乡村振兴战略相结合、与新农村建设相结合、与发展乡村旅游相结合，同步推进，同步实施，全面推动恢复重建工作。

一是恢复重建与实施乡村振兴战略相结合。恢复重建与实施乡村振兴战略有机衔接、工作有机对接、政策有机联接，把恢复重建项目与“千村示范、万村整治”工程、现代农业园区建设工程、人居环境整治等结合起来，一体推进。

二是恢复重建与新农村建设相结合。恢复重建参照新农村建设标准，在新农村总体规划框架下，统筹考虑衔接配套，统筹灾后住房重建与生态村居建设、家园重建与产业发展，以新农村建设助推恢复重建。

三是恢复重建与发展乡村旅游相结合。在恢复重建中，挖掘传统的文化习俗资源、生态环境资源、人文风情资源、文化古迹、现代文明资源等，突出资源效益最大化，找到恢复重建、资源开发之间的结合点，打造旅游目的地，以乡村旅游带动恢复重建。

河源市龙川县贝岭镇米贝村在进行重建规划设计时，按照乡村振兴战略及新农村建设原则，建设了3栋14层共74套安置房，安置该村因房屋倒塌、受损及受地质灾害威胁需搬迁的群众。安置小区从2019年9月底进场施工建设，到同年12月上旬安置小区大楼封顶，用时仅45天。2020年6月12日，米贝村灾后房屋重建安置小区（米贝新村）落成投入使用，该村57户因灾避让需要搬迁的群众喜迁新居。安置小区内拔地而起的3栋14层高的电梯楼，如今成了米贝村的新地标。米贝村也成为恢复重建与乡村振兴、新农村建相结合的一个范例。

四、恢复重建措施

2013年5月，习近平总书记在芦山地震灾区考察时强调，灾后重建既要考虑灾区原有发展基础、资源禀赋，又要充分利用恢复重建提供的机遇，高起点、高标准建设，高度重视产业升级、节能环保，努力实现恢复重建和经济社会发展双赢。要在灾害损失评估基础上，及时制订出台指导意见或灾后恢复重建规划，制定扶持该地区有关行业发展的优惠政策，力求灾区生活环境与社会环境达到或超过灾前标准。

（一）恢复社会秩序

恢复社会秩序主要是恢复社会正常的生活、生产和社会治安秩序。对实施盗窃、抢劫、损毁公私财物，哄抢救灾物资，制造、散布谣言和虚假信息，手机短信和网络诈骗敛财，违法经营，阻碍执行公务等行为坚决予以打击，并依法从重处罚；情节较轻的，依照《中华人民共和国治安管理处罚法》予以处罚；情节严重，构成犯罪的，依法追究刑事责任。要有效威慑违法犯罪人员和破坏分子，迅速稳定事故灾难影响区域的人心。

（二）恢复公共设施

恢复重建工作的首要基础工作是恢复各类公共设施的运行，特别是交通、通信、供水、排水、供电、供气、供热、广播、电视、学校及医院等公共基础设施的运行。公共设施的恢复应分轻重缓急，有计划、有步骤地开展。其中，水、电、气、热等与人民生活密切相关的生命线设施，应予以优先恢复；移动无线通信已经成为当代社会运行和人民生活须臾不可离的基础性服务，应予以优先恢复；与人民日常生活息息相关的学校和医院，特别是公立学校和医院的正常运行对于安定受影响区域的人心、增强受影响人群的信心有着重要作用，也需要尽快恢复正常运行。

（三）安置受灾群众

在受灾群众安置问题上，灾区政府应广泛听取受灾群众的意见，动员广大受灾群众积极参与，做到群智、群策、群力，既要考虑未来的风险因素，也要照顾受灾群众对既往生活环境的归属情怀，做到既合情又合理。同时，恢复重建应注意考虑少数民族的历史、风俗、文化、信仰，避免民族矛盾和民族冲突，同时保护好文物古迹和文化遗产。

由于我国老百姓有安土重迁的文化传统，因此灾区恢复重建应以原地安置为主、异地安置为辅。但是，对于原居住地灾后不再适宜居住或存在较大风险的，必须做耐心的思想工作，进行异地安置。同时，做好协调工作，防止受灾移民与迁入地当地居民产生矛盾。

（四）防范化解风险

在恢复重建的过程中，灾区在城市基础设施建设方面应统筹规划、合理安排，提高基础设施的建筑质量和抗风险能力，把以公共安全为核心的理念体现在城市的规划、建设与运行等环节：不符合公共安全标准的规划，不实施建设；不符合公共安全标准的建筑设施，不投入运行。由于城市关键基础设施相互依赖性强，在重新规划和建设过程中要体现“依靠高技术，又不依赖高技术”的思想，增强其可解列性，避免受灾时一损俱损。

（五）灾后心理干预

灾后心理干预是一项长期而细致的工作，不可能一蹴而就。许多人灾后的心理疾患具有较长的间歇期，需要长期观察与关注。特别是孤老、孤儿、孤残等弱势群体因被异地安置而可能出现心理问题。因此，不仅要防止社会公众因灾致病、因灾致贫，还要防范心理问题带来的公众生活质量下降，甚至是由此而引发的反社会行为。

（六）推动经济发展

社会生产和经济活动要尽快恢复。通过社会生产和经济活动的恢复，可以让人们恢复到正常的工作状态，保证人们获得收入可以维持生活需要，直接促进社会秩序的恢复。在恢复重建工作中，灾区要因势利导，努力消除灾害的负面影响，除旧布新、吐故纳新，在新起点上促进灾区经济社会发展。

（七）加强应急建设

在恢复重建中，灾区应及时、深刻、全面地总结应急处置的经验和教训。特别是，灾区应加强基层社会单元的应急能力建设，为基层救援力量配置一定的应急装备和物资，提升社会公众自救、互救技能。此外，灾区应适当保留灾害遗址、遗物和照片资料，建设公共安全教育基地，既可以为灾害科学研究创造条件，又可以警示后人、普及公共安全知识。

五、恢复重建职责

恢复重建工作涉及部门多、环节多，任务重、时间紧，应急管理部门应发挥统筹协调作用，协调住房城乡建设、自然资源等部门共同参与，健全恢复重建协调联动机制，整合各方重建资源，齐抓共管、协同配合，形成恢复重建工作的强大合力。

（一）应急管理部门

负责建立因灾倒损居民住房恢复重建工作机制，按照“一户一档”要求，建立县、镇、村三级工作台账，做到重建对象精准。应急管理部门充分发挥牵头抓总作用，主动协调财政、自然资源、住建、税务、金融、保险等单位，在资金筹措、用地指标安排、建设规划、税费减免、保险理赔等方面给予支持。

（二）财政部门

负责及时下拨恢复重建补助资金，加快资金拨付进度，确保资金快速到位。

（三）住房城乡建设部门

负责开展重建房屋损毁鉴定，对因灾倒损房屋的毁坏程度进行鉴定，出具鉴定报告，作为确定重建对象的科学依据。

（四）自然资源部门

负责对山边水边村部结合部地址灾害隐患风险进行排查，及时组织对隐患风险进行治理，努力遏制新增削坡建房隐患。

（五）供电、供水部门

负责做好重建工作水电供应，充分保障重建对象用水用电、生产生活秩序稳定。

六、开展救灾捐赠

开展捐赠活动是帮助受灾群众恢复生产、重建家园的重要途径。我国每遇重特大自然灾害发生，社会各界都会积极响应党和政府号召，举行全国性的救灾捐助活动，向灾区捐款捐物。捐赠活动也包括国际捐助，主要是各国政府和国际公益组织的捐款捐物，这已成为中国特色救灾体系的重要组成部分。救灾捐赠不仅为解决灾区群众生活困难起到了积极的作用，而且弘扬了中华民族扶贫帮困、团结友爱的传统美德，增强了社会凝聚力。

救灾捐赠工作启动后，需及时发布救灾捐赠公告，迅速启动救灾捐赠联动机制。应急管理部门联合红十字会、慈善总会等机构共同做好救灾捐赠工作，组织接收、统计和调配救灾捐赠款物，主动公开捐赠款物的来源、种类、数量和去向，自觉接受社会各界和新闻媒体的监督。应急管理部门应制订出台救灾捐赠管理办法，推动救灾捐赠工作规范化、法制化，广泛动员社会各界参与救灾捐赠工作。

七、救灾款（物）管理

救灾款（物）必须用于与救灾直接相关的事项。如果救灾款物来源于企业或社会的捐助，其使用还必须充分考虑捐赠人的意愿。救灾款物的管理使用政治性强、政策性强、敏感度高，要以对人民群众高度负责的态度，严守工作纪律，严格发放程序，加强监督检查，规范管理使用救灾款物，切实保障受灾群众基本生活。

（一）专款（物）专用

救灾款（物）主要用于保障自然灾害紧急抢险、转移安置灾区群众等应急救助和解决受灾群众无力克服的衣、食、住、医等生活困难救助，灾民倒房恢复重建和损坏房屋修缮，以及购置、加工及储运灾害救助物资的补助支出等。不得挤占、截留、挪用、盗用和贪污，不得实施有偿使用，不得提取周转金，不得用于扶贫支出，不得擅自扩大使用范围，必须保证救灾款（物）用于灾害事故的救助。救灾捐赠受赠人应指定救灾资金专用账户，进行专项管理，以确保专款（物）专用。

（二）及时发放

应急管理部门应紧紧围绕抗灾救灾中心任务和重点工作，快速、有序、精准地将救灾款（物）发放到受灾群众手中。根据灾害发生情况和灾区需求，制订救助物资发放方案，并动员社工、志愿者、社会组织参与救灾款（物）发放工作。救灾款（物）发放要及时公示、公开，确保公平、公正，发放应登记造册，建立包括户主姓名、受灾人口、物资名称及数量、联系电话等在内的领取台账。

（三）科学分配

救灾资金按照因素法分配，其中应急救助资金将受灾人口、紧急转移安置人口、倒塌民房间数、财政承受能力作为灾害应急救助资金分配指标系数；冬春生活救助资金将农业人口、需救助人数、受灾人口、财政承受能力，作为分配受灾群众冬春生活救助资金分配指标系数。应急管理部门应会同财政部门，根据当地救灾工作实际确定本行政区域应急救助资金、受灾人员冬春生活救助资金分配因素，科学分配安排救灾资金。

（四）明确标准

财政、应急管理部门根据本地区经济发展水平和财力，确定对受灾群众的救助项目和补助标准，保障受灾群众的基本生活。对遭受特大自然灾害的省（自治区、直辖市），中央财政给予适当补助，受灾群众生活救助资金由中央和地方按比例承担。广东自然灾害救助资金补助标准具体如下：

应急期生活救助：每人每天20元、救助期限15天。

过渡期生活救助：每人每天20元和1斤大米、救助期限3个月。

因灾“全倒户”重建补助：省财政对经济欠发达地区每户补助20000元（五保户、孤儿每户补助25000元）。

因灾“重损户”修缮补助：每户补助2000元。

因灾遇难（失踪）人员家属抚慰：每个遇难（失踪）人员20000元，发给其亲属。

受灾人员冬春生活救助：按人均150元的标准，实行分类救助。

（五）规范程序

救灾款（物）发放要严明工作纪律，规范工作程序，确保救灾款物安全发放。救灾款（物）申领发放通过“户报、村评、镇审、县定”确定需救助对象，并在村（居）委会宣传栏张榜公示，做到公开、公平、公正。救灾资金采取社会化发放形式，通过涉农“一卡通”及时、足额发放到受灾群众手中。要确保救灾资金专款专用，不能私自扩大使用范围。同时，要做好信息公开工作，主动接受社会和媒体监督。

应急管理部门应会同财政部门建立健全救灾资金使用监督检查制度，按规定对救灾款（物）进行定期或不定期监督检查，发现问题及时纠正。

第六节
精准配置保险

保险体系素来具有“减震器”之称，在防范自然灾害风险和抵御重大事故造成的损失方面具有显著的制度优势。灾害保险作为转移、分散灾害风险的有效金融手段，也是许多国家灾害风险管理体系的重要组成部分。

1666年9月2日晚，英国伦敦皇家面包店的烘炉引发了火灾，大火持续烧了5天，烧毁了约1.3万栋房屋和90座教堂，伦敦城80%被烧毁，财产损失在1000万英镑以上。伦敦大火的发生，为火灾保险观念的传播提供了一个契机，成为火灾保险发展史上有着特殊意义的事件。18世纪早期的美国费城很重视消防，在本杰明·富兰克林的领导下，费城人建立美国第一家火灾保险公司，开始了火灾保险与消防的结合，使火灾保险进入了一个新的发展阶段。进入19世纪之后，火灾保险更是从单一责任走向综合责任，机器大工业取代了工厂手工业，为了保障财产的安全，许多人开始购买火灾保险，火灾保险迅速发展，股份制的火灾保险公司开始大量出现。19世纪以来，火灾保险在整个经济生活中日益发挥着重要作用，承保范围亦不断扩大，使火灾保险开始向综合的财产保险形式转变。近年来，我国各地积极开展灾害保险的实践探索，并取得了一定成效，保险在灾害防御体系中发挥了重要作用。

一、灾害保险类型和作用

我国是世界上受自然灾害影响最严重的国家之一，灾害种类多，分布地域广，造成损失重。作为一种协助政府部门提升区域风险管理能力的解决方案，保险应运而生。

（一）保险类型

总结起来，我国目前的灾害保险类型主要有以下几种：

1. 农房灾害保险。为转移台风侵袭带来的重大灾害损失，浙江、福建两省于2006年开始大规模试点农房保险。目前，农房保险已覆盖全国所有省（市、自治区），台风、洪涝灾害频发且地质条件较为恶劣的广西、浙江、贵州、广东、福建、云南等省（区）业务规模较大。

在国内农房保险试点过程中，各省（市、自治区）结合实际创造了体现各自特色的农房保险运作模式：一是“政府补贴、全辖统保”模式，即由政府统一出资为本地符合条件的农村住房购买政策性保险；二是“政府补助推动、农户自愿参保”模式，即实行财政补贴与农户投保并行，实现政府责任与市场运作有效结合的市场化运作模式；三是“财政补基本、农户自提高”模式，即在政府统一投保的基础上，允许农户自愿出资购买政策性保险。

2. 农业灾害保险。农业保险是指专为农业生产者在从事种植业、林业、畜牧业和渔业生产过程中，对遭受自然灾害、意外事故及疫病、疾病等所造成的经济损失提供保障的一种保险。近年来，我国农业保险发展迅速，2016年10月，《国务院关于印发全国农业现代化规划（2016—2020年）的通知》，要求“扩大畜牧业保险品种范围和实施区域，探索建立水产养殖保险制度，支持发展特色农产品保险、设施农业保险”。

广东自2007年试点政策性能繁母猪养殖保险开始，至今已陆续推出了29项农业险种，仅2019年就增加了9项。农业险已覆盖水稻、蔬菜、水果、水产养殖、森林等主要领域，为农业农村发展提供了较为全面的保障。

3. 自然灾害公众责任险。自然灾害公众责任险又称为“自然灾害民生保险”“自然灾害救助补偿保险”，是指由政府统一向保险公司投保，当发生因自然灾害造成群众人身伤亡或失踪时，保险公司根据与政府签订的投保协议约定，对受灾群众进行补偿的保险形式。

自然灾害公众责任险保障对象由以辖区内户籍居民为基础，逐渐拓展至暂住人口、抢险救灾人员或见义勇为人员，保险责任也从最初自然灾害所致人身伤亡损失及医疗费用，扩展至无事故责任损失或义勇行为所造成的人身伤害等，延伸了自然灾害公众责任险的保障范围，提高了居民风险保障水平。

4. 巨灾保险。巨灾保险是指政府通过制度性安排，将因发生地震、台风、海啸、洪水等自然灾害可能造成的巨大财产损失和严重人员伤亡的风险，通过保险形式进行风险分散和经济补偿。

深圳市从2014年5月开始试点推行巨灾保险，引入了“共保体”承保模式，每年由市财政全额出资购买巨灾保险，保障该市行政区域内所有自然人在遭遇“天灾”侵害后得到一份灾害救助保险服务。据深圳市应急管理局公开数据显示，2019年，深圳市巨灾保险救助284人次（含人身伤亡救助16人次，转移安置268人次），支付救助理赔款426.698万元；使用防灾防损费用375万元。

5. 安全生产责任保险。安全生产责任保险是生产经营单位在发生生产安全事故以后对死亡、伤残者履行赔偿责任的保险。广东自2016年开始全面推行安全生产责任保险制度。2017年9月，广东省委、省政府出台《关于推进安全生产领域改革发展的实施意见》，明确提出在矿山、危险化学品、烟花爆竹等高危行业领域企业强制实施安全生产责任保险。2020年5月，广东省政府修订出台《广东省安全生产责任保险实施办法》，明确提出要充分发挥保险在安全生产中的作用，强化事故预防，并要求矿山、危险化学品、烟花爆竹、交通运输、建筑施工、民用爆炸物品、金属冶炼、渔业生产等“八大高危行业”领域的生产经营单位，应当按照国家规定投保安全生产责任保险。

据统计，截至2020年6月30日，广东全省安全生产责任保险参保企业约4万家，其中，“八大高危行业”领域参保企业约1.7万家；保费规模2.41亿元，保障额度1596亿元。全省形成了自主实施、“共保体”“共保体＋保险经纪”“互联网＋安全生产责任保险＋风控服务”等多种实施模式。

（二）保险在灾害事故中的作用

灾害保险实质上就是风险责任保险。利用强大的保险市场及丰富的金融工具应对灾害风险，是一种全方位的针对灾害发生前后的管理应对措施，能有效分散和弥补不同程度的灾害造成的损失。灾害保险与应急管理有着非常密切的关系，可以在灾害事故防御中发挥重要作用。

1. 提供资金支持。保险补偿责任明确，程序简便，在灾害发生后，保险市场利用丰富的金融工具能够较大限度地弥补灾害造成的巨大经济损失，为受灾地区提供及时的金融保障，促进灾后各类基础设施的加固重建工作，减轻政府面临的抗灾救灾资金支出压力，增强灾区人民的自救与施救能力。与此同时，还可引导城乡居民通过购买保险获得更多的经济补偿（如农房保险、地震保险、巨灾保险等），撬动商业保险杠杆来减轻政府的赔偿责任，缓解救助资金的不足，使灾民得到较充足的保障。

2020年开汛以来，尤其是5月、6月“龙舟水”集中期，广东境内暴雨灾害频发。受“龙舟水”影响，全省水稻、玉米、荔枝、柑桔、蔬菜、烟草、水产品等大面积受损。灾害发生后，中国人保财险广东分公司立即启动应急响应，及时部署工作，统筹调配理赔资源，开通绿色理赔通道，集中力量做好灾区查勘定损和理赔工作。“龙舟水”

期间，该公司农业保险总赔付金额达6000多万元，实现财政资金的放大效应接近40倍，极大地发挥了经济补偿功能。

2. 促进灾前预防。通过各类金融工具相关条款的规定和约束，灾害保险能有效促进灾前预防工作的顺利开展，提升灾区民众和企业的灾害预防意识，规范各方主体做好自身的灾害预防工作。保险公司通过保险产品营销，推广、宣传风险防范知识，也是提高居民防范风险意识的重要方式。中国人保财险广东分公司建立了一套完整的防灾防损工作流程和运行响应机制，每年都根据实际情况支付一定的防灾防损费用，用于建设农田排灌系统、加固拓宽机耕路桥、购买排洪排涝设备等，已经形成一套常态化的良好运行的防灾防损体系。深圳巨灾保险试点开展之后，深圳市政府和巨灾保险“共保体”营造了强大的宣传声势和舆论氛围，围绕巨灾风险、防灾减灾等主题开展宣传和知识普及，保险承保机构还印制了大量《深圳市巨灾保险手册》，免费向市民派发。

3. 参与抗灾救灾。保险机构拥有专业的队伍，通过组建防灾防损工作团队、制定行之有效的防灾减损措施、组织防灾减损知识宣传及培训、组织风险巡查、进行大灾应急演练、灾害预警通知、加大科技防灾投入等方式，充分融入防灾救灾工作。如果把保险机构的作用发挥得更好一些，就多了一支强大的灾害防御和安全生产指导力量。与此同时，商业保险的理赔速度要快于政府的救助，政府的救助通常需要经过层层审批，通常相关救助资金的拨付均需要经过较长的审批期，而商业保险则在能确定损失金额后马上进入理赔程序，能够及时补偿受灾损失，提高灾害救助效率。

二、广东巨灾指数保险

所谓指数保险，是指保险的赔偿并不基于被保险人的实际损失，而是基于预先设定的、触发巨灾的参数（如连续降雨量、台风等级等）作为支付赔偿的依据。相比传统保险，指数保险具有投保信息要求低、定损时间短、条款简单、赔付金额确定、赔款用途限制少等特点。目前市场用得最多的指数为巨灾指数。当参数达到一定阈值（触发值）时，由保险公司按照合同向地方政府支付相应的保险赔付金额，无需经查勘定损，赔付金额视巨灾参数所对应的等级而定，从本质上来说是将理赔工作前置。

广东巨灾指数保险由政府作为投保人和被保险人，灾害发生后，直接由保险公司赔付给地方政府，再由政府统一安排救灾。巨灾指数保险将巨灾保险和指数保险相结合，将赔付金额与灾害等级挂钩，通过气象、地震等部门的连续降雨量、台风等级、地震震级等参数的监测数据作为依据，根据保险合同，一旦确定触发赔付条件，保险公司无需实地查勘定损，即可按照保单约定核定赔付金额，直接支付相应赔款，减少赔付争议问题，有利于节省救灾时间，提高救灾效率。

广州市因2020年5月19日至2020年5月24日的强降雨触发了巨灾保险，广东省气候中心于5月25日即出具了广州市强降雨指数计算报告，根据合同约定，计算得赔偿金额为13346666.67元，如此巨额的经济损失也凸显出巨灾保险的重要性。

巨灾保险通过运用大数法则，充分发挥费率的杠杆作用，提供经济补偿，对财政支出具有放大效应，是科学化、制度化、市场化应急救灾财政资金保障体系的重要组成部分。

三、灾害保险配置

灾害保险是一个复杂的系统，牵涉面广，近年来取得了一定成绩，但也暴露出不少困难和问题。如公众保险意识薄弱、自然灾害保险覆盖面不全、产品供给不够丰富、保费厘定的原则和方式不够科学专业等。

坚持社会共治，筑牢防灾减灾救灾的人民防线，是新时代应急管理工作的重要路径。针对我国目前相对单一、薄弱的灾害应对策略，结合灾害多发的特点，应发挥保险市场作用，促进保险市场对我国灾害风险的分散和化解。

（一）积极主动推广

灾害保险制度的构建需要政府与保险公司的共同参与。就我国而言，由于政府对各种资源的掌握程度比较高，并且长期在防灾减灾系统中占据着主导作用，这意味着要建立灾害保险制度，政府要进一步转变职能，创新公共服务提供方式，引入商业保险机制，与保险机构共同推动灾害损失补偿方式变革。

（二）因地制宜设计

灾害风险的发生有着很强的地域性，因此，灾害保险制度的构建要充分考虑所在地区的风险特征。如深圳巨灾保险方案充分考虑了该地区气象和地质灾害的种类多，台风、洪涝、滑坡等灾害发生的频率高，造成的危害程度重的特点。特别是考虑到深圳地区还面临着核电事故方面的风险，深圳巨灾保险方案的保险责任也包含了由于自然灾害所致的核应急救助费用。

（三）促进保险与防灾减灾相结合

“预防为主”是我国防灾减灾工作的基本方针，也是我国灾害综合防范体系建设中需要遵循的重要原则。将灾害保险和防灾减灾结合起来，有助于拓展传统灾害保险制度的功能，全面提升全社会抵御自然灾害的综合防范能力。保险机构要在防灾防损、定期报告、灾害数据平台建设方面履行相应职责，积极参与防灾减灾工作。

（四）全面深化宣传

充分利用报纸、电视、网络、自媒体等渠道，积极开展宣传，特别是要利用防灾减灾日、国际减灾日、“安全生产月”“安全生产万里行”“安全生产咨询日”等活动，与企业、群众面对面讲解灾害保险，向全社会宣传灾害保险的作用和成效，制造声势和氛围，提高灾害保险的认知度。保险机构也要加大宣传投入，制作宣传视频，上门宣传服务，增强社会对灾害保险的认同感。

【角色思考】

如何当好救灾和物资保障处（科）长

救灾和物资保障处（科）承担救灾捐赠等灾害救助工作，组织协调重要应急物资储备、调拨和紧急配送，承办救灾款物管理、分配及监督使用工作，组织协调紧急转移安置受灾群众、因灾毁损房屋恢复重建补助和受灾群众生活救助等重要职责，是救灾工作的最直接承担者。要做到精准应灾，救灾和物资保障处（科）长必须先学一步、学深一层，把基础工作打扎实、把细节做到位，才能全力做好救灾和物资保障工作。

一要强化思想认识。坚持以习近平新时代中国特色社会主义思想为指导，坚持以人民为中心的发展思想，深入学习贯彻习近平总书记关于应急管理重要论述，坚持底线思维，强化忧患意识，时刻保持在预备状态，切实增强做好救灾和物资保障工作的紧迫感、责任感和使命感。

二要找准职责定位。救灾和物资保障是应急管理工作中重要的一环，事关人民群众生命财产安全，事关社会和谐稳定大局。要深刻认识救灾和物资保障工作的重要性，始终把保护人民生命财产安全放在首位，找准职责定位，明确工作方向，强化履职担当，确保受灾群众有饭吃、有衣穿、有干净水喝、有地方住、有病得到及时医治。

三要强化能力建设。群众的利益大如天，越是险情当前，越考验各级党员干部的综合领导能力。要坚持改革意识，按照新时代应急管理工作的要求，强化救灾和物资保障各项能力建设。重点要做到“四清四明”：

一是物资储备情况要清清楚楚、明明白白。要坚持问题导向，全面摸清本辖区救灾和物资保障基本情况，掌握工作重点、难点，着力破解存在问题，建立健全救灾各项规章制度，理顺与财政、物资储备部门协同工作机制，在救灾资金投入及救灾物资购置储备管理、调拨机制建立、信息化建设等方面全方位、系统化开展工作，确保自然灾害救助工作环环相扣，有序衔接，推动救灾和物资保障工作高质量发展。

二是物资发放情况要清清楚楚、明明白白。要严格根据受灾困难群众物资需求，按照分类施救、重点救助、全程公开原则，压实责任、强化措施、统筹调度，安排好物资发放，确保不漏一户、不遗一人。

三是辖区灾害情况要清清楚楚、明明白白。要全面了解掌握本辖区各灾种及容易造成的各种灾害，可以提前预置救灾物资，有针对性地做好预防措施。

四是灾民需求动态要清清楚楚、明明白白。救灾工作中，要注意掌握灾民的动态，深入了解受灾群众所思、所想、所急、所盼，及时解决出现的问题，做实做细受灾群众基本生活保障。

怎样当好调查统计处（科）长

调查统计处负责应急管理统计和分析工作。依法承担生产安全事故调查处理工作，监督事故查处和责任追究情况，组织开展自然灾害类突发事件的调查评估工作。组织指导安全生产诚信管理相关工作。调查统计工作是全面落实安全生产“一线三排”机制的重要内容，是推动新时代应急管理事业发展的重要抓手。调查统计处（科）长要切实发挥调查统计工作在大应急中的“三个作用”：

一是发挥导向作用。安全生产工作的所有方法、制度、措施，都是来自于对事故的反思、总结和提炼。只有通过事故调查，才能深入分析事故背后的教训和规律，才能形成对防范事故的工作措施。开展事故调查，不能只停留在查明原因、惩戒问责的旧模式上，还必须分析事故背后的共性问题，形成有针对性的应对措施。通过深入开展事故调查，不断推动安全生产工作发展，不断提升安全生产本质水平，才能有效防范遏制重特大事故的发生。

二是发挥应变作用。强化对风险的研判和分析，清楚风险在哪里、隐患在哪里、问题在哪里，才能为领导决策提供依据，才能有针对性提高风险防控能力，才能防范化解重大安全风险。要通过对事故的调查和统计，特别是对不同时段、不同区域、不同行业的深入分析和总结，发现事故的规律，发现倾向性、苗头性、趋势性的问题，提出防范措施，作出针对性的部署。要善于透过复杂现象把握本质，抓住要害、找准原因、挖掘规律，切实提高对重大安全风险的综合分析研判能力。同时，还要通过安全生产的联合惩戒，推动企业安全生产主体责任的落实，全面提高风险防范化解能力。

三是发挥应验作用。开展自然灾害调查评估，也是做好自然灾害防治的重要手段。要通过自然灾害调查评估，全面客观评价和检验当前防治体系的运行效果，促进提升各灾种防治能力，更好地落实防灾减灾救灾责任，为制订工作规划和有效改进措施提供科学依据。

基层干部如何精准应灾

基层防灾能力水平直接关系到防灾减灾救灾工作成效，基层能力水平的提升则关键在乡镇（街道）、村居（社区）等基层干部。广大基层干部是政策措施的执行者，培养一支技术过硬的基层防灾减灾队伍是应对自然灾害的关键环节。各类基层工作者必须具备一定的防灾减灾知识，能识别自然灾害的种类、影响和风险程度，又掌握规避风险和自救互救的技能，及当地各类灾害的应对方法，做到能及时落实各项应急措施，最大限度地取得防灾减灾实效。具体来说，基层干部在防灾减灾救灾中要坚持“三个原则”、做到“七会”：

一、“三个原则”

1. 以人为第一根本。弘扬生命至上、安全第一的思想，时刻把保障人民群众生命安全放在第一位，落实到“测、报、防、抗、救、建”各环节。

2. 以“防”为最前一道防线。应急管理工作关键在预防，把人力、物力、财力和精力更加集中到“防”的阶段、“防”的过程、“防”的措施、“防”的效果。要及时组织力量全面排查安全风险隐患，把工作做到前面，掌握主动权，遇到紧急情况，才能从容应对。

3. 以“救”为最后一份希望。在“防”的基础上统筹好抗灾与救灾，在灾害事故发生后，基层领导干部要第一时间赶到现场，尽快掌握第一手资料，及时采取对策措施，第一时间组织开展抢险救援工作，守住最大限度减少人员伤亡的底线。同时，按规定及时报告上级政府和行政主管部门。

二、“七会”

1. 会查隐患。负责做好本地各类灾害隐患的摸底排查，及居民救灾常识的宣传和普及，对各类灾害进行先期控制。

2. 会编预案。组织制定本地防灾减灾应急预案，按照预案要求，落实责任制度，制定科学的疏散示意图，设立紧急避难场所，开展应急预案和人群疏散演练活动。

3. 会发预警。通过各种手段，包括手机、有线广播、高音喇叭，乃至一些“土办法”，如鸣锣吹哨、村干部逐户通知等方式，在灾害来临时及时发布灾害预警。

4. 会报信息。做好地震、暴雨洪涝、干旱、台风、山体滑坡、森林火灾、低温、风雹、霜冻等信息报送。要及时采集信息，准确上报灾情，不得主观臆断，不得漏报、瞒报、谎报。

5. 会核灾情。准确核对受灾情况，测算出具体翔实的乡镇（街道）、村居（社区）灾情数据，认真统计生产、生活和救灾物资缺口数量。

6. 会发物资。严格按照上级有关部门防灾减灾救灾工作要求，做好救灾物资发放、受灾设施重建等各项善后工作。

7. 会发动群众。发动和组织群众开展防灾救灾工作，提出初步应对措施，进行群防群治。灾情严重的，要积极协调，引导受灾群众开展互助互济。

第六章

及时应验

2020年新冠肺炎疫情发生以来，广东应急管理部门按照省委、省政府部署，以习近平新时代中国特色社会主义思想为指引，奔赴抗疫一线，全面掌握动态，统筹抓好工作，有力有效做好参谋助手。全省复工复产、安全生产形势平稳，也取得“国考”优秀成绩，自然灾害防治工作取得了新的成效，形成了基本成型的“打法”，特别是基本破解了融合指挥、应急通信、短临预警、全域感知和数据智能等难题，把灾害损失和人员伤亡降到了最低。

为做好疫情防控常态化条件下的应急管理工作，广东应急管理战线充分发挥应急管理部门的综合优势、信息化优势和常态化准备的队伍优势，为打赢疫情防控人民战争、总体战、阻击战提供有力支撑，为复工复产安全生产提供科学指导服务，既高度警惕和防范所负责领域内的重大风险，也密切关注全局性重大风险，坚持每日编写一份数据翔实、分析到位、对策精准的风险研判报告，有力支撑了全省安全生产和自然灾害防治各项工作，特别是形成了时时研判风险、科学应对挑战的工作习惯和“时刻准备着”的工作作风。通过不断总结，形成了“一引领三支撑、一责任三能力、一融合三机制”等一系列有效经验做法和规律性认识。

第一节
应验概述

“行之力则知愈进，知之深则行愈达”。重视总结经验、善于把握规律，是我们党的优良传统，是全面推进应急管理事业迈入新的历史发展阶段，稳步实现安全生产形势持续稳定好转，全面取得防灾减灾救灾新成效的制胜法宝。

党的十八大以来，习近平总书记关于应急管理的重要论述和重要指示批示中，多次强调要总结经验、借鉴经验、积累经验、推广经验。新时代应急管理改革发展中形成的宝贵经验，是习近平新时代中国特色社会主义思想在应急管理领域的落地生根、开花结果，推进了应急管理职能更加优化、权责更加协同、监管更加有力、运行更加高效，推动了安全生产和防灾减灾救灾各项工作不断开创新的局面。站在新的历史起点，我们应当更加自觉地重视应急管理经验的归纳和提炼，不断深化对安全生产、防灾减灾救灾和应急救援的规律性认识。

一、应验的内涵

传统意义上的应验，主要含义是原来的预言或估计与事后的结果相合或得到证实。本书所说的“应验”，与应备、应变、应战、应灾相呼应、相衔接，特指对应急管理经验的总结、借鉴、积累和推广。“应验”是应急管理“五应”的重要组成部分，构成了应急管理闭环系统的最后一个环节。

毛泽东同志说，人类懂得不断地总结经验，有所发现，有所发明，有所创造，有所前进。“应验”既是对应急管理创新做法的经验性总结，也是对“测报防抗救建”全链条的规律性认识；既廓清思想迷雾、澄清模糊认识，进一步统一思想、统一认识，也建章立制、固化成果，运用法治思维，发挥制度威力；既聚焦重点行业、重点领域、重点工作、重点企业、重点问题，及时查摆不足、吸取教训、纠正错误，又着眼长远、指导未来，推动应急管理改革走深走实、行稳致远。

我们可以从以下几个方面来理解“应验”：

（一）应验的目的是提升

总结经验是为了面向未来。应急管理事业改革发展取得的每一个进步、打过的每一场胜仗，都是在经验中开拓新局，从胜利走向新的胜利。新时代应急管理工作的理念、内涵、思路、要求，与过去分部门管理的时候截然不同，必须及时总结、借鉴、积累和推广应急管理经验，使得应急管理干部队伍在思想上、认识上、能力上、工作上快速提升，在构建统一领导、权责一致、权威高效的应急管理能力体系上不断取得新的突破。

（二）应验的方法是总结

2012年9月1日，习近平总书记在中央党校秋季学期开学典礼上强调：“工作中的经验是财富，工作中的教训也是财富，关键在于是否善于总结。”总结不仅是认识和把握应急管理规律的前提和基础，而且是固根基、扬优势、补短板、强弱项的重要方法。要把实践证明行之有效的应急管理创新举措提炼出来，把事故灾害和风险防范中解决难点、堵点、痛点的方法归纳出来，才能逢山开路、遇水架桥。不注重和不善于总结，就不能正确认识和把握规律，就容易在防范化解安全风险的艰巨斗争中不知所措、劳而无功。例如台风“海贝思”发生后，广东应急管理部门及时召开启示分析会，总结提出提高防御台风的领导力、动员力、执行力、协同力、预警力等五条措施。

（三）应验的关键是立制

在推进应急管理体系能力和现代化建设的过程中，体制机制具有全局性、根本性作用，必须把有效做法制度化、成功经验长效化。构建统一领导、权责一致、权威高效的应急管理能力体系，既要不断完善固根基、扬优势必备的制度，也要及时出台补短板、强弱项急需的制度。只有将掌握的应急管理规律、提炼的经验做法，及时上升到建章立制层面，固化形成制度成果，运用制度威力应对风险挑战，才能进一步优化应急管理能力体系建设，持续提高防灾减灾救灾能力。例如，2019年东莞“2・15”有限空间中毒事故发生后，广东应急管理部门及时总结，出台了有限空间作业“七个不准”的文件，迅速扭转有限空间事故多发局面。

（四）应验的落脚是转化

从实践实战中总结出来行之有效的经验，对做好以后的应急管理工作具有重要的指导意义。但应急管理经验只有转化为实际能力和具体行动，才能真正发挥作用。要深入学习领会应急管理创新经验，严格执行形成的机制制度成果，使之转化为深化应急管理改革的坚强决心和坚定信心，转化为防范化解重大安全风险、压实安全生产责任、遏制重特大事故的有效行动，转化为突发事件应急能力的不断增强、自然灾害防御水平的不断提升。例如，2020年广东应急管理部门出台安全生产“一线三排”工作机制后，全省各类企业前所未有地重视风险隐患排查、排序、排除，有力推动了安全生产形势稳定向好。

二、应验的方式

把“应验”作为一种工作自觉、工作习惯、工作抓手，实行“一战役一总结、一事故一总结、一节日一总结、一斗争一总结”，从战斗中总结战术打法，从教训中总结举一反三，从节日中总结防范措施，从斗争中总结斗争方法，不断把握规律、创新经验、完善机制、促进提升。

（一）一战役一总结

对应急处置案例进行复盘总结，才能打一仗进一步。例如，广东应急管理部门先后就清明、国庆和每年森林特别防护期防灭火、佛山高明“12·5”森林火灾应急处置等，召开多场案例分析总结会。通过专家分析、部门会商、处室梳理、会议总结等形式，全面复盘处置全过程，提炼主要做法，总结战术打法，固化森林防灭火“包山头、守路口、盯重点、签责任、打早小”的工作措施，总结“打早打小、打湿打透、地空配合”的成功做法，健全了森林防灭火常态机制，确保了全省森林防灭火工作持续保持零伤亡的战绩。

（二）一事故一总结

以“钉钉子”的精神总结每一起生产安全事故，吸取事故教训往心里走、往实里抓，以实招硬招解决企业“关键少数”责任不落实这个最大风险。例如，广东应急管理部门对发生的涉化工安全生产事故盯住不放，深挖事故原因，复盘事故处置，反思风险防范，紧盯整改落实。通过对事故的总结，广东在安全生产执法检查中，对企业主要负责人实行了“安全三问”工作机制，推动安全监管“三个转变”，抓住了企业主体责任的牛鼻子，扭转了企业屡查屡犯、屡查屡有、事故不断的被动局面。2020年深圳市广深高速公路“3·22”油罐车侧翻起火事故发生后，广东应急管理部门透过表面上司机的问题，反思本质上企业的管理问题，提出了整治“两客一危一货”重点车辆监管治理的具体举措。

（三）一节日一总结

群众过节，我们过关。元旦、春节、“五一”国际劳动节、国庆等节日期间的安全防范工作，社会高度关注，风险容易叠加，必须滴水不漏、万无一失。应急管理部门在节日期间，每天对危化行业、基础行业和旅游景区安全防范工作进行研判；每天定时统计全省安全生产、应急管理综合情况；每天视频调度重点地市，掌握情况、分析动态、部署措施；每天不定时抽查各地市应急部门值班值守在岗情况。例如广东，针对国内外典型事故，机构改革两年来共启动全国全省“一盘棋”应急响应机制83次，吸取教训，举一反三，精准防范化解省内重大安全风险。这些做法被广东应急管理部门总结为“一日一研判、一日一报告、一日一调度、一日一抽查、一事一处理”的应急值守“五个一”机制，在全省广泛复制推广，进一步规范了节日期间应急管理工作。

（四）一斗争一总结

在抗击新冠肺炎疫情斗争中，应急管理部门充分展现了高度警惕和防范所负责领域内的重大风险的政治自觉，充分体现了密切关注全局性重大风险的责任担当，充分发挥了应急管理部门的改革优势和独特作用。应急管理部门把疫情防控作为比武场、练兵场和磨刀石，坚持疫情防控和安全监管服务两手抓，打好指导服务仗、风险研判仗、应急科技仗、安全防范仗。例如，广东持续派出党员突击队、应急小分队、专家指导服务组，深入基层开展一对一、点对点安全帮扶；整合依托大数据平台，每天对疫情防控和安全形势15个方面信息进行大数据分析，每天编印一份疫情防控综合分析研判报告，为省领导决策提供参考；以信息化系统助力安全生产监督检查，“现场检查＋线上调度”相结合的执法新模式实现常态化；以提醒函、警示函督促企业落实复工复产“六个一”措施，“一线三排”“四令三制”等工作要求实现了全省企业全覆盖。

三、应验的成效

新时代应急管理的实践证明，每防范一类安全风险、每打赢一场硬仗恶仗、每攻克一个改革难题、每推进一项重点工程、每处置一起灾害事故，都要及时总结提升，坚持应该坚持的，巩固应该巩固的，完善应该完善的。不断总结、固化成果、补齐短板、加固底板、堵塞漏洞、完善机制，才能实现更加有力有序有效的预防和应急。

（一）进一步统一思想，凝聚改革共识

通过在改革中总结改革，应急管理部门更加自觉地用习近平新时代中国特色社会主义思想指导改革、推动改革，不断增强“四个意识”，坚定“四个自信”，坚决做到“两个维护”。应急管理部门在改革中有力推进应急手段信息化、应急预案体系化、应急指挥扁平化、应急响应一体化、应急联动整体化、应急能力现代化、应急宣教社会化、防灾减灾生态化，以“钉钉子”精神抓预防管理，基本解决了一直想解决而没有解决的工作表面化、整改不彻底、抓落实有差距的难题；抓住企业主要负责人这个“关键少数”责任不落实的最大风险，基本压实了长期想压实而没有完全压实的安全生产主体责任；改变过去分部门应急管理统得不够、分得太多的局面，基本理顺了多年想理顺而没有理顺的应急管理体制机制。

（二）进一步查找问题，推动整改落实

安全生产领域是社会管理、市场管理的综合，管理失之于宽、失之于软、失之于虚，出安全问题是迟早的事。通过总结事故，吸取教训，举一反三，应急管理部门更加注重综合治理。例如，广东应急管理部门在全国率先出台《广东省应对强降雨防御工作指引》，以27条硬措施解决了基层三防责任制落实、隐患排查、应急响应和人员转移、水利工程安全、山洪和地质灾害防御、城乡内涝防御、安全生

产、应急力量预置、危险道路通行管制、信息报送等重点难点问题。针对渔船生产安全事故暴露出来“出海不安全”问题，会同农业农村部门出台了渔船安全生产“六个百分之百”（出海渔船100%检验、出海船员100%持证上岗、安全检查100%实施、安全规程100%执行、防台要求100%落实、涉渔“三无”船舶100%清理），扭转了渔业生产的不利局面。

（三）进一步把握规律，维护公共安全

通过总结，我们深刻认识到，随着城市化快速发展、极端天气的频频出现，安全风险的跨界性增强、传导性加快，容易形成安全风险综合体，事故隐患排查、安全风险防范跟以前不一样了，生产安全和城市安全紧密结合在一起，必须统筹兼顾起来；次生灾害一点也不次要，台风防御不仅要防风，更要防台风引发的洪涝和地质灾害，可以说情况更复杂、形势更严峻、任务更艰巨。应急管理部门不断研究规律、顺应规律、掌握规律，对自然灾害和事故防范的认知不断深化，对致灾机理与成灾规律的把握不断加强。例如，2019年，面对广东近10年来持续时间最长、过火面积最大、危险程度最高、扑救难度最大的佛山“12・5”森林火灾，广东省和佛山市森林防灭火指挥部、应急管理部门迅速反应、全面动员、统筹部署、科学扑救，取得了无人员伤亡、无重要设施损毁、无次生灾害、无负面舆情的全面胜利。

应急管理部门正是通过“四个一”（一战役一总结、一事故一总结、一节日一总结、一斗争一总结）的总结方式，更加深刻地认识到，理论武装是建好应急管理队伍的最根本保证，改革基因是应急管理事业发展的最大优势，企业主体责任不落实是安全生产最大的问题，形式主义是安全生产最大的敌人，信息化建设是应急管理最大的短板，安全宣传是最积极的预防和最有效的动员。

在收获这些深刻启示的基础上，应急管理部门总结形成“一个引领三个支撑、一个责任三种能力、一个融合三套机制”的应急管理经验，进一步守稳安全生产基本盘，有力提高防灾减灾救灾能力，不断破解安全生产和防灾减灾救灾的重点难点问题，应急管理部门的权威性、协调性、战斗力不断增强。

第二节
一引领三支撑

应急管理改革之所以能够成功推进、行稳致远，应急管理队伍之所以能够扛起责任、经受考验，最根本的经验就是习近平新时代中国特色社会主义思想的科学引领，以总书记指引的方向为行动指南，以总书记发出的号令为根本遵循，以改革支撑准确识变、以科技支撑科学应变、以队伍支撑主动求变，始终保持闻鸡起舞、日夜兼程、风雨无阻的奋进姿态，战胜风险挑战，不断夺取胜利。

一、坚持以习近平新时代中国特色社会主义思想为引领

思想指引方向，思想引领前进，任何开创性事业都需要科学思想的引领。习近平新时代中国特色社会主义思想，是新时代中国共产党的思想旗帜，是国家政治生活和社会生活的根本指针，是当代中国马克思主义、21世纪马克思主义，为实现中华民族伟大复兴提供了行动指南。做好新时代应急管理事业，必须以习近平新时代中国特色社会主义思想为引领，沿着总书记指引的方向砥砺奋进，不断开创应急管理事业新局面。

（一）必须做到“两个维护”

习近平总书记强调，加强党的政治建设，首要任务是维护党中央权威和集中统一领导，要以“两个维护”引领全党团结统一。“两个维护”是党的十八大以来我们党的重大政治成果和宝贵经验，是党的最高政治原则和根本政治规矩，是新时代党的建设的首要任务，是坚持和完善中国特色社会主义制度的核心要求，是实现全面建成小康社

会、建设社会主义现代化国家的根本保证，是应对一切风险挑战的根本保证，是做好各项工作的制胜法宝，是搏击大风大浪的定海神针。

做好新时代应急管理工作，必须学深悟透习近平新时代中国特色社会主义思想，坚持党总揽全局、协调各方的领导核心地位，坚持党对应急管理工作的绝对领导，坚持思想建党、政治建队，坚持对党忠诚、纪律严明、赴汤蹈火、竭诚为民“四句话方针”不动摇，坚持准军事化队伍建设标准不动摇，提高政治站位、把准政治方向、坚定政治立场、明确政治态度、严守政治纪律，以正确的认识和行动落实“两个维护”。必须把贯彻落实习近平总书记重要指示批示和党中央决策部署作为首要政治任务，牢记应急管理“三个重要定位”，防范化解重大安全风险，推进应急管理体系和能力现代化，有力保护人民群众生命财产安全，把做到“两个维护”体现到履职尽责的实际行动和成效上。

（二）必须胸怀“两个大局”

2019年5月21日，习近平总书记在推动中部地区崛起工作座谈会上强调，领导干部要胸怀“两个大局”，一个是中华民族伟大复兴的战略全局，一个是世界百年未有之大变局，这是我们谋划工作的基本出发点。“两个大局”的科学论断，标定了党和国家事业发展的时空坐标，彰显了习近平总书记洞察大势的远见卓识，凸显了习近平新时代中国特色社会主义思想高远深邃的理论创见。

做好新时代应急管理工作，要深刻领会总书记关于“两个大局”的重要论述，增强机遇意识和风险意识，准确识变、科学应变、主动求变，勇于开顶风船，善于转危为机，以战略思维持续推进应急管理体系和能力现代化，以历史思维全面准确把握当前安全形势，以辩证思维着力固根基、扬优势、补短板、强弱项，以创新思维持续推进应急管理工作创新、机制创新，以法治思维提高应急管理法治化、规范化，以底线思维着力防范化解重大安全风险，为加快形成以国内大循环为主体、国内国际双循环相互促进的新发展格局提供安全保障。

（三）必须坚持“两个至上”

2020年5月22日，习近平总书记在参加十三届全国人大三次会议内蒙古代表团审议时强调，人民是我们党执政的最大底气。民心是最大的政治。人民对美好生活的向往就是我们党的奋斗目标。习近平总书记多次强调，人民至上、生命至上，保护人民生命安全和身体健康可以不惜一切代价。在应急管理工作方面，总书记特别强调，把人民生命安全和身体健康放在第一位，疫情防控如此，安全生产、防灾减灾救灾工作也是如此。

应急管理承担防范化解重大安全风险、及时应对处置各类灾害事故的重要职责，担负保护人民生命财产安全和维护社会稳定的重要使命。应急管理部门为人民而生、为人民而建、为人民而战，同老百姓贴得最近、联系最紧。必须始终坚持人民至上、生命至上，牢记人民对应急管理的需要就是我们奋斗的方向，把以人民为中心的发展思想落实到应急管理各项工作中，努力锻造担当的铁肩膀、实干的硬功夫，救民于水火，助民于危难，给人民以力量。

（四）必须统筹“两件大事”

习近平总书记强调，统筹发展和安全两件大事是新时代我们党治国理政的一个重大原则，既要善于运用发展成果夯实国家安全的实力基础，又要善于塑造有利于经济社会发展的安全环境。习近平总书记关于统筹发展和安全两件大事的重要论述博大精深，进一步明确了党治国理政的战略重点和主攻方向。

安全是高质量发展的前提和保障。没有安全，一切都无从谈起。应急管理部门要自觉把维护公共安全放在贯彻落实总体国家安全观中来思考，放在推进国家治理体系和治理能力现代化中来把握，坚持把预防为主贯穿落实到应急管理工作全过程和各方面，做到学习要有预置方向、时刻要在预备状态、工作要在预见之内、应急要从预警开始、安全要从预防着手、业绩要在预期之上。应急管理部门是防范化解重特大安全风险的主管部门，要坚持底线思维，强化忧患意识，用大概率思维应对小概率事件，全力防范化解重大公共安全风险，有效应对各类灾害事故，最大程度减少人民群众生命财产损失，努力为实现更高质量、更有效率、更加公平、更可持续、更为安全的发展做出新的贡献。

（五）必须推进“两大革命”

2018年1月5日，习近平总书记在学习贯彻习近平新时代中国特色社会主义思想和党的十九大精神研讨班开班式上强调，要把新时代坚持和发展中国特色社会主义这场伟大社会革命进行好，我们党必须勇于进行自我革命，把党建设得更加坚强有力，坚持以伟大自我革命引领伟大社会革命。把社会革命和自我革命贯通起来，深刻揭示了我们党长期执政的客观规律，昭示了我们党肩负的历史使命，开辟了马克思主义党建学说和科学社会主义的新境界。

加强应急管理体系和能力建设，既是一项紧迫任务，又是一项长期任务。说紧迫，这是不断满足人民对美好生活向往的需要，也是补齐工作短板的需要；说长期，这是坚持和完善中国特色社会主义制度的需要，是实现中华民族伟大复兴的需要。我们要沿着总书记指引的方向，以永远不打退堂鼓、永远不会翻烧饼的信心决心，坚定不移深化应急管理体制改革，着力构建统一领导、权威高效、权责一致的应急能力体系，推动形成统一指挥、专常兼备、反应灵敏、上下联动的应急管理体制。要发扬彻底的自我革命精神，敢于刀刃向内，敢于刮骨疗毒，充分发挥应急管理的综合优势、信息化优势和常设常备的队伍优势，着力补齐短板、加固底板，不断提高监测预警能力、监管执法能力、辅助指挥决策能力、救援实战能力和社会动员能力，做到预警发布要精准，抢险救援要精准，恢复重建要精准，监管执法要精准，依靠科技提高应急管理的科学化、专业化、智能化、精细化水平，在更高起点、更高层次、更高目标上推进应急管理体系和能力现代化。

二、以改革支撑准确识变

应急管理改革是深化党和国家机构改革的重要任务之一，内涵十分丰富。应急管理部门按照“一类事项原则上由一个部门统筹，一件事情原则上由一个部门负责”的要求，形成“高、统、快、防、实”的工作标准，掌握“统分结合”的方法，构建“大应急”的工作格局，推进观念的“转变”，做实一个“统”字，准确把握和履行了新机构新职能“优化协同高效”的新要求。

（一）重点把三防工作统起来，理顺应急指挥体制

广东出台《广东省防汛防旱防风条例》，制定《广东省防汛防旱防风总指挥部工作规则》，靠勇于统来解决敢统的问题，靠科学统来解决善统的问题，靠依法统来解决能统的问题，建立健全“一个指挥中心、一个前方指挥部、一套工作机制、一个窗口发布”的“四个一”应急处置机制，统一发布应急响应和灾情，统一指挥应急救援队伍，统一调拨救灾物资，实现监测预报、会商研判、灾害预防、预警发布、指挥调度、应急救援、灾情统计、灾后重建等环节环环相扣，无缝衔接，横向应急指挥上越来越顺。

（二）重点把森林防灭火工作抓起来，厘清部门职责

森林防灭火工作由应急管理部门牵头抓总、综合统筹、应急救援，林业部门做好火源管控、火灾预防、森林火情早期处理，森林公安划归公安部门后职能不增不减、保持不变。通过明晰森林防灭火责

任链条，明确防灭火职责分工，森林防灭火工作各方实现了各负其责、共同担责，信息共享、沟通顺畅，协同有序、配合有力，形成了森林防灭火工作合力。

（三）重点把消防工作强起来，实现深度融合

改革以来，按照“规范、信任、尊重”这六个字，正确处理好应急管理队伍与消防救援队伍的关系，规范就是“三定”，信任就是无猜，尊重就是支持。省应急管理部门和消防救援总队主要负责同志平时遇事好商量、有事商量着办，牢固树立“一盘棋”思想。在省的层面，应急管理部门代表省委、省政府指挥协调参加救援的应急救援力量，统筹消防救援力量参与抢险救援工作，有力有序有效做好火灾扑救、灾害应对等应急处置工作。

实践证明，习近平总书记亲自谋划、亲自部署、亲自推动的应急管理体制改革是无比英明、完全正确的。在改革进程中，坚持把学习贯彻习近平总书记关于应急管理重要论述，作为人生追求、生活习惯、工作常态、行动自觉，带着忠诚、带着感情、带着责任、带着工作去学习、去研摩、去领悟，越学就会越有信心，越学就会越有力量，越学就会越有方向。

经验之一：思想跟着机构变，这是应急管理改革成功的基础。习近平总书记关于应急管理的重要论述博大精深，内涵丰富，要在学深悟透上花时间、下苦功。如果学得不够、学得不深、学得不透，对改革的正确性、必要性、重要性就会缺乏清醒认识，对改革的意义就会一知半解，片面地认为改革就是部门的“分分合合”、人员的“来来往往”，身子进了新时代，思想可能还停留在过去，“穿新鞋走老路”“拿新瓶装旧酒”。

应急管理改革，首先是思想观念的转变。思想是行动的先导，思想的“结”不解开，改革就会束手束脚，就可能改不到位、改不成功。廓清思想迷雾，不仅要把身子转过来，更重要的是把思想变过来。应急管理部门不是哪一个单位改名字、换牌子，而是一次全新的再造重建、脱胎换骨，不能简单地“物理相加”，必须起“化学反应”。必须打破靠事故推动工作的惯性思维，更加自觉地用习近平新时代中国特色社会主义思想武装头脑，指导实践，推动应急管理从静态向动态转变，从职能管理向综合治理转变，从行业管理向系统治理转变，从灾害应对向风险管理转变。

经验之二：作风跟着职能变，这是应急管理改革成功的前提。持续深入推进应急管理改革，必须加大统的力度、明确改的章法、做好人的工作、执行严的纪律，以敢闯敢干、敢为人先的勇气和拼劲，做到敢统、能统、善统。应急管理能力，主要看“统”的能力。统就是责任，统就是担当，统就是抓手。

应急管理离不开“严深细实”的作风。“实施精准治理，预警发布要精准、抢险救援要精准、恢复重建要精准、监管执法要精准。”这是总书记对应急管理的工作要求。应急管理事业关系人民群众生命财产安全，来不得半点虚的，要有真抓的实劲、敢抓的狠劲、善抓的巧劲、常抓的韧劲，决不能一般化、大呼隆、一阵风。要树立“宁可跨前一步形成重叠，不能退后一步形成缝隙”的理念，担当作为，履职尽责。

经验之三：能力跟着身份变，这是应急管理改革成功的条件。面对全灾种、大应急的新要求，我们不同程度存在“本领恐慌”、能力危机，不懂规律、不懂门道、不懂知识的情况还比较突出，新办法不会用、老办法不管用、硬办法不敢用、软办法不顶用，还没有完全适应新形势新要求。

能力是干事的基础、成事的保证。我们必须从习近平新时代中国特色社会主义思想中找到发现问题、研究问题、解决问题的“金钥匙”，把学习作为提升能力的重要手段，坚持干什么学什么、缺什么补什么，努力使自己成为应急管理的行家里手。要学以致用、知行合一，在吃劲岗位、应急一线经风雨、见世面、壮筋骨、长才干，练就担当作为的硬脊梁、铁臂膀、真本事，我们才能赢得主动、赢得优势、赢得未来。

三、以科技支撑科学应变

科技支撑在应急管理体系和能力现代化建设中具有战略和基础地位。应急管理部门深刻学习领会习近平总书记关于科技创新的系列重要论述，始终把科技创新作为提升应急管理能力的“制胜一招”，坚持需求引领、科技引领、创新引领，围绕实战、服务实战、保障实战，有效破解“融合指挥、应急通信、全域感知、短临预警、数据智能”五大难题，形成应急管理信息化的五大优势，有力强化应急管理的科技支撑。

（一）需求引领把准了方向

应急管理部门与高科技企业、科研院所等建立健全“1＋1＋1＋N”联合创新工作机制，构建“一个中心、多个基地”的应急科技支撑模式，形成业务单位提需求、联创中心抓攻关、科信部门总统筹的工作思路。探索实施立足实战、适应科研、切合实际的管理模式，激发联创中心攻关活力，不断提升运用科技信息化解决实际问题的能力。

（二）科技引领提升了能力

牢记没有信息化就没有应急管理现代化的理念，充分运用大数据、人工智能、云计算等数字技术，推动最新科技成果在应急管理领域转化落地，依靠科技信息化提升防范化解重大安全风险能力，实现监测预警“一张图”、指挥协同“一体化”、应急联动一键通。

（三）创新引领开拓了新局

应急管理部门不断强化业务与科技融合，需求与技术对接，促进应急管理与科技信息化的深度融合，在十个方面突出创新，为推进应急管理体系和能力现代化提供强大科技支撑。一是高起点编制应急管理信息化发展规划，创新开展“智慧大应急”顶层设计；二是自主研发自然灾害应急指挥系统，有效应对各类自然灾害和安全生产事故；三是统一建设危险化学品安全生产风险监测预警系统，推动危化品监管水平明显提升；四是升级安全生产执法监督系统，强化“互联网＋监管”；五是建设非煤矿山尾矿库“天眼地眼”系统，有效提高尾矿库灾害防控能力；六是构建统一的应急管理综合应用平台，统筹信息化建设技术标准；七是着力开展应急管理系统整合和数据治理，实现应急管理“一张图”；八是建设天地一体的应急融合通信系统，全力做好应急通信保障工作；九是全省各级协调配合，提前完成“两网”贯通攻坚任务；十是初步构建完善信息化工作机制，确保项目有序、安全、高效开展。

应急管理部门运用科技信息化不断提升应急管理能力，形成了五个方面的基本经验。

经验之一：必须把科技信息化作为基础工程抓好建好。应急管理工作千头万绪，做好新时代应急管理工作的基础就是数据，就是信息化，就是智慧应急。基础不牢，地动山摇。没有基础工程，应急管理就落实不了信息化，实现不了现代化。必须坚持应用和创新不搞“两张皮”，建立“业务处室牵头＋联创单位支撑＋科信部门保障”的工作机制，以“创新服务应用”的理念开展信息化建设，避免应用的不搞开发、开发的不管应用。

经验之二：必须把科技信息化作为系统工程抓好建好。应急管理工作涉及方方面面，各类风险相互交织叠加，没有明显界限，牵一发而动全身，必须坚持用系统思维开展信息化建设。科技信息化不仅仅是应急管理一个部门的事情，涉及多个系统、多个行业。要充分发挥“数字政府”的改革优势，坚持统分结合、上下协同，共同推进，避免再走各自为战、烟囱林立和“翻烧饼”式的老路子。

经验之三：必须把科技信息化作为能力工程抓好建好。科技信息化是衡量应急管理能力高低、评判应急管理队伍是否现代化的必要条件，也是鉴定学习能力、推进能力、管理能力的重要标准，要做到常学常新、常抓常新。抓智慧应急必须坚持问题导向、实战导向、需求引领，遇到什么现实问题，实战需要什么，科技信息化就要迅速解决什么，有了解决方案再上升到理论，反过来再指导实战。

经验之四：必须把科技信息化作为一把手工程抓好建好。抓智慧应急就是抓应急管理现代化，关系到应急管理的核心业务、核心职能，应急管理部门的主要负责同志必须亲自抓。从工作经验看，没有一把手推动，一些干部对科技信息化的陈旧观念难以转变；没有一把手“钉钉子”，工作会因为涉及多个领域、多个部门而进展缓慢。抓信息化建设就是抓统筹、抓综合，应急管理部门的主要负责同志要亲自研究、亲自部署、亲自检查、亲自推进，确保工作落到实处。

经验之五：必须把科技信息化作为阳光工程抓好建好。应急管理部门具有应用场景丰富、应急需求旺盛的优势，但光靠自己搞创新远远不够，一个办法就是通过应急需求与企业能力对接，再引入市场竞争机制，把社会创新资源调动起来，把企业的创新活力注入进来，打开大门搞创新。与此同时，信息化建设要守住底线、不逾红线、经受住考验，不能借口时间紧、任务重而降低标准、违规违纪。要加强科技信息化建设的廉政风险防控，把纪律规矩挺在前面，做到预防在先、抓早抓小、防患于未然。

四、以队伍支撑主动求变

应急管理不仅要与火打仗、与水打仗、与风打仗、与山洪泥石流和山体滑坡打仗，还要与安全风险斗争、与事故隐患斗争。最不放心的事要交给最放心的人来干。应急管理部门首先是政治机关，应急管理队伍是准军事化管理的队伍。

应急管理改革以来，应急管理部门始终坚持对党忠诚、纪律严明、赴汤蹈火、竭诚为民“四句话方针”，不断加强思想淬炼、政治历练、实战锻炼、专业训练，以特别讲政治、特别讲纪律、特别讲科学、特别讲认真、特别讲精神“五个特别”，提振应急管理干部改革奋进的精气神，以对党绝对忠诚、生命高于一切、工作见叶知秋、时刻应急准备、纪律挺在前面、坚决服从指挥“六条具体要求”，全面建设党和人民信得过的应急管理队伍，在统筹疫情防控和经济社会发展、防范化解重大安全风险等系列大战大考中经受住了考验。

经验之一：必须强化思想淬炼。思想是行动的先导，理论是实践的指南。增强想干事、真干事的自觉和会干事、干成事的本领，首先要打牢思想根基、夯实理论功底。要始终把学习贯彻习近平新时代中国特色社会主义思想作为统领应急管理工作的主题主线，坚持自觉主动学、及时跟进学、联系实际学、笃信笃行学，努力学懂弄通做实，从中学出坚定信仰、学出绝对忠诚、学出治理能力。

经验之二：必须强化政治历练。2020年10月10日，习近平总书记在中央党校（国家行政学院）中青年干部培训班的开班仪式上强调，在干部干好工作所需的各种能力中，政治能力是第一位的。要坚持把提高政治能力贯穿应急管理队伍建设全过程，在党内政治生活大熔炉的熔铸中不断锤炼干部忠诚干净担当的政治品格，增强“四个意识”，坚定“四个自信”，做到“两个维护”，始终做政治上的“明白人”“老实人”。

经验之三：必须强化实战训练。“刀在石上磨，人在事上练”。有计划地把优秀党员干部选派到重大改革最前沿、防范风险主战场、应急救援第一线锻炼成长，到条件艰苦、环境复杂、矛盾突出的地方磨砺摔打，抗疫情、战洪水、防风险、遏事故、保平安，有力应对重大风险挑战，克服艰难险阻，救民于水火，助民于危难，给人民以力量，使其在实践中经风雨、见世面、壮筋骨、长才干。

经验之四：必须强化专业训练。术业有专攻，专业之事必靠专业之人。要紧扣履职尽责的需要和干部成长进步的需求，按照“干什么学什么、缺什么补什么”的原则，采取“请进来＋走出去”“线上＋线下”等方式，分类分级开展精准化、常态化应急管理干部教育培训，全面提升广大干部的专业知识、专业能力、专业作风、专业精神。

第三节
一责任三能力

为承担好重要职责，担负起重要使命，应急管理部门强化“一个责任、三种能力”，充分发挥牵头抓总作用，强化研判能力、统筹能力、实战能力，有力构建统一指挥、专长兼备、反应灵敏、上下联动的应急管理体制。

一、必须坚决扛起应急管理的政治责任，有统有分防范化解重大安全风险

地方应急管理部门要不负党委、政府的充分信任、充分授权，聚焦主责主业，认真履职尽责，力戒形式主义、官僚主义，有效解决安全生产和防灾减灾抓落实的差距问题。

（一）强化站位抓好履职尽责

应急管理部门自觉以习近平新时代中国特色社会主义思想统领应急管理工作，突出应急管理部门是具有鲜明政治属性和战斗属性的部门，突出应急管理干部队伍是不同于其他队伍的纪律队伍，主动牵头、主动协调、主动监管、主动抓总，做到预防阶段重点统在协调上，预报阶段重点统在综合上，预警阶段重点统在会商上，救援阶段重点统在指挥上。坚持统分结合，统中有分，分中有统，把增强“四个意识”、坚定“四个自信”、坚决做到“两个维护”体现在工作作风上，落实到具体行动中。

（二）强化法治抓好履职尽责

广东出台《广东省防汛防旱防风条例》，制定《广东省防汛防

旱防风总指挥部工作规则》《广东省森林防灭火工作职责事项划分意见》，明确应急管理部门在“统时”是综合统筹部门，在“分时”是综合协调部门；其他有关部门在“统时”是分管工作的牵头部门，在“分时”是主责部门，从而理顺三防指挥体制，“测报防抗救建”各环节实现无缝对接。印发《广东省自然灾害防治能力建设行动方案》，建立自然灾害防治工作联席会议制度，推动九大重点工程53项具体任务有序开展，有力解决防与救的问题。制定《广东省党政部门及中央驻粤有关单位安全生产工作职责》，全面落实各领域各环节安全生产监管责任。

（三）强化落实抓好履职尽责

以广东为例，全省21个地市、122个县（市、区）、1646个乡镇（街道）全部压实属地党委、政府主要领导责任，建立安委会“双主任”制。2019年国庆期间首次要求危化品企业建立值班值守机制，实行特别防护期企业负责人带班和24小时值班。建立预警发布机制，机构改革以来，广东应急管理部门向受影响地区发布三防、森林防火、地质灾害、交通安全等预警信息共90次约61亿条。把组建应急管理部门以来发生的事故当成钉子，把每一起事故“钉”住，把每一处整改“钉”紧，把每一点责任“钉”实，以最严格的标准、最严厉的手段一抓到底、抓住不放，靶向加强安全防范。针对危化品、建筑施工、道路交通、消防等事故易多发行业领域，组织中央驻粤企业、省属企业集中召开约谈会、警示会，让典型事故企业现身说法。

经验之一：要坚决把“一类事项原则上由一个部门统筹，一件事情原则上由一个部门负责”的改革要求落到实处，靠勇于统来解决敢统的问题、靠科学统来解决善统的问题、靠依法统来解决能统的问题，做到“战”时统、统在急时，平时分、防在平时，功夫在平时、权威在统时、高效在“战”时。

经验之二：要发挥应急管理部门牵头抓总作用，牢牢把握安全生产和防灾抗灾救灾的主动权，强化统的责任和担当，把握“统”的时机，注重“统”的方法，规范“统”的内容，预防阶段重点统在协调上，预报阶段重点统在综合上，预警阶段重点统在会商上，救援阶段重点统在指挥上，做到统分结合、统中有分、分中有统。

二、必须不断提升研判能力，时刻保持见叶知秋的敏锐、如履薄冰的谨慎

应急管理部门要把风险研判作为应急管理的基本功、必修课，既履行好职责范围内的各项责任，又时刻关注重要领域的各种变化；既分析各种潜在风险，又研判现实的风险挑战，做到心中有数、常备不懈，及早驯服“灰犀牛”，提前防范“黑天鹅”。

（一）坚持风险研判常态化和专业化相结合

广东应急管理部门坚持每天研判，强化风险防范意识，坚持底线思维，严防苗头性、倾向性问题转化为常规风险，严防常规风险转化为重大风险，严防重大风险转化为系统性风险。比如，五六月份历来是强暴雨频发期，地质灾害多发，广东应急管理部门严格做好每日风险研判工作，重点研判主要风险在哪里、教训和措施是什么，从而对安全生产、自然灾害（“龙舟水”等）“风险碰头”有足够清醒的认识和防范。针对2020年旱情，既研判风险强度，又找到防范干旱风险的临时措施和永久性措施，在研判中提高专业素质和综合素质。

（二）坚持风险研判线上和线下相结合

疫情防控常态化条件下，应急管理部门不断创新风险研判方式。比如，广东应急管理部门在两方面创新：一方面运用全省危化品安全风险监测预警系统、非煤矿山尾矿库“天眼地眼”安全风险预警预测

系统、热力图系统对重大风险进行实时监测、线上研判；另一方面在线下执法检查、现场指导服务过程中，对发现的苗头性、倾向性的问题，及时研判、及时防范，避免了就事论事、不了了之。比如，对执法中发现的企业安全生产管理松懈、存在突出风险的情况，立即发函给当地应急管理部门，要求迅速整改。

（三）坚持风险研判重点领域和重点时段相结合

紧盯天气变化、季节转换、长时间强降雨、高温干旱、逢年过节、重大活动、复工复产、停工停产、学校开学放假、旅游旺季、外地发生事故、事故多发领域、长周期不发生事故、整改落实情况等14种情形，实行“一日一研判”的风险研判机制。比如，广东应急管理部门在新冠肺炎疫情防控斗争开展以来，每天对疫情防控和安全风险防范等10多类信息进行综合分析，形成分析报告，为省委、省政府决策提供参考。

经验之一：风险研判是应急管理的基本功、必修课，必须保持常抓不懈的韧劲，不断强化风险意识、底线思维，提升对风险研判的敏感性，增强风险防范措施的针对性、有效性，加大风险隐患排查与整治力度。

经验之二：风险分析要善于透过现象看本质，善于分析历史见未来，善于捕捉弱信号背后的强信息，有以小见大、见叶知秋的敏锐，从而打有准备之仗，大概率地打胜仗。

经验之三：风险研判要强化辩证思维、统筹把握，不只是防“坏”的方面，还要考虑充分利用“好”的方面，力争赢得化危为机、危中求机的主动。在分析、辨识的基础上，要科学把握安全风险趋势，及时向有关地区、有关单位发布预警、警示提醒。

三、必须不断提升统筹能力，压实各级各方安全生产和防灾减灾救灾责任

面对新形势、新任务、新挑战，应急管理部门必须统筹应对各灾种，在综合协调中不断推进应急管理体系和能力现代化。例如，广东应急管理部门在四个方面提升统筹能力，建立健全重大安全风险防控机制。

（一）统筹压实安全防范责任

充分发挥安全生产责任制和消防工作考核“指挥棒”“风向标”作用，对41个省直、中央驻粤单位和21个地市实施精准考核、靶向考核、科学考核，将安全生产工作履职情况纳入政府领导年度述职内容。累计向省、市有关单位发出做好安全监管和防灾减灾工作的提醒函75份，强化重点领域、重点部位、重点环节的安全监管。全省54个化工园区治理整顿31个，清理退出23个；全省非煤矿山整顿关闭14家，61座尾矿库实现一库一建档、一库一对策。建立事故初步调查结果报送机制，及时有效发挥事故警示作用。实行县领导包镇、镇干部包村、村干部包山头的森林防灭火责任机制，确保“山有人管、林有人护、火有人盯、责有人担”。

（二）统筹加强监测预警

建成广东省应急管理联合创新中心、广东省安全生产科技协同创新中心，完成基于24个部门57个方面的应急管理大数据平台建设，强化大感知网布局、大数据治理，加强对企业安全生产的实时监测、在线监控、动态监管。初步建成“两客一危一货”重点车辆智能监控预警融合平台，实现对全省1307家危化品生产企业、2.85万辆危化品运输车辆在线监控和可视化管理，同时运用“天眼地眼”系统调度研判尾矿库风险，准确预报20余次险情。

（三）统筹加强风险隐患排查

建立健全风险形势研判会商机制，实行每周一张风险表、每月一份风险报告、每季度召集相关部门召开一次会商会。开展清坟边、清林边、清地边、清隔离带和清旅游景区内可燃物的“五清”大排查大整治行动，切实消除森林火灾隐患。严格落实“重点环节每日查、重大问题专项查、临灾风险拉网查”的灾害风险防控常态机制，协调防总成员单位履行好行业防御职责，紧盯自家“责任田”。坚持稳字当头、稳中求进，抓住危化品、头顶库、非煤矿山、粉尘爆炸、有限空间作业、火灾、建筑工地、交通、旅游、强降雨及次生灾害等十大风险，深入开展安全生产专项整治。

（四）统筹力量和物资调配

把准统的节点节奏，指挥消防救援队伍及社会应急力量第一时间赶赴现场救援，要求三大通信运营商派出应急通信车辆及时恢复通信，协调驻粤解放军派出救援部队及时参与抢险救灾，调度直升机及时参与扑救，调拨应急物资及时运抵现场，安排灾区救助资金及时到位，做好各项防御措施。

经验之一：应急管理部门要始终坚持以人民为中心的发展思想，自觉把人民放在心中最高位置，从基础严起，从日常抓起，加强统筹协调，督促各方抓实抓细各项措施落实，把负责、守责、尽责体现在具体工作落实上，推动安全生产领导责任、监管责任和主体责任一贯到底。

经验之二：统筹压实各方各级责任，是做好安全生产和防灾减灾救灾工作的关键。要立足新发展阶段，贯彻新发展理念，把人民生命安全放在首位作为一切工作的出发点，把安全发展作为高质量发展的内在要求和重要保障，统筹加强监测预警，统筹加强风险隐患排查，统筹力量和物资调配，努力实现防范化解风险的体制机制不断健全，突发公共事件应急能力显著增强，自然灾害防御水平明显提升，发展安全保障更加有力的目标要求，为推进应急管理体系和能力现代化做出新的贡献。

四、必须不断提升实战能力，确保来之能战、战之能胜

应急管理改革两年来，应急管理部门在应急管理指挥体制、应急状态和遂行任务能力、干部工作作风、条块联动机制等方面经受了实战检验。例如，广东启动省级应急响应21次，有力应对百年未遇的强降雨造成的特大洪汛，成功防御在粤东南、粤西连续登陆的超强台风，以零伤亡的战绩夺取佛山高明“12・5”森林防灭火攻坚战胜利，以过硬本领完成四川西昌森林火灾跨省支援任务，形成了一系列战术打法。

（一）打好防范和抵御风险的有准备之战

坚持底线思维，2020年在应战近15年来最强的一次“龙舟水”过程中，形成“四个强化”的战术打法：一是强化精细预报、短临预警和夜间提醒，提前对降雨时段、最大雨强、累积雨量等做出预判，及时将未来1小时雨量超过50毫米的预警信息靶向发布到有关镇、村，夜间加密调度提醒重点区域。二是强化打通防灾减灾救灾“最后一公里”，落实“县领导联系镇、镇领导联系村、村干部联系户”制度，执行特殊群体临灾转移“四个一”机制，提前转移安置危险区域群众。三是强化精准指挥调度，根据雨情、水情、灾情变化，精准调度险情灾情处置、检查应急措施落实。四是强化精准指挥调度，强化应急通信技术保障，运用信息化手段，实现省、市、县、镇、村五级即时连接零距离、场景即时传播零时差、指令即时下达零延误。

（二）打好化险为夷、转危为机的战略主动战

坚持系统思维，在“9・9”甬莞高速揭阳普宁赤岗段危化品运输车交通事故引发环境污染事件应急处置工作中，形成“全链条、全过程，跨领域、跨专业，多部门、多层级”的战术打法：一是在全链

条、全过程的应对处置上突破，主动参与、迅速响应，派出前方工作组赶赴现场；靠前作战、全程参与，全力配合地方开展处置。二是在跨领域、跨专业的综合统筹上突破，加密调度、会商研判，持续视频调度现场处置情况，组织专家研究形成5条处置建议供现场指挥部参考，调派应急力量、协调应急装备火速支援现场。三是在多部门、多层级的统分关系上突破，协调不替代、指导不指挥，与地方党委、政府、现场指挥部、有关单位、处置队伍齐心协力、并肩作战。

（三）打好安全第一、科学施救的攻坚战

坚持创新思维，在佛山高明“12·5”森林火灾处置中因时制宜、知难而进、开拓创新，形成“整体战、安全战、科技战”的战术打法。一是党政军地的整体战。应急管理部领导远程调度，省领导坐镇指挥，党政军民同心协力，综合性消防救援队伍、地方专业森林防灭火队伍、民兵队伍和武警队伍等各类救援力量听从统一指挥，相互密切配合，社会志愿者、企业、社会组织等鼎力支持，形成了强大救援合力。二是生命至上的安全战。善于听取专家意见建议，及时有效疏散群众，并结合气候、地形、灾情等因素，动态研究调整扑救工作策略，健全完善现场指挥体系，适时调整队伍结构和力量编成，确保做到科学施救。三是敢于创新的科技战。充分运用航空灭火直升机、无人机、应急指挥车、应急通信车、水罐车等先进应急装备，创造了“打、清、守”相结合、8架直升机同域作业、“地空配合、以水灭火、打早打小、打湿打透”等成功打法。

（四）打好主动作为、创新作为的人民战争、总体战、阻击战

坚持战略思维，在新冠肺炎疫情防控斗争中既高度警惕和有力防范安全生产、自然灾害领域重大风险，又密切关注全局性重大风险，形成了“两手抓、两研判、两深入、两结合、两机制”的战术打法：一是两手抓，一方面抓好全系统疫情防控，一方面抓复工复产安全生产，以复工复产“六个一”加强企业安全指引。二是既全时段研判疫情防控形势，又常态化研判安全风险，每日形成分析研判报告，为省领导决策提供参考。三是深入基层、深入一线，派出党员突击队，奔赴联合防疫检查站加强应急保障，直插企业提供安全监管服务，帮助企业解决复工复产、风险防范等难题。三是线上线下相结合、执法检查和指导帮扶相结合，应急指挥中心每天与派出的执法小分队、专家指导队视频调度，在线检查和现场执法同时进行，对安全管理好的企业指导帮扶，对风险大问题多的企业严格把关。四是在全省严格实行安全生产“一线三排”和自然灾害防治“一体三预”工作机制，全领域防范各类风险叠加碰头。

经验之一：应急管理部门必须强化系统思维，对不属本部门牵头处置的突发事件，决不能坐等批示、被动等待，要树立全局意识，主动参与、主动配合、主动指导，尊重牵头处置的地方党委、政府，做到协调不替代、指导不指挥；坚持统分结合，有统有分，及时协调当地协调不了的力量，解决当地解决不了的装备等问题。

经验之二：应急处置必须始终坚持生命至上、安全第一，强化以人民为中心的发展思想，把群众安全、救援一线参战人员生命放在首位，迅速转移受威胁的群众，科学排兵布阵，以专业应急救援队伍为主要力量科学施救。

经验之三：应急处置必须向科技要战斗力，强化应急管理装备技术支撑，优化整合各类科技资源，加大先进适用装备的配备力度，以信息化推进应急处置现代化，提高救援实战的科学化、智能化水平。

经验之四：应急处置必须胸怀“两个大局”，既高度警惕和有力防范安全生产、自然灾害领域重大风险，又密切关注全局性重大风险，充分发挥应急管理部门的综合优势、信息化优势和常态化准备的队伍优势，在事关人民生命安全的斗争中积极作为、主动作为、创新作为。

第四节
一融合三机制

大应急的突出优势就是综合，突出特点就是全过程、全灾种风险管控。做好新时代的应急管理工作，必须统筹推进安全生产监管和自然灾害防治，整体谋划安全生产、防灾减灾救灾和应急救援工作，系统防范重大安全风险，协同抓好防抗救的责任链条。应急管理部门正是靠着不断强化“一个融合”，建立健全安全生产、防灾减灾救灾和应急救援“三套机制”，有章有法维护人民群众生命财产安全，打造了特色鲜明的全灾种、大应急格局。

一、必须加强安全生产和自然灾害两条战线的深度融合，实现全灾种、大应急的“化学反应”

安全生产和自然灾害两条战线不是各自为战、各说各话，而是深度融合、相互影响，共同构成了公共安全体系的整体。无论是安全生产，还是自然灾害，都要强化重大安全风险防范化解，从严抓好风险隐患排查，深入开展重点行业领域专项整治，下好防范安全风险的先手棋，打好化危为机的战略主动战。

（一）突出大应急的特色，实现应急管理认识的融合

新时代的大应急工作，既有组建应急管理部门的“物理变化”，又有相关领域、相关职能的“化学反应”，创新了应急管理体制，转变了应急管理职能，重构了应急管理体系。机构改革以来，地方应急管理部门落实“优化协同高效”的改革要求，突出强化职能转变，统筹抓好应急管理、安全生产、防灾减灾救灾的主责主业，促进了安全

生产、防灾减灾救灾职能和业务的有机融合。一方面既抓安全生产，又考虑自然灾害的影响；另一方面既抓自然灾害，又防范衍生的生产安全事故。通过实体运作、搭建平台、健全机制、综合治理，实现对灾害事故风险全方位的综合研判和指挥调度。

（二）突出职责使命，实现应急管理队伍的融合

安全生产和防灾减灾救灾工作都连着千家万户，要始终把保障人民生命财产安全放在第一位。应急管理部门自觉坚持人民至上、生命至上，把保护人民生命安全摆在首位，着力建设一支既懂安全生产又懂防灾减灾救灾的应急管理干部队伍，不断提高公共安全保障能力。例如，广东应急管理部门每位厅领导既分管部分安全生产领域，又分管部分自然灾害领域；应急响应时，全厅干部打破业务和处室界限，既在防灾减灾救灾工作中经风雨、见世面，又在安全生产监管工作中壮筋骨、长才干，安全生产、三防、森林防灭火、救灾等各项工作比改革前都进一步加强。

（三）突出以防为主，实现应急管理机制的融合

应急管理基础在预防，功夫在平时。抓好防灾减灾救灾和安全生产，关键是坚持源头预防。全面排查风险，找准最大风险，有效化解风险，这是安全生产和自然灾害防治都要打好的攻坚战。例如，广东应急管理部门聚焦安全生产和自然灾害背后的共性问题，出台了安全风险分级管控办法，对风险分级管控，实行风险挂牌警示制度，定期向全社会公布行业领域重大风险及其管控情况。同时，参照森林防灭火工作“一日一抽查”的电话抽查机制，运用应急联动一键通系统，对重点企业主要负责人履责情况进行实时抽查，有效解决“关键少数”责任悬空问题；参照防台风预警信息发布做法，入汛后第一时间向全省危化品企业靶向发布风险警示短信，提醒加强检查巡查，提前防范危化品事故发生。

经验之一：必须借鉴自然灾害防治经验，把防御自然灾害的完善机制和成功经验灵活运用到安全生产领域，用“以防为主”的理念抓安全生产，用“下雨就睡不着觉”的警醒来抓安全生产，提前做好风险研判，不断强化预防管理，坚决杜绝重特大事故，有效遏制较大事故，切实减少一般事故。

经验之二：安全生产监管和自然灾害防治都着眼于防，关键在预，必须从风险防范上做文章，在应急准备上下功夫，坚持底线思维，强化忧患意识，提高防控能力，尽最大可能把风险化解在萌芽状态、把隐患消除在初始阶段、把关口前移到准备阶段，切实减轻灾害风险，减少事故灾难。

二、必须坚持问题导向，不断创新安全生产工作机制

根治安全生产形势严峻性和复杂性的症结，必须从风险隐患着眼、从安全防范着手，坚持以大概率思维应对小概率事件，创新重大安全风险防范化解方式。比如，广东应急管理部门聚焦安全生产的短板和不足，提出了“一线三排”“三个转变”“四令三制”等创新机制。

（一）“一线三排”从源头上解决了安全生产的长期性、全局性问题

对发生的多起危化品一般事故“钉钉子”，深刻总结吸取事故教训，创造性地提出并在全省全面推行“一线三排”工作要求，建立起发展不能以牺牲人的生命为代价的长效机制，有效降低了全省事故发生率和死亡率。通过“坚守发展决不能以牺牲人的生命为代价这条不可逾越的红线”，从思想上拧紧安全生产的“总开关”，进一步强化了企业安全生产主体责任和部门安全监管责任；通过“风险隐患全面排查”，解决了企业看不到风险、查不到隐患、不把隐患当回事的老

大难问题；通过“风险隐患科学排序”，解决了重大风险底数不清、重大隐患情况不明的问题；通过“风险隐患有效排除”，解决了整治的责任、措施、时限、资金、预案不到位的问题。

（二）“三个转变”从根本上压实了安全生产主体责任

紧盯“关键少数”开展安全监管执法检查，抓住企业“关键少数”责任不落实这个最大风险，在全国率先实行安全生产“三个转变”。通过“从重点检查企业员工向重点检查企业领导履责情况转变”，倒逼企业法定代表人、实际控制人、主要负责人落实安全生产第一责任；通过“从事后吸取事故教训向事前防范化解安全生产风险转变”，将“预字诀”贯穿企业安全生产全过程，严防认不清、想不到、管不到的情况发生；通过“从客观查原因向主观查不足转变”，力戒安全生产形式主义；通过“安全三问”为“关键少数”画像，摸清企业负责人安全生产责任清不清楚、履责到不到位、重大风险隐患排查治理落不落实，做到精准发现问题、抓早抓小。

（三）“四令三制”等创新机制从基础上防住了安全风险

不断深化对安全生产“一线三排”工作机制的理解和执行，出台化工行业特殊作业“四令三制”、有限空间作业“七个不准”、高空作业“五个必须”、动火作业“三个一律”等政策措施，有效解决企业风险辨析不到位、值班值守流于形式、报警系统形同虚设、动火作业监管不严、特殊作业审批不严、安全技术不交底等突出问题。出台全国全省“一盘棋”应急响应机制、安全风险分级管控机制、复工复产“六个一”措施和“六个到位”、企业主要负责人安全生产“八个一次措施”、渔船安全“六个百分百”、砂石船安全管理“六禁”、危大工程“六不施工”，有效防控全省重点行业领域重大安全风险。

经验之一：要把重大风险隐患当作事故来对待，牢固树立“查不出隐患就是最大的隐患”的理念，用好“一线三排”这个关键一招，督促企业坚守发展决不能以牺牲人的生命为代价这条不可逾越的红线，全面排查、科学排序、有效排除风险隐患，提升安全生产综合治理、系统治理、源头治理水平，从根本上消除事故隐患。

经验之二：事故都是可以预防的，要根据形势变化、任务变化、状态变化、气候变化、季节变化、工作要求的变化等，对潜在的安全生产风险进行科学预判，知道风险在哪里，表现形式是什么，发展趋势会怎样，从而及早警示、精准指导有关地区、有关企业防范重大安全风险，做到早发现、早研判、早预警、早化解。

经验之三：必须把别人的事故当作自己的教训，及时启动全国全省“一盘棋”应急响应机制，不坐等批示、不置身事外、不盲目自信、不就事论事、不做表面文章、不搞形式主义，举一反三排查整改，以最严格的标准、最严厉的手段防范本地区的重大安全风险。

经验之四：牢牢扭住企业“关键少数”安全风险防范第一责任这个牛鼻子，紧紧盯住企业法定代表人、实际控制人、主要负责人，把安全生产“三个转变”和“安全三问”作为推动责任落实的重要抓手，敢于动真碰硬，督促“关键少数”担当作为、认真履责，打通责任落实“最后一公里”，把风险化解在源头、治理在初始。

三、必须坚持目标导向，不断优化防灾减灾救灾工作机制

应急管理改革以来探索形成的防灾减灾救灾好机制、好经验要总结、巩固和运用好，特别是全面推行自然灾害防治“一体三预”的做法，跑好“最先一公里”和“最后一公里”，突破“中梗阻”，在防灾减灾救灾实践中不断出新招、实招。

（一）跑好开程，打好防灾减灾救灾的提前量

应急管理部门统筹实施精准调度，做到预判重大雨情、水情、险情到哪里，调度指挥就到哪里，工作检查就到哪里。例如，广东应

急管理部门以事前预判、临灾预告、短临预警、强降雨和台风防御工作指引、“防汛四张表”、防台风“五个百分之百”等机制为抓手，切实将风险隐患化解在雨前、水前、风前、灾前。在高森林火险特别防护期，落实“包山头、守路口、盯重点、签责任、打早小”工作举措，开展防灭火落实情况“十查”，对森林火险形势“一日一研判”，对森林火情“一日一报告”，对森林火险重点地区“一日一调度”，对森林火灾“一事一处理”，对基层单位值班带班特别是县长、镇长（书记）督导落实森林防灭火情况“一日一抽查”。

（二）突破中程，畅通防灾减灾救灾的“中梗阻”

应急管理部门统筹建立科学有效、从上到下、左右贯通的应急指挥体系，防灾减灾救灾有关成员单位按照职责划分为应急指挥部门、监测预报单位、行业职能部门、综合保障部门和抢险救援单位，形成各就各位、互相补位、不可缺位的良好局面。例如，广东开展森林火灾防治示范镇建设，形成有班子、有预案、有机制、有队伍、有物资、有演练的“六有”火灾防治体系。打造基层“四个一”应急管理体系：各乡镇街道有一个负责应急管理工作的机构，有一支负责应急救援的队伍，有一个启动应急响应的平台，有一个储备应急物资的仓库。实行农村防灾减灾“十个有”机制：社区（村）有组织体系、有大喇叭、有警报器、有避难场所、有风险地图、有明白卡、有应急值守、有应急照明、有小册子、有宣传栏。

（三）打通后程，落实防灾减灾救灾的“最后一公里”

实行“县领导联系镇、镇领导联系村、村干部联系户”的“三个联系”机制，一级督办一级，层层压实责任，打通防灾减灾救灾工作“最后一公里”。例如，广东针对独居老人、留守儿童、伤残人士等特殊群体，建立特殊群体临灾转移“四个一”机制，实现“每户一对接”“每村一台账”“每镇一张网”“每灾一行动”，补齐了基层特殊群体的防灾短板。建立夜间重点提醒机制，针对“龙舟水”通常下半夜雨强较大、人员易疲劳麻痹的特点，在夜间向可能受灾的地市领导发布提醒短信，连线检查县镇基层带班领导在岗情况，省、市、区、镇、村五级联动，做到应转尽转，不漏一户、不落一人。

经验之一：防灾减灾救灾工作必须首先建立科学有效、从上到下、左右贯通的应急指挥体系，突出事前预判、临灾预告、短临预警，做到预判在前、措施在前、行动在前，及时妥善防范化解自然灾害风险。

经验之二：应急管理干部必须形成时时研判风险、科学应对挑战的工作习惯和“时刻准备着”的工作作风，练好会商研判的基本功，精准研判、精准调度、精准指挥、精准施策，抢早、抢小、抢先做好预测、预报、预警、预防、抢险、救灾各项工作，切实把确保人民生命安全放在第一位落到实处。

经验之三：防灾减灾救灾工作必须不断加强制度建设，努力形成通俗易懂、朗朗上口、便于推广的长效机制，并持之以恒贯穿到“测报防抗救建”全过程，确保好机制在基层落地生根，规范防御工作有力有序有效开展。

四、必须坚持结果导向，不断完善应急救援机制

机构改革两年来，应急管理部门在应急救援行动中交出了合格答卷。例如，广东有力应对数十轮强降雨，以零伤亡的战绩打赢清明、国庆和佛山高明“12·5”、南澳“10·23”森林防灭火攻坚战，有效防御台风“木恩”“韦帕”“白鹿”“鹦鹉”“海高斯”等，没有发生群死群伤。

（一）突出“统”，提高统一指挥水平

建立“一个指挥中心、一个前方指挥部、一套工作机制、一个窗

口发布”的“四个一”应急处置机制，统一发布预警和灾情，统一指挥应急救援队伍，统一调拨救灾物资，统一发布应急响应，应急救援全过程指令清晰、系统有序、条块畅达、执行有力。

（二）突出“快”，提高应急救援效率

通过实时视频调度机制，第一时间为地方指挥救援决策提供帮助；通过单兵突击调度机制，第一时间掌握现场第一手音视频信息；通过应急小分队派出机制，第一时间赴受灾地区指导救援工作；通过联合值班值守机制，各部门到应急指挥中心集中会商值守，应急管理部门内部处室形成若干个专业组，第一时间内外一盘棋共同应急响应；通过军地抢险救灾协调联动机制，第一时间实现军地之间快速联动；通过跨区域应急救援机制，第一时间对外省灾害事故开展应急支援。

（三）突出“通”，提高救援保障能力

实行应急指挥“四合一”保障机制，应急处置实现卫星通信指挥车、集群对讲机、无人机、智能单兵终端“四合一”的标准配备，确保了厅内外同步响应、前后方同频共振，实现了前后方互联互通，解决了多个部门、多个层级的数据信息融合难题，打通了基层“最后一公里”。实行应急通信队伍随行保障机制，有效解决了灾区“孤岛”灾情信息传不上来、工作指令发不下去的问题；规范现场指挥部的开设和运作机制，形成了“10公里警戒、5公里管制、1公里核心区禁入”的交通管控机制，现场处置更加高效有序。

（四）突出“精”，提高应急处置技能

创新全灾种、大应急演练机制，以“桌面推演＋实战演练”形式，以大数据大平台为保障，突出防抗救全过程推演，实行实战状态下的跨层级、跨部门联合演练，进行实战化的应急指挥，组织基层群众全民动员、全民参训。建立地方专业应急救援队伍、社会应急力量大比武机制，开展全省森林消防业务技能大比武活动、全省社会应急力量应急技能竞赛等，以赛促训、以赛促练、以赛促建，快速提升了应急救援力量的实战水平。

经验之一：应急救援必须坚持统一领导、统一组织、统一指挥，确保救援队伍步调统一，条块之间协调有力，军地之间协同高效，转移安置快速妥当，抢险救灾安全有序，最大限度减少人员伤亡，把事故灾害损失降到最低。

经验之二：必须深化应急管理改革，加强统一指挥、上下联动、反应灵敏、指挥高效的应急指挥体系建设，围绕“专常兼备、反应灵敏、作风过硬、本领高强”的要求，着力构建以综合性消防救援队伍为主力、以地方专业队伍为协同、以志愿者队伍等社会力量为辅助的应急救援工作格局。

【角色思考】

如何当好应急管理局局长

应急管理本质上是预防管理，是有准备的应急。只有在思想上做到了现代化，才能从根本上实现应急管理体系和能力现代化。应急管理干部要把预防作为思维习惯、科学态度和工作方法，贯穿于科学应备全过程、各方面。要当好应急管理局局长，思想状态非常重要，要时刻保持应急状态，有状态才有警觉性、敏感性和持久力，主要应做到“五心”“六性”“九抓”。

首先，要有“五心”。要心向党中央、心系老百姓：应急管理虽然不直接与金钱打交道，但始终与人民群众生命财产安全息息相关；虽然不直接与经济建设打交道，但始终是高质量发展的最基本保障；

虽然不直接与群众打交道，但始终与老百姓贴得最近、联系最紧。要心中有数：哪里容易出问题，哪些领域风险大、隐患多，哪个时段容易发生灾害，要经常动脑，也只有经常把各类风险隐患、地区时段排排队，才能做到心中有数，并采取有效的防范措施。要心理强大：承受能力要强，尤其在困难面前要有办法，在压力面前要有勇气，在巨灾面前要有胆量，在斗争面前要有信念；应急管理没有哪一天不经受考验，处理灾难事故时要有勇气、有信心、有办法。要心态乐观：应急管理工作繁重，工作压力大，在干事创业过程中，要有良好的心理素质，要学会释放压力。要心中无私：应急管理干部要始终以人民为中心，心里装着老百姓的冷暖安危，做到大公无私，廉洁奉公。

其次，要有“六性”。要有警觉性：要时刻保持应急状态，随时应对突发事件。要有敏锐性：对信息要有高度敏感性，避免对应急信息做一般化处理。要有预见性：对趋势判断要有科学预判能力，有了基本信息，就要做出预判预警。要有系统性：各种风险都是交织存在，不能单向看待台风，它可能会带来暴雨、洪水、地质灾害等。要有斗争性：要敢于面对各种困难。要有坚定性：在大是大非面前、在困难面前，要保持定力，不打乱仗，不打没准备的仗。

最后，要有“九抓”。要抓研判：抓研判就是抓信息，信息越来越多，趋势越来越明显，会商研判怎么会商，解决什么问题，结果怎么运用，这个时候会商研判的形式要定下来，手段要使出来，结果要运用起来。会商研判可以采用召开会议、视频等多种形式，也可以请相关的部门和有关的专家。要抓统筹：应急管理部门比较特殊，它既是条又是块，在一定情况下是条，一定情况下是块。统筹做得好，指挥才有序，抓统筹就要处理好“条块”的事情，在协调各方面的时候，要发挥应急部门的综合优势，与地方政府、各行业、各部门加强沟通协调，在处理应急事件时，要做到指令清晰、系统有序、条块畅达、执行有力，精准解决。要抓通信：运用科技信息化手段，补短板、强弱项、填空白、破难题，全面提升应急管理的能力和水平。要抓典型案例：对典型案例进行认真总结，特别是要针对存在的问题和短板，查找不足，补齐短板，在“战争中学习战争”。要抓危化品企业：危险化学品安全是安全生产的重中之重，其生产、储存、使用、运输危险性大，若安全风险管控不到位，易引发群死群伤事故，要落实源头防范，加大安全隐患整改。要抓企业负责人：企业主体责任到位，关键问题是企业主要负责人责任的落实，所以要强化安全监管“三个转变”，包括向重点检查企业负责人履责情况转变，向事前防范化解安全生产风险转变，向主观查不足转变。要抓基层：要推进乡镇应急管理办公室建设，狠抓基层应急管理部门的理论武装、政治建设、能力提升、队伍建设，着力锻造坚强有力的基层应急管理部门。要抓队伍：要继续打造“特别讲政治、特别讲纪律、特别讲科学、特别讲认真、特别讲精神”的广东应急管理干部队伍。要抓准备：要按照习近平总书记“两个坚持，三个转变”的要求，有防范安全风险的先手，要打好防范和抵御安全风险的有准备之战，把“预”字贯穿应急管理全过程各环节。

结　语

应备、应变、应战、应灾和应验，既是应急管理的五个环节，构成了环环相扣的工作循环，也是互相渗透的工作过程。习惯上，很容易看到这五个环节是有明确边界的五个阶段，也容易人为地割裂开来。而实际上，这五个环节互相作用，相辅相成，贯穿应急管理整体过程。

应备，一方面是指应急准备的方方面面，又是指一种思维方法。备中有变、备中有战、备中有灾、备中有验。“凡事预则立，不预则废”，讲的就是这个道理。这里的“备”，既有静态中的工作和思想准备，也有动态中的工作和思想调整。如果只看到静态的应备，就是形而上学，是机械主义，也是形式主义。事实上，世界万物都处于不断变化之中。应急管理既是同风险的斗争，也是同变化的较量，是一个以时间为X轴，以空间为Y轴，以风险为Z轴的立方体，千变万化、变幻无穷。要从纷繁复杂的应急立方体中找到规律，拿出方案，就必须一方面有备而来，心中有数；另一方面处变不惊，保持定力，才能以不变应万变，时时掌握工作的主动权，才能不被变化的风险带偏节奏。

应变，一方面是指事物开始发生量变的累积态势，是从量变到质变的动态阶段；一方面又是按照一定规律而发展演变的重复。从这点来讲，态势是动，规律是静，应变就是动静结合的应急过程。变中有备，变中有战，变中有灾，变中有验。在应变的过程中，按照一定的规律、路径或者经验，预判其演变走势、发展趋势，这就是备；采取有效的措施，防止事态向不利方向扩大，这就是战；等等。

同样，应战、应灾和应验都不是静止的、简单的过程，它们与应备、应变一样，静中有变，变中有静。只有不孤立化、人为地把它们看成是一个静止的过程，应急管理才能做到处处主动，得心应手。

附 录

附录一

应急管理专业术语

一、综合术语

1. **突发事件：**突然发生，造成或者可能造成严重社会危害，需要采取应急处置措施予以应对的自然灾害、事故灾难、公共卫生事件和社会安全事件。

2. **次生、衍生事件：**某一突发事件所派生或者因处置不当而引发的其他事件。

3. **应急预案：**各级政府及其部门、基层组织、企事业单位、社会团体等为依法、迅速、科学、有序应对突发事件，最大程度减少突发事件及其造成的损害而预先制定的工作方案。

4. **常态与非常态：**“常态”与“非常态”的应急控制仅是以突发事件的发生为标志性界限，对应急控制进行阶段性划分，而不是对应急控制进行类别划分。

5. **“黑天鹅”事件：**非常难以预测，且不寻常的事件，通常会引起市场连锁负面反应甚至颠覆。这类事件的典型特征是：极端小概率、不可预测性、巨大破坏性和事后可解释性。

6. **“灰犀牛”事件：**太过于常见以至于人们习以为常的风险，比喻大概率且影响巨大的潜在危机。

二、自然灾害

7. **自然灾害：**洪涝、干旱等水旱灾害；台风、风雹、低温冷冻、雪灾、沙尘暴等气象灾害；地震灾害；崩塌、滑坡、泥石流等地质灾害；风暴潮、海啸等海洋灾害；森林草原火灾和重大生物灾害等。

8. **干旱灾害：**一个地区在比较长的时间内降水异常偏少，河流、湖泊等淡水资源总量减少，对群众生产、生活（尤其是农业生产、人畜饮水和吃粮）造成损失和影响的灾害。

9. **洪涝灾害：**因降雨、融雪、冰凌、溃坝（堤）、风暴潮等造成的江河洪水、渍涝、山洪等，以及由其引发的次生灾害，包括江河洪水、山区洪水、冰凌洪水、融雪洪水、城镇内涝等亚灾种。

10. **风雹灾害：**强对流天气引起的大风、冰雹、龙卷风、雷电等所造成的灾害，及由其引发次生灾害，对人民生命财产、社会功能等造成损害的自然灾害，包括大风、冰雹、龙卷风、雷电等亚灾种。

11. **低温冷冻灾害：**气温降低至影响作物正常生长发育，造成作物减产绝收，或因低温雨雪造成结冰凝冻，致使电网、交通、通信等设施设备损坏或阻断，影响正常生产生活的灾害。

12. **地震灾害：**由地震引起的强烈地面振动及伴生的地面裂缝和变形，使各类建（构）筑物倒塌和损坏，设备和设施损坏，交通、通信中断和其他生命线工程设施等被破坏，以及由此引起的火灾、爆炸、瘟疫、有毒物质泄漏、放射性污染、场地破坏等造成人员伤亡、财产损失和社会功能破坏的灾害。

13. **地质灾害：**因自然因素或人为活动引发的危害人类生命和财产安全且与地质作用有关的灾害，包括崩塌、滑坡、泥石流、地面塌陷、地裂缝、地面沉降等亚灾种。

14. 内涝：强降水或连续性降水过后，超过城市排水能力致使城市内产生积水灾害的现象。

15. “龙舟水”：广东前汛期有一个降水量较集中的时期，常出现连续几天大雨、暴雨甚至大暴雨和特大暴雨。由于时值端午节龙舟竞渡之时，民间称为“龙舟水”。为便于统计，“龙舟水”一般指5月21日至6月20日的降水。诗云：“孩童不晓龙舟雨，笑指仙庭倒浴盆。”形象地描绘了“龙舟水”的滂沱之势。

16. “N年一遇洪水”：“N年一遇洪水”是水文学上关于频率的概念。不同河流不同断面的洪水各年不同，小流量的洪峰出现机会较多，而大流量洪峰出现机会较少。洪峰流量出现的机会一般用频率或用“重现期”来表示。重现期是指平均N年出现1次（或称为N年一遇）。例如，某河流断面处百年一遇的洪峰流量为500立方米每秒，就是说在多年期间平均100年可能出现1次等于或大于500立方米每秒的洪水；或者用另一种说法，等于或大于500立方米每秒的洪水的频率是1%。所以也不能理解为每相隔100年就一定会遇到1次，只是说有这种可能，因为实际出现的情况并不是均匀的。

17. 暴雨：24小时内累积降水量50～99.9毫米，或12小时内累积降雨量30～69.9毫米的降雨过程为暴雨；12小时内降水量70～139.9毫米或24小时内降水量100～249.9毫米的降雨过程为大暴雨；12小时内降水量大于等于140 毫米或24小时内降水量大于等于250毫米的降雨过程为特大暴雨。

18. 洪水：由暴雨、急骤融冰化雪、风暴潮等自然因素引起的江河湖泊水量迅速增加或水位迅猛上涨的水流现象。按照量级可分为：

小洪水：水文要素的重现期5～10年一遇的洪水。

中等洪水：水文要素的重现期10～20年一遇的洪水。

大洪水：水文要素的重现期20～50年一遇的洪水。

特大洪水：水文要素的重现期大于50年一遇的洪水。

19. 干旱：长期无降水或降水显著偏少，造成空气干燥、土壤缺水，从而使作物体内水分亏缺，正常生长发育受到抑制，最终导致产量下降的气候现象。干旱预警信号分二级，分别以橙色、红色表示。干旱指标等级划分，以国家标准《气象干旱等级》（GB/T20481—2006）中的综合气象干旱指数为标准。

20. 热带气旋：生成于热带或副热带洋面上，具有有组织的对流和确定的气旋性环流的非锋面性涡旋的统称，包括热带低压、热带风暴、强热带风暴、台风、强台风和超强台风。

热带低压：底层中心附近最大风速达到 10.8～17.1m/s（风力6～7级）为热带低压。

热带风暴：底层中心附近最大风速达到17.2～24.4m/s（风力8～9级）为热带风暴。

强热带风暴：底层中心附近最大风速达到24.5～32.6m/s（风力10～11级）为强热带风暴。

台风：底层中心附近最大风速达到32.7～41.4m/s（风力12～13级）为台风。

强台风：底层中心附近最大风速达到41.5～50.9m/s（风力14～15级）为强台风。

超强台风：底层中心附近最大风速达到或超过51.0m/s（风力16级或以上）为超强台风。

21. 风暴潮：由气压、大风等气象因素急剧变化造成的沿海海面或河口水位的异常升降现象。由此引起的水位升高，称为增水；水位降低，称为减水。

22. 灾害性海浪：海洋由风产生的波浪，包括风浪及其演变而成的涌浪。4米以上海浪称为灾害性海浪。

23. **山体崩塌：**崩塌（崩落，垮塌或塌方）是较陡斜坡上的岩土体在重力作用下突然脱离母体崩落、滚动、堆积在坡脚（或沟谷）的地质现象，分为土崩、岩崩和山崩。

24. **滑坡：**斜坡上大量土体和岩体在重力的作用下，沿一定的滑动面整体向下滑动的现象。

25. **泥石流：**一种突然爆发的含有大量泥沙、石块的特殊洪流。主要发生在地质不良、地形陡峻的山区。

26. **地面塌陷：**地表岩、土体在自然或人为因素作用下，向下陷落，并在地面形成塌陷坑（洞）的一种地质现象。

27. **地裂缝：**地表岩、土体在自然或人为因素作用下，产生开裂，并在地面形成一定长度和宽度的裂缝的一种地质现象。

28. **地面沉降：**自然因素或者人类工程经济活动影响下，由于地下松散地层固结压缩，导致地壳表面标高降低的一种局部的下降运动（或工程地质现象）。

29. **地震：**即大地震动，通常意义上是指天然地震中的构造地震。

30. **震源：**地球内部岩层破裂引起振动的地方，是有一定大小的区域，又称震源区或震源体。

31. **震源深度：**震源到地面的垂直距离。

32. **震中：**震源在地面上的投影。

33. **宏观震中：**地震时，人们感觉最强烈、地面破坏最严重的地区。

34. **极震区：**震中附近振动最强烈，破坏比也最严重的地区。

35. **震中距：**地面上任何一点到震中的直线距离。

36. **地震烈度：**地震时地面受到的影响或破坏程度。

37. **主震：**在一个地震序列中，其中最大的一次地震。

38. **前震：**主震前发生的地震。

39. **余震：**主震后发生的地震。

40. **森林燃烧三要素：**森林燃烧需要森林可燃物、火源和氧气三者相互作用才能形成，这三者就是森林燃烧三要素。

41. **森林火灾等级：**一般森林火灾、较大森林火灾、重大森林火灾、特别重大森林火灾。

42. **森林防火区：**林地及距离林地边缘不少于三十米的范围。

43. **森林火灾受害率：**某一地区森林火灾中受害森林面积同森林总面积的比率，用千分比表示。

三、安全生产

44. **事故隐患：**分为一般事故隐患和重大事故隐患。一般事故隐患是指危害和整改难度较小，发现后能够立即整改排除的隐患。重大事故隐患是指危害和整改难度较大，应当全部或者局部停产停业，并经过一定时间整改治理方能排除的隐患，或者因外部因素影响致使生产经营单位自身难以排除的隐患。

45. **安全风险：**发生危险事件或有害暴露的可能性，与随之引发的人身伤害或财产损失等危害后果的组合。

46. **风险管控：**风险辨识、分析、评价、控制并持续改进的动态过程。

47. **有限空间：**封闭或部分封闭，进出口较为狭窄有限，未被设计为固定工作场所，自然通风不良，易造成有毒有害、易燃易爆物质积聚或氧含量不足的空间。有限空间作业是指作业人员进入有限空间实施的作业活动。

48. **非煤矿山企业：**包括金属非金属矿山企业及其尾矿库、地质勘探单位、采掘施工企业、石油天然气企业。

49. **尾矿库：**筑坝拦截谷口或围地构成的，用以堆存金属或非金属矿山进行矿石选别后排出尾矿或其他工业废渣的场所。

50．头顶库：下游1公里（含）距离内有居民或重要设施的尾矿库。

51．危险化学品：具有毒害、腐蚀、爆炸、燃烧、助燃等性质，对人体、设施、环境具有危害的剧毒化学品和其他化学品，现行依据为《危险化学品目录》（2015版）。

52．重大危险源：按照《危险化学品重大危险源辨识》（GB18218）标准辨识确定，生产、储存、使用或者搬运危险化学品的数量等于或者超过临界量的单元（包括场所和设施）。

53．特殊作业：化学品生产单位设备检修过程中可能涉及的动火、进入受限空间、盲板抽堵、高处作业、吊装、临时用电、动土、断路等，对操作者本人、他人及周围建（构）筑物、设备、设施的安全可能造成危害的作业。

54．动火作业：即直接或间接产生明火的工艺设备以外的禁火区内可能产生火焰、火花或炽热表面的非常规作业，如使用电焊、气焊（割）、喷灯、电钻、砂轮等进行的作业。

55．烟花爆竹：以烟火药为主要原料制成，引燃后通过燃烧或爆炸，产生光、声、色、型、烟雾等效果，用于观赏，具有易燃易爆危险的物品。

附录二

广东应急管理关键词

一、应急管理体制机制

1. 对应急管理机构改革的“六个理解”

用六个字概括，就是“优化协同高效”；用五个字概括，就是“高、统、快、防、实”；用四个字概括，就是“统分结合”；用三个字概括，就是“大应急”；用两个字概括，就是“转变”；用一个字概括，就是“统”。

2. 应急管理“高统快防实”工作标准

政治站位立于“高”、应急指挥善于“统”、应急响应敏于“快”、安全风险精于“防”、应急工作行于“实”。

3. 应急管理“五应”工作方法

科学应备、时时应变、统一应战、精准应灾、及时应验。

4. 应急管理“预字诀”工作要求

学习要预置方向、时刻在预备状态、工作在预见之内、应急从预警开始、安全从预防着手、演练从预案准备、业绩在预期之上。

5. 准军事化队伍建设“六条具体要求”

对党绝对忠诚、生命高于一切、工作见叶知秋、时刻应急准备、纪律挺在前面、坚决服从指挥。

6. “五个特别”的纪律队伍

特别讲政治、特别讲纪律、特别讲科学、特别讲认真、特别讲精神。

7. 应急管理“六大关系”

统与分、防与救、基本盘与大应急、整体与个体、应急与应急管理、传统手段与科技应急。

8. 应急管理“五大难题”

应急管理面临融合指挥、应急通信、全域感知、短临预警、数据智能这五大难题。

9. 安全风险“四个等级”

风险等级从高到低划分为重大风险、较大风险、一般风险和低风险四个级别，分别用红、橙、黄、蓝四种颜色标示。

10. 基层应急管理体系“四个一”

确保全省各乡镇街道“有一个负责应急管理工作的机构，有一支负责应急救援的队伍，有一个启动应急响应的平台，有一个储备应急物资的仓库”。

11. 行政村（社区）防灾减灾救灾能力“十个有”

有组织体系、有大喇叭、有警报器、有避难场所、有风险地图、有明白卡、有应急值守、有应急照明、有小册子、有宣传栏。

12. 应急值守“五个一”机制

一日一研判、一日一报告、一日一调度、一日一抽查、一事一处理。

13. 应急处置“四个一”机制

一个指挥中心、一个前方指挥部、一套工作机制、一个窗口发布。

14. 应急指挥“四合一”保障机制

实现卫星通信指挥车、集群对讲机、无人机、智能单兵终端“四合一”的标准配备。

15. 实战推演“五立足、五结合”

立足全灾种全链条、平时预防与战时抗救相结合；立足规范应对、情景复盘与流程再造相结合；立足上下联动、上级指挥协调与基层落细落实相结合；立足问题导向、固化长效机制与解决突出问题相结合；立足以练促建、演练培训与能力建设相结合。

16. 应急管理信息化“三个引领”

需求引领、科技引领、创新引领。

17. 应急管理信息化建设“三个一”

监测预警“一张图”、指挥协同“一体化”、应急联动一键通。

18. “1+1+1+N”联创中心

省应急管理厅+数广公司+华为公司+N个高科技企业。

二、自然灾害

19. “一体三预”机制

“一体”是指科学有效、从上到下、左右贯通的应急指挥体系，“三预”是指事前预判、临灾预告、短临预警。

20. 防台风“六个百分之百”

出海作业渔船百分之百回港，渔排人员百分之百上岸，回港船只百分之百落实防御措施，山区地质灾害高危区、滨海旅游度假区人员百分之百转移到安全地带，危破房、低洼地简易房、户外施工作业人员百分之百转移到安全地带，海上风电施工平台人员百分之百安全撤离。

21. 防汛“四张表”

易淹地下车库防汛措施统计表、城市内涝易发点情况统计表、地质灾害点情况统计表、临灾转移人员统计表。

22. “三个联系”制度

县（市、区）领导联系乡镇（街道）、乡镇（街道）领导联系村（居）、村（居）干部联系户。

23. 特殊群体临灾转移“四个一”机制

“每户一对接”转移责任、“每村（居）一台账”转移清单、“每镇（街）一张网”转移体系、“每灾一行动”转移启动机制。

24. 转移安置“五个有”

确保群众有饭吃、有衣穿、有干净水喝、有地方住、有病能得到及时治疗。

三、安全生产

25. 安全生产专项整治“1+2+9+N”方案体系

“1”是总方案，即《广东省安全生产专项整治三年行动实施计划》；“2”是学习宣传贯彻习近平总书记关于安全生产重要论述、落实企业安全生产主体责任等2个专题实施方案；“9”是危险化学品、非煤矿山、消防、道路运输、交通运输（民航、铁路、邮政、城市轨道交通）、水上交通和渔业船舶、城市建设、工业园区等功能区、危险废物等9个安全专项整治实施方案；“N”是各有关部门、有关重点单位制定的部门实施方案。

26. 森林防灭火工作“阳山经验”

包山头、守路口、盯重点、签责任、打早小。包山头，县四套班子领导成员包镇，镇领导包村，镇村干部包村小组及山头地块。守路口，在进山路口“设卡”登记、排查火种，安排镇村干部、林业员、护林员每日巡查监控。盯重点，盯住重点林区、重点山头、重点人群、重点目标等。签责任，与有关单位、企业和个人逐级签订森林防火责任书。打早小，发现火情要早报告、早响应、早处置，第一时间组织扑打初期小火。

27. 安全生产“八大专项”整治

落实企业安全生产主体责任整治、危险化学品安全综合治理提升、交通运输领域安全生产集中排查整治、地下矿山安全综合整治、建筑施工安全风险集中排查整治、消防安全领域专项整治、安全生产科技支撑能力提升、进一步加强安全生产行政执法队伍体系建设。

28. 安全监管“三个转变”

从重点检查企业员工向重点检查企业负责人履职情况转变，从事后吸取教训向事前防范化解安全生产风险转变，从客观查原因向主观查不足转变。

29. “安全三问”

你的职责是什么？你单位存在的隐患有哪些？如何采取措施消除风险隐患？

30. “一线三排”机制

“一线”是指坚守发展决不能以牺牲人的生命为代价这条不可逾越的红线；“三排”是指对风险隐患全面排查、科学排序、有效排除。

31. 化工行业特殊作业“四令三制”

“四令”是指动火令、动工令、复工令、停工令，企业有上述行为，必须经主要负责人签字批准。“三制”是指有限空间作业票制、值班室（中控室）24小时值班制、企业领导带班值班制。

32. 动火作业“三个一律”

动火前，一律不准进行交叉作业，一律清除现场可燃物质，一律检测可燃气体含量、保持良好通风，严防交叉作业动火引发爆炸、火灾事故。

33. 高空作业“五个必须”

必须培训持证上岗、必须实行作业审批、必须做好个人防护、必须落实工程措施、必须安排专人监护。

34. 有限空间作业“七个不准”

未经风险辨识不准作业、未经通风和检测合格不准作业、不佩戴劳动防护用品不准作业、没有监护不准作业、电气设备不符合规定不准作业、未经审批不准作业、未经培训演练不准作业

35. “两客一危一货”重点车辆

“两客”是指从事旅游的包车、三类以上班线客车；“一危”是指运输危险化学品、烟花爆竹、民用爆炸物品的道路专用车辆；“一货”是指重型货车。

36. 渔船安全生产“六个百分之百”

出海渔船100%检验、出海船员100%持证上岗、安全检查100%实施、安全规程100%执行、防台要求100%落实、涉渔“三无”船舶100%清理。

37. 危大工程管理“六不施工”

未落实前期保障措施不施工，未编制专项施工方案、未按规定审批或论证方案、未按方案落实有关措施不施工，未进行安全技术交底不施工，未进行现场监督不施工，未进行第三方监测不施工，未经验收合格不施工。

38. 砂石船安全管理“六禁”

禁止非法开采、装卸海砂，禁止未经批准从事海上采砂运砂活动，禁止违反规范航行作业，禁止配员不足航行作业，禁止采用私自改装船舶，禁止恶劣天气海况冒险航行作业。

附录三

广东应急管理典型案例

案例一

创造更多“兵贵神速”的广东战法
推动提高应急处突能力

2020年10月10日，习近平总书记在中央党校（国家行政学院）中青年干部培训班开班仪式上发表重要讲话，要求年轻干部提高解决实际问题能力，包括提高应急处突能力等七种能力。习近平总书记强调，年轻干部要提高应急处突能力。预判风险是防范风险的前提，把握风险走向是谋求战略主动的关键。要增强风险意识，下好先手棋、打好主动仗，做好随时应对各种风险挑战的准备。要努力成为所在工作领域的行家里手，不断提高应急处突的见识和胆识，对可能发生的各种风险挑战，要做到心中有数、分类施策、精准拆弹，有效掌控局势、化解危机。要紧密结合应对风险实践，查找工作和体制机制上的漏洞，及时予以完善。

广东省委书记李希在广东省委党校中青年干部培训班开班式上，要求学员认真贯彻落实习近平总书记关于提高应急处突能力的重要指示，在应急处突时努力做到“兵贵神速”。

我们深切感受到： 总书记、党中央高度重视应急处突工作，体现了以人民为中心的发展思想。我们党来自人民，为人民而生，因人民而兴，必须始终与人民心心相印、与人民同甘共苦、与人民团结奋斗。我国是灾害多发频发的国家，必须把防范化解重特大安全风险，加强应急管理和能力建设，切实保障人民群众生命财产安全摆到重要位置。在人民最需要的危急时刻，必须担当起“救民于水火、助民于危难、给人民以力量”的神圣职责。

经过学习，深切感到：总书记、党中央高度重视中青年干部应急处突能力的培养，体现了对中青年干部的严管厚爱。中青年干部要在应对重大灾害的大战大考中经风雨、见世面，要在常观大势、常思大局中学会科学预见形势发展走势和隐藏其中的风险挑战，要在既当指挥员、又当战斗员的多重任务中培养和保持顽强的斗争精神、坚韧的斗争意志、高超的斗争本领。

经过学习，深切感到：“兵贵神速”是对总书记赋予广东总定位总目标的一条落细落实落具体的有力措施，是对总书记关于提高应急处突能力重要指示的坚决贯彻和严格对标。“兵贵神速”贯穿应急处突工作的多种情况和多个阶段，现谨从“危机初现”“灾害肆虐”“应急准备”“风险防范”“矛盾转换”等五种比较典型的情况，结合实例对“兵贵神速”的广东战法作粗浅的探析。

【“危机初现”阶段战例】

年初即采取果断措施应对突如其来的新冠肺炎疫情

基本情况：2020年年初面对突如其来的新冠肺炎疫情时，广东在习近平总书记、党中央坚强领导下迅速采取果断措施，及时启动重大突发公共卫生事件Ⅰ级响应、果断停办春节花市、指引公众不外出聚餐等。

战法探析：一是坚决听从习近平总书记、党中央的号令，坚决贯彻习近平总书记、党中央的决策部署。二是深入贯彻习近平总书记关于防范化解重大风险“宁可信其大、不可信其小”“用大概率思维应对小概率事件”重要论述精神。三是及时启动广东应急处置“四个一”机制（一个分管领导负责，一个工作专班办理，一套工作机制运行，一个窗口发布）。

【“灾害肆虐”阶段战例】

连夜扑灭河源连平“12·5”较大森林火灾

基本情况：2019年11月初至12月初，广东天气异常，几乎整整一个月未降雨，风高物燥，火险形势异常严峻。灾害到12月6日晚达到肆虐的地步，河源连平和佛山高明两场“12·5”森林火灾经过一天一夜，均已达较大级别，当地苦战未克，火势仍在蔓延。危急时刻，广东省委、省政府迅速部署省应急管理厅派出前方工作组奔赴火场。省赴河源连平前方工作组在省指挥部的坚强领导下，首先把前方指挥部前移到最有利于指挥的位置，会同当地和消防救援队伍科学研判并于6日当晚发起强攻，7日清晨即取得无人员伤亡、无重要设施损毁的一场完胜。

战法探析：一是习近平总书记部署建立的“统一指挥、专常兼备、反应灵敏、上下联动、平战结合”中国特色应急管理体制在应对大灾中发挥了巨大优势。二是关键时刻敢闯、敢干，敢于打破存在于不少干部群众头脑中的“夜间不扑山火”的思想禁区。三是心系大局、服务大局，这场战役迅速扭转了当时两线作战的不利局面，在严峻形势下打开了胜利之门。四是抢抓战机、兵贵神速。7日中午，连平县起了大风。如果发起强攻的时间晚半天，情况就完全不一样了。

【“应急准备”阶段战例】

主汛期前通过施行《广东省防汛防旱防风条例》

基本情况：2019年年初，全年的三防工作还处在应急准备时期，新组建的应急管理部门即将第一次迎接主汛期的考验，《广东省防汛防旱防风条例（草案）》按计划将于年底提交审议。当时以兵贵神速、争分夺秒的态度对待这项看似并不紧急的工作。在广东省委的领导下，在广东省人大常委会的关心支持下，《条例》经过了紧急而严密的论证审议，于3月28日在全国率先通过施行。《条例》通过施行的重大意义和重要作用在随后到来的防汛实战和三防改革中很快凸显了出来。

战法探析：一是改革不停顿、走在前。三防改革在不少地方经历了波折，特别是对于三防改革中特别关键的一个问题——三防指挥部到底放在应急管理部门还是相关专业部门？一些地方举棋不定、难以决断。而广东省在主汛期到来之前已经解决了这个问题。《条例》第五条明确规定“防汛防旱防风指挥机构的日常工作由同级应急管理部门承担”，从法制层面确保了广东三防改革进程的不可逆。二是一切为实战、一切为人民。《条例》的及时通过施行，为广东主汛期防汛工作提供了法制保障，也为新组建的应急管理部门能够权威履行三防指挥职责提供了法制保障。三是大胆探索应急处突立法工作。立法工作一般应该取得成熟经验之后进行，一般不能太赶太急。然而，矛盾又具有特殊性，特殊情况下需要以“兵贵神速”的理念进行探索。

【“风险防范”阶段战例】

坚决停用存在违规改建问题的集中医学隔离点

基本情况：“3·7”泉州佳欣酒店坍塌事故发生后，广东省立即启动全国全省“一盘棋”应急响应机制，第一时间对当时在用的全部集中医学隔离点进行了拉网式的全覆盖检查。检查发现个别隔离酒店存在建筑安全风险，对其立即停用并安全转移隔离人员。

战法探析：一是牢固树立底线思维和防范化解重大风险的意识。疫情防控初期，广东各市县迅速建立起一批集中医学隔离点，是十分难能可贵的。然而，在任何时候和任何情况下，都必须要有底线思维和防范化解重大风险的意识，都不能只看到成绩，看不到风险。二是立即启动全国全省“一盘棋”应急响应机制。“3·7”重大安全事故为我们敲响了警钟，广东省第一时间采取行动，做到了事故在外地，警示在眼前。三是立查立行立改。

【“矛盾转换”阶段战例】

及时研究制定疫情分区分级管控政策并开展防境外输入病例引起广东局部疫情爆发应急演练

基本情况：2020年2月中旬，当疫情防控阻击战取得初步成果时，为响应习近平总书记、党中央关于夺取疫情防控和复工复产双胜利的决策部署，广东省防疫指挥部迅速组织研究新冠肺炎疫情分区分级管控政策。分区分级管控指引经广东省委、省政府研究批准，于2月19日及时印发实施。3月初，当境外疫情出现苗头的时候，广东省指挥部又迅速谋划开展境外病例输入引起广东局部疫情爆发应急演练，演练于3月13日举行并取得圆满成功，为接下来的外防输入工作做了认真的准备，并受到国家指导组组长同志的充分肯定。

战法探析：一是深入贯彻落实习近平总书记关于“努力实现从注重灾后救助向注重灾前预防转变，从应对单一灾种向综合减灾转变，从减少灾害损失向减轻灾害风险转变”重要论述。二是善于通过弱信号捕捉强信息。只有这样，才能打好主动仗，下好先手棋。三是广东省委、省政府紧紧抓住防疫工作，广东省防疫指挥办坚持每日工作例会制度。只有党委、政府的高度重视和经常化、制度化的会商分析制度，才能确保不放过、不漏过任何具有强信息价值的弱信号。

新时代应急处突工作意义重大。在应急处突实践中坚决贯彻习近平总书记的重要指示精神，注重总结、完善、提升成功战法，并不断创造新的成功战例战法，是应急处突工作永不停止的追求，也是应急处突战线同志义不容辞的责任。

案例二

物联感知　监测预警
率先应用科技手段全面提升安全监管能力

广东省是危险化学品生产和消费大省，现有危险化学品生产经营单位1.4万多家，其中生产企业1307家，经营单位12108家，涉及重大危险源企业381家、802个重大危险源，油气管道约5159公里，经清理退出后保留化工园区31个，防范和化解危险化学品领域安全风险任务十分繁重。为有效解决传统监管方式存在的监管效率低、安全态势研判不精准、风险处置不及时等突出问题，广东省应急管理厅决定建设全省统一的危险化学品安全生产风险监测预警系统（以下简称“监测预警系统”），充分发挥系统监测预警、辅助应急指挥功能，向“科技要安全监管力量”，大幅度提升安全风险防范化解能力和监管水平。

一、创新广东特色，率先建成应用监测预警系统

2019年，在广东省委、省政府的坚强领导下，在应急管理部的正确指导下，广东省应急管理厅坚决贯彻落实党中央、国务院关于防范化解危险化学品领域系统性安全生产风险的重要部署，按照《中共中央 国务院关于推进安全生产领域改革发展的意见》的有关要求和应急管理部监测预警系统建设的具体任务部署，坚持以问题为导向，瞄准短板和不足，统筹省内外高科技力量，在全国率先建成监测预警系统并部署应用，在危化企业的安全管理和事故处置中发挥重要作用，创新体现了广东特色，得到了广东省委、省政府和应急管理部领导的充分肯定。

（一）加强顶层设计

系统建设全面对标对表应急管理部，结合广东实际，确定省级建设部署、省市县三级应用的建设思路；明确“3＋1”建设任务要求（“3”即：物联网感知实现实时监测预警，实时监控和可视化管理，建立企业基础信息数据库；“1”即：危险化学品事故模拟）；深度融合相关业务模块，实现“一套标准建设、一个界面展示、一个系统融合”；在确保完成应急管理部任务要求的基础上，创新体现广东特色。

（二）充分利用新技术

一是运用倾斜摄影、虚拟现实、增强现实等技术，建立企业3D模型，并接入企业内部视频监控，实现实时监控和可视化管理。二是

接入企业重大危险源温度、压力、液位、可燃（有毒）气体等物联网感知数据，实现实时监测。三是加强大数据应用，共享接入气象、自然资源、公安、交通等部门应急相关系统和数据，接入“数字政府”“粤政图”地理信息，建立危险化学品监测预警模型、企业基础信息数据分析模型，实现风险预警、精准监管。

（三）强力推进系统建设

一是广东省应急管理厅主要领导亲自担任系统建设工作组组长亲抓系统建设，分管厅领导多次深入企业调研督导，高位推动系统建设。二是财政统筹投资1800多万元，省级统建，减少基层和企业资金投入。三是成立系统建设专班，组建了超过40人的技术团队，集中力量，联合攻坚。四是制定了工作进度控制表，明确阶段任务目标，试点突破，有序推进。

2019年10月底，广东省在全国率先完成监测预警系统建设并部署应用，完成全省危险化学品企业基础信息采集，接入全省150多家重大危险源企业物联网感知监测数据、视频监控和3D建模，建立风险预警风险数据模型，实现了实时监测、实时监控、自动预警、可视化管理及对重大危险源企业值班值守点名和视频连线、可视化调度指挥，并同步上传至部级系统，并提前实现3D建模、事故影响分析等部分功能。

二、强化监测预警系统应用，有效扭转被动局面

2019年11月1日，广东省应急管理厅制定印发《广东省危险化学品安全生产风险监测预警系统运行机制（试行）》，部署监测预警系统开始上线测试运行，有效发挥了监测预警系统的功效。

（一）解决了企业信息大数据管理的问题

系统建成前，全省没有统一系统，存在企业底数不清、基础信息

不全等突出问题，每次需要摸排某类企业信息时，都是通过表格要求地方填报，填报上来后还需人工汇总，耗时费力，效率低下。监测预警系统建成后，定制开发的“广东省危险化学品企业基础信息管理模块”实现了企业基础信息大数据管理，为全省企业底数排查、风险研判分析等日常监管工作提供了数据支撑。

（二）解决了对企业自动监测预警的问题

系统建成前，缺乏物联网感知手段，企业运行状态靠电话询问、现场检查，无法实时掌握，企业自己填报风险等级，受主观因素影响大，且数据是“死的”，不能及时针对企业生产状况而动态调整，安全态势研判不精准。系统建成后，已接入了广东全省150多家重大危险源企业的温度、压力、液位、可燃（有毒）气体报警等关键物联网感知监测数据，利用数据模型将企业划分为红色（重大风险）、橙色（较大风险）、黄色（一般风险）、蓝色（低风险）四个等级，进行动态分析风险和自动预警，实现了实时监测、自动预警与企业同步。

（三）解决了对企业可视化管理的问题

系统建成前，企业平面布置、现场情况是什么样子，哪个区域风险高、哪个部位需要重点盯防，只能到企业查图纸、现场核查，路途遥远，效率低下。系统建成后，利用倾斜摄影技术，同步完成121家接入企业的实景3D建模，同步接入企业内部视频监控数据，运用虚拟现实、增强现实技术，实现了重大危险源实时监控和可视化管理，在远程即可通过系统直观了解企业现状。同时，系统融合优化应急管理部化学品登记中心研发的事故影响分析模型，对重大危险源事故影响进行模拟分析，动态划出影响区域，为指挥救援提供决策参考。

（四）解决了监督企业值班值守的问题

系统建成前，督促企业落实值班值守工作要求时，只能通过打电话抽查，无法直观判断企业领导是否在岗在位。系统建成后，融合了一键通视频点名功能，可以实现对值班人员一键点名，并定位值班人员位置，判断是否在企业值班值守，通过信息化手段有效压实了企业主体责任。在2020年疫情防控最紧要的时期，应用监测预警系统实施线上执法1700多次，抽查企业主要负责人是否在岗在位，视频连线指导企业做好复工复产、疫情防控期间安全生产工作。

（五）解决了督促企业降低风险的问题

系统建成前，企业是否存在风险，监管部门无法及时掌握，无法及时督促企业处置，容易造成企业长时间处于高风险运行状态。系统建成后，通过接入政务信息平台，对达到黄色等级预警企业及时向企业主要负责人和数据监管人员推送预警短信。2019年11月1日系统测试运行初期，系统分析判断有32家达到橙色等级，34家达到黄色等级，每天物联网感知报警高达9556次，通过短信推送提醒，督促企业优化自动化控制指标和业务流程，全部消除橙色等级，黄色等级下降至4家（主要为储罐低液位），物联网感知报警下降至678次（大部分为企业DCS系统误报），有效降低企业运行风险。截至2020年7月31日，系统已自动推送预警短信近12万条。如：2020年3月10日，系统监测到广州发展碧辟油品有限公司907罐温度长时间报警，企业收到短信后立即对907罐温度探测器进行检查，检查发现温度探测器生锈，接线有松动，发现问题后，企业对907罐温度探测器进行了维修，及时消除安全隐患。

三、接受实战检验，监测预警系统作用初步显现

2020年1月14日下午1时40分许，珠海长炼石化设备有限公司（以下简称“长炼公司”）加氢重整装置预加氢单元发生闪爆火灾事故，监测预警系统在事故应急处置中有效发挥了监测预警和辅助指挥作用。

（一）实现同步预警

2020年1月14日13时39分21秒监测预警系统与长炼公司DCS系统同步采集到事故装置周边可燃气体浓度超高报警信息，长炼公司DCS、SIS等自动化控制系统启动，安全联锁、紧急停车措施动作，自动切断装置主要物料管道，隔离事故装置与其他装置的连通，提示现场巡检人员和中控室作业人员迅速撤离，为有效控制事故扩大赢得了时间。

（二）辅助应急指挥

接报事故信息后，广东省应急管理厅主要领导在应急指挥中心坐镇指挥，第一时间调用监测预警系统，通过系统三维实景迅速定位事故位置，调取事故企业现场实时视频，第一时间获取现场视频图像，及时了解现场情况和指挥部署专业应急救援力量，有效发挥了辅助应急救援指挥的作用。

（三）提供数据支持

事故发生后，工作人员通过监测预警系统基础信息模块，迅速调取长炼公司安全评价报告、生产工艺、应急救援预案、平面布置图、物料危险特性、MSDS（化学品安全技术说明书）等基础信息，提供给广东省应急指挥中心和有关专家，快速掌握企业事故装置、事故物质的危险特性，为专家研判和应急救援提供了基础数据支持。

四、多措并举形成合力，统筹推进系统建设工作落实

广东省监测预警系统建设能够在短期内取得成效，顺利完成应急管理部的试点任务，主要得益于四个方面的保障和支撑。

（一）得益于省委省政府的坚强领导

广东省委书记李希、省长马兴瑞、常务副省长林克庆、省委常委张虎等省领导到广东省应急管理厅检查指导时，反复强调要充分运用信息化手段提高危险化学品安全监管能力；广东省政府常务会多次强

调要加快推广应用监测预警系统，运用现代高科技手段，更加精准高效做好安全管理工作。分管省领导更是把这项工作作为“不忘初心、牢记使命”主题教育“硬骨头”，重点研究和部署推动。同时，监测预警系统建设也得益于广东省委、省政府“数字广东”改革，整合全省资源推进信息化建设，信息化建设环境好、氛围好。

（二）得益于应急管理部的正确指导

应急管理部尚勇副部长等部领导十分关心和支持广东系统建设，于2019年8月30日和10月24日两次听取广东省系统建设情况汇报，面对面提要求，手把手教方法。应急管理部危化司孙广宇司长及相关司局领导来广东调研期间，也专门了解广东省系统建设情况，提出完善意见，为广东省监测预警系统建设指明了方向、提供了经验。

（三）得益于基层单位的通力配合

一些地区和企业思想认识到位、工作措施到位、主动配合到位。广州市市级系统主动为省级系统建设让路，指导企业优先接入；惠州市勇当试点，市领导亲自协调，大亚湾石化区“一对一”专人跟进企业数据接入；惠州、湛江、茂名、揭阳等市积极协调解决无人机倾斜摄影、企业数据接入等实际问题；汕头、肇庆、汕尾等市主动加强与广东省应急管理厅联系，对接系统应用。企业层面，中石化广东公司、中石油广东公司、惠州石化等中央驻粤企业，发挥示范带头作用，主动配合，率先接入；广州亨斯迈、惠州忠信等企业投入几十万元资金对视频监控、自动化控制系统进行升级改造，配合做好数据接入工作，这些都为系统建设打下了坚实的基础。

（四）得益于联合创新的有力保障

广东省应急管理厅抽调人员组成工作专班，专责负责系统建设。坚持“开门搞建设”的原则，充分发挥省内外科技信息化企业的技术优势，组建超过40人的技术团队，互补优势，形成合力，联合攻坚。

同时，得益于广东省政务服务数据管理局、省财政厅等部门的大力支持，加快项目立项、审批，足额落实项目资金，保障系统建设。

下一步，广东省认真贯彻中办、国办全面加强危化品安全生产工作和国务院安委会危化品三年整治行动部署要求，针对系统测试运行和实战检验中发现的问题，对标最高最好最优，接入全省危化品企业和三、四级重大危险源监测监控数据，实现危险化学品企业监测预警全覆盖，建好管好用好监测预警系统，不断提升危险化学品信息化监管能力。

案例三

清远市清城区源潭镇迎咀村“6·8”泥石流成功避险

2020年6月8日夜间到6月9日凌晨，清远市清城区源潭镇迎咀村赤狮坑村小组发生了特大泥石流灾害。该村小组北距源潭镇镇政府直线距离约5.2km，地理坐标位置为北纬23°37′00.52″，东经113°11′03.20″；村小组有一条约1.5公里村道与Y115乡道连接，交通条件较为便利。清城区原登记在册的地质灾害隐患点共37处，此次泥石流灾害不属在册地质灾害隐患点范围，历史上该地未曾发生过泥石流灾害。据赤狮坑村村民反映，在这里居住了几代人，从来没有发生过这么大的降雨，也没有出现过泥石流灾害。

一、主要灾情

（一）强降雨情况

6月5日到10日，广东省遭遇了近15年来最强的一次“龙舟水”袭击，清远市暴雨以上有113个观测站点（占56%），大暴雨以上有38个观测站点（占19%），特大暴雨有3个观测站点。清远市清城区源潭镇遭遇强降雨天气，7日至8日，清城区源潭镇降雨量高达354毫米。6月8日凌晨0点20分，广东省气象、水文部门监测报告，清远市清城区源潭镇迎咀村过去6小时降雨量高达266.9毫米，超过五十年一遇雨量（五十年一遇雨量255毫米）。

（二）灾情

6月8日夜间至6月9日凌晨发生在赤狮坑村小组的泥石流约6000立方米，直接经济损失约人民币150万元，潜在经济损失约2000万元，有46户房屋、家具和生产资料受到不同程度毁坏，赤狮坑村通往村外的道路多处因滑坡受损。

二、应急处置过程

6月5日，广东省应急管理厅启动防汛Ⅳ级应急响应。

6月5日下午，清远市应急管理局启动防汛Ⅳ级应急响应。

6月7日22时44分，清远市清城区应急管理局发布了清城区气象台自6月7日22时31分起将清城区暴雨橙色预警信号升级为红色的通告。

6月8日0点30分，广东省三防办、广东省应急管理厅主要负责同志根据短临气候预报，立即视频连线源潭镇镇政府主要负责同志，要求该镇密切关注雨情水情变化，进一步了解各地受灾情况，切实做好危险区域人员转移安置工作，并要求及时报告人员转移情况；随后，源潭镇镇政府主要负责同志立即组织群众转移，并及时向广东省应急指挥中心报告了该镇受灾和群众转移情况。

6月8日凌晨2时，源潭镇镇政府紧急召开驻村干部会议，进一步部署开展巡查、值守和人员提前转移工作。

6月8日凌晨3时，清城区启动防汛Ⅲ级应急响应。

6月8日一大早，源潭镇联系迎咀村的镇党委委员董志坚和该村支部书记陈记权冒雨徒步涉水到赤狮坑村小组查看，发现有泥石流发生迹象，当机立断组织动员村民撤离并向镇主要领导汇报。镇委、镇政府迅速组织镇干部、应急救援队伍和公安民警20多人组成工作组，进入迎咀村全力开展人员转移工作。

工作组人员立即落实人员转移“一对一”工作机制，由于一些村民几代人居住在这里都没有遇到过灾情，一开始有不少村民不愿意转移避险，经过工作组耐心细致做思想工作，后来村民才同意转移。村民谢某63岁，是中共党员、越战退伍军人，有中风后遗症，行动不便，工作人员搀扶着一步一步将老人转移出来；村民黄某是养殖户，有1个13岁的女儿和1个2岁多的儿子，当天她和丈夫把两个孩子放在家里就出去给饲养的鸡注射疫苗，等他们回来的时候，工作组已经把两个孩子接到了村里的安置点。

经过10个多小时的努力，工作组最终将55名群众安全转移出来，最后完成撤离任务时已经是8日晚上8点多。被转移群众中大多数为留守老人和妇女，其中80岁以上老人有6人，年龄最大的98岁。

6月11日10时，广东省应急管理厅决定解除省级防汛Ⅳ级应急响应。

6月11日12时，清城区三防指挥部将防汛Ⅲ级应急响应降为防汛Ⅳ级应急响应。

6月12日11时，清城区三防指挥部决定解除防汛Ⅳ级应急响应。

三、主要做法经验

清远市清城区源潭镇迎咀村赤狮坑村小组成功避让泥石流的经验做法，概括起来主要是：

第一，坚持“以人民为中心”的思想理念，立足于“防”，用好

“预字诀”。广东省、市、县三防指挥部认真践行习近平总书记“以人民为中心”的思想理念，坚持以防为主，注重加强会商研判，提升应急管理科学化水平。特别是在持续强降雨的关键时刻，有关镇村干部、基层民警和三防责任人始终坚持把“人民至上、生命至上”摆在最重要的位置，坚持底线思维，“宁可信其大、不可信其小”“宁可事前听骂声、不可事后听哭声”。不怕艰难险阻，冒着生命危险彻底转移危险区域群众，确保不漏一户、不少一人。把党的政治优势、组织优势和密切联系群众的优势转化为防汛救灾工作的自觉行动，让党旗在防灾减灾救灾斗争中高高飘扬。

第二，强化预警，认真落实精细预报、短临预警和夜间提醒工作举措。广东省应急管理厅会同气象、水文部门，不间断向基层滚动发布分县（区）精细化预报，提前对降雨时段、最大雨强、累积雨量等作出预判；实时监测，逐时研判，及时将未来1小时雨量超过50毫米的预警信息靶向发布到受强降雨影响的乡镇、村，6月7日22时，广东省应急指挥中心精准向源潭镇发布短临预警，为基层做好夜间至凌晨风险防范工作提供了技术指导。

第三，上下联动，精准指挥调度。广东省应急指挥中心建成了全省应急指挥“一张图”，通过视频连线直达乡镇基层，实现了灾情险情第一时间汇集，决策指挥即时下达。广东省、市、县应急管理系统充分发挥综合优势、信息化优势和常态化准备优势，通过实施“防汛四张表”，实现了提前转移群众、提前落实各项应急准备，做到“预判重大雨情水情到哪里，应急工作组就到哪里，调度指挥就到哪里，工作检查就到哪里”。通过建立上下联动机制，有效确保各项应急准备工作赶在雨前、水前、灾前。

第四，强化责任，打通防灾减灾救灾“最后一公里”。清远市清城区党委政府按照《广东省应对强降雨防御工作指引》要求，严格落实属地责任，认真执行广东省防总提出的“县领导联系镇、镇领导联系村、村干部联系户”制度，坚决落实特殊群体临灾转移“四个一”工作机制，做到了提前、果断、彻底转移危险区域群众，实现了全体村民安全撤离转移。

第五，科技支撑，贵在神速。广东省应急管理厅派出应急小分队直插灾区最前线，充分发挥无人机、VR、AR技术、卫星通信、自组网技术、窄带通信、小鱼单兵、一键通等信息化手段，实现省、市、县、镇、村五级即时连接零距离、场景即时传播零时差、指令即时下达零延误，为抗洪抢险救灾赢得宝贵时间。

第六，领导关怀，安置落实。广东省委、省政府高度重视灾区救灾工作，6月20日下午，林克庆常务副省长专程前往源潭镇迎咀村察看受灾情况，亲切看望受灾群众，慰问一线干部，指导开展救灾复产和恢复重建工作，并当场决定奖励在成功避让特大泥石流灾害中表现出色的镇村干部20万元。

源潭镇迎咀村55名群众成功避险后，广东省三防办、广东省应急管理厅主要领导及时通过视频与该村干部群众联系，详细了解开展应急处置和村民安置情况，关心受灾群众是否有房住、有饭吃、有干净的水喝，同时派出工作组紧急赶赴迎咀村，帮助指导镇村开展应急处置和人员安置工作。广东省应急管理厅及时为安置点调拨了一批折叠床，协调有关部门开展了道路抢修工作，妥善做好临时安置房选址，以及群众安置点的防疫工作，有力推动该村灾后恢复重建。

四、重要启示

这次源潭镇迎咀村的成功避险，主要得益于以下几个方面：

一是短临天气预告机制得到了有效落实。广东省、市、县、镇三防部门根据短时临近强降雨的预警信息，通过视频系统逐级督促落实群众临灾避险安置措施。

二是建立了“县领导联系镇、镇领导联系村、村干部联系户”的工作机制。镇、村干部勇于担当作为，立足以防为主原则，及时向镇三防指挥部报告并采取了转移群众措施。

三是责任落实到位。对危险区域落实了专人巡查；对受威胁村民落实了“一对一”负责制度；对独居老人、伤残人士、留守儿童等特殊群体实施了临灾转移“四个一”工作机制，有效保障了受威胁人员转移不漏一户、不少一人。

四是广东省三防办制定的《广东省应对强降雨防御工作指引》针对性强，在基层防汛抢险工作中发挥了积极的指导作用。

案例四

广东省应急管理厅组建抗疫党员突击队
充分发挥党员先锋模范作用

新冠肺炎疫情发生后，为深入贯彻落实习近平总书记关于新冠肺炎疫情防控工作的重要指示精神，广东省应急管理厅第一时间启动全国全省“一盘棋”应急响应机制，创造性建立党员突击队服务制度，组织厅机关党员干部成立抗疫党员突击队赶赴全省防疫一线。在这次没有硝烟的应急大考中，面对凶险疫情和严峻的安全生产形势，全体突击队员用实际行动践行“对党忠诚、纪律严明、赴汤蹈火、竭诚为民”和“救民于水火、助民于危难、给人民以力量”的初心使命，以“特别讲政治、特别讲纪律、特别讲科学、特别讲认真、特别讲精神”为目标，持续发扬“一不怕苦、二不怕死”的大无畏精神，不畏艰险、勇于担当、积极作为，充分发挥党员先锋模范作用，让党旗在党和人民最需要的地方高高飘扬，彰显了新时代应急人优良战斗作风和精气神，交出了合格答卷。

一、基本情况

根据疫情防控形势发展和需要，广东省应急管理厅从2月4日至4月3日分三阶段共派出党员突击队7批796人次，其中厅党员干部26名，聘请各类专家8名，技术保障人员26名，检查入粤车辆282895台，入粤人员954906人，检出新冠肺炎疑似病例15例，劝返来自湖北车辆1154台，指导服务企业（单位）248家，发现隐患和问题663个，现场提出工作建议和整改措施664条，跟踪检查事故企业4家，为企业（单位）解决问题和困难7个。

第一阶段主要开展指导协调省界联合检疫站疫情防控工作，期间对茂名市润东石油化工有限公司“2·7”储罐物料泄漏起火事故进行跟踪督办；第二阶段指导帮助企业做好疫情期间复工复产工作，聚焦建材、建设工程、冶炼冶金、电子制造、货运物流、机械制造、汽车制造、非煤矿山、消防部门、防疫集中隔离点、养老（儿童）福利机构、大型商场、餐饮业等行业领域，期间对韶关市乳源东阳光氟有限公司“3·5”R134a（四氟乙烷）生产装置氯化氢分离塔爆炸事故进行跟踪督办；第三阶段指导服务企业开展安全生产风险隐患排查工作，重点服务工矿商贸、危化、物流、森林防火等行业领域。期间对广东凯信能源科技有限公司“3·22”油罐车侧翻起火事故和肇庆市新荣昌环保股份有限公司“4·2”仓库火灾事故进行跟踪督办。

二、主要做法和特点

（一）聚焦政治大局，强化责任担当

新冠肺炎疫情发生以来，广东省应急管理厅第一时间带领全厅和

全系统干部深入学习贯彻习近平总书记对疫情防控和安全生产工作的重要指示批示精神，按照“一日一抽查、一日一调度、一日一报告、一日一研判、一事一处理”的“五个一”工作机制，全面贯彻落实中央和广东省委、省政府决策部署。1月25日，成立以广东省应急管理厅主要负责同志任组长、其他副厅级干部任副组长的厅防疫工作领导小组，设立厅防疫办和8个专责小组，每天组织线上调度与实地检查，在广东省应急指挥中心与突击队员和企业主要负责人通过视频调度连线，进行疫情形势分析和复工复产研判。着眼形势发展，分析查找疫情防控期间安全生产薄弱环节，疫变我变，因势利导，紧盯重点领域不放松、突出问题不过夜、隐患整改不留根。坚持把统筹推进疫情防控和经济社会发展作为当前重大政治任务来抓，落实全国全省“一盘棋”要求，面对疫情期间安全生产严峻复杂形势，持续把稳把牢安全生产基本盘和筑牢疫情防控关口，防止各类跨界安全风险由小问题演变成大问题、由社会问题演变成政治问题，始终做到科学研判，精准服务，为打赢疫情防控阻击战创造安全、健康环境。

（二）聚焦疫情防控，解决“疫”线困难

党员突击队驻守省界联合检疫站期间，加强与当地党委、政府及相关部门联系沟通，守好关卡，防止输入性疫情传播，在与联合检疫站人员并肩战斗、坚守“疫线”的同时，及时向广东省应急管理厅党委报告防控一线急需解决问题，厅主要领导立即部署解决：一是协调当地应急管理局和有关部门，为省界联合检疫站调拨一批帐篷、口罩、消毒水、雨衣等应急物资，有效缓解防疫物资紧缺的压力；二是与省通信管理局沟通协调，协调移动、联通、电信三大运营商各安排一辆通信保障车连夜赶赴韶关粤北联合检疫站现场，解决因入粤人数激增导致现场通信信号拥堵问题；三是针对韶关粤北和清远丰阳省界联合检疫站出现车辆严重堵塞问题，协调两市相关部门加强交通疏导；四是针对粤北地区连续降雨降温，积极协调指导高速公路粤北分公司加强安全巡查和安全提醒，确保高速公路安全运行；五是针对2月7日–9日返粤车流和人流高峰，党员突击队积极与现场联合检查部门会商研判，协调韶关民兵应急力量和志愿者增派人员，由前期每天430人次调整增加到每天1000人次，检查车道由6条最高增加至14条，确保返粤高峰车辆不拥堵。

（三）聚焦复工复产，服务经济社会大局

印发《广东省安全生产委员会办公室 广东省应急管理厅关于加强复工复产企业安全生产指导服务和监督检查的通知》，并以规范性文件出台《关于生产经营单位节后复工复产安全管理的暂行办法》，推出复工复产“六个一”措施（企业主要负责人主持召开一次领导班子安全生产专题会议、制订一份周密的复产复工方案、召开一次全体员工大会、开展一次全员安全教育、制订一套应急处置方案、开展一次全厂性安全检查）。党员突击队深入重点单位、用工大户、高危行业企业、餐饮饭店、人员密集场所、在建重点单位、公交和出租车公司、医学隔离点和养老（儿童）福利机构，了解防疫物资储备、人员出入管理、厂区和宿舍公共卫生、伙食卫生，了解企业人员返岗率、产能状态、原材料供应及产品销量情况，核实复工复产“六个一”、安全生产主体责任、事故通报等的落实情况，组织企业落实复工复产安全防范措施，协调解决企业遇到的困难，指导企业在确保安全的前提下有序复工复产，切实做到防疫安全两手抓两不误。一是根据党员突击队的报告，及时向广东省防疫指挥部申请协调解决67.2万个口罩发放给交通系统，解决部分车站防疫物资严重短缺问题。二是申请协调解决中铁十一局集团广州南沙港铁路NSGZQS—3标工程指挥部多名重要管理人员滞留武汉及湖北其他地市无法返岗问题。三是为加强疫情期间安全生产宣传，广东省应急管理厅迅速定制最新版安全生产宣传海报，由党员突击队员和各地应急管理部门共同进企业宣传张贴，并联合省疾控中心安排三大运营商，向全省手机用户发布应急短信约10亿条，向入粤人员定向发送短信511万多条。

（四）聚焦问题导向，狠抓风险管控

面对疫情叠加严峻复杂的安全生产形势，广东省应急管理厅坚持每天组织分析研判，组织编写《广东省应急管理厅关于统筹新冠肺炎疫情与经济社会发展安全形势研判及应对情况报告》，根据疫情形势变化，及时将党员突击队指导企业复工复产转为指导服务企业做好安全生产工作，紧盯深圳、东莞、佛山、韶关、清远等市的危化品、道路交通、建筑施工、消防、有限空间、液氨制冷、粉尘涉爆等行业领域重点企业。厅领导每天坐镇省应急指挥中心，采取线上指导和现场检查双结合的模式紧盯安全生产工作，通过视频调度共检查132家企业，其中，危化企业39家，工程建设企业9家，客运交通企业7家，涉氨制冷企业3家，非煤矿山企业3家，隔离点3家等等。坚持落实责任“刨根问底”，对重点企业主要负责人进行安全生产主体责任落实“大拷问”，不走形式，一针见血，抽丝剥茧，对发现的隐患和问题均要求查清查细查实，落实闭环管理。第一时间向企业发出事故警示信息，督促企业深刻吸取全省今年以来5起化工企业事故教训，举一反三，迅速开展隐患排查和风险辨识，查找自身生产安全漏洞和短板，真正把问题解决在萌芽之时、成灾之前，严防各类安全风险叠加碰头，坚决做到不安全不生产。

坚持“四不放过”。对茂名市润东石油化工有限公司、韶关乳源东阳光氟有限公司和广东凯信能源科技有限公司和肇庆市新荣昌环保股份有限公司等4家事故企业进行重点检查督导。

坚持举一反三。茂名市润东石油化工有限公司“2·7”火灾事故发生后，党员突击队第一时间赶赴现场协助开展救援和视频传输工作。事故处置结束后，广东省应急管理厅党委要求对该事故调查处理工作挂牌督办，开展责任倒查和整改工作，以此次火灾事故为鉴，在茂名市开展化工企业安全生产隐患排查，并请茂名高新区进一步排查疫情期间企业复工前的安全生产工作是否真正落实到位。

坚持“钉钉子”。韶关乳源东阳光氟有限公司“3·5”爆炸事故后，立即组织召开约谈会，通报事故情况、分析暴露问题、剖析事故教训、督促事故调查，部署加强危险化学品企业安全措施。当地采取整改措施后，采取适当方式放大这个典型，使更多的企业吸取教训，切实落实好安全生产领导责任制。

坚持有的放矢。聚焦广深高速宝安段“3·22”油罐车起火事故，现场检查“3·22”油罐车所属的广东凯信能源科技有限公司，深入查找问题，分析研判安全风险，制定安全防范整改措施。

坚持一以贯之。“4·2”肇庆市新荣昌环保股份有限公司仓库火灾事故后，视频连线肇庆市应急管理局主要负责同志，了解有关情况，要求肇庆市抓实抓细生产企业复产复工和事故防范工作，坚决打好清明期间森林防灭火攻坚战，进一步强化汛期安全防范措施落实。

坚持问题导向。对清远市金丰彩油墨有限公司主要负责人未认真履职、危险化学品物料不按规定存储实施了暂时停产停业整顿；对佛山宝钢制罐有限公司、深圳顺路物流有限公司佛山分公司不戴安全帽问题进行了纠正和整改。

（五）聚焦典型引路，打造示范企业

党员突击队在深入基层和企业查问题、找隐患指导服务过程中，还注重收集整理典型示范企业做好安全生产工作的成功经验和做法。对江门开平市从春节后开始推行重点企业（项目）首席服务官制度、东莞市大岭山镇政府组织开展“大岭山镇复工企业新冠病毒肺炎事件应急演练”、梅州市103家持证矿山企业主要负责人安装并使用一键

通、玖龙纸业（东莞）有限公司有限空间管理等好的经验和做法，广东省安委会办公室迅速推广，转发基层交流学习，起到示范作用。期间，还组织研究推广了歌丽斯六何分析法。广东歌丽斯化学有限公司自2018年7月1日实施安全风险管控六何分析法（5W1H）后，640天内分析解决安全风险问题98条，企业内发现的安全风险问题同比减少约40%。

（六）聚焦科技引领，创新工作方式

强化以科技引领应急管理工作不断向纵深发展，让新时代应急管理工作插上翅膀，站得高、看得远、防得紧、救得准，彰显新时代应急人开拓、创新、发展的新理念、新思维。为期60天的服务指导工作，广东省应急管理厅创新了对企业安全生产检查指导新方式新方法，利用新时代高科技手段，采取扁平化指挥调试，通过视频一问一答，在线远程对安全生产实时调度、监管、指导、服务和抽查“拷问”，使指挥员通过可视化高效指挥和精准作出决策。各级领导和企业主要负责人通过视频连线与省、厅领导面对面交流，降低了沟通成本，拉近了距离，增添应急工作新动力。期间广东省应急管理厅负责同志还通过视频，要求清远慧谷新材料技术有限公司对存储的过氧化–2–乙基己酸叔丁酯发生泄露如何处置进行现场处置演示，有效检验了企业处置突发事故能力，也增强了各企业主要负责人做好安全生产工作的危机感和紧迫感。

（七）聚焦作风培养，提高综合技能

疫情面前，广东省应急管理厅全厅党员干部热情高涨，共有15个支部、3个直属单位75名党员主动请缨报名参加党员突击队，其中女同志14名。党员突击队胸怀“黄沙百战穿金甲，不破楼兰终不还”“真服务、真指导、真帮助”的巨大决心和理想信念，把现场当成应急管理工作的练兵场和磨刀石，以实际行动贯彻落实习近平总书记重要批示指示精神，落实厅党委、厅主要领导积极倡导的“高、统、快、防、实”和“五个特别”工作要求，在危难时刻挺身而出，任劳任怨。从条件艰苦的省界联合检疫站到人人望而却步的定点收治医院、隔离点，从陆续复工复产的各行各业到工矿商贸、危化、建筑等高风险企业，处处都有党员突击队勇敢奋战、顽强拼搏的身影。汛旱风灾害救援处郑挺同志从现场工作中摸索出“领学精神、压实责任、教授方法、强化意识、查摆问题、提出建议、跟踪落实”安全生产服务指导“七步法”，充分体现了新时代应急人善于思考、善于分析总结的工作作风。同时，在这次大考中涌现出大量身边榜样：救灾和物资保障处李春雷同志身为家中独子，父亲一直躺在ICU且有感染加重，家中小孩未满2岁还生着病；应急支援和预案管理处曲全杰、曾向青，地震和地质灾害救援处董光宝等同志带病坚持在入粤南北大门；机关党委黄楚洪同志的家属临盆在即，也积极加入一线；科技和信息化处技术保障人员文学、赵晖贤等在前方连续作战；冯启春、王晓东、廖俊炜、张韧等突击队员从“小白”成长为表现优秀的“新闻发言人”；入党积极分子陈泽彬主动请战，经受了党性锤炼；林振琦同志参加了前后三批队伍，坚持时间最长；苏宝洪同志是党员突击队中年龄（57岁）最大的一位；李景同志的安全生产专业能力和理论水平值得大家相互学习。

在这次大考中，广东省应急管理厅应急支援和预案管理处承担了党员突击队赴一线方案拟制、沟通协调、视频调度保障、材料汇总分析、防疫物资申领发放和解决突击队遇到的困难和问题等急难险重任务，也是在疫情最严峻时期第一批出征的队伍。科技和信息化处先后派出专业的应急通信保障队伍共8批32人次随队保障，及时将前方现场音视频实时回传广东省应急指挥中心，每日组织对当日的视频连线情况进行分析总结，及时调整通信技术，以确保每日通信连线畅通，为领导决策指挥提供有力保障。应急支援和预案管理处、应急指挥处、科技和信息化处党员干部闻鸡起舞，日夜兼程。张艾鹏、陆锋、颜伟文等同志负责调试画面、布置会场、技术保障，确保党员突击队和厅主要领导视频连线调度顺利进行。各业务处室也积极配合，办公室安排车辆，加强司机队伍管理，确保行车安全；机关党委组织慰问突击队员家属，充分体现厅党委的温暖关怀，在防疫工作和复工复产安全服务一线考察党员，增强组织凝聚力；政策法规和新闻宣传处深度挖掘党员突击队的先进事迹，全面宣传统筹推进疫情防控和复工复产安全生产的创新做法，在主流媒体和新媒体上广泛宣传，并推动在应急管理部微信号公众上报道。党员突击队的工作成果也获得社会的广泛认可，广东省应急广播电台、人民日报、湛江日报等媒体报道了许亦鸣、林振琦、袁智等参与同志。

三、主要体会和收获

（一）坚定了在习近平新时代中国特色社会主义思想的引领下，必将取得疫情防控和经济发展双胜利的信心

新冠肺炎疫情发生以来，习近平总书记始终亲自指挥、亲自部署这场人民战争、总体战、阻击战。2020年2月23日，习近平总书记在统筹推进新冠肺炎疫情防控和经济社会发展工作部署会议上指出，“中华民族历史上经历过很多磨难，但从来没有被压垮过，而是愈挫愈勇，不断在磨难中成长、从磨难中奋起。”艰难困苦，玉汝于成。各级党委、政府深入贯彻落实习近平新时代中国特色社会主义思想，坚持以人民为中心的理念，通过各种方式下沉一线了解实际情况，坚决克服官僚主义、形式主义，及时解决疫情防控中出现的问题。在一线工作中，大家感受到：尽管疫情来势汹汹，病魔嚣张，但我们有伟大的民族精神，有坚强的中国共产党的集中领导，短暂的疫情改变不了中国经济社会发展长期向好的基本面。经受了无数风雨的洗礼和考验的中国人民只要坚定战胜疫情的必胜信心，一定能彻底战胜疫情，全

面实现建成小康社会和经济社会发展各项任务。

（二）坚持以大概率的思维应对小概率事件，坚决防范各类风险叠加碰头，是贯彻以人民为中心思想的具体体现

习近平总书记对应急管理工作提出了“两个坚持、三个转变”，要求我们用大概率的思维应对小概率事件。广东省应管理厅坚持防疫阻击战全国全省“一盘棋”思想，严防各类跨界安全风险由小问题演变成大问题、由社会问题演变成政治问题，具有极强的政治敏锐性和时时应变的智慧能力。广东省应急管理厅派出党员突击队宣传安全生产工作，帮助企业领导人提高认识；指导企业整改复工复产中出现的隐患，盯住问题不放松，不因隐患小而存侥幸心理；厅主要领导每天坚持视频调度，详细了解相关情况，亲自过问整改落实，在实践中充分证明了“五应”的重要性和科学性，以大概率的思维应对小概率事件，坚决防范各类风险叠加碰头。

（三）发挥党员先锋模范作用，亮身份、严作风，以解决实际问题践行以人民为中心初心

疫情就是命令，防控就是责任，广东省应急管理厅全厅党员干部积极踊跃报名参与前方小分队，领导带头，率先垂范，充分展现了在厅党委的领导教育下，全厅党员干部不忘初心、牢记使命，坚持以人民为中心的良好形象。党员突击队克服就餐、住宿、家庭等种种困难，深入基层、下沉一线，热情服务，解决问题。重点解决了网络通信影响通关、防疫物资急缺、物流运输受阻、宣传氛围不浓等问题。通过扎实肯干的作风、专业敬业的素养、热情认真的态度得到了企业的一致好评，展现了广东省应急管理厅党员干部的良好形象。

（四）不断创新形式，紧紧依靠科技，是推动应急管理体系和能力现代化的重要手段

不断创新工作方式方法，在疫情防控期间派出党员突击队是创新，党员突击队服务指导的检查方式是创新，后方统一调度检查是创新，通过视频指导演练是创新，通过实践中不断创新工作方式、工作方法，体现了以改革的思维推进新时期应急管理工作。信息化是推进应急管理工作的一个重要手段，要坚持没有信息化就没有应急管理现代化的鲜明导向，提升灾害防御的科学化水平。党员突击队携带视频传输设备，每天与前方指挥中心互连，通过实战检验了通信保障能力，确保能以信息化保障应急管理工作全过程，打赢各类突发事件阻击战和歼灭战。

（五）应急管理干部始终坚守“战疫”最前线，在艰苦的疫情防控一线工作中经风雨、见世面、壮筋骨、长才干

广东省应急管理厅全厅党员干部按照“五个特别”的要求，坚守初心，牢记人民的利益高于一切，把疫情应对和安全风险防控作为践行初心使命的重要考场。纷纷把这场严峻斗争当做应急管理的练兵场、比武场和磨刀石，积累经验，演练战法，检验能力，增强本领，在战争中学习战争，在斗争中学习斗争，在实战实践中推进应急管理工作发展。

四、下一步工作建议

党员突击队是广东省应急管理厅在疫情爆发特殊时期的担当创举，在省直部门中堪称特色。突击队是宣传队、普法队，是播种机、排雷手，是防疫和复工服务先遣队，要继续发扬光大。

（一）推动安全生产督查检查常态化

目前疫情防控常态化条件下，应将党员突击队和安全生产监督工作结合运行，把工作重点聚焦到安全生产风险防范方面上来。统筹推进疫情防控和经济社会发展工作，增强谨慎之心，强化安全生产红线意识，死守风险因素底线思维，一丝一毫不得马虎。体会习近平总书记“生命重于泰山”“生命最宝贵、安全大于天”的深厚为民情怀，强化安全生产责任制，以抽查检查为手段督促企业落实主体责任，坚决守好安全生产基本盘。

（二）创新线上指导＋现场检查

与时俱进，利用信息化手段开展线上安全检查，安全生产监管工作如虎添翼。应当充分发挥这种创新实效的工作方式，只需一位经验丰富的专家坐镇指挥中心，派一人在现场持设备引导，完全可以同时进行多个检查项目，实现每个检查现场都有专家指导。即便部分防爆区域有电子设备的使用限制，也可以通过升级设备来解决问题，而且整个线上检查过程可以实现全程录屏自动存档，更能保证检查过程的公开公正透明。

案例五

佛山市高明区成功处置“12·5”森林火灾

2019年12月5日13时许，广东省佛山市高明区凌云山因勘探作业引发山火，燃烧115个小时，过火面积为13869亩，于12月9日16时全部扑灭。这是广东省近10年来持续时间最长、过火面积最大、风险危害最大、扑救难度最大的一起山火。在广东省委、省政府的坚强领导下，在应急管理部的大力支持协调下，广东省森林防灭火指挥部、省应急管理厅科学指挥调度，佛山市委、市政府高效组织扑救，包括国家森林消防队伍610人在内的58支扑救队伍共11084名救援人员，直升机8架，采取空地配合、多线作战、重点突击、打清结合等战术，取得了无人员伤亡、无重要设施损毁、无次生灾害、无负面舆情的全面胜利。

一、火灾情况

（一）火场情况

火灾发生时，荷城街道天气晴朗，风力2级，风向为东北风。森林火灾发生在凌云山荫岗水库尾的三丫头塘水库边上，该处海拔约150米、周边山体坡度10°～40°。植被主要为马尾松林、竹林等，间有其他杂树，地被杂草主要为铁芒萁、芒草及蕨类，高度约50～100厘米，灌草群落呈连续分布，盖度80%以上，起火点在22° 57'45"N，112° 44'42"E附近，起火原因为人为野外用火引发。起火后，林火向四周蔓延，火场面积和火线长度迅速扩大，形成森林大火。

1．地理环境。火灾发生地位于佛山市高明区荷城街道云峰林场境内，西北、西南为与肇庆高要交界林区，连绵十几万亩马尾松林和桉树林，是极易燃烧的林分，东北部为一细长的山体，山上以马尾松飞播造林的林分为主。整个地域山高坡陡，无天然阻隔屏障；东南边为广台高速公路和广明高速公路的分流枢纽，高速路隧道群贯穿其中。山边有大量的水果园、农家乐、林下养殖户和村庄，是佛山、肇庆高要区的主要生态林区。地形属于北岭山脉低山山地，海拔50～380 米，东北面的凌云山（海拔380.5米），和西北边的腊烛顶（海拔350.5米）为火灾范围内的最高山峰，再北延伸有多个200～300米以上的山头，地形地貌复杂，沟谷交错，山高坡陡，火场范围坡度多在35° 以上，部分山体坡度达50° ～70° 。

2．天气状况。据火场当地气象资料，火场区域已连旱无雨80多天，气温10～25 ℃，相对湿度30%～60%，吹2～3级偏北或东北风，森林火险气象等级为5级。佛山市气象局《气象信息专报》预测未来几天火场区域将有大风和持续晴朗干燥天气，无自然降雨及人工增雨的条件，森林火险持续5级。

3. 可燃物情况。火场林地为人工马尾松林，主要分布马尾松纯林和松阔混交林（6松4阔），林分平均高8～12米，林下植被为芒箕、大芒、桃金娘、岗松及杂灌木，高度1～2 米，平均高度1.0 米以上，植被盖度95 %以上，据估算，活地被物平均载量每公顷30吨，凋落物（死地被物）平均载量每公顷20吨，地被可燃物平均总载量每公顷50 吨，大大超出发生森林大火的国际标准临界值（可燃物载量每公顷30吨）。

（二）火灾发展过程、特点及态势

1. 发展过程。在地形、天气、可燃物等自然因素的综合作用下，5日林火发展缓慢，6日风力加大，现场火头多、火强度高，形成地表和林冠混合火，火焰高度达10 米以上，火速度快，火线长，至6日13时，过火面积已超过100公顷，火线长扩大到10公里以上。

2. 主要特点。这次森林火灾的火行为和火态势的总体特点是：天气持续高温干旱、风力增大、风向多变、地形复杂、可燃物载量大，燃烧产生火头多、火线长、火势猛、火速度快。具有灾情复杂多变，扑救艰难危险的特点。

3. 发展态势。火场西北面、西南面火线威胁高要林区，东南面火线危及盈香生态园和周围村庄的安全，北面威胁西电东送主要线路安全，极可能发展为特大森林火灾。

（三）应急处置情况

在广东省委、省政府的正确领导下，省、市、区三级相继启动森林火灾应急响应（其中，5日22时高明区启动Ⅱ级响应，6日11时佛山市、高明区同时启动Ⅰ级响应，7日16时省启动Ⅲ级响应），指挥、调度、保障等机制迅速发挥作用，党政军民齐行动，在灾难中激发出一股比火灾更加巨大的战斗力量，夺取了扑火的全面胜利，创造了广东省森林灭火史上的又一奇迹。

1. 领导坚强，组织有力。火灾发生后，广东省委书记李希持续高度关注火情及扑救进展情况，多次作出指示批示，强调要科学组织施救，统筹调度救援资源力量，严密控制火势蔓延，做到“三个防止”。省长马兴瑞于6日、7日晚上召开紧急会议分析研判形势并视频连线前方指挥部，调度指挥火灾扑救。应急管理部党组书记黄明、副部长付建华多次连线调度，派出由应急管理部防火司王金海副司长带队的工作组指导火灾扑救，并从福建、湖南调派森林消防救援队伍支援广东。广东省委常委、常务副省长林克庆全程在指挥中心坐镇调度，有力统筹领导火灾扑救各项工作。郑雁雄、陈良贤等省领导先后批示指示，要求做好应急值守、通行保障等工作。张虎副省长6日赶赴火场，三天驻守前方指挥部组织协调扑救。广东省政府秘书长刘小涛连续三天在指挥中心协调调度，协调各方力量参与救援。广东省应急管理厅主要负责同志全过程组织施救，并及时派出以分管厅领导为组长的前方指挥小组，全程协助前方指挥部有效处置；广东省财政厅、自然资源厅、交通运输厅、林业局、消防救援总队等部门主要负责人到省应急管理厅指挥中心协调调度，中共广东省委宣传部、省气象局、武警广东总队、省消防救援总队、广东电网公司等单位到广东省应急管理厅联合值守。佛山市、高明区党委政府和佛山军分区等主要负责同志坚守火场，靠前指挥调度，各有关部门和镇、村全面进入应急状态。广东省指挥中心和前方指挥部协同配合，实现对国家、省、市、区、镇、村以及社会各方资源的统筹指挥和快速调配。

2. 众志成城，支援有力。火灾发生后，佛山市、高明区第一时间组织开展救援，但市、区级专业力量十分有限。“一方有难，八方支援”，各种力量迅速驰援。一是应急管理部专业队伍增援。应急管理部调派森林消防局机动支队驻湘第六大队和福建省森林消防总队共610名指战员于6日分9路星夜驰援，成为扑灭山火的尖刀力量。二是省专业力量增援。广东省应急管理厅从广州等10市调派19支专业森林消防救援队伍共840人增援，协调8架直升机开展吊桶灭火，调配一大批物资装备支援现场，成为扑灭山火的主要力量。三是消防救援队伍增援。火灾发生后，广东省消防救援总队调集9个支队级单位、159辆消防车、834名消防指战员奔赴前线扑救，排成钢铁长城守住西线，有力堵截火势蔓延。四是军队协调增援。广东省军区紧急调派民兵队伍和武警队伍2055人火速支援火灾一线，形成了军地协同、军民融合的强大支撑。五是社会力量支援。共有20多支民间志愿服务队760多人次志愿者参与本次救援志愿服务，多家企业组织应急救援队主动加入救援。六是佛山市组织当地群众2000人，配合主力，及时清理火场。

3. 科学指挥，救援有力。迅速集结省内外58支扑救队伍和若干民兵总计11084人，调用直升机8架、消防车辆近200台等一大批救援设备。前后方指挥部高效组织，充分发挥各类应急救援力量作用。一是完善决策指挥机制。现场指挥部建立了研判决策机制、气象情况两小时一报机制、指令执行反馈工作机制等，扑救工作有序、专业、科学、安全。二是明确灭火扑救战略战法。采取“消灭南部、保护西部、控制东线、全灭北线”的扑救战略，明确“地空配合、以水为主、尖兵突击、打清结合”的扑救战术，多兵种协同作战，实现救援效率最大化。三是利用高空灭火优势。充分利用无人机“天眼”侦察定位和直升机空中打击优势，对于火势强、火头高、地面队伍难以靠近的重点区域，由直升机从空中实施精准降水压下火苗，全程累计洒水688桶约2042吨。在热浪滚滚的森林火场形成暴雨级的雨幕，精准灭火，发挥了关键性作用。

4. 机制畅顺，保障有力。迅速启动应急机制，为现场救援提供了有力保障。一是通信保障高效。广东省应急管理厅第一时间调动应急通信保障队伍赶赴现场，运用直升机、无人机、单兵等设备侦察火场并反馈前后方指挥部，为救援提供有力的科技支撑。二是通行保障便捷。应急、公安交管、交通部门紧密合作，及时开展交通管制和通行疏导工作，并为各方来援队伍开辟绿色通道。尤其是公安交管部门投入360人次警力将从福建、湖南来粤支援的9个梯队接力引至火场，队伍途经的所有高速服务区提供免费的就餐等服务。7日上午，广东省机场公安局接到省应急管理厅指令后，立即派出专人专车护送从哈尔滨空运过来的M-26直升机零部件，直送到佛山机场，节约宝贵的40分钟时间。三是物资保障到位。构建后勤服务体系和物资分发机制，全力做好火灾扑救所需的物资器材、车辆、装备以及用电、用油、通信、用餐、休整等后勤服务的协调保障。12月8日，广东省应急管理厅从广州、深圳、江门、东莞等市分四批紧急调拨27台水泵、25.84公里森林消防水带等抢险救援设备，有力有效配合了灭火主战场，发挥了重要作用。四是维稳工作针对性强。加强社会治安防控，对区内各类不稳定因素实施滚动排查，严防矛盾风险叠加。

5. 广泛发动，动员有力。灾害面前，党心顺、军心振、民心齐，在救援行动中形成强大的价值认同和情感认同。一是有力弘扬生命至上的理念。救援行动始终坚持把群众安全、把救援一线参战官兵生命放在首位，安全疏散转移群众1825人，生动诠释了以人民为中心的发展理念。二是有力弘扬同舟共济的精神。灾害面前党群一心，火场周边村民、企业员工力所能及地支持应急救援工作，自发为救援队伍送上御寒衣物、饮用水、食品等各类物资，为救援队伍提供休整地，凝聚共抗火灾、保卫家园的磅礴力量。三是有力弘扬致敬英雄的精神。积极开展正面宣传，全体参与救援力量尤其是森林消防官兵赴汤蹈火、勇扑山火的英雄精神引起社会的广泛共鸣，军民之间互致感谢信、群众自发组织慰问、捐资捐物和欢送消防官兵、高速公路电子显示屏“向森林防灭火英雄致敬”等标语等感人事迹层出不穷，有效引导全社会既关注山火灾难本身，更关注本次救援火场背后的精神，

“致敬最美逆行者”的呼声高涨。四是发挥党员先锋模范作用。8000多名党员干部参与灭火救援，始终冲锋在前、越战越勇，赴汤蹈火中的感人事迹不胜枚举，如福建省森林消防总队南平支队的党员利用休整间隙在火场列队面对党旗重温入党誓词，高明区应急管理局陆志坚同志被恶蜂包围蜇至休克经ICU紧急救治后即主动提前出院投入工作，广东省应急管理厅罗和国等同志在林火冲到盈香园区的危急时刻冲上火线、扶持水带灭火等。

二、事件原因

经公安机关侦查核实，12月5日13时39分，贵州明贤地质勘察工程有限公司工人在采用干草点火加热的方式进行水管接口接驳过程中引发火情，施工方事先没有开设防火隔离带，也没有配备消防设备，加上当时风力较大，导致山火蔓延失去控制。

三、责任追究情况

佛山市高明区“12·5”森林火灾事故发生后，佛山市委、市政府高度重视火灾事故的责任调查和追究问责工作，火灾救援工作结束后，调查组立即开展了火灾事故的责任调查工作。2020年1月6日，调查组将《关于高明区“12·5”凌云山森林火灾的责任调查报告》报市政府；2020年2月13日，市纪委监委对市管干部、责任人进行立案调查，将其余责任人交给高明区纪委按照相关规定启动事故调查责任追究程序。由于新冠肺炎疫情防控的特殊原因，市纪委监委和各区政府对相关责任人的事故责任调查延误了一段时间。截至2020年5月，高明区“12·5”森林火灾事故问责工作已全部按程序办结，高明区荷城街道及辖区村委会16名责任人员、市自然资源局高明分局3名责任人员、高明区应急管理局4名责任人员作出党纪处分和组织处理。

四、应对处置经验及启示

森林火灾扑救是世界性的难题，近期美国、希腊、巴西、澳大利亚等多国林火肆虐，造成重大影响。这场森林火灾，是广东近年来发生的最大最严重的一次山火，存在风力大、地形复杂、火势大、火点多、火线长等诸多不利扑救因素。能彻底成功打赢这场应急救援攻坚战，主要有七个方面启示：

（一）必须坚持以习近平新时代中国特色社会主义思想为指导，防范化解重大安全风险，积极推进我国应急管理体系和能力现代化

这次火灾扑救工作的胜利，是习近平新时代中国特色社会主义思想的胜利，实战检验了习近平新时代中国特色社会主义思想在广东应急管理领域落地生根的成果，集中体现了广东推进应急管理体系和能力现代化的成效。处置中，全省各级干部始终牢记习近平总书记以人民为中心的嘱托，把确保人民群众生命安全放在首位，作为一切工作的出发点和落脚点，克服一切困难实现无人员伤亡目标；始终牢记习近平总书记强化底线思维的嘱托，抱最强的信心，作最坏的打算，尽最大的努力，调动一切可用力量参与救援；始终牢记习近平总书记抢险救援要精准的嘱托，构建完善的应急救援决策体系和执行体系，整个救援过程科学、安全、有序、高效；始终牢记习近平总书记关于加强应急救援队伍建设的嘱托，努力建设“专常兼备、反应灵敏、作风过硬、本领高强”的应急救援队伍，在危急时刻发挥关键作用；始终牢记习近平总书记发挥好各方面力量作用的嘱托，凝聚各方，依靠群众，众志成城，构筑人民防线。

（二）必须充分发挥我国应急管理体系特色和优势，坚持全国、全省“一盘棋”，集中力量抗大灾

此次火灾救援行动中，应急管理部和广东省委、省政府始终高

度关注，靠前指挥，发出“调用一切可调用力量支援灭火”的铿锵声音。佛山市委、市政府举全市之力保障灭火攻坚，各方为抢险救援“开绿灯”，迅速形成“一切为了救援、全力支持救援”的局面。如佛山有关军用机场突破性保障救援直升机，外省来援车辆入粤即有警车引路、到服务区即有快速用餐等服务等，彰显了中国特色社会主义“集中力量办大事”的政治优势。在佛山市自救能力难以阻止火势蔓延的危急关头，应急管理部和广东省委、省政府迅速调配救援力量支援佛山，高效整合了国家、省、市、区、村各级资源，参与单位各司其职，各种救援力量相互协调，彰显了中国特色社会主义全国“一盘棋”的体制优势。广东省应急指挥中心调度参与救援或保障救援的单位，无论是党政机关、救援队伍还是社会力量，没有一个单位不服从调度；所有参与救援的58支队伍，无论隶属哪一个级别，没有一支不服从前方指挥部命令，每个环节、每个步骤、每个举措都体现了高效组织力，彰显了中国特色社会主义一呼百应的组织优势。

（三）必须用大概率思维应对小概率事件，坚持“杀鸡用牛刀”，筑密筑牢安全防线

尽管广东已多年没发生过万亩的森林火灾，不少专家认为广东发生特大森林火灾的可能性很小，但此次火灾处置中，广东省委、省政府一再强调，“宁可信其大，不可信其小”，要以“杀鸡用牛刀”的思维做好应急处置工作，在火灾初期科学判断的基础上，立即协调应急管理部派队伍支援，大规模跨区域调集力量资源，突破了一个火场最多不能超过三架直升机作业的传统战法，提前把全省八架直升机全部调往佛山为救援争得先机。救援过程中，始终坚持底线思维和风险管控，每次扑火前，在鼓励队伍英勇作战的同时，坚持以经验丰富队伍带新队伍，并要求熟悉地形，做好预案和避险措施。救援中队伍在遇险时处理得当，如12月6日从化森林消防队遇风向突变及飞火，身陷火圈、设备烧毁，队伍迅速按预案设定路径撤离至安全平台，顺利脱险。

（四）必须构建符合广东实际的战略战术体系，深化地空配合的“以水灭火”先进技术的运用，不断提升森林火灾救援能力水平

此次火灾处置中，充分利用广东江河水库等水资源丰富的优势，成功地综合运用地空配合的“以水灭火”先进技术，直升机从空中实施精准降水压下火苗，地面则由专业队伍和消防官兵迅速用水枪跟进扑灭，民兵预备役和其他救援力量后续跟进清理火场，实行打火、清理、守护环环相扣，一体化推进，战术体系安全高效。特别是森林灭火直升机、无人机、信息化系统等尖端力量发挥了重要作用。

（五）必须严格执行重大突发事件“四个一”处置等工作机制，高效统筹各方资源形成强大合力

按照广东省委重大突发事件“四个一”处置工作机制，迅速组建前后方指挥部，前方指挥部设在佛山高明区由佛山市党政主要负责人全权指挥；后方指挥部设在广东省应急管理厅由省领导坐镇、各有关部门参与值守，根据前方指挥部需求调配力量资源，前后方指挥部各司其职，全省上下协调联动，成功地组织大规模跨地区、跨部门协同作战。广东省应急管理厅在应急处置中敢统善统，各级各部门高效协同，社会力量充分发挥作用，再次用实践证明了广东探索建立的应急管理机制是行之有效的，应急管理改革“化学反应”正在形成。

（六）必须加强智慧应急的研究，依靠科技提高应急救援的科学化、专业化、智能化、精细化水平

此次应急处置中，广东已建成的科学技术体系深度参与实战，发挥了重要辅助作用。前后方指挥部通过视频会商等系统实现了重要信息实时共享，无人机侦察、视频布控等回传信息为指挥决策提供了重要参考，应急通信保障体系在恶劣环境下将庞大的救援队伍有机并联，反映了广东以信息化推进应急管理现代化工作取得初步成效。

（七）必须加强应急救援队伍建设，要坚持少而精的原则，打造专业应急救援队伍尖刀和拳头力量

此次火灾救援行动中，充分发挥了各类应急救援力量的作用，尤其是专业森林消防队伍充分发挥在技战术、专用装备、扑火经验等方面的优势，在森林火灾扑救中起到了不可替代的重要作用，再次用实践证明了专业应急救援队伍是本领高强、英勇善战的。要坚定不移地加强以专业森林消防队伍为骨干的地方专业应急救援队伍建设，与综合性消防救援队伍、志愿者队伍构成优势互补的应急救援力量体系。

案例六

珠海市兴业快线（南段）一标段工程石景山隧道“7 · 15”重大透水事故

2021年7月15日3时30分，位于珠海市香洲区的兴业快线（南段）一标段工程石景山隧道右线在施工过程中，掌子面拱顶坍塌，诱发透水事故，造成14人死亡，直接经济损失3678.677万元。

一、事故经过

2021年7月15日3时30分，珠海市兴业快线（南段）一标段工程石景山隧道右线施工至RK2+017.6时，右线隧道内发生坍塌透水，右线进水通过LK1+860处1#车行横通道倒灌至左线隧道，导致往里162米处左线隧道LK2+022掌子面14名作业人员被困。

事故发生前，石景山隧道内共有26名作业人员（具体人员分布见隧道作业人员平面分布图），包括右线隧道掌子面2人、左线隧道掌子面16人、左线隧道1#车行横通道附近3人、左线隧道1#排风机房处5人。

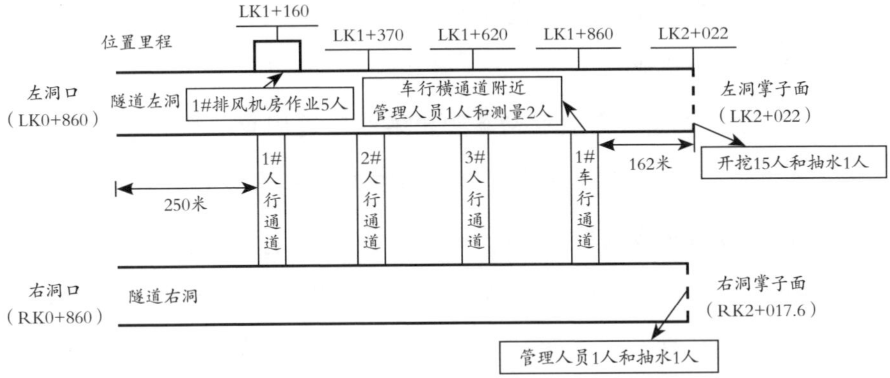

隧道作业人员平面分布图

事故发生的具体经过如下：

7月14日18时29分，爆破公司作业人员在右线隧道掌子面RK2+015.8处进行爆破施工，作业完成后离开隧道。18时55分开始清渣出土，后因21时10分～22时35分停电而停止，7月15日凌晨1时52分恢复，2时35分清渣完毕。至事故发生时，长达9个小时未进行喷锚支护。

7月15日凌晨2时35分，右线隧道掌子面清渣完毕后，作业人员离开，仅剩1名劳务杂工袁某兴在洞内抽水。期间，袁某兴发现掌子面拱顶位置出现少量掉渣滴水现象。

3时23分，劳务带班人员欧阳某兴进入右线隧道。欧阳某兴、袁某兴2人发现掌子面拱顶位置持续掉渣滴水，同时水量变大。

3时28分，右线隧道掌子面拱顶位置突然一次性掉落大量砂石土（约0.5立方米），欧阳某兴、袁某兴2人紧急撤离。

3时30分，右线隧道拱顶发生坍塌冒顶，水库水开始大量涌入右线隧道，并通过1#车行横通道涌入左线隧道。

3时34分，现场管理人员陈某驾驶电动车进入右线隧道。

3时35分，在左线隧道掌子面作业的宋某武、熊某国等人发现有大量水涌入，立即呼喊大家紧急撤离。当时，左线凿岩班组共有16人在左线隧道掌子面作业。

3时37分，袁某兴驾驶电动车驶出右线隧道洞口。

3时38分，在1#车行通道处作业的左线带班人员林某凡和2名测量人员驾驶电动车驶出洞口。

3时40分，陈某、欧阳某兴2人分别驾驶电动车驶出右线隧道洞口。欧阳某兴随即又进入左线隧道，试图通知左线隧道人员撤离，但因水位上涨无法继续进入而退出。

3时42分，为防止洞内发生触电，项目人员切断洞内电源。

3时47分，在1#排风机房作业的5名作业人员步行或驾驶电动车相继撤出左线隧道洞口。

3时49分，项目部救援人员驾驶装载机进入左线隧道救援。

4时12分，左线隧道的宋某武、熊某国2人抓着通风管游到距隧道洞口约300米处脱离水面，被项目部救援人员发现，由装载机接应运送到隧道洞口附近，自行走出洞口，装载机返回继续救援。

至此，右线隧道作业人员2人安全撤离，左线隧道作业人员24人中8人安全撤离，2人逃生，14人被困。

事故发生后1.5小时内，隧道上方的吉大水库水位下降1.93米，库容减少22.059万立方米，减少水量主要通过坍塌处涌入隧道内，给救援工作造成了极大困难。

经过持续不间断搜救，7月19日，救援人员发现2名遇难人员；7月20日，发现1名遇难人员；7月21日晚，发现10名遇难人员；7月22日，发现最后1名遇难人员。至此，14名被困人员已全部找到并确认遇难。

二、事故直接原因

隧道下穿吉大水库时遭遇富水花岗岩风化深槽，在未探明事发区域地质情况、未超前地质钻探、未超前注浆加固的情况下，不当采用矿山法台阶方式掘进开挖（包括爆破、出渣、支护等）、小导管超前支护措施加固和过大的开挖进尺，导致右线隧道掌子面拱顶坍塌透水。泥水通过车行横通道涌入左线隧道，导致左线隧道作业人员溺亡。

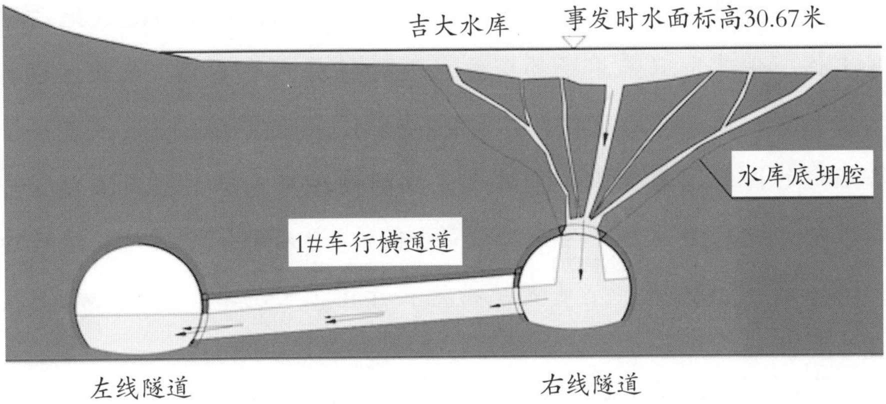

掌子面拱顶坍塌透水示意图

（一）事故发生段隧道地处水库下方的富水花岗岩风化深槽，采取矿山法掘进施工风险大，易诱发松软土体坍塌透水

事故发生段隧道拱顶地层以强风化花岗岩为主，该地层节理裂隙极发育、破碎、富水、遇水易软化崩解，自稳能力差，一旦隧道施工形成临空面，风化深槽土体在水土荷载作用下容易坍塌。当事故发生段隧道下穿吉大水库时，由于初期支护实施前，隧道拱顶上方土体经过地下水长时间渗流，土中黏粒流失，粘聚力下降，土体软化，且爆破施工加剧了隧道拱顶上方土体松动，导致水土荷载超过超前支护承

载力后，拱顶上方出现土体坍塌，形成透水通道，水库水体夹带砂土急速涌入隧道。

（二）勘察报告没有真实反映实际地质条件，加之未进行超前地质钻探，导致未能及时调整施工工法和支护加固措施，坍塌透水事故由此发生

地质勘察未在水库深槽区域内布置钻孔，无法准确揭示事发区域的地质情况。基于事发区域附近部分钻孔数据，项目勘察报告判定事故发生段拱顶地层为中风化花岗岩和Ⅳ级围岩。事故发生段隧道为水底隧道，根据有关技术规范和任务要求，应进行超前地质钻探工作，但实际只采用了物探方式进行超前地质预报，未进行超前地质钻探，因此事故发生段隧道地质条件未能准确查明。按勘察报告确定的Ⅳ级围岩等级，事故发生段隧道施工采取了矿山法台阶方式爆破开挖，超前支护为未注浆的φ42×4毫米小导管，开挖进尺为1.8米，其开挖方式、超前支护措施和开挖进尺均不符合相关规范及设计要求。

根据验证勘察报告，事发区域位于风化深槽范围内，隧道拱顶地层为强风化花岗岩，围岩等级判定为Ⅴ级。据此，在水库下方隧道施工应采用CD法等开挖方式，加强超前支护和超前注浆措施，严格控制开挖进尺。正是由于未及时调整实际的施工工法、注浆加固和控制开挖进尺等措施，且事发时初期支护不及时，导致自稳性差的拱顶土体坍塌透水。

（三）横通道安全门及报警系统缺失，右线隧道突水进入左线隧道，导致人员无法及时撤离

横通道未按隧道暗挖工程专项施工方案的应急预案要求设置安全门，在右线隧道突水后无法阻止水体进入左线长距离反坡隧道，导致左线隧道被淹。同时，由于隧道中未设置报警系统，右线隧道突水时无法及时通知左线隧道作业人员，导致作业人员未能及时撤离，造成了人员溺亡的严重后果。

案例七

韶关市东阳光氟有限公司“3·5”爆炸事故

2020年3月5日15时29分左右，广东韶关市乳源东阳光氟有限公司R134a（四氟乙烷）生产装置氯化氢分离塔（编号T21101）发生闪爆事故，事故造成2人死亡、5人轻伤。

一、事故经过

3月5日上午8时40分左右，现场操作人员林某和余某检查阀门状态，检查完毕后，并汇报DCS室，进行下一步操作，DCS操作人员钟某按照开车方案进行操作。

9时10分左右，二分塔开始进HF，进行升压试漏；现场操作人员针对二分塔进行试漏，未发现漏点，并汇报DCS室；同时将事故槽B槽压入产品塔，产品塔按照操作要求进行升压操作。

10时02分，将产品塔内含有不能冷凝气体通过产品塔排不凝性气体调节阀排至HCL塔。

11时05分，HCL塔压力上涨至0.17MPa时，DCS通知现场操作人员进行试漏；现场人员汇报未发现漏点。

10时47分，DCS人员通知现场操作人员打开二分塔塔顶采出调节阀流量计上下切阀打开。

10时50分，DCS人员缓慢打开二分塔塔顶采出调节阀进行熏制并升压试漏。

15时，反应系统压力升至0.41MPa，DCS操作人员打开HCL塔进料切断阀，通知现场人员缓慢开启HCL塔进料手阀。

15时24分，HCL塔压力与反应器压力持平。

15时28分左右，车间主任李某和生产副厂白某在DCS室，查看趋势图，了解开车情况。

15时29分左右，位于R134a生产装置的氯化氢分离塔九层封头发生爆炸，事故发生时，陈某、马某正在氯化氢分离塔十层平台进行点焊补修楼板作业，钟某、许某、李某、陈某、江某和李某等6人在六层平台进行塔节抱箍作业，李某和李某在二层平台补修楼板作业；事故造成陈某和马某2人死亡，造成钟某、许某、李某、陈某和江某等5人受轻伤。

二、事故原因

（一）直接原因

第一，企业作业人员没有严格按操作规程用氮气对氯化氢分离塔吹扫，造成塔中有空气。

第二，反应系统催化剂再生过程没有按操作规程作业，使用压缩空气带入水分与通入反应器系统的氟化氢产生氢氟酸，氢氟酸腐蚀设备及管道产生氢气，在氯化氢分离塔内与空气形成爆炸性混合气体。

第三，违规电焊作业使氯化氢分离塔内不锈钢填料与设备筒体产生电位差引发放电，导致氢气闪爆。

（二）相关因素分析

1. 氢气（燃烧爆炸三要素之一，可燃物）。

（1）水的产生：事故装置在使用压缩空气对催化剂活化过程中，违规操作（实际活化时间远超规程规定，达到了21天），压缩空气中的水分冷凝后，残留在反应系统装置中。经事故调查组测算，产生水约为28公斤。

（2）氢气的产生：3月5日上午9时许，装置投料通入氟化氢，氟化氢与水形成的氢氟酸，氢氟酸在装置内与设备、管道等金属发生反应（腐蚀）产生氢气，经测算产生氢气约为23立方米。

2. 空气（氧气）（燃烧爆炸三要素之二，助燃物）。

事故装置氯化氢分离塔（爆炸部位）开车前，未严格执行操作规程要求进行氮气置换，造成氯化氢分离塔内含有空气（氧气）。

3月5日15时许，操作人员打开阀门在装置产生的氢气进入氯化氢分离塔，与塔内空气（氧气）混合形成爆炸性气体（氢气爆炸极限范围4%–75%）。

3. 点火能量（燃烧爆炸三要素之三，点火源）。

装置开车前，乳源东阳光氟有限公司违反《试生产方案》要求，未“确认所有装置及配套工程全部施工完毕”；开车期间，仍安排工人在氯化氢分离塔装置顶部（装置10层）平台进行电焊作业，电焊作业产生杂散电流（进而产生电火花）引爆爆炸性气体（氢气最小点火能量是0.02mJ，极低的能量即可引爆氢气与空气混合形成的爆炸性气体）。

企业违章指挥违章操作凑齐了燃烧爆炸三个要素，导致爆炸事故。

案例八

甬莞高速揭阳路段“9·9”危险化学品运输车辆交通事故

2020年9月9日上午6时许，由杨某驾驶的桂E27377号重型半挂牵引车（牵引桂E8982挂、运载天然气）从广西北海往潮州方向行驶至甬莞高速K1201＋750M处（距离揭阳西立交2公里），与同向由杜某驾驶的粤S36030号重型半挂牵引车（牵引粤S3236挂危化品运输大货车、运载苯酚）发生碰撞，造成两车损坏，所运载的化学品泄漏，桂E27377号重型半挂牵引车驾驶人杨某和副班司机邹某受伤，事故现场周围环境受到严重污染的道路交通事故。

一、事故经过

2020年9月9日6时6分左右，贺某驾驶粤S36030号重型半挂牵引车牵引粤S3236挂号重型罐式半挂车往潮州方向行驶，途径甬莞高速东行K1202至K1201路段时，听到车载GPS定位系统提示疲劳报警预警信息后将车停靠在应急车道上与杜某换班，杜某从副驾驶位移到驾驶位，贺某下车1分多钟后上车坐到副驾驶位。

6时7分29秒，杜某穿好鞋从应急车道将车开往慢车道。

6时7分39秒，杜某驾驶车辆进入慢车道（第三车道）。

6时7分50秒，车辆速度为17公里/小时，杜某为了更换驾驶员身份识别卡，车辆速度降为10公里/小时。

6时8分03秒，驾驶员身份识别卡更换完毕。

6时8分6秒被同向行驶在后方的由杨某驾驶的桂E27377号重型半挂牵引车牵引桂E8982挂号重型罐式半挂车碰撞，造成杨某及桂E27377号重型半挂牵引车车上乘客邹某受伤。桂E8982挂号重型罐式半挂车车上装载的液化LNG天然气泄漏、粤S3236挂号重型罐式半挂车车上装载的苯酚溶液泄漏，双方车辆不同程度损坏、周边环境受到污染。

二、事故应急处置情况

获悉苯酚泄漏引发水体污染事件后，广东省应急管理厅立即派出前方工作组，由分管厅领导带队赶赴现场，靠前作战、全程参与，全力配合揭阳市委市政府开展应急处置工作。组织厅内相关处室和化工专家集中会商，综合分析污染物苯酚危害特性、受污染水体情况、当地降雨趋势情况等，形成5条处置建议，提供现场指挥部参考。派出专业通信保障队伍，携带视频通信、无人机、全景摄影等装备，全力做好前后方通信保障，制作现场实景影像实时回传，为会商研判提供支持。

广东省应急管理厅主要领导持续在省应急指挥中心调度现场处置情况，密切关注事态发展。通过视频通信系统先后16次与前方视频连线，第一时间传达广东省领导指示批示要求，与揭阳市蔡朝林书记、张科市长、吴毅青副市长等市领导、厅前方工作组和参与处置的广东省生态环境厅相关人员面对面会商，及时了解现场处置情况，研究会商处置方案。

同时，带班厅领导始终保持与前方工作组的密切联系，确保第一时间掌握情况，提供支持。联系协调广东省消防救援总队迅速调集总队特勤支队和广州、深圳、汕头等10个地市消防救援支队共41辆消防车、15套远程供水车组、351名指战员连夜赶往现场增援；协调省三防物资储备仓库落实多套300L/S流量的大功率提升水泵等关键装备，支援污水处理使用；协调汕头、汕尾、潮州、梅州市调集68辆专业吸污车、170余人赶往现场支援污水转运工作。

广东省应急管理厅前方工作组抵达后，全方位勘察现场，实地走访普宁市赤岗镇埔下村居民，全面了解水体污染情况、应急处置情况和当地村民供水用水情况；主动参与现场指挥部工作会议17次，提出“分段堵截、异地转移、分类处理”等意见建议；每天早晚与现场总指挥吴毅青副市长碰头会商，与广东省生态环境厅、省消防救援总队现场负责同志交换工作意见；每天定时调度、现场检查参与处置的队伍人员到位情况、装备物资部署情况、设备管线运行情况、临时污水受纳池开挖情况、污水处理进展情况及抽取沟渠水量和水位下降情况。及时协调调集硫酸、双氧水、烧碱等反应药剂共114吨、潜水泵14台，有效解决污水处理厂化学药剂储备、抽水装备不足的问题。前方工作组始终驻守一线，与地方党委、政府、有关单位、处置队伍齐心协力、并肩作战，一直坚持到9月16日晚将需要异地转运的污水抽空见底，并经现场指挥部同意后才离开。

据统计，事故现场共有170多名公安民警、63名消防救援人员、47名医务人员、35名生态环境监测人员、120名镇村干部、10台消防车、11车次医疗救护车、7辆生态环境应急监测车辆，以及中海油粤东LNG公司、揭阳宏途运输公司等单位技术人员、专家，投入事故救援和应急处置工作。经全力施救，9日7时59分救出2名被困人员，并送医护急救部门医治抢救。事故现场实施交通管制，并通过高德地图及微信公众号、微博等发布事故信息和交通管制信息，对途经事故现场的车辆分流到地方道路通行。事故导致苯酚、LNG泄露，13时许，事故LNG槽罐车泄漏点堵漏成功；19时许，事故LNG槽罐车完成倒罐；21时20分，事故LNG槽罐车牵离事故现场；22时，恢复惠州高速方向通行，23时21分，恢复潮州高速方向通行，高速公路全线解除交通管制，恢复双向通行。

事故处置过程中，封闭地方公路路口5个，疏散附近居民点（距离事故点500米）群众2500多人，提供3个开放场所作为安置点，同时对事故现场周边500米范围内电源、火源实施紧急切断。9日21时许，疏散的村民陆续回到家中，恢复正常生活秩序，社会面平稳。所有中高浓度受污染水体已全部安全转运至污水处理厂，榕江南河干流未受污染，下游自来水厂出水检测合格，涉及的8个村庄101个地下水监测点位数据显示未检出挥发酚，水质未受本次事件影响，大气检测未见异常。

三、事故原因

贺某驾车在高速公路上行驶，非紧急情况时在应急车道内停车换班；杜某驾驶反光标识不全的车辆在高速公路上低于规定的最低时速行驶，将车辆驶入车道内后没有按照操作规定安全驾驶。贺某的过错行为与杜某的过错行为存在延续，其二人的过错行为是造成事故发生的一方面原因。

杨某驾驶危险货物运输车辆在高速公路上超过规定时速行驶，行驶过程中注意力不集中，疏忽大意，未仔细观察路面情况，且没有与前车保持足以采取紧急制动措施的安全距离，其过错行为是造成事故发生的另一方面原因。

主要参考文献

[1] 闪淳昌. 应急管理：中国特色的运行模式与实践 [M]. 北京：北京师范大学出版社，2011.

[2] 闪淳昌. 中国突发事件应急体系顶层设计 [M]. 北京：科学出版社，2017.

[3] 闪淳昌. 公共安全与应急管理 [M]. 北京：科学出版社，2017.

[4] 闪淳昌，薛澜. 应急管理概论：理论与实践 [M]. 北京：高等教育出版社，2012.

[5] 曹海峰. 新时代公共安全与应急管理 [M]. 北京：社会科学文献出版社，2019.

[6] 李雪峰. 应急管理通论 [M]. 北京：中国人民大学出版社，2018.

[7] 曹杰，朱莉. 现代应急管理 [M]. 北京：科学出版社，2020.

[8] 刘志欣. 风险规制视域下我国政府应急管理回应模式研究 [M]. 上海：上海交通大学出版社，2019.

[9] 杨卫. 非常规突发事件应急管理研究 [M]. 浙江：浙江大学出版社，2019.

[10] 李湖生. 应急准备体系规划建设理论与方法 [M]. 北京：科学出版社，2019.

[11] 谢永刚. 中国模式：防灾救灾与灾后重建 [M]. 北京：

经济科学出版社，2015.

［12］崔珂，沈文伟. 基层政府自然灾害应急管理与社会工作介入［M］. 北京：社会科学文献出版社，2015.

［13］宋劲松. 应急管理社会动员［M］. 北京：中国经济出版社，2012.

［14］孙晓辉. 风险社会视域下的应急处置与社会动员研究［M］. 广州：广东人民出版社，2018.

［15］李芹，刘伟. 中国志愿者组织社会动员［M］. 山东：山东大学出版社，2018.

［16］谢财良，王林. 生产安全事故调查处理的理论与实践［M］. 长沙：中南大学出版社，2016.

［17］滕五晓. 应急管理能力评估：基于案例分析的研究［M］. 北京：社会科学文献出版社，2014.

［18］周洪建等. 巨灾风险形成机制与损失评估方法研究［M］. 北京：科学出版社，2019.

［19］薛澜. 学习四中全会《决定》精神，推进国家应急管理体系和能力现代化［J］. 公共管理评论，2019（1）：33-40.

［20］薛澜. 应急管理体系新挑战及其顶层设计［J］. 国家行政学院学报，2013（1）：10-14.

［21］闪淳昌. 防范化解重大风险提高危机管理能力［J］. 中国党政干部论坛，2019（5）：6-11.

［22］闪淳昌. 防灾减灾与应急管理［J］. 安全，2018（7）：1-4.

［23］闪淳昌. 建设现代化应急管理体系的思考［J］. 社会观察，2015（1）：109-114.

［24］闪淳昌. 树立并践行新时期防灾减灾与应急管理的新理念

[J]. 中国减灾，2019（1）：23.

[25] 闪淳昌. 提升新时代我国应急管理水平[J]. 社会治理，2018（5）：11-15.

[26] 闪淳昌. 学习贯彻习近平总书记重要讲话精神推进我国应急管理体系和能力现代化[J]. 中国减灾，2020（1）：24-29.

[27] 闪淳昌. 总体国家安全观引领下的应急体系建设[J]. 行政管理改革，2018（3）：20-23.

[28] 范维澄. "非常规突发事件应急管理研究"重大研究计划结题综述[J]. 中国科学基金，2018（3）：297-305.

[29] 刘铁民. 构建新时代国家应急管理体系[J]. 中国党政干部论坛，2019（7）：6-11.

[30] 刘铁民. 科学构建新时代国家应急管理体系[J]. 吉林劳动保护，2019（7）：40-44.

[31] 刘铁民. 突发事件应急预案体系概念设计研究[J]. 中国安全生产科学技术，2011（8）：7-13.

[32] 刘铁民. 新时代应急管理体系建设现状与展望[J]. 中国应急管理，2018（6）：35-38.

[33] 尚勇. 构建新时代中国特色应急管理治理体[J]. 中国机构改革与管理，2019（11）：8-10.

[34] 牛占华. 不断完善新时代中国特色应急管理体制[J]. 中国机构改革与管理，2019（11）：11-12.

[35] 王宏伟. 巩固、推进、整合、创新：深化应急管理改革的四大关键词[J]. 应急管理，2019（7）：28-31.

[36] 王宏伟. 理解习近平应急管理思想的十个方面[J]. 应急管理，2018（7）：32-35.

[37] 王宏伟. 全面加强应急管理能力建设：改革开放40年经验

的启示［J］. 应急管理，2019（1）：30−35.

［38］王宏伟. 试论大转型时代我国应急管理模式的转变［J］. 安全，2017（10）：1−6.

［39］王宏伟. 统筹协调——新时代应急管理的核心能力［J］. 应急管理，2019（2）：22−27.

［40］王宏伟. 现代应急管理理念下我国应急管理部的组建：意义、挑战与对策［J］. 安全，2018（5）：1−6.

［41］王宏伟. 中国应急管理的变革：难点、创新与挑战［J］. 应急管理，2019（3）：36−39.

［42］王宏伟. 中国应急管理改革：走进“深水区”后面临的误解与质疑［J］. 应急管理，2019（6）：24−28.

［43］童星. 中国应急管理的演化历程与当前趋势［J］. 公共管理与政策评论，2018（6）：11−20.

［44］马怀德. 总体国家安全观视角下的公共应急管理法治化［J］. 社会治理，2015（3）：32−38.

［45］高小平. 应急管理部成立：背景、特点与导向［J］. 行政法学研究，2018（5）：29−38.

［46］钟开斌. 中国应急管理机构的演进与发展：基于协调视角的观察［J］. 公共管理与政策评论，2018（6）：21−36.

［47］钟开斌. 组建应急管理部的现实意义［J］. 紫光阁，2018（4）：35−36.

［48］钟开斌. 以制度优势推进应急管理体制现代化［J］. 吉林劳动保护，2019（11）：10−11.

［49］钟开斌. 放权与协调：我国应急管理体制 70 年发展主线［J］. 中国减灾，2019（10）：12−15.

［50］蔡立辉. 论机构改革与我国应急管理事业的发展［J］. 行

政论坛，2018（3）：17-23.

［51］刘钊．论应急管理“道”与“术”研究融合的困境与对策［J］．河南教育学院学报，2019（6）：64-68.

［52］马宝成．努力做好新时代公共安全与应急管理工作［J］．行政管理改革，2017（11）：42-44.

［53］白金．浅析地方政府应急管理现状和改革路径［J］．科学管理，2020（2）：166.

［54］温志强．发挥应急管理体系的特色与优势是防范化解重大安全风险的组织保障［J］．中国应急管理，2019（12）：10-11.

［55］王喜娈．加强基层应急能力建设提升基层应急管理水平［J］．行政科学论坛，2020（1）：15-17.

［56］陈惠敏．我国应急管理的发展历程［J］．科学管理，2019（2）：99-100.

［57］申霞．我国应急管理的四大转变［J］．人民论坛，2020（2）：64-65.

［58］张海波．新时代国家应急管理体制机制的创新发展［J］．学术前沿，2019（3）：6-15.

［59］李雪峰．新时代应急管理的基本遵循［J］．中国应急管理，2019（12）：9-10.

［60］陈珑凯．应急管理协调的痛点、难点和着力点［J］．中国公共安全，2019（4）：54-58.

［61］常纪文．在大格局中找准应急管理的定位［J］．吉林劳动保护，2019（11）：12-13.

［62］姜平．中国特色应急管理体系的构建和完善［J］．理论探讨，2011（2）：138-142.

［63］赵子丽．中国应急管理的新要求和新发展［J］．人民论

坛，2019（1）：58-59.

［64］王中丙．从“五应”入手，推进应急管理能力现代化［N］．中国应急管理报，2020-02-22（007）.

［65］新华网．习近平主持召开中央财经委员会第三次会议［EB/OL］．http：//www.xinhuanet.com/politics/2018-10/10/c_1123541018.htm.2018-10-10.

［66］新华网．习近平向国家综合性消防救援队伍授旗并致训词［EB/OL］．http：//www.xinhuanet.com/politics/leaders/2018-11/09/c_1123689465.htm.2018-11-09.

［67］新华社．习近平在中央政治局第十九次集体学习时强调 充分发挥我国应急管理体系特色和优势 积极推进我国应急管理体系和能力现代化［EB/OL］．http：//www. chinanews. com/gn/2019/11-30/9021468. shtml. 2019-11-30.

［68］广东省应急管理厅．奋力开创新时代广东应急管理工作新局面——省应急管理厅召开机构改革阶段性总结暨全省应急管理改革工作推进会［EB/OL］．http：//yjgl.gd.govvcn/xw/yw/content/post_2204156.html.2018-12-28.

［69］广东应急管理．牢记初心使命 深刻检视问题 着力压实责任扎实做好新时代安全生产工作［EB/OL］．http：//pc.nfapp.southcn.com/11140/2455622.html. 2019-07-25.

［70］广东省应急管理厅．以党的十九届四中全会精神为指导 推动新时代广东应急管理改革取得更大成效广东省应急管理厅召开学习贯彻党的十九届四中全会精神干部大会［EB/OL］．http：//yjgl.gd.gov.cn/xw/yw/content/post_2679595.html.2019-11-09.

［71］广东省应急管理厅．省应急管理厅召开党组会议强调 把握机遇 真抓实干 不折不扣贯彻落实好习近平总书记重要讲话精神［EB/

OL］. http：//yjgl.gd.gov.cn/gkmlpt/content/2/2711/post_2711954.html#2516.2019-12-05.

［72］广东省应急管理厅. 省应急管理厅召开全省应急管理工作会议 沿着习近平总书记指引的方向砥砺奋进 不断推进广东应急管理体系和能力现代化［EB/OL］. http：//yjgl.gd.gov.cn/xw/yw/content/post_2877676.html.2020-01-21.

后　记

历史总是在不断解决问题中前进。应急管理改革以来，广东应急管理部门始终坚持以习近平新时代中国特色社会主义思想为引领，深入学习贯彻习近平总书记关于应急管理的重要论述和重要指示精神，以总书记思想为指引，以向核心向人民的政治品质、以向上向前的精神状态、以向早向小的工作方法、以向条向块的辩证思维，聚焦深化改革、科技创新、风险防范、应急处突等重点问题，全力推进广东应急管理事业改革发展。

《地方应急管理》全景记录了广东应急管理部门在广东省委、省政府和应急管理部的坚强领导下，谋发展、防风险、解难题、保安全的改革进程，全面讲述了科学应备、时时应变、统一应战、精准应灾、及时应验的“五应”方法，总结提炼了政治站位立于高、应急指挥善于统、应急响应敏于快、安全风险精于防、应急工作行于实的工作标准，着力阐释了应急管理本质上是预防管理的丰富内涵。本书的突出特点就在于实践性、实战性和实用性，每一个章节都是贯彻落实习近平总书记关于应急管理重要论述的鲜活实践，每一个案例都是坚持以人民为中心的发展思想，救民于水火、助民于危难、给人民以力量的具体实战，每一项经验都是同风险斗争、与时间赛跑的实用方法，希望能引起各位读者的共鸣。

应急管理是一门科学，也是一项复杂的系统工程。《地方应急管理》着重从方法论的角度，重点解决全流程应急管理的方法问题。

对于应急管理科学规律的把握，还有待在进一步实践的基础上深入研究；对于推进应急管理体系和能力现代化的方法内容，也有待坚持系统观念、在更高层次上深入实践并不断总结。

党的十九届五中全会吹响了全面建设社会主义现代化国家的奋斗号角，对做好“十四五”时期的应急管理工作提出了新的更高要求。立足应急管理事业改革发展的新征程，广东应急管理部门将胸怀“两个大局”、坚持“两个至上”、统筹发展和安全“两件大事”，牢记应急管理的“三个重要定位”，以一往无前的奋斗姿态、风雨无阻的精神状态，加快推进应急管理体系和能力现代化，加强全周期应急管理、落实全方位应急责任、提升全要素应急水平、强化全灾种应急能力、做到全天候应急准备，不断完善应急管理的方法体系、责任体系、支撑体系、能力体系和队伍体系，全力以赴做好广东应急管理各项工作。我们将在实践中总结、在总结中提升，适时完善《地方应急管理》，以资各级应急管理干部、社会各界人士交流互鉴。

最后，再次感谢为本书出版作出贡献的同志们，并恳请各位读者提出宝贵意见、批评指正！

2021年3月10日